PAUL SAUER/SONJA HOSSEINZADEH

# ■ Jüdisches Leben im Wandel der Zeit

*170 Jahre Israelitische Religionsgemeinschaft*
*50 Jahre neue Synagoge in Stuttgart*

Herausgegeben von der
Israelitischen Religionsgemeinschaft Württembergs
Körperschaft des öffentlichen Rechts

BLEICHER VERLAG

Die Deutsche Bibliothek – CIP-Einheitsaufnahme

Sauer, Paul:
Jüdisches Leben im Wandel der Zeit : 170 Jahre Israelitische
Religionsgemeinschaft, 50 Jahre neue Synagoge in Stuttgart /
Paul Sauer ; Sonja Hosseinzadeh.
Hrsg.: Israelitische Religionsgemeinschaft Württembergs,
K.d.ö.R: Unter Mitarb. von Joel Berger. – Gerlingen : Bleicher, 2002
ISBN 3-88350-338-X

© bei Bleicher Verlag GmbH, Gerlingen 2002
www.bleicher-verlag.de
Alle Rechte vorbehalten
Lektorat: Angelika Vogt
Umschlag: Schubert, Medien und Dialog, Haigerloch
Herstellung: Kösel GmbH & Co. KG, Kempten
ISBN 3-88350-338-X

# Inhaltsverzeichnis

*Ministerpräsident Erwin Teufel* Grußwort 9
*Oberbürgermeister Dr. Wolfgang Schuster* Grußwort 11
*Barbara Traub M.A., Vorstandssprecherin der IRGW* Vorwort 13

Paul Sauer
**Die Jüdische Gemeinde Stuttgart von ihrer Gründung im Jahr 1832 bis zu ihrer Vernichtung durch das NS-Regime**
*Das Entstehen und das Aufblühen der Gemeinde im 19. und frühen 20. Jahrhundert* 23
- Spätmittelalterliche jüdische Niederlassungen 23
- Die württembergischen Herzöge kommen ohne jüdische Geldgeber und Handelsleute nicht aus 24
- Hoffaktoren dürfen sich in Stuttgart niederlassen 25
- Auf dem Weg vom Schutzjuden zum königlich württembergischen Untertanen 30
- Die Schaffung einer Landesorganisation der Israelitischen Religionsgemeinschaft und die Gründung der Israelitischen Gemeinde Stuttgart 35
- Rasches Anwachsen der Gemeinde. Bau der Synagoge 45
- Die Cannstatter Juden gründen eine eigene Gemeinde 49
- Eine Zeit stürmischer Aufwärtsentwicklung 50
- Die Gründung der orthodoxen Religionsgesellschaft 54
- Reges Vereinsleben 55
- Bedeutende Stiftungen 59
- Enge Verbundenheit der jüdischen Bürger mit ihrer Heimatstadt 60
- »Für König und Vaterland, Kaiser und Reich« im Ersten Weltkrieg (1914-1918) 80

*Brüchige Gleichberechtigung in den Jahren der Weimarer Republik (1919-1933)* 90
- Die Verfassung vom 18. März 1924 90
- Jüdisches Gemeindeleben nach 1918 91
- Die Religionsgesellschaft und andere gesetzestreue Gruppierungen 97
- Die Gemeindezeitung für die israelitischen Gemeinden Württembergs und der Kampf gegen die zunehmende judenfeindliche Agitation 103

- Das Jüdische Lehrhaus und die von ihm ausgehenden Impulse 107
- Weiterhin reges Vereinsleben 109
- Die Hundertjahrfeier der Israelitischen Religionsgemeinschaft Württembergs und der Israelitischen Gemeinde Stuttgart 115

*Die Katastrophe der nationalsozialistischen Gewaltherrschaft* 119
- Der Beginn der Verfolgung der jüdischen Bürger 119
- Der Verfolgungsdruck wächst 134
- Die Ausweisung der polnischen Juden und die Reichskristallnacht 137
- Eskalierende Verfolgung in den ersten Jahren des Zweiten Weltkriegs 144
- Deportationen aus Stuttgart und Massenmord im Osten 147

*Sonja Hosseinzadeh*
»Wir, ein lebendiger Zweig am grünenden Baum unseres Volkes ...«
(Alfred Marx, 1949)
**Die jüdische Gemeinde in Württemberg seit 1945**
*Trotz allem geblieben: Lebensaufgabe, Herausforderung und Perspektiven* 155

*Vom Neubeginn zur Konsolidierung und Gegenwart* 160
- Kriegsende 160
- 1945 – Rückkehr nach Stuttgart 161
- Die Gründung und die ersten Jahre der Israelitischen Kultusvereinigung Württemberg 163
  Soziale Betreuung der Gemeindemitglieder · Hilfsorganisationen · Spätfolgen der KZ-Haft · Israelitische Friedhöfe · Die neue Satzung der IKVW · Gründerpersönlichkeiten (Josef Warscher, Willy Colm, Hanne Leus, Benno Ostertag, Ernst Guggenheimer, Alfred Marx, Jenny Heymann, Robert Perlen) · Keine Homogenität, sondern »Opposition«
- Jüdische DPs und die deutsche Bevölkerung 182
- Spannungen zwischen deutschen Juden und Ostjuden 184
- Währungsreform 189
- Das Abkommen mit der Jewish Restitution Successor Organization (JRSO) 189
- Die Rolle der IKVW in jüdisch-deutschen Nachkriegsorganisationen 191
- 1950 – Momentaufnahme und Perspektiven 194
- Jüdischer Alltag – zwischen mangelnder Sensibilität und Antisemitismus 197
- Jüdische Gemeinden in Deutschland und ihre Probleme 200

- Die Israelitische Religionsgemeinschaft Württemberg 203
  Die Geschäftsführer · Die Gemeindeverwaltung ·
  Die Gemeindeentwicklung · Jüdische Migranten aus der ehemaligen Sowjetunion
- Repräsentanz- und Vorstandsmitglieder von 1945 bis 2002 219
- Ereignisse und Veränderungen in der IKVW/IRGW –
  eine Kurzchronik 220
- Gemeindeeinrichtungen 222
  Kulturangebote · Bibliotheken · Sozialbetreuung · Kindergarten ·
  Jugendbetreuung · Die Religionsschule · Restaurant und Metzgerei
- Vereine, Verbände und kulturelle Initiativen 233
  Chewra Kadischa · Verein »Wilhelmspflege« · Esslinger Waisenhaus · Vereinigung der aus Theresienstadt Befreiten · Studentenverband Stuttgart (SVS) · Women International Zionist Organization (WIZO) Württemberg e.V. · TSV Makkabi Stuttgart e.V · Die Jüdische Akademische Gesellschaft e.V. (JAG) · Theater-Studio AG der Israelitischen Religionsgemeinschaft Württembergs · Zemer-Chor

*Die neue Synagoge in Stuttgart* 242
- Der Ritus im Gottesdienst – liberal oder orthodox? 244
- Die Synagogenplätze in Stuttgart und Bad Cannstatt 248
- Die neue Synagoge 251
  Die Gestaltung der Synagoge · Vom Projekt zum Bau · Die Einweihung der Synagoge

*Das Landesrabbinat* 265
- Professor Dr. Heinrich Guttmann 268
- Dr. Siegbert Izchack Neufeld 271
- Dr. Fritz Elieser Bloch 275
- Rabbiner Shneur Trebnik 279

*Landesrabbiner Dr. h.c. Joel Berger*
**Meine Jahre in Stuttgart. Einsichten – Aussichten** 281

**Anhang**
- Anmerkungen 297
- Quellen und Literatur 321
- Verwendete Abkürzungen 325
- Bildnachweis 326

MINISTERPRÄSIDENT ERWIN TEUFEL

## ■ Grußwort

Die Solidarität zwischen Christen und Juden hat gerade auch im Hinblick auf das aktuelle politische Geschehen große Bedeutung. Unsere gemeinsamen kulturellen und religiösen Wurzeln sind das Fundament für das fruchtbare Miteinander in unserem Land. Juden sind seit dem 19. Jahrhundert ein fester Bestandteil der württembergischen Gesellschaft. Seit dieser Zeit gab es stets eine ausgeglichene Politik zwischen Protestanten, Katholiken und Juden.

170 Jahre Israelitische Religionsgemeinschaft Württemberg sind der Beweis für eine engagierte Gemeinde mit gewachsener Tradition. Viele württembergische Juden sind bis heute bedeutende und anerkannte Persönlichkeiten. So hat sich beispielsweise Otto Hirsch mit fortschrittlichen Baumaßnahmen nicht nur für den Staat eingesetzt, sondern während des Zweiten Weltkrieges viel für die jüdischen Mitbürger getan.

Auch die Synagoge in Stuttgart feiert in diesem Jahr einen runden Geburtstag. Vor 50 Jahren wurde die neue Synagoge gebaut. Sie gehört damit zu den ersten Synagogen in Westdeutschland, die nach dem Holocaust wieder neu errichtet wurden. Die Mitglieder hatten sich entschlossen, nach diesen grausamen Schicksalsjahren ein neues Gebäude zu errichten und dem jüdischen Leben in unserer Landeshauptstadt eine Zukunft zu schenken. Für mich ist dies ein Zeichen des Aufbaus gegen die Zerstörung und ein Zeichen der Versöhnung gegen den Hass.

Mit Stolz kann die Gemeinde auf ihr 170-jähriges Bestehen und 50

Jahre neue Synagoge zurückblicken. Für über 2000 Mitglieder aus Württemberg und Hohenzollern wird hier eine breite Vielfalt an kulturellen und gesellschaftlichen Veranstaltungen geboten. Freundschaftliche Beziehungen und Bindungen sind gewachsen, die verlässlich in die Zukunft weisen. Zu diesem besonderen Jubiläum übermittle ich herzliche Grüße und Glückwünsche.

Mein Dank gilt den engagierten Autoren und Herausgebern dieses umfassenden Buches. Ich wünsche den Leserinnen und Lesern interessante Stunden bei der Lektüre.

*Erwin Teufel*
*Ministerpräsident*

OBERBÜRGERMEISTER DR. WOLFGANG SCHUSTER

## ■ Grußwort

In diesem Jahr begegnen wir zwei Ereignissen, die für Stuttgart und seine Bürger von herausragender Bedeutung sind: Wir feiern das 50-jährige Jubiläum der Einweihung der wieder aufgebauten Synagoge in Stuttgart und die 170-jährige Gründung der Israelitischen Religionsgemeinschaft in Stuttgart.
Am 13. Mai 1952 wurde die Synagoge in Stuttgart eingeweiht. Die traditionsreichen Wurzeln jüdischer Religion und Kultur in Württemberg erfuhren nach der furchtbaren Unterbrechung einen Neubeginn. Auch in der architektonischen Gestaltung wurde zum Ausdruck gebracht, dass der Wiederaufbau nicht als Fortsetzung des jüdischen Lebens vor dem nationalsozialistischen Terrorregime zu verstehen war, sondern dass die durch die Shoah verursachte Zerstörung einen tiefen Bruch und damit ein anderes jüdisches Leben zur Folge hatte.

Bis zum heutigen Tag ist die Stuttgarter Synagoge die einzige in Württemberg, die für die feierliche Ausübung der Gottesdienste zur Verfügung steht, ebenso stellt die am 3. August 1832 gegründete Israelitische Religionsgemeinschaft das einzige religiöse, kulturelle und soziale Zentrum jüdischen Lebens in Württemberg dar.

Auch für Stuttgarter Bürgerinnen und Bürger nicht jüdischen Glaubens sind beide Jubiläen und die mit ihnen verbundenen Veranstaltungen eine gute Gelegenheit, um mit der jüdischen Gemeinde und ihren Mitgliedern in Kontakt zu treten und sich über Religion, Kultur und Geschichte besser zu informieren.

*11*

Bei aller Freude und Dankbarkeit müssen wir uns auch erinnern, denn nur aus der Erinnerung erwächst Versöhnung. In diesem Sinne möchte ich persönlich und im Namen der Landeshauptstadt Stuttgart ganz herzlich zum Jubiläum gratulieren.

Dr. Wolfgang Schuster
Oberbürgermeister

BARBARA TRAUB M.A.,
VORSTANDSSPRECHERIN DER ISRAELITISCHEN
RELIGIONSGEMEINSCHAFT WÜRTTEMBERGS

■ Vorwort

Angesichts der Tatsache, dass die jüdische Gemeinde in Stuttgart durch das nationalsozialistische Gewalt-Regime fast völlig vernichtet wurde und im Hinblick auf das seinerzeitige, als Antwort auf die Vernichtungspolitik resultierende Postulat von jüdischer Seite, dass in Deutschland keine jüdischen Gemeinden mehr bestehen sollten, erscheint es heute beinahe als ein »Wunder«, dass unsere Gemeinde das 50-jährige Bestehen der neuen Synagoge feiert und auf 170 Jahre Israelitische Religionsgemeinschaft in Stuttgart zurückblickt. Aber »Wunder«, so sagt man, zeichnen sich dadurch aus, dass sie ohne Einwirken von Menschen geschehen. In unserem Fall jedoch war und ist es dem Wirken und dem Einsatz vieler Menschen zu danken, die ihre Kraft dafür verwendeten, »das Undenkbare zu tun«[1], nämlich den Wiederaufbau der jüdischen Gemeinde zu ermöglichen.

Wollte man die Zerstörung jüdischen Lebens in Deutschland durch die Shoah nur aus der Perspektive des Endpunkts sehen, so wäre die Geschichte dieser Gemeinde mit ihrer Synagoge nur bis 1945 nachzuzeichnen gewesen, wollte man sie dagegen nur als ein »Trotzdem«, als eine Reaktion auf alle Versuche verstehen, das Judentum in Deutschland zu beenden, so wäre lediglich deren Entwicklung im Verlauf der letzten 50 Jahre darzustellen gewesen. Tatsächlich stand deren Aufbau nach 1945 zunächst nicht unter dem Anspruch als Fortsetzung jüdischen Lebens in Stuttgart. Denn das, was zerstört worden war – die Vielfalt jüdischen religiösen, kulturellen und sozialen Lebens –, war unwiederbringlich. Als Beispiele dafür wäre etwa die Entfaltung des liberalen Judentums, das durch die Emigranten in die ganze Welt verbreitet wurde, zu nennen ebenso wie die berühmten Ausbildungsstätten der orthodoxen Richtung innerhalb des Judentums, aber auch die Höchstleistungen auf kulturellem Gebiet, gemessen an der Anzahl der Juden an der Gesamtbevölkerung. Beide Sichtweisen jedoch bedeuten eine Verkürzung und Verengung der Perspektiven dessen, was das Judentum auf religiöser und kultureller Ebene hervorgebracht hat und hervorbringt. Denn die Shoah als Endpunkt zu sehen und das deutsche Judentum nur aus der Perspektive des Untergangs zu betrachten, bedeutet die gesamte Leistung des Wiederaufbaus der jüdischen Gemeinden zu negieren, bedeutet auch die geschichtliche Tatsache zu verneinen, dass es wieder ein jüdisches und sehr reges Leben auf deutschem Boden gibt und es bedeutet letztendlich, sich selbst, seine eigene Gegenwart und die der zukünftigen Generation zu bestreiten.

Eine Betrachtungsweise, die den Neubeginn nach 1945 völlig abgetrennt von jeder Vergangenheit vor der Shoah konzipiert, nimmt sich andererseits die Möglichkeit, auf Erfahrungswerte zurückzugreifen, die bereits bestanden haben und diese neu zu gestalten. Die Shoah in ihrer Schrecklichkeit, Einmaligkeit und Grausamkeit für das Judentum in Deutschland zu begreifen darf dennoch nicht zur überwiegenden Identitätsbindung für die Juden in Deutschland dienen und diese nur als Schicksalsgemeinschaft begründen. Dass die Erinnerung an die Shoah in der zweiten Hälfte des 20. Jahrhunderts die jüdische Identität in Deutschland weitaus stärker geprägt und geeint hat als die Bindung an religiöse Traditionen[2] oder das Wissen um die Geschichte der jeweiligen Gemeinde vor der Shoah ist in vielen Studien und wissenschaftlichen Arbeiten, in Interviews und Artikeln über das Leben der Juden in Deutschland nach dem Holocaust belegt. Durch die konstante Zuwanderung von Juden aus der ehemaligen Sowjetunion seit Beginn der neunziger Jahre des 20. Jahrhunderts ist diese Haltung allerdings in einem Wandel begriffen. War für die Überlebenden, die den Aufbau einer neuen jüdischen Gemeinde nach 1945 betrieben, der Wunsch vorherrschend, ihrem Leben wieder einen Zusammenhang zu geben, so definierte sich das jüdische Leben in Deutschland, vor allem kurz vor und in den Jahren nach der Gründung des Staates Israel, als ein Wartesaal.[3] Eine andere Selbstsicht wurde als das »Sitzen auf gepackten Koffern« bezeichnet.[4] Darin manifestierte sich das aus der Erfahrung der Vernichtung resultierende Misstrauen gegenüber Deutschland aber auch der Wunsch, die Isolation als Jude in Deutschland gegenüber anderen europäischen jüdischen Gemeinden und insbesondere durch Israel zu verdecken oder zu verdrängen. Das religiöse und soziale Leben war zwar einer Fluktuation im Hinblick darauf unterworfen, dass die jeweilige jüngere Generation der Gemeindemitglieder aus Stuttgart entweder in größere jüdische Zentren innerhalb – Deutschlands oder ins Ausland abwanderte und sich daher langsam eine Überalterung der Gemeinden abzeichnete, der Zusammenhalt blieb aber ohne große Umstellungen aufrecht.

Wie für die meisten bestehenden Gemeinden in Deutschland unterliegt auch in Stuttgart das Gemeindeleben durch wachsende Mitgliederzahl aufgrund der Zuwanderung jüdischer Emigranten aus den GUS-Staaten einer großen Veränderung. Das lässt sich schon daran erkennen, dass fünf Jahrzehnte lang die einzige Gemeinde für ganz Württemberg in Stuttgart ansässig war. Das war möglich, weil die Mehrzahl der in Württemberg lebenden Juden in Stuttgart und Umgebung wohnte. Heute gibt es in den Städten Ulm, Heilbronn, Reutlingen, Schwäbisch Hall, Bad Mergentheim wieder größere Gruppen jüdischer Bürger, so dass die Gemeinde gerade die Eröffnung der Außenstelle Ulm vorbereitet. Weitere Außenstellen sind in Planung. Die religiösen und kulturellen Aktivitäten wurden vervielfältigt und intensiviert. Dieser Anschub durch die Zuwanderung hat einerseits neue Impulse und eine Aufbruchsstimmung in Gang gesetzt (auch in Israel haben sich mittlerweile einige Jeschiwot darauf eingerichtet, religiöses Personal für die jüdischen Gemeinden in der Diaspora auszubilden). Andererseits löst der in sehr kurzer Zeit stattgefundene Zuwachs der Gemeinden unter den langjährigen Mitgliedern teilweise Fremdheitsgefühle und Angst vor dem Verlust religiöser Traditionen aus. Umso erfreulicher und positiver ist es daher zu bewerten, dass der Vorstand und die Repräsentanz der Israelitischen Religionsgemeinschaft Württembergs, die im Januar 2001 ihre Amtsperiode antrat und sich aus langjährigen und neuen Mitgliedern aus der Gruppe der Zuwanderer zusammensetzt, sich trotz personeller Veränderungen von Anfang an für die Erstellung einer Festschrift in Verbindung mit einer Ausstellung aussprach, mit dem Ziel, die Geschichte der jüdischen Gemeinde von der Gründung angefangen, über die Jahre der Verfolgung und Vernichtung, des Wiederaufbaus bis zur Gegenwart dazulegen. Denn in der jüdischen Tradition erfüllt die Aufarbeitung der eigenen Geschichte eine religiöse und kulturelle Aufgabe, die der Stärkung der Identifikation mit den jüdischen Werten dient.

Die Thora hat über die Vermittlung religiöser, ethischer und humaner Grundwerte hinaus, die Sichtweise für Tradition und damit auch geschichtliche Entwicklung ansatzweise in das europäische Denken eingebracht. Das Prinzip der Weitergabe des göttlichen Gebots und der damit verbundenen Geschehnisse, Handlungen und Erfahrungen als Gespräch und Erzählung, zunächst als Gespräch zwischen dem Ewigen und dem Menschen, später im Lauf der Jahrtausende in der Vermittlung der Lehre durch die Weisen an das jüdische Volk und schließlich in der Weitergabe der jüdischen Religion und Kultur von Generation zu Generation standen unter dem Imperativ des »Sachor« – Erinnere dich! Erinnerung symbolisiert das Band, das uns Juden durch die Jahrtausende über alle Verfolgungen hinweg als religiöse und kulturelle Gemeinschaft verbunden hat.

Der Anstoß für die vorliegende Festschrift basierte auf mehreren Überlegungen: Zum einen ging es darum, die Entstehung der jüdischen Gemeinde in Stuttgart und deren schwierigen Weg bis zur vollkommenen Anerkennung und Gleichstellung als autonome Religionsgemeinschaft aufzuzeigen. Die Leistungen, die im Laufe der Jahrzehnte von jüdischen Bürgern dieser Stadt erbracht wurden, um eine eigenständige Gemeinde zu erringen, die gleichwertig neben anderen Religionsgemeinschaften, ihre religiöse und ethische Botschaft in Verbindung mit Tradition und Kultur weitergibt, darf nicht nur dem möglichen Vergessen entrissen werden, sondern mag auch den heutigen Gemeindemitgliedern den Ansporn geben, sich für die gegenwärtige jüdische Gemeinschaft zu engagieren, und zugleich den nichtjüdischen Bürgern es erleichtern, die Haltung und Werte der Israelitischen Religionsgemeinschaft besser zu verstehen. Über das Wissen um die Art und Weise, wie sich diese Gemeinde organisiert hat und organisiert, um ihre religiöse und soziokulturelle Botschaft weiterzugeben, möge einerseits ein weiterer Impuls zur Stärkung der gemeinsamen jüdischen Identität der Gemeindemitglieder gesetzt, andererseits das Verständnis aufseiten der nichtjüdischen Bürger dieser Stadt und dieses Landes für die Israelitische Religionsgemeinschaft vertieft werden.

Dass diesem langen Weg der vollkommenen gesetzlichen Anerkennung und religiösen Autonomie, welche zum größten Teil 1912 und vollständig erst im Jahre 1924 erfolgte, nur eine kurze Zeitspanne der Nutznießung dieser Errungenschaft gegönnt war, der sehr bald die neuerliche Ausgrenzung bis zur systematischen Zerstörung der Gemeinde durch die Nationalsozialisten folgte, zeigt der erste Teil der Geschichtsdarstellung von Professor Sauer auf. Letzterer ist als ehemaliger stellvertretender Leiter des Hauptstaatsarchivs sowie als späterer Leiter des Stadtarchivs der Stadt Stuttgart ein profunder Kenner der Geschichte der jüdischen Gemeinde. Zudem zählt er durch sein Engagement für christlich-jüdische Verständigung, die er durch seine historischen Beiträge im Hinblick auf die Bewahrung der Geschichte der jüdischen Gemeinde bereichert hat, zum Freundeskreis der Israelitischen Religionsgemeinschaft. Daher freuen wir uns, ihn dafür gewonnen zu haben, den geschichtlichen Abschnitt von der Gründung der Israelitischen Religionsgemeinschaft bis zu deren fast völligen Auflösung durch die Verfolgung, Vertreibung und Vernichtung der Juden durch die Nationalsozialisten darzustellen.

Den Abschnitt der neuren Geschichte, vom Neubeginn nach Kriegsende bis zur Gegenwart behandelt die Historikerin, Frau Hosseinzadeh. Ihr kam die schwierige und mühsame Aufgabe zu, aus den zum Teil ungeordneten und nicht aufgearbeiteten Material- und Archivbeständen der IRG die für ihren Abschnitt wichtigen Dokumente herauszufiltern und zusammenzutragen. Mehrere Monate intensiver Studien bedurfte es nur für die Materialsichtung und -zusammenstellung, wobei sie sich um eine erste Systematisierung der vorhandenen Akten und Dokumente bemühte. Wer sich der Gegenwartsgeschichte nähert, steht vor der Schwierigkeit, eine Auswahl treffen zu müssen: Es gilt zu entscheiden zwischen der Darstellung von Persönlichkeiten, die die Geschichte beeinflussten, und der Geschichtsentwicklung, der man ebenso gerecht werden muss. Sensibilität und Einfühlungsvermögen für Problemstellungen ohne die großen Zusammenhänge der Entwicklung der Gemeinde aus den Augen zu verlieren, hat Frau Hosseinzadeh in ihre Arbeit in großem Maß eingebracht.

Im letzten Beitrag der Festschrift legt Landesrabbiner Dr. h.c. Berger eine Rückschau auf die letzten zwanzig Jahre seiner Tätigkeit als Landesrabbiner und die Entwicklung der Gemeinde mit dem Schwerpunkt auf die Religionsschule und die religiöse Erziehung aus seiner persönlichen Sichtweise dar. Gleichzeitig stellt er einige Lehrerpersönlichkeiten heraus, die während seiner Leitung in besonderer Weise das Bild der Religionsschule geprägt haben. Aufgrund seiner langjährigen Erfahrung und Amtstätigkeit, seinem ausgeprägten Sinn für Öffentlichkeitsarbeit, der nicht selten begleitet war und ist von einem Hang zur streitbaren Auseinandersetzung hat er das Erscheinungsbild der Gemeinde nach innen wie nach außen markant mitgestaltet.

Nicht unerwähnt lassen möchte ich auch, dass wir uns freuen, diese Festschrift in Zusammenarbeit mit dem Bleicher Verlag zu veröffentlichen, zumal zwischen der IRG und der Familie Bleicher, insbesondere Herrn Bleicher senior, eine langjährige Verbundenheit besteht.

An dieser Stelle möchte ich im Namen meiner Kollegen aus dem Vorstand, Herrn Dr. Fundaminski und Herrn Widerker, sowie meiner Kollegen aus der Repräsentanz, Herrn Dr. Boguslawski, Herrn Kahn, Herrn Kashi, Herrn Lewin, Herrn Rosenberg, Herrn Rubinstein Dank sagen,
– der Stadt Stuttgart für die großzügige Förderung, die die Herausgabe dieser Festschrift ermöglichte,
– dem Land Baden-Württemberg, das die Belange der Israelitischen Religionsgemeinschaft stets ernst nimmt und auch die Feierlichkeiten anlässlich der beiden Jahrestage unterstützt,
– der Landeszentrale für politische Bildung,
– der Robert Bosch Stiftung GmbH,
– der DaimlerChrysler AG,
– der Andreas Stihl AG,
– sowie allen Institutionen, Vereinen und Persönlichkeiten, die die Realisierung der Festschrift unterstützt haben;
– all jenen Gemeindemitgliedern, die sich für Interviews und Befragungen zur Verfügung stellten beziehungsweise zur Entstehung der Festschrift beitrugen,
– den Mitarbeitern insbesondere, Herrn Fern und Frau Jung-Sattinger, die neben ihrer täglichen Arbeit zusätzliche Zeit aufbrachten, um die Publikation der Festschrift zu ermöglichen.

Abschließend sei erwähnt, dass die Motivation der Repräsentanz für die Herausgabe der Festschrift nicht in eitler Selbstbeschau zu suchen ist. Auch fehlten jegliche Beweggründe für Jubelstimmung angesichts des Geschichtsverlaufs der jüdischen Gemeinde. Vielmehr war und ist das Ziel gewesen, über die Reflexion hinsichtlich des Werdegangs und die historische Entwicklung der Gemeinde Antworten für die Fragen der Zukunft, Hilfe in der Gestaltung des Selbstbildes einer modernen jüdischen Gemeinde und Mut und Selbstvertrauen für die künftigen Aufgaben zu gewinnen.

*Barbara Traub*
*Vorstandssprecherin*

PAUL SAUER

■ Die Jüdische Gemeinde Stuttgart
von ihrer Gründung im Jahr 1832 bis zu ihrer
Vernichtung durch das NS-Regime

## ■ Das Entstehen und das Aufblühen der Gemeinde im 19. und frühen 20. Jahrhundert

### Spätmittelalterliche jüdische Niederlassungen

In Stuttgart, der Residenz der Grafen, seit 1495 Herzöge von Württemberg, bestand bereits in der ersten Hälfte des 14. Jahrhunderts eine kleine jüdische Gemeinde, die unter der Verfolgung während der furchtbaren Pestepidemie, dem Schwarzen Tod, 1348/49 schwer zu leiden hatte, offenbar aber nicht gänzlich vernichtet wurde. 1350 wird eine Synagoge (Judenschule) erwähnt, die sich vermutlich an der Stelle des heutigen baden-württembergischen Innenministeriums (Dorotheenstraße 6) befand. Von 1393 bis 1488 waren zu recht günstigen Bedingungen wiederum Juden in Stuttgart ansässig. Die kleine Gemeinde hatte ihr Zentrum mit Synagoge und rituellem Bad in der Brennerstraße 12, also in der St. Leonhards- oder Esslinger Vorstadt. Die Brennerstraße führte bis 1894 die Bezeichnung Judengasse.[1]

In dem 1350 zur Stadt erhobenen Dorf Cannstatt erlaubte Graf Ulrich V. von Württemberg 1471 einem Juden Bonin die Niederlassung.[2] Doch schon wenige Jahre später verfügte der den Angehörigen der mosaischen Religion feindlich gesinnte Graf Eberhard im Bart, 1495 erster Herzog von Württemberg, in seinem Testament die »Ausschließung« der Juden aus seinem Territorium. Diese »Ausschließung« erlangte durch die Regimentsordnung von 1498 Gesetzeskraft, und sie behielt diese bis zum Untergang der altwürttembergischen Verfassung zu Beginn des Jahres 1806, also mehr als 300 Jahre.[3]

## Die württembergischen Herzöge kommen ohne jüdische Geldgeber und Handelsleute nicht aus

Indes hatten die Nachfolger Eberhards im Bart im Gegensatz zu den Landständen, der Landschaft, die sich nicht nur vehement jeder Niederlassung, sondern auch jeder Handelstätigkeit von »ausländischen« Juden im Land widersetzten, ihre Probleme mit der Regimentsordnung von 1498. Immer wieder veranlassten sie ihre Geldnöte oder ihre Wünsche nach speziellen Handelsgütern, auch Luxuswaren, die Dienste jüdischer Bankiers und Kaufleute in Anspruch zu nehmen. Herzog Friedrich I. (1593-1608), zu dessen vorrangigen innenpolitischen Zielen eine Stärkung und Modernisierung der Wirtschaft seines Landes gehörten, erhoffte sich hierbei durch jüdische Kaufleute starke Impulse. 1598 räumte er Maggino Gabrieli, der sich als Generalkonsul einer Gesellschaft jüdischer Kaufleute bezeichnete, ungeachtet des Protests der Stuttgarter Bürgerschaft und des Hofpredigers Dr. Lukas Osiander ein Haus am Markt sowie einen Betsaal ein, und gestand seiner Gesellschaft vertraglich für 25 Jahre freien Handel in Württemberg zu. Mit ihren massiven Protesten gegen ein jüdisches Gotteshaus setzten die Stuttgarter allerdings durch, dass der Herzog bereits nach wenigen Tagen den Kaufleuten den erst 1594 von ihm erworbenen Kammerschreibereiort Neidlingen anstelle seiner Residenzstadt zum künftigen Wohnsitz anwies. Doch auch dort blieb ihre Niederlassung eine Episode. Die Gesellschaft erkannte nämlich rasch, dass sie weder kurz noch mittelfristig mit einem wirtschaftlichen Erfolg rechnen konnte; sie verließ deshalb schon nach einigen Monaten wieder das Land.[4] Auch im 17. Jahrhundert konnten und wollten die württembergischen Herzöge nicht auf Geschäftsbeziehungen zu jüdischen Geldgebern verzichten. Zur Niederlassung von Juden in Stuttgart kam es aber erst wieder im 18. Jahrhundert. Die Herzöge Eberhard Ludwig (1693-1733), Carl Alexander (1733-1737) und Carl Eugen (1744-1793) nahmen wie andere Fürsten ihrer Zeit wohlhabende Juden, die über ausgedehnte wirtschaftliche Kontakte verfügten, in ihre Dienste. Diesen Hofjuden oder Hoffaktoren wurden gewichtige Privilegien eingeräumt. Sie durften im Land freien Handel treiben und waren von dem Verbot ausgenommen, mit Christen Verträge abzuschließen. Die 1498 gesetzlich festgelegte »Ausschließung« der Juden galt für sie nicht, weil sie zum Kreis der Hofbediensteten gehörten.

## Hoffaktoren dürfen sich in Stuttgart niederlassen

Im Jahr 1710 ermöglichte Herzog Eberhard Ludwig dem ersten Hofjuden die Niederlassung in Stuttgart, 1712 vier weiteren. 1721 waren hier sieben Hofjuden ansässig: Gabriel Fränkel, Lewin, David Uhlmann, Marx Nathan, die Gebrüder Gumbel (Gumpel) und Löw Samuel.
Die Stuttgarter Bürgerschaft verhielt sich gegenüber den privilegierten Hoffaktoren feindselig-abweisend. Namentlich der Handelsstand sah in ihnen eine existenzbedrohende Konkurrenz. Den Herzog empörte dies. Er drohte harte Strafen an, falls die seinen besonderen Schutz genießenden Juden beschimpft, beleidigt oder gar tätlich angegriffen wurden, und er ließ es nicht bei Drohungen bewenden. Die in Stuttgart ansässigen jüdischen Hoffaktoren waren daher, um nicht noch mehr Ärgernis zu erregen, bemüht, mit ihren religiösen Sitten und Gebräuchen in der Öffentlichkeit keinen Anstoß zu erregen. Trotzdem kam es zu Protesten.[5]

*Joseph Süß Oppenheimer (Jud Süß)*

Unter dem Vetter und Nachfolger Eberhard Ludwigs, Carl Alexander, stieg der geniale Süß Oppenheimer zum wichtigsten Warenlieferanten und Bankier des Hofes auf; er wurde auch zum Hauptratgeber des Herzogs in finanzpolitischen Angelegenheiten. Nach dem jähen Tod Carl Alexanders im März 1737 wurde der Geheime Finanzrat und Kabinettsfiskal verhaftet. Ihm, dem zu großem Reichtum gelangten, verhassten Juden, lastete man die Hauptschuld an der ständefeindlichen, ein absolutistisches fürstliches Regiment anstrebenden Politik des verstorbenen Landesherrn an. In einem Schauprozess zum Tod verurteilt, endete Süß Oppenheimer am Stuttgarter eisernen Galgen. Männer, die sich ein unabhängiges Urteil bewahrt hatten, stimmten darin überein, dass Süß das Opfer eines Justizmords geworden war, dass er, wie dies Herzog-Administrator Karl Rudolf von Württemberg-Neuenstadt formulierte, für Christenschelme hatte die Zeche bezahlen müssen.[6]

Süß Oppenheimer fühlte sich seiner Religionsgemeinschaft eng verbunden. Ihm lag daran, Glaubensgenossen um sich zu haben und sich einer jüdischen Gemeinde anschließen zu können. Herzog Carl Alexander gestattete deshalb auf seine Bitte den Zuzug einer Anzahl jüdischer Familien nach Stuttgart und Ludwigsburg. Es scheint, dass Süß auch sonst manches Gute für seine Glaubensgenossen getan hat. Einige von ihnen dankten ihm dies dadurch, dass sie ihm während der letzten Stunden vor seiner Hinrichtung religiösen Beistand leisteten. Nach seinem Tod mussten die Juden, für die er die Niederlassung in der Stadt erwirkt hatte, Stuttgart wieder verlassen. Die Hofjuden durften bleiben. Doch hatten sie unter Beschimpfungen und Beleidigungen, ja selbst unter Tätlichkeiten zu leiden. Die Judenfeinde witterten Morgenluft. Freilich richtete sich ihr Unwille auch gegen andere Fremde. Im März 1738 beschuldigten die Stuttgarter Handelsleute die »Juden, Tiroler, Savoyarden und Italiener«, sie fügten durch ihr Hausieren »sämtlichen Handlungen unglaublichen Schaden« zu und nähmen den Eingesessenen das Brot vom Mund weg. Mit dem Generalreskript vom 20. Februar 1740, in dem der Herzog-Administrator die »Ausschaffung« sämtlicher Juden aus dem Herzogtum verfügte, schien es, als hätten die Judenfeinde ihr Ziel erreicht. Allein, einigen Hoffaktoren gestand die Regierung zunächst einen befristeten, dann einen unbefristeten Aufenthalt in Stuttgart zu. Sie waren für den Hof und insbesondere für den Landesherrn unentbehrlich.

Der junge Herzog Carl Eugen lockerte nach seinem Regierungsantritt 1744 die den Juden auferlegten Beschränkungen und erlaubte weiteren Juden die Niederlassung in seiner Residenzstadt. Der verschwenderischen Prunk liebende Fürst, der seinen Hof zu einem der glanzvollsten Fürstensitze Europas machte, bedurfte kulanter Geldgeber und erfahrener, weltgewandter Handelsleute, die ihm die kostbarsten und ausgefallensten Waren beschafften.[7]

Indes hatten die Hoffaktoren auch jetzt kein leichtes Leben in Stuttgart. Sie mussten namentlich in religiöser Hinsicht viele demütigenden Beschränkungen auf sich nehmen. Die Beschneidung von Knaben acht Tage nach der Geburt wurde beispielsweise nur in Ausnahmefällen und gegen die Entrichtung einer hohen Gebühr gestattet. Gewöhnlich mussten die Stuttgarter Juden Vorsorge treffen, dass die schwangeren Frauen rechtzeitig vor der Entbindung in eine nahe gelegene Jüdische Gemeinde reisten und dort ihr »Kindbett hielten«. Auch Hochzeiten hatten dort stattzufinden. Ebenso waren Verstorbene zur Beerdigung dorthin zu überführen. Solche nicht allzu weit entfernten Jüdischen Gemeinden bestanden seit den 1720er-Jahren in Freudental (Lkr. Ludwigsburg), seit etwa derselben Zeit in Aldingen (Gde. Remseck am Neckar, Lkr. Ludwigsburg) und schließlich seit etwa 1750 in Hochberg (Gde. Remseck am Neckar, Lkr. Ludwigsburg), alle drei Orte reichsritterschaftliche Dörfer, die diesen Status auch behielten, nachdem sie in den Besitz des württembergischen Herzoghauses übergegangen waren. Ein rituelles Frauenbad gab es mindestens seit 1750 in Stuttgart.[8]

Herzog Carl Eugen verhielt sich, wenn es darum ging, Geld in seine leeren Kassen zu bekommen, mit finanziellen Forderungen gegenüber den seinen Schutz genießenden Juden, auch gegenüber seinen Hoffaktoren, nicht zimperlich. Wiederholt erlegte er ihnen kaum bezahlbare Sonderabgaben auf. Auch nützte er die Erneuerung bzw. Verlängerung des Schutzes, um sich erhebliche Einnahmen zu verschaffen.[9]

Im April 1790 stellte ein herzogliches Reskript fest, dass sich seit einiger Zeit viele fremde Juden in die Stadt »einschlichen« und hier »unter allerhand Vorwand« Handel trieben. Das Reskript verfügte eine strenge Aufsicht. Fremde Juden, die keine Aufenthaltserlaubnis nachweisen konnten, sollten »fortgeschafft« werden. Dies traf einige jüdische Künstler und Handwerker hart. Dennoch wurde unter dem

*Hoffaktorin Chaille Kaulla, »Madame Kaulla«*

Eindruck der revolutionären Ereignisse in Frankreich Anfang der 1790er-Jahre bei der Aufnahme von Juden in Stuttgart etwas großzügiger verfahren. 1792 bis 1795 durften sich Angehörige von hier bereits ansässigen Schutzjuden in der Stadt niederlassen.[10]

Am 2. November 1797 gewährte Herzog Friedrich Eugen der berühmten Hoffaktorin Chaile Kaulla (1739-1809), bekannt als »Madame Kaulla«, den Hofschutz. Allein, sein ihm wenige Wochen später als Regent nachfolgender Sohn Herzog Friedrich II. sah sich im Frühjahr 1798 wegen der Proteste der Stuttgarter Handelsschaft gezwungen, Madame Kaulla dieses Privileg wieder zu entziehen. Friedrich II. war schwer verärgert. Er erklärte, die Ausweisung der Familie Kaulla wirke sich nachteilig auf die »Geldzirkulation«, also auf die Wirtschaft des Landes, aus.[11]

Ende des 18. Jahrhunderts lebte der größte Teil der Juden in Südwestdeutschland in armseligen Verhältnissen. Viele, vor allem junge Juden zogen unstet umher, weil keine Herrschaft bereit war, sie in ihren Schutz zu nehmen und ihnen damit eine Niederlassung in ihrem Territorium zu ermöglichen. Es bestand die Gefahr, dass sich solche heimat- und beschäftigungslosen Menschen heimlich auch in Stuttgart einschlichen und bei ihren hier den Hofschutz genießenden Glaubensgenossen Unterstützung und einen vorübergehenden Unterschlupf fanden. Am 30. Juni 1799 warnte deshalb das Stadtoberamt die Stuttgarter Juden nachdrücklich davor, »ohne Vorwissen der Obrigkeit« Glaubensgenossen bei sich aufzunehmen und zu beherbergen. Fremde Juden, die in geschäftlichen Angelegenheiten hierher kamen und beherbergt werden wollten, hatten durch eine vom Schächter Benedikt ausgestellte Bescheinigung nachzuweisen, dass es sich bei ihnen um unverdächtige Leute handelte. Trotzdem blieb das Misstrauen der Gewerbe und Handel treibenden christlichen Einwohner groß.[12]

Die Schutzaufkündigung für die Kaullas blieb übrigens auf dem Papier. Friedrich II., der nachmalige König, bedurfte der Dienste der in Geldgeschäften, im Großhandel und in Heereslieferungen versierten und zudem sehr reichen Familie. Am 9. Februar 1800 ernannte er Jakob Kaulla zu seinem Hofbankier und stattete ihn sowie andere Mitglieder der Familie mit umfassenden Privilegien aus. Proteste verhallten wirkungslos. Nach einem Gutachten des Geheimen Rats konnte Hofbediensteten, zu denen auch die Hofbankiers zählten, der Aufenthalt in der Residenzstadt nicht verweigert werden. 1802 waren Madame Kaulla und ihr Bruder Jakob maßgeblich an der Gründung der Württembergischen Hofbank beteiligt. Zu dem Gründungskapital von 300 000 fl steuerten sie die Hälfte bei.

Dass die Handel- und Gewerbetreibenden jetzt erst recht gegen die verhassten Kaullas Sturm liefen, sie in Eingaben mit schweren Anschuldigungen überhäuften, empörte den nunmehrigen Kurfürsten. 1804 hob er die großen Verdienste der Hoffaktorenfamilie hervor, die selbst der Kaiser hoch anerkannt habe, und er erklärte, es wäre auch in Stuttgart und in Württemberg an der Zeit, dass man wie in anderen Ländern die Intoleranz gegen die Juden, die der christlichen Religion gewiss keine Ehre mache, »vertilge«, im Übrigen müsse ein Regent »das Interesse des Ganzen im Auge haben«, und dies sei »bei Kaulla der Fall«.

Am 24. Juni 1806, inzwischen zum absolutistisch regierenden König von Napoleons Gnaden aufgestiegen, verlieh Friedrich fünf Mitgliedern der Familie mit ihren sämtlichen Nachkommen beiderlei Geschlechts die vollen Untertanenrechte, wobei diese aber mit Rücksicht auf ihre Religion vom Militärdienst befreit blieben. Die Kaullas erlangten rasch Eingang in die ersten Kreise der Stadt. 1807 gehörten sie zu den Mitbegründern der Museumsgesellschaft, deren engagierte Förderer sie blieben.[13]

## Auf dem Weg vom Schutzjuden zum königlich württembergischen Untertanen

Ungeachtet des Widerstands der Bürgerschaft erlaubte Herzog, Kurfürst und König Friedrich auch anderen Juden die Niederlassung in Stuttgart. Im Juli 1801 lebten in der Stadt 58 Angehörige der Israelitischen Religionsgemeinschaft: 23 Frauen und Männer, 18 Kinder sowie acht Knechte und neun Mägde. Bis 1817 wuchs ihre Zahl auf 117 an.

Das Bestreben Friedrichs war, seitdem er Ende 1805 dem altwürttembergischen dualistischen Ständestaat ein gewaltsames Ende bereitet hatte, auf die allmähliche Gleichstellung der Juden mit den christlichen Untertanen gerichtet. Hierbei beschritt er den Weg von Einzelverordnungen. 1807 gestattete er den Juden den Gütererwerb. 1808 hob er den Leibzoll auf. 1809 erteilte er den Juden das Recht, bürgerliche Gewerbe zu betreiben und in die Zünfte einzutreten. 1812 erließ er einheitliche Bestimmungen über Schutzgeld und Aufnahmegebühren, die 1815 abgeändert wurden. Wichtig war, dass jetzt jeder einheimische Jude in den Schutz genommen werden konnte, wenn er die Mittel zu seinem Fortkommen besaß. Doch war ihm die Niederlassung nur an Orten erlaubt, an denen schon zuvor Juden ansässig waren.

Die Erteilung der vollen Untertanenrechte blieb nicht auf die Kaullas beschränkt. Im Februar 1807 erlangte diesen Status trotz eines ablehnenden Votums der Stadt der Hoffaktor Ottenheimer, im November desselben Jahres Gabriel Dreyfuß, der Vorsteher der Israelitischen Gemeinde Hochberg am Neckar, für sich, seine Frau und seine Kinder, im Januar 1808 die Kinder des Baruch Benedikt. Als einziger Jude besaß der Hofbankier Kaulla in Stuttgart ein eigenes Haus; er hatte es von dem königlich preußischen Gesandten von Madeweiß gekauft. Alle anderen Angehörigen der Israelitischen Religionsgemeinschaft wohnten in Miete. Dies änderte sich im Lauf der nächsten Jahre, war doch den Juden seit 1807 der Gütererwerb und damit der Kauf von Wohneigentum gestattet. Die von den in der württembergischen Haupt- und Residenzstadt ansässigen Juden angestrebte Ernennung eines Judenvorstehers lehnte die Regierung ab. Es sollte alles vermieden werden, was zu dem Schluss verleitete, die hiesigen Juden bildeten eine eigene Gemeinde oder Korporation. Ihre Privatgottesdienste feierten die Stuttgarter Juden in der Wohnung des Hoffaktors Seligmann, Kronprinzstraße, 1817, dann im Haus der Familie Kaulla, Schmale Straße 11, wo auch die Hofbank ihren Sitz hatte. Ihre Kinder ließen sie durch Privatlehrer unterrichten. Einige der Kinder besuchten auch bereits das Gymnasium. Ihre Toten bestatteten die in Stuttgart wohnhaften Juden auf den Friedhöfen der Jüdischen Gemeinden Hochberg am Neckar und Freudental.[14]

Nach jahrelangen Auseinandersetzungen um eine Verfassung einigten sich König Wilhelm I., der Sohn und Nachfolger König Friedrichs, und die Landstände am 25. September 1819 auf einen Verfassungsvertrag. Württemberg wurde eine konstitutionelle Monarchie. Die Verfassung garantierte zwar ausdrücklich die Religionsfreiheit, gestand aber die vollen staatsbürgerlichen Rechte nur den Angehörigen der drei christlichen Glaubensbekenntnisse zu: der evangelisch-lutherischen, der reformierten und der römisch-katholischen Konfession. Immerhin gab sie den Juden den Weg zum Hochschulstudium frei.[15] Bereits 1821 immatrikulierte sich aus Stuttgart Samuel Dreifuß in den Disziplinen Medizin und Chirurgie und 1824 Hermann Kaulla in denselben Fächern an der Universität Tübingen.

Schon vor dem Abschluss des Verfassungsvertrags von 1819 hatte zwischen König und Landständen Einigkeit darüber geherrscht, dass die staatsbürgerlichen Rechte der jüdischen Einwohner des Königreichs dringend einer gesetzlichen Regelung bedurften. 1821 bildete die Regierung eine Kommission zur Erarbeitung eines entsprechenden Gesetzentwurfs. Ihr gehörten die Referenten des evangelischen Konsistoriums und des katholischen Kirchenrats in Schulsachen, Mitglieder des Obertribunals und der Oberregierung sowie einige Abgeordnete der Zweiten Kammer der Landstände an. Die Juden erhielten Gelegenheit, durch einige angesehene Glaubensgenossen ihre Vorstellungen und Wünsche zu äußern, die dann zum Teil später im Gesetz Berücksichtigung fanden. Der im Juni 1824 der Kammer der Abgeordneten übergebene Entwurf löste im Land, ganz besonders aber in den Städten, empörte Proteste aus. Gewerbe und Handel warnten vor einer ruinösen Konkurrenz durch die geschäftstüchtigen Israeliten. Wiederholt wurde die Isolierung der Juden in abgesonderten Kolonien gefordert.

Im Landtag ließ man sich indes von solchen Schreckensszenarien nicht beeindrucken. Am 1. März 1828 billigte die Kammer der Abgeordneten nach eingehender Beratung mit 61 gegen 17 Stimmen den Entwurf. Dieser wurde dann nach der Sanktion durch den König am 25. April jenes Jahres als »Gesetz in Betreff der öffentlichen Verhältnisse der israelitischen Glaubensgenossen« verkündet. Auch wenn von einer Gleichberechtigung der jüdischen Bürger mit ihren christlichen Landsleuten noch keineswegs die Rede sein konnte, so brachte dieses Gesetz dennoch die Verhältnisse der Israelitischen Religionsgemeinschaft in Württemberg erstmals in eine umfassende, staatlich anerkannte Ordnung, bzw. es legte für eine solche verbindliche Richtlinien fest. Entscheidend aber war, dass aus Schutzjuden jetzt de jure württembergische Untertanen wurden, die »allen bürgerlichen Gesetzen unterworfen waren und alle Pflichten und Leistungen der übrigen Untertanen zu erfüllen hatten«.

Im Einzelnen bestimmte das Gesetz: Die Juden mussten Familiennamen annehmen und sich bei allen Rechtsgeschäften der deutschen Sprache bedienen. Bei Eiden war auf ihre Religion Rücksicht zu nehmen. Fremde Juden erhielten lediglich dann die Erlaubnis zur Niederlassung im Königreich, wenn ihnen eine Gemeinde freiwillig das Ortsbürgerrecht einräumte. Die württembergischen Israeliten hatten einer bestimmten Gemeinde als Bürger oder Beisitzer anzugehören.

Sie konnten auch beanspruchen, von einer anderen Gemeinde ins Bürger- oder Beisitzerrecht aufgenommen zu werden, wenn sie sich als Landwirte oder Handwerker ihren Lebensunterhalt verdienten und sich wenigstens zehn Jahre darin »berufsmäßig ausgebildet« hatten. Bei Metzgern, Bäckern und Schneidern konnte die Aufnahme zudem davon abhängig gemacht werden, dass diese Berufe in der betreffenden Gemeinde nicht übersetzt waren. Ein Jude, der nach der Übersiedlung in eine andere Gemeinde zum Schacherhandel, also zum Hausier- oder Trödelhandel, zum Leihen auf Faustpfänder, zu der »Mäklerei« jeder Art usw., zurückkehrte, verlor nicht nur sein Bürgerrecht, sondern machte sich nach Paragraph 22 der Polizeiverordnung vom 11. September 1807 auch noch strafbar.

Wie ihre christlichen Landsleute konnten die jüdischen Untertanen nunmehr Berufe und Gewerbe »nach eigener Neigung« wählen, sich den Künsten und Wissenschaften widmen und an den Landesanstalten studieren. Die Studierenden der jüdischen Theologie waren wie die Zöglinge der evangelisch-theologischen Seminare und des katholischen Konvikts vom Militärdienst befreit. Juden wurden zur Advokatur, zur Heil- und Wundarzneikunde, Geburtshilfe und Pharmazie zugelassen. Neben handwerklichen Betrieben durften sie auch Fabriken und Manufakturen gründen und sich mit gewissen Einschränkungen im »ordentlichen Wechsel-, Groß- und Detailhandel« betätigen. Der Erwerb von Grundbesitz war ihnen unter der Bedingung gestattet, dass sie ihn selbst bewirtschafteten. Juden unter 20 Jahren, die keinen ordentlichen Beruf erlernten, sondern sich vom Schacherhandel ernährten, sollten erst nach dem vollendeten 35. Lebensjahr das »Recht zur Ansässigmachung« erhalten. Auch durften solche jungen Männer, wenn sie das Los zum Wehrdienst traf, keinen Ersatzmann stellen, sondern mussten in jedem Fall selbst dienen.

Das Gesetz von 1828 wiederholte die schon seit 1825 bestehende gesetzliche Schulpflicht für jüdische Kinder. »Zu der gemeinschaftlichen Gottesverehrung« wurden »Kirchengemeinden« gebildet. – Der Begriff »Kirche« wurde unbedenklich auch auf die Israelitische Religionsgemeinschaft angewandt. – Jeder württembergische Jude gehörte künftig einer solchen »Kirchengemeinde« an. Die Gottesdienste in den Synagogen leiteten Rabbiner, deren Amtsbezirke eine oder mehrere Gemeinden umfassten. Die Besoldung der Rabbiner erfolgte durch eine Zentralkirchenkasse, in die die einzelnen »Kirchengemeinden« ihre Beiträge einzahlten und zu der seit 1835 dann auch der Staat einen Beitrag leistete. Die Ernennung der Rabbiner behielt sich die Regierung vor. Diese verlangte von den Rabbinern ein abgeschlossenes Theologiestudium und eine staatliche Prüfung. »Kirchengemeinden«, die keinen Rabbiner hatten, mussten Vorsänger anstellen, die in Orten, in denen öffentliche israelitische Schulen bestanden, zugleich sich als Lehrer betätigten. Spätestens nach Ablauf von fünf Jahren durften lediglich noch Rabbiner und Vorsänger im Dienst verbleiben, die über die staatlich vorgeschriebenen Prüfungen verfügten. Zur Ausübung der Kirchenzucht und zur Erledigung anderer die Religionsgemeinden betreffenden Angelegenheiten war ein Vorsteheramt zu bilden, dem neben dem Rabbiner oder Vorsänger wenigstens drei aus der Gemeinde gewählte Beisitzer angehörten. Die Aufsicht und Leitung des »israelitischen Kirchen- und Armenwesens« sollte eine »Oberkirchenbehörde« wahrnehmen, der auch die Verwaltung der israelitischen Zentralkirchenkasse oblag.

1828 lebten in 80 Städten und Landgemeinden Württembergs insgesamt 9 991 Juden. In 69 Orten bestanden eigene Israelitische Gemeinden. Diese bislang weithin eigenständig, wurden nunmehr einer straffen kirchlichen Landesorganisation eingefügt. Das bisher schon den christlichen Konfessionen auferlegte Staatskirchentum wurde jetzt auch auf die Israelitische Religionsgemeinschaft ausgedehnt.

Das Gesetz von 1828 bedeutete für die württembergischen Juden einen großen Fortschritt. Die rechtliche Gleichstellung erschien ihnen kein unerreichbares Ziel mehr. Trotz der vielen Widerstände, die hier noch zu überwinden waren, ließen sie sich nicht entmutigen. Bereits 1833 und 1836 übermittelten sie der Kammer der Abgeordneten in Eingaben ihre Wünsche, ohne indes Gehör zu finden. 1843 erklärte der Minister des Innern, eine Revision des Gesetzes von 1828 halte er nach 15 Jahren für verfrüht. 1845 legte Dr. Carl Weil eine im Namen der Juden des Landes abgefasste Petition mit vielen statistischen Nachweisen vor. Die staatsrechtliche Kommission der Kammer der Abgeordneten, die die Petition zu begutachten hatte, bekundete großes Verständnis für die Anliegen der Juden und empfahl der Kammer, »die Staatsregierung zu bitten, das Gesetz vom 25. April 1828 ... im Sinn der vollständigeren Emanzipation« der Angehörigen der Israelitischen Religionsgemeinschaft zu revidieren. Die Kammer der Abgeordneten billigte einstimmig, die Kammer der Standesherren mehrheitlich den Antrag der Kommission. Die Regierung verschleppte aber die Ausarbeitung eines Gesetzentwurfs und dessen Vorlage in der Ständeversammlung, dem Landtag. Erst die Revolution von 1848/49 gestand den württembergischen Juden mit den von der Frankfurter Nationalversammlung beschlossenen Grundrechten des deutschen Volkes die wichtigsten bürgerlichen, insbesondere staatsbürgerlichen Rechte zu. Sie wurden ihnen auch nicht mehr entzogen, als Württemberg auf Grund eines Beschlusses der Deutschen Bundesversammlung am 5. Oktober 1851 die Gültigkeit der Grundrechte außer Kraft setzte. Die im Königreich ansässigen Juden konnten jetzt frei ihren Wohnsitz bestimmen, d.h. ihre Übersiedlung in eine andere Gemeinde war an keine Bedingungen mehr geknüpft. Auch die Benachteiligungen, die die Schacherjuden nach dem Gesetz von 1828 hatten auf sich nehmen müssen, waren weggefallen.[16]

Die endgültige rechtliche Gleichstellung brachte schließlich das Gesetz vom 13. August 1864. Der Artikel 1 dieses Gesetzes lautete: »Die im Königreich einheimischen Juden sind in allen bürgerlichen Verhältnissen den gleichen Gesetzen unterworfen, welche für die übrigen Staatsangehörigen maßgebend sind; sie genießen die gleichen Rechte und haben die gleichen Pflichten und Leistungen zu erfüllen.« Das als letztes Relikt noch bestehen gebliebene Verbot von so genannten jüdisch-christlichen Mischehen hob schließlich das Gesetz des Norddeutschen Bundes vom 3. Juli 1869 auf, das als Reichsgesetz Anfang 1871 auch für Württemberg Rechtskraft erlangte.[17]

## Die Schaffung einer Landesorganisation der Israelitischen Religionsgemeinschaft und die Gründung der Israelitischen Gemeinde Stuttgart

Am 5. Januar 1832 trat die dem Ministerium des Innern unterstellte Israelitische Oberkirchenbehörde zu ihrer konstituierenden Sitzung zusammen. Ihr gehörten ein Rabbiner mit dem Titel Kirchenrat, drei weltliche Oberkirchenvorsteher und ein Expeditor an, als Vorsitzender fungierte ein christlicher Regierungskommissär. Alle Mitglieder des Gremiums wurden von der Regierung ernannt. Die letzte Entscheidung über die Beschlüsse der Israelitischen Oberkirchenbehörde in Verwaltungs- und Religionsangelegenheiten traf das Ministerium des Innern, seit 1848 das zuvor mit diesem verbunden gewesene Ministerium des Kirchen- und Schulwesens.[18]

Dringend notwendig war eine Neustrukturierung der Jüdischen Gemeinden und ihre Zuteilung zu Rabbinaten. Die Israelitische Oberkirchenbehörde schlug nach längeren Beratungen eine Verminderung der Zahl der Gemeinden und die Bildung von 13 Rabbinaten vor. Am 3. August 1832 setzte das Ministerium des Innern die Zahl der Israelitischen Kirchengemeinden auf 41 fest und wies diese den Rabbinaten Stuttgart, Freudental, Lehrensteinsfeld, Berlichingen, Mergentheim, Weikersheim, Braunsbach, Oberdorf am Ipf, Jebenhausen, Buttenhausen, Laupheim, Buchau am Federsee und Mühringen zu. Zahlreiche kleine Landgemeinden verloren ihre Eigenständigkeit und wurden größeren Nachbargemeinden zugeteilt.[19]

Stuttgart, bereits der Sitz der Israelitischen Oberkirchenbehörde und damit das Zentrum der Israelitischen Religionsgemeinschaft des Königreichs, erhielt jetzt endlich den Status einer Israelitischen Kirchengemeinde und auch sofort den eines Rabbinats, das neben der hiesigen neu gebildeten Gemeinde die Gemeinden Esslingen, Aldingen und Hochberg am Neckar umfasste.[20]

Die Besetzung der Rabbinate regelte die Verordnung vom 31. Januar 1834. Sie machte die Zulassung zum Rabbinat vom Bestehen zweier Dienstprüfungen abhängig. 51 Rabbiner und 67 Vorsänger, die die vorgeschriebenen Voraussetzungen nicht erfüllten, wurden zunächst ohne Ruhegehalt entlassen. Lediglich sechs der bereits eine Israelitische Religionsgemeinde betreuenden Rabbiner verblieben im Amt. Wie schon den evangelischen und katholischen Geistlichen wurde nunmehr auch den Rabbinern der Staatsbeamtenstatus zuerkannt. Auch wurden sie diesen rangmäßig gleichgestellt.[21]

Am 21. November 1834 ernannte das Ministerium des Innern das Theologische Mitglied der Israelitischen Oberkirchenbehörde Dr. Joseph Maier zum ersten Rabbiner der Israelitischen Gemeinde Stuttgart. Maier wurde im November 1798 in Laudenbach bei Bad Mergentheim geboren. Von 1811 bis 1814 besuchte er die Jüdische Hochschule in Fürth, wo er von bekannten Talmud-Gelehrten unterrichtet wurde. Von 1815 bis 1818 betätigte er sich als Hauslehrer in Kips bei Kronach. Danach schloss er in Mainz seine rabbinischen Studien ab. Dort kam er in engen Kontakt mit führenden Vertretern des liberalen Judentums. Ihr Welt- und Menschenbild beeindruckten ihn.

Sein Streben nach dem Erwerb umfassender Kenntnisse auf dem Gebiet der Geisteswissenschaften verstärkte sich. Er lernte Latein und Griechisch. 1824 legte er in Stuttgart die Maturitätsprüfung ab. Anschließend studierte er in Heidelberg Philosophie und Theologie. Im März 1827 absolvierte er in Stuttgart mit dem Prädikat »vorzüglich tüchtig« die erste Rabbinatsdienstprüfung. In den folgenden Jahren verfasste er einige religionspädagogische Werke, so 1828 ein »Lehrbuch der Biblischen Geschichte«. Ein Angebot aus Kopenhagen, das Amt des Predigers an der dortigen Synagoge zu übernehmen, lehnte er ab. Sein künftiges Wirkungsfeld sah er im heimatlichen Württemberg. Inzwischen war die renommierte Bankierfamilie Kaulla auf den begabten und weltoffenen jungen Geistlichen aufmerksam geworden; sie berief ihn zu ihrem Hausrabbiner. Im Mai 1830 erwarb sich Maier mit einer lateinischen Dissertation über die Geschichte jüdischer Dogmen den philosophischen Doktorhut. Der Dekan der Philosophischen Fakultät hielt ihn für bestens geeignet, die Stelle »eines religiösen Volkslehrers (nicht talmudischen Rabbiners) bei seiner Nation oder auch bei einer Israelitischen Bildungs- und Unterrichtsanstalt« zu übernehmen.[22]

Dieses Urteil und wahrscheinlich auch die Empfehlung der Familie Kaulla waren, wenn nicht entscheidend, so doch sehr förderlich bei der Bewerbung Maiers um die Stelle des Theologischen Mitglieds bei der neu geschaffenen Israelitischen Oberkirchenbehörde. Am 7. Dezember 1831 übertrug ihm König Wilhelm I. diese Stelle. Der ungemein arbeitsame, ehrgeizige Theologe besaß damit das ihm auf den Leib geschnittene Betätigungsfeld. Ihm kam es darauf an, seine Glaubensgenossen aus ihrer desolaten sozialen und wirtschaftlichen Lage zu befreien, ihnen dieselben Bildungs- und Ausbildungschancen wie ihren christlichen Landsleuten zu eröffnen, der Israelitischen Religionsgemeinschaft in Staat und Gesellschaft die rechtliche Gleichstellung mit den beiden christlichen Kirchen zu verschaffen.[23] Dies war nicht leicht. Maier wollte das Judentum im Sinne seiner liberalen, aufklärerischen Vorstellungen reformieren. Er sah in seiner Religion in erster Linie eine Sitten- und Morallehre. In der Vorrede zu seinem 1848 erschienenen Israelitischen Gebet- und Andachtsbuch nannte er als Zweck der Religion, die Liebe und den Frieden unter den Menschen zu erhalten.[24] Religiöse Gesetze und in uraltem Herkommen wurzelnde Bräuche hingegen bedeuteten ihm wenig. Auch die hebräische Sprache im Gottesdienst wollte er größtenteils durch die deutsche ersetzen. Die religiöse Reform, die er als notwendig erachtete, war für ihn eine »innerjüdische Reformation«. In einem Vortrag, den er 1840 in Stuttgart hielt, erklärte er, er hoffe mit den »Besten in Israel«,

»dass die erhabene und einfache Gotteslehre, wie sie durch Mose und die Propheten ist gelehrt worden, in ihrer Wahrheit und Klarheit, in ihrer Reinheit und Lauterkeit wieder hergestellt werde ..., dass das einfache und lautere Gotteswort wieder Quelle des Glaubens und Lebens werde ...«

Ihm lag daran, dass die Juden den ihnen anhaftenden Makel durch mustergültiges staatsbürgerliches Verhalten tilgten: »Und«, so ermunterte er seine Glaubensgenossen,

»je mehr wir uns bemühen werden, für Freiheit und Bürgertum uns zu befähigen, alle häuslichen und öffentlichen Tugenden uns anzueignen, je mehr Jünglinge sich den Künsten, den Wissenschaften, den nützlichen Gewerben widmen und dadurch die Schmach der Unwissenheit und den Vorwurf der Arbeitsscheue von uns abtun, je mehr Männer sich bestreben, durch strenge Redlichkeit und Gewissenhaftigkeit in Handel und Wandel die Lügenmäuler und Verleumder Israels zum Verstummen zu bringen; je mehr wir unsere Liebe zum Vaterland tätig beweisen durch Liebe und Achtung und Treue gegen den Regenten, durch Gehorsam gegen die Gesetze, durch gewissenhafte Erfüllung aller Untertanenpflichten, durch willige Ertragung aller unvermeidlichen bürgerlichen Lasten, durch Gemeinsinn und gemeinnütziges Wirken für das Beste des Staates, durch ein ordnungsliebendes, gesetzmäßiges bescheidenes Verhalten in allen Verhältnissen und Angelegenheiten des bürgerlichen Lebens: desto eher wird und muss unsere Hoffnung auf Erlösung und Befreiung zur Wirklichkeit werden.«[25]

Hinter Joseph Maier stand nur eine Minderheit seiner Glaubensgenossen. Vielen von ihnen gingen seine Reformen entschieden zu weit. Feinde hatte er vor allem in den an den traditionellen Formen religiöser Frömmigkeit festhaltenden Landgemeinden. Doch er war klug genug, der Israelitischen Oberkirchenbehörde, abgesehen von den ihm staatlich geboten erscheinenden organisatorischen und verwaltungsmäßigen Neuerungen, hier ein behutsames Vorgehen anzuraten. Eine allmähliche Veränderung im Sinne eines Reformkonzepts erhoffte er sich von seinem umfangreichen theologischen, insbesondere religionspädagogischen Werk. 1834 veröffentlichte er ein Spruchbuch, das bis 1911 in den israelitischen Volksschulen verwendet wurde, 1836 ein Konfirmandenbüchlein. Im gleichen Jahr führte die Israelitische Oberkirchenbehörde ein von ihm erarbeitetes Gesangbuch ein, das jedoch von den Gemeinden nicht akzeptiert wurde. 1837 gab er zum Gebrauch in den Synagogen und in den israelitischen Schulen ein Lehrbuch der Israelitischen Religion heraus, 1838 eine Synagogen-Ordnung und 1841 eine Amts-Instruktion für Rabbiner. Sein 1848 erschienenes *Israelitisches Gebet- und Andachtsbuch* fand im Kreis seiner Glaubensgenossen nur geringe Beachtung. Es sollte das seither gebräuchliche Gebetbuch, die *Seder Tefilah* ablösen; es war ein grundlegend reformerisches Werk. Eine erheblich günstigere Resonanz hatte seine 1861 publizierte *Israelitische Gebetordnung*; sie wurde 1908 von Theodor Kroner in überarbeiteter Fassung neu herausgegeben.[26]

Seine reformerischen Ideen konnte Maier in der neu errichteten Gemeinde Stuttgart ohne größere Widerstände durchsetzen. Tonangebend waren hier die Kaulla, Pfeiffer und Benedikt sowie einige andere Familien, die zum Kreis der einstigen Hoffaktoren gehörten, zu Wohlstand gelangt waren und seit langem eine privilegierte gesellschaftliche Stellung innehatten. Am 3. Januar 1835 hielt Maier im Rahmen eines Festgottesdienstes im Haus des Hofagenten Salomon Jakob Kaulla, Königstraße 35, in der damals 37 Familien mit 127 Köpfen zählenden Gemeinde seine Antrittspredigt.[27] In ihr betonte er die Notwendigkeit eines neuen Geistes bei gleichzeitigem Respekt vor dem alten.[28] In demselben Jahr heiratete er Rebekka Auerbacher, die aus einer der angesehensten Familien Stuttgarts stammte.[29]

Ihren ersten Betsaal richtete die Gemeinde im alten »Waldhorn« ein. Dieser angemietete Saal erwies sich als unzureichend. Die Gemeinde erwarb deshalb im April 1837 in der Langen Straße 16 einen Bauplatz. Dank der großzügigen finanziellen Unterstützung v.a. durch die Familien Kaulla und Pfeiffer konnte der Neubau innerhalb weniger Monate erstellt werden. Im Oktober 1837 fand die feierliche Einweihung des Betsaals statt. Vorsänger Moses Eichberg und Mitglieder der königlichen Hofkapelle gestalteten die musikalische Umrahmung. Der für 220-230 Personen Platz bietende und mit einer Frauenempore ausgestattete Betsaal bildete einen Anbau des Gemeindehauses; zwei Treppenhäuser im Hof führten zu ihm. Auf der Ostseite des Saals befand sich die heilige Lade mit Kanzel und Altar.[30]

Seit ihrer Gründung im Jahr 1832 bemühte sich die Gemeinde um Grund und Boden für die Anlage eines Friedhofs. Nach längerem Suchen und nach nicht einfachen Verhandlungen gelang es ihr, einen Teil des Hoppenlaufriedhofs für diesen Zweck zu erwerben. Allein, die Anwohner erhoben Einspruch. Erst als sich König Wilhelm I. auf die Seite der Gemeinde stellte, konnten die Beschwerden zurückgewiesen werden. Im November 1834 übergab Rabbiner Maier den Friedhof in einer Feierstunde seiner Bestimmung.[31] Einer der ersten Toten, die hier beigesetzt wurden, war der am 1. Februar 1838 verstorbene Kommerzienrat Nathan Wolf Kaulla, der Neffe von Madame Kaulla, Teilhaber der Hofbank und weltliches Mitglied der Israelitischen Oberkirchenbehörde. Im Jahr 1840 regte Rabbiner Maier die Bildung eines Vereins für Krankenpflege und Totenbestattung an, um eine den religiösen Vorschriften entsprechende Bestattung zu gewährleisten. Die Gemeinde erwarb einen Leichenwagen und ein Leichentuch, die sie auch in Verwahrung nahm.[32] 1873 wurde mit dem Pragfriedhof ein neuer Zentralfriedhof für die Stadt eröffnet. 1874 erhielt die Israelitische Gemeinde dort ein Areal als Begräbnisplatz eingeräumt. Auf dem Israelitischen Teil des Hoppenlaufriedhofs fanden von da an nur noch vereinzelt Beisetzungen statt, die letzte 1904. Offiziell wurde der Friedhof bereits am 3. Februar 1882 geschlossen.[33]

Die Zahl der Mitglieder der Gemeinde wuchs in den beiden ersten Jahrzehnten nach der Gründung vorwiegend durch Zuzüge stetig an: 1843 230 und 1854 265 Gemeindeangehörige. Im Rabbinatsbericht von 1844 entwarf Rabbiner Maier von der Stuttgarter Gemeinde ein sehr günstiges Bild:

»Von den Gemeinden [in Württemberg] nimmt Stuttgart sowohl in sittlich-religiöser als auch in ökonomischer Hinsicht den ersten Platz ein. Die Bildung, welche die Bewohner der Stadt vor denen auf dem Land voraus haben, sowie der Wohlstand der meisten dieser Genossen wirkt wohltätig auf die Moralität. Es gibt in der Gemeinde derzeitig keinen Einzigen, der sich von dem eigentlichen Nothandel [Schacherhandel] nährte. Diejenigen, welche nicht von den Zinsen ihrer Kapitalien leben, treiben Geschäfte im Großen, eine Kunst oder Wissenschaft oder sonst ein ordentliches bürgerliches Gewerbe. Selbst der kirchliche Sinn, der früher aus Mangel an religiösen Anstalten fast völlig verschwunden war, nimmt von Jahr zu Jahr zu, und der öffentliche Gottesdienst bleibt nicht ohne Einfluss auf die Moralität.«[34]

Im Gegensatz zu den Juden in Stuttgart lebte zu Beginn der 1830er-Jahre ein großer Teil der Juden in den Landgemeinden in bitterer Armut. Besonders groß war die Not der vielen eltern- und heimatlosen Kinder. Die hiesigen Juden entzogen sich ihren sozialen Verpflichtungen nicht. Die württembergische Landeshauptstadt wurde ein Zentrum israelitischer Wohlfahrtsbestrebungen. Auf Initiative des Ellwanger Buchhändlers Isaak Heß (1789-1866) konstituierte sich hier 1831 der »Verein zur Versorgung armer israelitischer Waisen und verwahrloster Kinder«. König Wilhelm I. steuerte zum finanziellen Grundstock des Vereins 300 fl bei. Spendenaufrufe fanden nicht nur bei Juden, sondern auch in christlichen Kreisen ein unerwartet positives Echo. So konnte der neue Verein hilfsbedürftige Jungen und Mädchen in privater Pflege unterbringen und sich um ihre schulische und berufliche Ausbildung kümmern. Freilich hatte die offene Waisenfürsorge viele Nachteile. Deshalb entschloss sich der Verein zum Kauf eines Hauses, um in diesem eine Waisenanstalt einzurichten. Großzügige Spenden und namentlich eine Fünftausend-Gulden-Stiftung des Stuttgarter Bankiers Seligmann Löb Benedict ermöglichten die Realisierung dieses Plans. 1842 wurde in der Entengrabengasse in Esslingen ein geeignetes Haus erworben und eine Waisenanstalt, die »Wilhelmspflege«, gegründet; sie erlangte dank der an ihr tätigen Erzieher und Lehrer weit über die Grenzen Württembergs hinaus einen ausgezeichneten Ruf. Sitz des Vereins und damit auch der Verwaltung der »Wilhelmspflege« blieb jedoch Stuttgart. Hier waren auch die Vorsitzenden des Vereins ansässig, allesamt bemerkenswerte Persönlichkeiten, so die beiden ersten Vorsitzenden, Dr. Samuel Dreifuß (1831-1853) und der Privatgelehrte Adolph Levi (1853-1883), dem König Karl 1883 den Titel eines Hofrats verlieh. Das 1880 vergrößerte und umgebaute Anstaltsgebäude wurde 1913 durch einen von den Stuttgarter Architekten Oskar Bloch und Ernst Guggenheimer errichteten Neubau hinter der Burg in der Mülbergerstraße ersetzt. Die Einweihungsfeier des neuen Anstaltsgebäudes erhielt ihren besonderen Glanz durch die Anwesenheit Wilhelms II. und Charlottes von Württemberg, des Königspaars.[35]

Im Gegensatz zu den Israelitischen Landgemeinden kam es in Stuttgart nie zur Gründung einer israelitischen Volksschule. Im 18. und noch in den ersten Jahrzehnten des 19. Jahrhunderts wurden die Kinder der hier wohnhaften jüdischen Familien durch Privatlehrer unterrichtet. Die wohlhabenden Hoffaktoren konnten sich dies leisten. Nach Einführung der Schulpflicht auch für die jüdischen Kinder im Februar 1825 entschieden sich die Eltern, obwohl ein Teil von ihnen vorübergehend noch am Privatunterricht festhielt, dafür, ihre Kinder in christliche Schulen zu schicken, und hier gab es offensichtlich keine Probleme. Den Religionsunterricht erteilte die Religionsschule der Gemeinde. Als Lehrmittel verwendete sie die von Rabbiner Maier erarbeiteten und veröffentlichten Schulbücher: das Spruchbuch, das Gesangbuch, die *Confirmations-Handlung nebst dem Confirmanden-Unterricht*« sowie das *Lehrbuch der israelitischen Religion*. Der Religionsunterricht umfasste 1850 biblische Geschichte, Einüben von Bibelsprüchen und Liederversen, die mosaische Glaubens- und Sittenlehre sowie das Bibellesen. Die Kinder im Alter von sieben bis elf Jahren hatten wöchentlich vier Stunden Religionsunterricht, den der Vorsänger erteilte. Die Kinder im Alter von elf bis 14 Jahren wurden wöchentlich vier oder fünf Stunden durch den Rabbiner unterrichtet. Für das Erlernen der hebräischen Sprache waren in der Woche lediglich zwei Stunden reserviert. Die Katechisationen blieben im Wesentlichen auf die schulpflichtigen Kinder beschränkt, da sich zu ihnen kaum schulentlassene Jugendliche und erst recht keine Erwachsenen einfanden. Seit 1851 hatte der Rabbiner namentlich nach den Hauptfesten die Kinder über ihre Fortschritte in der Religionsschule zu prüfen. Dennoch verstummten die schon zuvor von der Gemeinde geäußerten teilweise recht massiven Beanstandungen über die Religionsschule nicht. Nicht wenige Gemeindeglieder vertraten die Auffassung, dass nur die Errichtung einer israelitischen Volksschule Abhilfe schaffe. Obwohl das Kirchenvorsteheramt dazu grundsätzlich bereit war, kam es nicht zur Gründung einer solchen Schule. Der Hebräischunterricht wurde auf drei Stunden in der Woche erhöht. Die Religionsschule blieb ein Sorgenkind. Die Klagen über Schulversäumnisse und über andere Unzuträglichkeiten häuften sich. Durch die Erhöhung der Zahl der Lehrkräfte bis 1880 auf drei (Rabbiner, Vorsänger und Vorsängergehilfe) sowie die Bildung einer zweiklassigen Religionsschule, ferner durch die Einführung von israelitischem Religionsunterricht in den Stuttgarter höheren Lehranstalten konnte eine wesentliche Verbesserung erreicht werden.[36]

Neben der Religionsschule bestand von 1852 bis 1880 ein von dem aus Darmstadt stammenden privatisierenden Kaufmann Anton Feist

Mayer und nach dessen Tod von dessen Witwe Caroline geleitetes privates Erziehungsinstitut für Töchter israelitischer Religion, das zunächst seinen Sitz in der Königstraße 51 und seit 1869 in der Paulinenstraße hatte. Gewissermaßen als Ersatz gründeten Gustav und Isabella Schloss 1882 eine jüdische »Höhere Töchterschule«. Diese bis 1918 bestehende und von zwölf Schülerinnen im Alter von zehn bis 17 Jahren besuchte Schule wechselte wiederholt die Adresse (u.a. Weinsteige 16 und zuletzt Uhlandstraße 25).[37]

Obgleich seit der napoleonischen Zeit Mittelpunkt des im Vergleich zum ehemaligen Herzogtum gebietsmäßig und der Einwohnerzahl nach fast verdoppelten Königreichs Württemberg, tat sich Stuttgart in wirtschaftlicher Hinsicht schwer, aus dem Schatten der fürstlichen Residenz herauszutreten und sich der in Westeuropa schon weit fortgeschrittenen Industrialisierung zu erschließen. Dies änderte sich in der Mitte des 19. Jahrhunderts. Stuttgart erhielt Anschluss an die Eisenbahn. Seine wirtschaftlichen Auftriebskräfte erstarkten. Eine Reihe hoch befähigter und weit schauender Industriepioniere öffnete Württemberg und insbesondere seiner Hauptstadt das Tor zur modernen Welt. Stuttgart, das 1846 erst 50 000 Einwohner zählte, wuchs, alle anderen Städte des Königreichs weit hinter sich lassend, zur Großstadt heran. 1870 näherte es sich bereits der 100 000er, bald nach 1900 erreichte es die 200 000er Marke. Seine Industrie, jetzt vielseitig, innovativ und leistungsfähig, erlangte weit über die Grenzen Deutschlands hinaus einen hervorragenden Ruf.

Um die Mitte des 19. Jahrhunderts betätigten sich die jüdischen Einwohner der württembergischen Landeshauptstadt im Bankwesen, im Großhandel und in sonstigen bürgerlichen Gewerben. Eine größere Zahl von ihnen hatte sich akademischen Berufen zugewandt (Ärzte, Rechtsanwälte). Die Stuttgarter Juden gewannen schon Mitte des 19. Jahrhunderts im Wirtschaftsleben des Landes Bedeutung. Sie leisteten einen beachtlichen Beitrag zur Industrialisierung Stuttgarts und des Mittleren Neckarraums. Am Aufschwung der württembergischen Textilindustrie waren auch jüdische Unternehmerfamilien beteiligt (Gutmann, Elsas, Arnold usw.). Eine Reihe von Privatbanken befriedigte neben der Hofbank den Kreditbedarf der Wirtschaft. Einige der bekanntesten Privatbanken waren von Juden gegründet worden, so die Banken von Elias Pflaum (aus Pflaumloch, Gde. Riesbürg, Ostalbkreis), Kiefe, Rosenfeld und Hausmeister.[38]

Die im wirtschaftlichen und gesellschaftlichen Leben Stuttgarts eine herausragende Rolle spielende Familie Kaulla förderte die Israelitische Gemeinde weiterhin großzügig. Mehrere Angehörige dieser Familie engagierten sich in vorbildlicher Weise für ihre Glaubensgenossen. Nathan Wolf Kaulla (1784-1838), eines der ersten drei weltlichen Mitglieder der Israelitischen Oberkirchenbehörde, wurde schon erwähnt. Wesentlichen Anteil an der Gründung und der schnellen Konsolidierung der Stuttgarter Gemeinde hatte Salomon Jakob Kaulla (1792-1881). Anlässlich seines 25-jährigen Jubiläums als »Kirchenvorsteher« rühmte die Gemeindeleitung in einem Schreiben geradezu überschwänglich seine Verdienste:

> »Als Sie Ihr Amt antraten, fanden Sie diese [die Gemeinde] im Beginn ihrer Entwicklung, jetzt ist sie zu einem blühenden, weithin als mustergültig anerkannten Gemeinwesen geworden. Das dürfen Sie getrost als Ihr Verdienst ansehen, denn jede der Zeit Rechnung tragende Neuerung, jede das Ansehen und das Wohl der Gemeinde fördernde Institution fand in Ihnen einen ebenso sachkundigen als unermüdlichen Förderer«.[39]

Rabbiner Dr. Joseph Maier stieg in den 1830er- und 1840er-Jahren zu dem einflussreichsten jüdischen Theologen Württembergs auf. Sein Wort hatte Gewicht. Allerdings erschien vielen seiner Berufskollegen der Reformeifer, den er an den Tag legte, überzogen. Selbst Neuerungen aufgeschlossenen Rabbinern und Religionslehrern missfiel, dass er sich bei seinen Reformen an einem rationalistischen Protestantismus orientierte. Der christliche Präsident der Israelitischen Oberkirchenbehörde Johann Balthasar von Steinhardt schätzte Maier. Auf Steinhardts Veranlassung wandelte König Wilhelm I. 1837 die provisorische Berufung des Stuttgar-

*Rabbiner Dr. Joseph Maier*

ter Rabbiners zum Theologischen Mitglied der Israelitischen Oberkirchenbehörde in eine definitive um. Gleichzeitig verlieh er ihm den Titel Kirchenrat. Die Wahl Maiers zum Präsidenten der im Juni 1844 in Braunschweig tagenden ersten allgemeinen Rabbinerversammlung rief bei den württembergischen Juden heftige Kritik, ja Ablehnung hervor. Mit seinen radikalen Reformideen, die er auch publizistisch vertrat, brachte er die konservativen Kreise im Land gegen sich auf. Die Regierung bestand darauf, dass er auf eine Wiederwahl verzichtete.[40]

## Rasches Anwachsen der Gemeinde. Bau der Synagoge

Nach der Jahrhundertmitte beschleunigte sich durch Zuzüge aus den Landgemeinden das Wachstum der Stuttgarter Gemeinde. Der 1837 erbaute Betsaal reichte nicht mehr aus. Namentlich fehlte es an Frauenplätzen. Hinzu kam, dass die Hauptstadt des Königreichs, in der die Zentrale der Israelitischen Religionsgemeinschaft ihren Sitz hatte, eines repräsentativen Gotteshauses bedurfte, und als solches konnte der Betsaal sicherlich nicht gelten. Bereits Anfang 1850 wurde eine Baukommission gebildet. Ihr gehörten Hofrat Adolph Levi, Stadtrat Dr. Jordan und Karl Seligmann an. Bei einer Gemeindeversammlung am 3. Oktober 1852 lehnte jedoch eine Mehrheit den Bau einer Synagoge, ja sogar eine Erweiterung des bestehenden Betsaals ab. Die Leitung der Gemeinde verfolgte dennoch das Bauprojekt weiter. Professor Joseph Egle, um eine gutachtliche Stellungnahme gebeten, riet zu einer großzügigen Lösung: keine Vergrößerung des Betsaals, sondern ein Synagogenneubau. Dieser Vorschlag fand nunmehr die Billigung einer am 22. Januar 1854 einberufenen Gemeindeversammlung. Auf einem im Mai 1856 von der Gemeinde erworbenen Grundstück Hospitalstraße 36 wurde in den Jahren 1858 bis 1861 nach den Plänen von Architekt Professor Gustav Adolf Breymann (1807-1859) durch Stadtbaurat Adolf Wolff, den verantwortlichen Bauleiter, im maurischen Stil eine von zwei Kuppeln überwölbte Synagoge erstellt, zu der der Staat einen finanziellen Beitrag von 2 500 fl leistete. Ein erheblicher Teil der Baukosten und der Aufwendungen für die Innenausstattung wurde durch Spenden und vor allem durch den Verkauf der Synagogenplätze gedeckt. Trotzdem musste die Gemeinde noch

*Die Synagoge in Stuttgart aus dem Jahre 1861*

*Synagoge Stuttgart (Innenraum)*

eine hohe Schuldenlast auf sich nehmen, um das stattliche Gebäude finanzieren zu können.

Hatte schon die Grundsteinlegung am 26. Mai 1859 in der Öffentlichkeit starke Beachtung gefunden, so war dies bei der Einweihung der Synagoge am Freitag, dem 3. Mai 1861, 18.00 Uhr, erst recht der Fall. Schon am Vorabend hatte Kronprinz Karl mit Gefolge das Gebäude besichtigt. An der Einweihung selbst nahmen zahlreiche Vertreter der Stadt und des Staates sowie Repräsentanten der Israelitischen Gemeinden des Landes teil. Aufsehen erregte Kirchenrat Rabbiner Dr. Joseph Maier in seiner Begrüßungsrede mit der emphatischen Huldigung an die Stadt Stuttgart: »Ja, dir, geliebtes Stuttgart, unserem Jerusalem, wünschen wir Heil!«[41] Diesen Ausspruch nahmen streng gesetzestreue jüdische Kreise in Württemberg Maier sehr übel, interpretierten sie ihn doch in der Weise, der liberale Kirchenrat setze Stuttgart als Ort des Heils an die Stelle Jerusalems und habe die Hoffnung auf eine Rückkehr der Juden ins Heilige Land aufgegeben.[42] Dem war wohl kaum so. Maier wollte zum Ausdruck bringen, dass die württembergische Landeshauptstadt den in ihr lebenden Juden durch den hier herrschenden Geist religiöser Duldsamkeit zur Heimat geworden war und dass sie sich in gleicher Weise wie ihre christlichen Landsleute als Württemberger fühlten.

Die in der württembergischen Landeshauptstadt in den ersten Jahrzehnten des 19. Jahrhunderts noch stark verbreitet gewesene Judenfeindschaft besaß um 1860 kaum noch Anhänger. Ein Ministerialbericht aus jenen Jahren äußerte sich anerkennend über die jüdischen Bürger: »Die Israeliten sind gute Bürger, haben Achtung vor dem Gesetze, sie sind mäßig und sparsam und ihr Familienleben verdient hohes Lob.«[43]

Es war wohl bedacht, wenn Maier im Jahr der Synagogeneinweihung eine *Israelitische Gebetordnung* herausgab; sie näherte sich mit ihren Texten den Wünschen des überwiegend gesetzestreuen Landjudentums. Die Gebete waren wieder in Hebräisch abgedruckt, wobei zum Teil deutsche Übersetzungen beigegeben waren. In die »Gebetordnung« hatte er auch deutsche Lieder aufgenommen – vor allem Nachdichtungen von Psalmen.[44] Gesang und später auch Instrumentalmusik wurden sehr gepflegt. Seit dem Bezug des Betsaals in der Langen Gasse 16 bestand ein Synagogenchor, dem zeitweilig auch christliche Sänger angehörten. Die von Professor Dr. Faißt im

*Grabstein für Rabbiner Dr. Joseph von Maier, 40 Jahre lang im Dienst der Stuttgarter jüdischen Gemeinde*

Auftrag des Kirchenvorsteheramts für die Gottesdienste in der Stuttgarter Synagoge seit 1861 komponierten Synagogengesänge fanden weithin starke Beachtung. Württembergische und sonstige deutsche Israelitische Gemeinden ersuchten das Kirchenvorsteheramt um die Erlaubnis, sie in ihren Gottesdiensten gleichfalls aufführen zu dürfen. Die Synagoge in der Hospitalstraße 36 war mit einer Orgel der Firma Weigle ausgestattet.[45]

Sein Bemühen um die Integration der jüdischen Untertanen in den württembergischen Staat sowie die ihm mit zu verdankende Schaffung einer Landesorganisation für die Israelitische Religionsgemeinschaft trugen Joseph Maier bei König und Regierung hohes Ansehen ein. 1856 verlieh ihm König Wilhelm I. das Ritterkreuz des Friedrichsordens, und 1867 wurde er von König Karl mit dem Ritterkreuz des Ordens der Württembergischen Krone ausgezeichnet, mit dem der persönliche Adel verbunden war. Maier war damit der erste jüdische Bürger in Württemberg, der seinem Familiennamen das »von« voransetzen durfte. Dass der engagierte Vorkämpfer für die uneingeschränkte staatsbürgerliche Gleichberechtigung der Juden diese noch erleben durfte, empfand er sicher als große Genugtuung. Maier starb nach mehr als 40-jähriger Zugehörigkeit zur Israelitischen Oberkirchenbehörde am 19. August 1873. In seinen beiden letzten Lebensjahren hatte ihm der spätere Heilbronner Rabbiner Ludwig Kahn als Vikar zur Seite gestanden.[46]

Seit den 1860er-Jahren nahm die Zahl der Mitglieder der Stuttgarter Israelitischen Gemeinde rasch zu. 1869 lebten in der württembergischen Landeshauptstadt 1314, 1886 2568, 1900 3822 Juden[47], d.h. kurz vor Ausbruch des Ersten Weltkriegs war ein gutes Drittel aller württembergischen Juden Stuttgarter Bürger.

## Die Cannstatter Juden gründen eine eigene Gemeinde

In den ersten Jahrzehnten des 19. Jahrhunderts ließen sich in der Stuttgart unmittelbar benachbarten Oberamtsstadt Cannstatt wieder Juden nieder. 1831 wurden dort 13, 1858 33, 1864 162, 1871 256, 1880 375 und 1900 484 jüdische Einwohner gezählt. Die Cannstatter Juden gehörten seit 1832 zur Israelitischen Gemeinde Stuttgart. Im Jahr 1871 jedoch schlossen sie sich zu einer eigenen Religionsgemeinde zusammen. Im Haus des Fabrikanten Otto Pappenheimer, Hofener Straße 5, richteten sie einen Betsaal ein. 1872 kauften sie einen Acker »auf der Steig« und legten auf diesem im Jahr darauf einen Friedhof an. Da der Betsaal der wachsenden Gemeinde bald nicht mehr genügte, erbauten sie 1875/76 in der Wilhelmstraße eine Synagoge. Die Gemeinde hatte unter ihren Mitgliedern sehr wohlhabende Bürger, so die Fabrikanten Elsas, Gutmann, Straus, den Viehhändler Veit Rothschild sowie den Früchtehändler und Hoflieferanten Julius Koch, dessen Tochter Pauline die Mutter Albert Einsteins war. 1863 wurde hier die Mechanische Weberei Elsas gegründet, bald darauf die Korsettfabrik Gutmann (später Lindauer) von Göppingen nach Cannstatt verlegt. Zu einem bedeutenden Industrieunternehmen entwickelte sich bis zur Wende vom 19. zum 20. Jahrhundert die Bettfedernfirma Straus, die Zweigniederlassungen in St. Petersburg, Moskau, Charkow, Odessa, Paris und Berlin besaß.

1879 verlieh die Stadt Cannstatt Ernst Ezechiel Pfeiffer, der sich durch gemeinnützige Stiftungen hohes Ansehen erworben hatte, das Ehrenbürgerrecht »als Ausdruck der dankbaren Anerkennung seiner vielseitigen bleibenden Verdienste um unsere Stadt und seiner in reichem Maße betätigten wohltätigen Gesinnungen gegen deren Bewohner«. Der Geheime Hofrat Ernst Ezechiel Pfeiffer gehörte von 1869 bis 1872 dem Cannstatter Bürgerausschuss an.[48]

### Eine Zeit stürmischer Aufwärtsentwicklung

Nachfolger Joseph Maiers als Theologisches Mitglied der Israelitischen Oberkirchenbehörde und als Rabbiner der Gemeinde Stuttgart wurde Moses Wassermann, eine um Ausgleich zwischen den geistigen Richtungen des Judentums bemühte Persönlichkeit. Am 15. Juli 1811 in Ansbach als Sohn des nachmaligen Rabbiners Salomon Wassermann in Laupheim und Mergentheim geboren, studierte Moses Wassermann nach dem Besuch des Gymnasiums in Ulm an den Universitäten Würzburg und Tübingen. 1832 promovierte er mit einer Arbeit über die »Kategorien«. In Tübingen hatte er Gelegenheit, Ludwig Uhland und dessen »Collegium stilisticum«, das er belegte, näher kennen zu lernen. Das Lehrer-Schüler-Verhältnis wandelte sich in eine lebenslange Freundschaft. Als Rabbinatsverweser wurde Wassermann nach vorübergehender Verwendung in Mergentheim zum 1. Januar 1835 nach Mühringen versetzt. Nach Ablegung der zweiten Dienstprüfung 1837 zum Rabbiner ernannt, blieb er bis 1873 in der mit ihren Anfängen ins 16. Jahrhundert zurückreichenden Israelitischen Gemeinde, die im 18. Jahrhundert ein religiöser Mittelpunkt für die Juden in Südwestdeutschland gewesen war. In Mühringen kam er in enge Berührung mit dem gesetzestreuen Landjudentum, und er erkannte, welch reicher Schatz an religiösen Werten sich dieses bewahrt hatte. Reformen mussten, davon war er überzeugt, mit einem solchen Schatz behutsam umgehen, mussten ihn nutzbar machen. Wassermann war literarisch begabt. Die ländliche Umgebung regte sein schriftstellerisches Schaffen an. Seine Erzählungen und sein Roman *Judo Touro* hatten die Welt des Judentums und des Islam zum Gegenstand.[49]

In Stuttgart gewann der gemütstiefe Geistliche durch seine verbindliche, aufgeschlossene Art in der Israelitischen Oberkirchenbehörde und in der Israelitischen Gemeinde rasch einen festen Rückhalt. Sein schriftstellerisches Werk verschaffte ihm Eingang am königlichen Hof. Freundschaftliche Kontakte knüpfte er zu den evangelischen Prälaten Sixt Karl Kapff und Karl Gerok. Anlässlich seines 50-jährigen Amtsjubiläums im Jahr 1884 bekundeten ihm die Angehörigen seiner Religionsgemeinschaft, ebenso Stadt und Staat, Vertreter der christlichen Kirchen und der höheren Lehranstalten Dankbarkeit und hohe menschliche Wertschätzung. König Karl verlieh ihm den Kronenorden Erster Klasse, mit dem der Personenadel verbunden war. Festgottesdienste in der Synagoge bildeten den Höhepunkt der Jubiläumsfeierlichkeiten.[50]

Von einer schweren Krankheit, die ihn 1887 überfiel, erholte er sich, so dass er 1891 seinen 80. Geburtstag in bemerkenswerter Rüstigkeit und noch immer als amtierender Israelitischer Kirchenrat und Rabbiner begehen konnte.

Seine letzten Lebensmonate waren überschattet von dem im Frühherbst 1892 in Ulm stattfindenden Prozess gegen den Herausgeber der antisemitischen *Ulmer Schnellpost*, Hans Kleemann. Dieser hatte, sich auf das Buch eines Professors August Rohling *Der Talmudjude* stützend, die Juden in seiner Zeitung als moralisch und sittlich minderwertig bezeichnet. Wassermann, als jüdischer Sachverständiger geladen, trug durch verwirrende und teilweise widersprüchliche Äußerungen über den Talmud leider mit dazu bei, dass Kleemann freigesprochen wurde.[51] Die Teilnahme an dem Prozess hatte die Kräfte des 81-Jährigen überfordert. 13 Tage nach seiner Rückkehr aus Ulm starb er am 18. Oktober 1892.[52]

Zum Nachfolger Wassermanns wurde am 4. Dezember 1893 nach mehr als einjähriger Vakanz Dr. Theodor Kroner als Stadtrabbiner und Theologisches Mitglied der Israelitischen Oberkirchenbehörde mit der Amtsbezeichnung Kirchenrat berufen. Kroner, am 12. Mai 1845 in Dyhernfurth bei Breslau geboren, hatte nach seiner Ausbildung am Jüdisch-Theologischen Seminar in Breslau zunächst die Israelitische Lehrerbildungsanstalt in Münster in Westfalen geleitet, war dann Landesrabbiner von Sachsen-Weimar-Eisenach in Stadtlengsfeld, später in Erfurt und schließlich Direktor der Israelitischen Lehrerbildungsanstalt in Hannover gewesen. Wissenschaftlich war er mit Publikationen zu historischen und pädagogischen Themen hervorgetreten. In Stuttgart widmete er sich dann der Erforschung der Geschichte der Juden in Württemberg. Sein besonderes Interesse galt den alten Friedhöfen des Landes. Theologisch einer konservativen Richtung zuneigend, bemühte er sich mit Erfolg um ein friedliches Miteinander zwischen den noch in der Tradition der Väter verwurzelten Landjuden und den eine liberalere Haltung einnehmenden Juden in den größeren Städten des Königreichs. Sehr am Herzen lag ihm die Hilfe für bedürftige Kranke und Alte. Seiner Initiative verdankt eine große Zahl von karitativen Vereinen und sozialen Einrichtungen der Stuttgarter Gemeinde ihr Entstehen. Als erstem Rabbiner verlieh ihm König Wilhelm II. anlässlich seines 25-jährigen Regierungsjubiläums 1916 den Titel eines Israelitischen Oberkirchenrats. Auch mit dem Ritterkreuz des Friedrichsordens Erster Klasse zeichnete er ihn aus. Obgleich bei Ausbruch des Ersten Weltkriegs im August 1914 schon 69 Jahre alt, blieb er die ungemein harten und leidvollen Kriegsjahre über und ebenso während der nicht minder schweren ersten Nachkriegsjahre im Amt. Erst Ende 1922 trat er in den Ruhestand. Bereits am 6. Oktober des folgenden Jahres starb er.[53]

Zum Bezirksrabbinat Stuttgart gehörten um 1890 neben Stuttgart selbst die Israelitischen Gemeinden Cannstatt, Esslingen und Ludwigsburg. Alle diese Gemeinden, insbesondere aber die Stuttgarter Gemeinde, nahmen zahlenmäßig ständig zu. Für den Geistlichen, der diesem Bezirk vorstand und der dazu noch durch seine Tätigkeit in der Israelitischen Oberkirchenbehörde stark gefordert war, vergrößerte sich damit die berufliche Belastung fortwährend. Am 2. Januar 1894 wurde deshalb Rabbiner Dr. Kroner Dr. David Stössel, der zuvor schon als Vikar und Religionslehrer in der hiesigen Gemeinde tätig gewesen war, zur Seite gestellt, er wurde zum zweiten Stadtrabbiner in Stuttgart und zum Bezirksrabbiner für Cannstatt, Esslingen und Ludwigsburg ernannt. Stössel, am 29. Oktober 1848 in Lackenbach in Ungarn geboren und somit nur drei Jahre jünger als Kroner, wirkte bis 1919 in den ihm übertragenen Ämtern. Er starb am 18. Dezember 1927.[54] Das Staatskirchentum, dem die Israelitische Religionsgemeinschaft seit 1828 in einer noch strengeren Form als die großen christlichen Konfessionen unterworfen war und das bis ins Kleinste die inneren Angelegenheiten der Gemeinden regelte, wurde, so widerspruchslos es anfangs hingenommen worden war, immer stärker als lästige Bevormundung empfunden. Die gesetzestreuen Juden, die ohnehin jeder Reform ablehnend gegenüberstanden, setzten es geradezu mit Gewissenszwang gleich. Doch erst das Gesetz vom 8. Juli 1912 und die neue Israelitische Kirchenverfassung vom 16. September 1912 trugen dem Verlangen nach einer weitgehenden religiösen Autonomie Rechnung. An die Stelle des Staatskirchentums trat die so genannte Kirchenhoheit. Die Israelitische Religionsgemeinschaft erhielt den Rechtsstatus einer Körperschaft des öffentlichen Rechts. Das Ministerium des Kirchen- und Schulwesens war nur noch Aufsichtsinstanz. Die Israelitische Oberkirchenbehörde erlangte das Recht der Selbstverwaltung und der Gesetzgebung in Angelegenheiten der Israelitischen Religionsgemeinschaft. Die Gemeinden, denen eine selbständige Stellung eingeräumt wurde, hatten die Möglichkeit, durch den von ihnen zu wählenden weiteren Rat in der Verwaltung und Gesetzgebung mitzuwirken. Das Prinzip der Kirchenhoheit wurde allerdings nicht konsequent durchgeführt, gewisse Relikte des staatskirchlichen Systems blieben erhalten, so der Genehmigungsvorbehalt des Staates bei Änderungen der Israelitischen Kirchenverfassung oder das Mitspracherecht bei der Anstellung bzw. Dienstentlassung von Rabbinern und Vorsängern.[55]

## Die Gründung der orthodoxen Religionsgesellschaft

Seit der Gründung der Israelitischen Gemeinde Stuttgart im Jahr 1832 bestanden in ihr starke Spannungen zwischen Gemeindemitgliedern, die für umfassende Reformen eintraten und solchen, die an den traditionellen Formen jüdischer Frömmigkeit festhielten, wie sie in den seit vielen Generationen bestehenden Landgemeinden gelebt wurden. Da der Staat seit der Schaffung einer Landesorganisation der Israelitischen Religionsgemeinschaft hier ebenso wenig wie bei der christlichen Bevölkerung offiziell Dissidenten duldete, konnte es in Städten und Landgemeinden lediglich Einheitsgemeinden geben, unter deren Dach Juden unterschiedlicher religiöser Richtungen miteinander auskommen mussten, und dies gelang auch leidlich. König Karl, dessen toleranter Einstellung es zu verdanken war, dass Württemberg in den 1870er-Jahren von dem hässlichen Kulturkampf verschont blieb, nahm in religiösen Fragen insgesamt eine progressive Haltung ein. Am 8. April 1872 wurde das »Gesetz betreffend die religiösen Dissidenten-Vereine« erlassen. Es bestimmte: »Die Bildung religiöser Vereine außerhalb der vom Staat als öffentliche Körperschaften anerkannten Kirchen ist von einer staatlichen Genehmigung unabhängig.« Ausdrücklich zugebilligt wurde den »Dissidenten-Vereinen« – christlichen wie jüdischen – das »Recht der freien gemeinsamen Religionsübung im häuslichen und öffentlichen Gottesdienst sowie die selbständige Ordnung und Verwaltung ihrer Angelegenheiten«. Allerdings dürften sie nach ihrem Bekenntnis, ihrer Verfassung oder ihrer Wirksamkeit mit den Geboten der Sittlichkeit oder mit der öffentlichen Rechtsordnung nicht in Widerspruch stehen.[56]

Die Möglichkeit, sich nunmehr von den bestehenden Israelitischen Gemeinden zu trennen und eine eigenständige religiöse Gemeinschaft zu bilden, nutzte eine größere Zahl von streng gesetzestreuen Juden. 1878 konstituierte sich in Stuttgart die »Israelitische Religionsgesellschaft«. Diese den Status eines Vereins besitzende Israelitische Religionsgesellschaft hatte ihren Betsaal zunächst im Haus Urbanstraße 6, später im Haus Alexanderstraße 52. Eine führende Position in ihr hatte der Bankier Hermann Gutmann inne. Er leitete auch den »Verein jüdisch-religiösen Lebens und Wissens«; der Beitritt zu diesem Verein stand jedem Juden offen.[57]

**Reges Vereinsleben**

In der Fürsorge für sozial-schwache Glaubensgenossen sah die Stuttgarter Israelitische Religionsgemeinde von Anfang an eine ihrer wichtigsten Aufgaben. Besonders groß war die Not nichtsesshafter Juden und jüdischer Handwerksburschen, die durch Stuttgart kamen oder die sich hier vorübergehend aufhielten. Zunächst gab es keine organisierte Hilfe. Die in der Stadt wohnhaften Juden unterstützten ihre armen Glaubensgenossen spontan mit Nahrungsmitteln und Geld. 1848 bildete sich ein Verein zur Unterstützung durchreisender israelitischer Armen. Sein großes Engagement kam in der Notzeit der frühen 1850er-Jahre vielen fremden Hilfsbedürftigen zugute. Seit 1864 bezog er auch hiesige mittellose kranke und alte Glaubensgenossen durch wöchentliche Geldzuwendungen in sein Unterstützungsprogramm ein. Nach den Statuten von 1896 gewährte der nunmehrige »Verein zur Unterstützung hiesiger und durchreisender israelitischer Armen« Gaben an beide Kategorien von Bedürftigen, wenn er sich bei der Prüfung von der wirtschaftlichen Notlage der zu Unterstützenden überzeugt hatte. Bei auswärtigen Armen ließ er sich zudem deren Legitimationspapiere vorlegen. Diese segensreiche Arbeit war nur möglich, weil sie zahlreiche namhafte jüdische Bürger mittrugen und weil durch Mitgliedsbeiträge und Spenden die erforderlichen Mittel verfügbar waren.[58]

Zu einer der bedeutendsten Wohltätigkeitseinrichtungen der Gemeinde entwickelte sich im Lauf der Jahre der Krankenunterstützungsverein. 1910 zählte er nicht weniger als 551 Mitglieder. Viele Jahre bis zu seinem Tod übte auf ihn Hofrat Adolph Levi, ein um die Armen- und Waisenfürsorge hoch verdienter Mann, einen entscheidenden Einfluss aus. Levi vereinte in seiner Person die Ämter des Vorstands, des Kassiers und des Armenpflegers. Die anfängliche Geldunterstützung wurde schließlich zu Beginn des 20. Jahrhunderts erweitert. Sie umfasste jetzt auch die medizinische Betreuung der bedürftigen Kranken durch zwei Ärzte, die Übernahme der Krankenhauskosten, die Aufwendungen für Medikamente und Bäder, für Kuraufenthalte sowie für eine verbesserte Krankenkost.[59]

1875 schlossen sich etwa 70 Männer der Gemeinde zu einer »Chewra Kadischa«, einem Männerverein für Krankenpflege und ritueller Leichenbestattung, zusammen. In der Folgezeit dehnte der Verein, der

1910 auf 438 Mitglieder angewachsen war, wiederholt das Feld seiner karitativen Betätigung aus. Auch gab er durch einen von ihm angesammelten Stiftungsbetrag von 15 000 Mark den ersten Anstoß zur Gründung eines Israelitischen Landesasyl- und Unterstützungsvereins in Württemberg, der in Sontheim bei Heilbronn das Israelitische Landesasyl »Wilhelmsruhe« erbauen und 1907 seiner Bestimmung übergeben konnte.[60]

Dieselbe Zweckbestimmung, Krankenfürsorge und Dienste bei Sterbefällen für das weibliche Geschlecht, besaß einer der ältesten Vereine der Gemeinde, der nachweisbar schon 1848 bestehende Frauenverein. Er brachte zwischen 1872 und 1910 die beträchtliche Summe von 85 250 Mark an Unterstützungsbeiträgen auf. 1910 gehörten ihm 573 Mitglieder an.[61]

Die wachsende Zahl osteuropäischer Juden, die seit den siebziger und achtziger Jahren des 19. Jahrhunderts wegen der bedrückenden politischen Verhältnisse ihre Heimat verlassen musste, um sich in Deutschland, in anderen mittel- oder westeuropäischen Ländern oder vor allem auch in Amerika nach Erwerbsmöglichkeiten umzusehen, veranlasste Mitglieder der Stuttgarter Gemeinde im Jahr 1885 zur Errichtung eines Speisevereins. Dieser Verein bot jüdischen Armen, die sich auf der Durchreise befanden und sich wegen des Schabbats oder eines Festtags vorübergehend in Stuttgart aufhalten mussten, jeweils einen Teller Suppe, 200 Gramm Fleisch, »Zukost und Brot«. Von dieser Speisung profitierten im Lauf von 25 Jahren nicht weniger als 17 585 Menschen.[62]

Um die sozialen Aktivitäten der verschiedenen Wohlfahrtsvereine zu koordinieren und die Fürsorge für Bedürftige effektiver zu organisieren, gründete Kirchenrat Dr. Kroner Anfang des 20. Jahrhunderts eine »Zentrale«. Dieser gehörten die beiden Rabbiner, die Vorstände der verschiedenen Unterstützungsvereine, doch auch Ortsverbände von Hilfsorganisationen an, die wie der Hilfsverein der deutschen Juden in ganz Deutschland oder aber landesweit, d.h. im Gebiet des Königreichs Württemberg tätig waren.[63]

1905 gründete die Stuttgart-Loge des Unabhängigen Jüdischen Ordens B'nei B'rith, der von seinen Mitgliedern Selbsterziehung im Sinne von Wohltun, Menschenliebe und Freundschaft verlangte, ein Jüdisches Schwesternheim. Die Schwestern – ihre Zahl stieg bis 1910 auf acht – hatten an »Kranken jeden Glaubens« tätige Nächstenliebe zu üben und sich bei ihrer Arbeit »dessen eingedenk zu sein, dass sie die Ehre des Judentums zu vertreten hatten«. Deshalb war ihnen streng untersagt, eine finanzielle Vergütung oder ein Geschenk für ihren Dienst anzunehmen. Das Schwesternheim wurde zunächst in angemieteten Räumen untergebracht. Der dann 1914 errichtete Zweckbau diente während des ganzen Ersten Weltkriegs als Lazarett und konnte erst 1919 von den Schwestern bezogen werden. Größten Wert legte die Stuttgart-Loge auf die religiös-ethische wie die berufliche Weiterbildung der Schwestern. Diese erfolgte durch Rabbiner und Ärzte. Auch stand den Schwestern für das Selbststudium eine Bibliothek zur Verfügung. Entscheidende Verdienste beim Auf- und Ausbau des »Vereins Jüdisches Schwesternheim« erwarb sich der langjährige Vorsitzende Dr. med. Gustav Feldmann.[64]

Der Stuttgart-Loge des Unabhängigen Jüdischen Ordens B'nei B'rith war auch die Einrichtung einer Ferienkolonie im Jahr 1901 zu verdanken. Kinder aus armen Verhältnissen erhielten durch sie die Möglichkeit, ihre Sommerferien in reizvoller ländlicher Umgebung bei fürsorglicher Betreuung zu verbringen. In den ersten zehn Jahren ihres Bestehens ermöglichte die »Kolonie« 300 Kindern einen erholsamen Ferienaufenthalt. Neben der Stuttgart-Loge trugen vor allem Spenden von privater Seite, ebenso ein Beitrag des Königs dazu bei, dem segensreichen Werk eine gesicherte finanzielle Basis zu geben.[65]

Weitere vorbildliche soziale Einrichtungen der Gemeinde bildeten der 1900 von Kirchenrat Dr. Kroner ins Leben gerufene Brautausstattungsverein, dem 1910 181 Mitglieder angehörten, sowie der 1901 auf Initiative von Dr. Kroner und Hermann Gutmann gegründete Darlehensverein. Der letztere Verein gewährte zinslose Darlehen bis zur Höhe von 200 Mark an selbständige Handwerker oder Kaufleute der Gemeinden Stuttgart und Cannstatt, damit diese Erwerbstätigen ihre Eigenständigkeit behaupten konnten.[66]

Sehr fortschrittlich war der 1894 von Kirchenrat Dr. Kroner und Fanny Gutmann (nachmals verheiratete Wertheimer) gegründete »Israelitische Jungfrauenverein«, der später die Zusatzbezeichnung »Israelitischer Mädchenhilfsverein« erhielt. Sein Hauptzweck bestand darin, Mädchen aus sozial-schwachen Familien eine berufliche Ausbildung zu ermöglichen. Er übernahm Schulgelder, zahlte Schulstipendien, lieferte Unterrichtsmaterialien, ließ durch Vereinsmitglieder Nachhilfeunterricht erteilen, half bei der Stellensuche und bei der

Gründung einer selbständigen beruflichen Existenz. Auch finanzierte er bei Erkrankungen Erholungsaufenthalte und andere Beihilfen. Mit seiner Unterstützung konnten junge Mädchen handwerkliche Berufe erlernen, ebenso sich zu Kindergärtnerinnen, Lehrerinnen, Kontoristinnen und Korrespondentinnen ausbilden lassen.[67]

Besonderen Anklang bei den Stuttgarter Juden fand der gleichfalls 1894 von Dr. Kroner ins Leben gerufene »Israelitische Jünglingsverein«, der sich schon bald den ansprechenderen Namen »Berthold-Auerbach-Verein« beilegte. Dieser älteste Jugendbund Deutschlands sah seine vornehmste Aufgabe darin, sich um »die geistige Hebung« seiner Mitglieder zu bemühen, namentlich aber das Wissen um jüdische Literatur durch Unterrichtskurse, Vorträge, Diskussionsabende, gesellige Veranstaltungen und durch den Aufbau einer Bibliothek zu fördern. Der körperlichen Ertüchtigung diente ein von der Stadt gepachteter Sportplatz. Das Vortragsprogramm erlangte durch renommierte Referenten ein hohes Niveau. So wurden von Dr. Kroner, Dr. Kahn/Esslingen, Richard Uhlmann und anderen Rednern Themen wie die Bedeutung der Jugend für die Abwehr des Antisemitismus, Strömungen in der modernen Judenheit, die Stellung der Juden im heutigen Deutschland und der Zionismus behandelt. Der bedeutende Musikkenner Leo Adler sprach über »Die Bibel in der Musik«, Professor Dr. Hugo Kauffmann über »Anschauungen der Naturwissenschaften«, Dr. Gustav Feldmann über die Frage »Warum bleiben wir eigentlich Juden?« Dass der Verein in seinem Veranstaltungsprogramm Leben und Werk Berthold Auerbachs (1812-1882), des beliebten und viel gelesenen Heimatdichters, einen hohen Stellenwert einräumte, war selbstverständlich.[68]

Rabbiner Dr. Kroner war es ein Anliegen, die handwerklichen Berufe, in denen sich gegen Ende des 19. Jahrhunderts nur eine verhältnismäßig kleine Zahl von Juden betätigte, für die junge Generation attraktiver zu machen. Er gewann für seine Idee in Stuttgart, aber auch in anderen Gemeinden des Landes viel Unterstützung und konnte daher 1899 die Gründung eines »Vereins zur Förderung des Handwerks und des Gartenbaus unter den Israeliten in Württemberg« wagen. Der das ganze Land umfassende Verein entwickelte sich günstig. Bis 1932 konnte er durch sachkundige Beratung und finanzielle Unterstützung 110 Mädchen und jungen Männern zu einer handwerklichen Berufsausbildung verhelfen.[69]

Mit dem im März 1871 gegründeten Verein für den täglichen Gottesdienst wollten S.D. Nördlinger und Raphael Neuburger zu einer Vertiefung des religiösen Lebens in der Gemeinde beitragen. Jeder Glaubensgenosse sollte die Möglichkeit haben, täglich an einem Gottesdienst teilzunehmen und am Todestag von Angehörigen oder während eines Trauerjahrs in der Familie Kaddisch zu sagen. Die Einnahmen des Vereins waren zu einem wesentlichen Teil zur Bezahlung von jüdischen Glaubensgenossen zu verwenden, die sich als Minjan-Leute zum täglichen Besuch des Gottesdienstes verpflichteten. Zu diesem Zweck gestattete das Vorsteheramt der Gemeinde dem Verein Thoraspenden, und nachdem dies seit 1900 nicht mehr zulässig war, wies es ihm Beiträge aus der Gemeindekasse zu.[70] Dem ehrenden Gedenken der Vorfahren widmete sich der vor allem auf die Initiative von Gottlieb Sontheimer 1874 errichtete »Israelitische Familienverein«.[71]

## Bedeutende Stiftungen

Zahlreich waren die Stiftungen, die jüdische Bürger zugunsten unbemittelter Glaubensgenossen, aber auch zugunsten armer Christen machten. Hierfür einige Beispiele:

Die mit 32 000 fl Kapitel ausgestattete Kaulla'sche Familienstiftung, der der König 1857 den Status einer juristischen Person verlieh und die unter Aufsicht der Israelitischen Oberkirchenbehörde stand, hatte eine dreifache Zweckbestimmung: 1. Unterstützung hilfsbedürftiger Familienangehöriger, 2. Gewährung von Stipendien für Studierende der Jüdischen Theologie und 3. Gewährung von Stipendien an junge Familienmitglieder (seit 1912 auch Mädchen), die eine wissenschaftliche, künstlerische, gewerbliche oder landwirtschaftliche Ausbildung anstrebten. 1867 stiftete Salomon Jakob Kaulla 5 000 fl zur Förderung des Talmud-Studiums. Die Kaufleute Abraham und Max Arnold errichteten 1871 eine Stiftung von 6 000 fl, deren Zinsen Studierenden der Jüdischen Theologie sowie jungen Juden, die sich auf wissenschaftliche, technische und landwirtschaftliche Berufe vorbereiteten, zugute kommen sollten. Der Kaufmann Isidor Wolf stellte ein Kapital von 5 000 Mark für arme Juden zur Verfügung, seine Witwe später 3 000 Mark für christliche Arme. 1916 bestimmte die Firma

Wolf & Söhne die Summe von einer Million Mark für den Bau eines jüdischen Krankenhauses, in dem Angehörige aller Glaubensbekenntnisse Aufnahme finden sollten. Leider entwertete die Inflation diese wahrhaft fürstliche Stiftung, ehe sie zweckentsprechend verwendet werden konnte. Eine neue Stiftung der Firma im Jahr 1934 bedeutete für den verarmten jüdischen Mittelstand eine große Hilfe.[72]

### Enge Verbundenheit der jüdischen Bürger mit ihrer Heimatstadt

König Karl schätzte seine jüdischen Untertanen. Dass sie sich, nachdem ihnen 1828 grundlegende staatsbürgerliche Rechte zuerkannt und sie auch wirtschaftlich aus ihrem Pariadasein befreit worden waren, innerhalb weniger Jahrzehnte aus bedrückender Armut und Unwissenheit emporgearbeitet und sich nunmehr in erstaunlich großer Zahl in gehobenen Berufen betätigten, beeindruckte den Monarchen. Obgleich die Beseitigung der letzten Hindernisse auf dem Weg zur bürgerlichen Gleichberechtigung der Juden längst überfällig war und die entsprechende gesetzliche Regelung noch unter seinem Vater, König Wilhelm I. von Württemberg, erarbeitet worden war, empfand er es doch wohl als Glücksfall, dass sie zu den ersten Gesetzen gehörte, die mit seiner Unterschrift Rechtskraft erlangten.

Die 27-jährige Regierung König Karls (1864-1891) war für die Stuttgarter Juden eine gute Zeit. Abgesehen von Offizierskarrieren im Heer und von der höheren Beamtenlaufbahn, die ihnen trotz bürgerlicher Gleichberechtigung noch immer weithin verschlossen blieben, hatten sie Zugang zu allen Berufen, und sie machten davon Gebrauch. Der Prozentsatz an Akademikern lag bei ihnen, wie schon erwähnt, wesentlich höher als bei Nichtjuden.

Seit den 1860er-Jahren saßen jüdische Bürger im Gemeinderat und im Bürgerausschuss. Als erster Jude wurde 1871 der Privatgelehrte Adolph Levi durch das Vertrauen seiner Mitbürger in den Gemeinderat gewählt. Levi, ein sehr wohlhabender Mann mit vielfältigen schöngeistigen Interessen, der in Tübingen und Heidelberg Rechtswissenschaft studiert hatte, engagierte sich in vorbildlicher Weise in karitativen Aufgaben: Waisenhaus Esslingen, Synagogenbau, Vereinsaktivitäten. Dem mit Ehrenämtern überhäuften, hoch geachteten

*Rechtsanwalt Max Kaulla*

Bürger verlieh König Karl das Ritterkreuz des Friedrichsordens. Im Gemeinderat wirkte er, zweimal wiedergewählt, zwölf Jahre bis zu seinem Tod 1883 mit. Zuvor hatte er fünf Jahre (1865-1870) dem Bürgerausschuss angehört. Nach ihm arbeiteten angesehene jüdische Bürger im Gemeinderat mit, so Rechtsanwalt Nathan Levi (1897-1904), Fabrikant Karl Reif (1902-1908), Fabrikant Julius Marx Arnold (1904 bis zu seinem Tod 1909) und Rechtsanwalt Dr. Richard Reis (1904-1910). Auch im Bürgerausschuss betätigten sich jüdische Bürger für das Gemeinwohl, unter ihnen Bankier Alexander Pflaum (1870-1875), Bijouteriefabrikant Louis Mayer (1873-1874), Fabrikant Max Neuburger (1882-1884), Rechtsanwalt Max Kaulla (1885-1895) und Hofbankdirektor Albert Kaulla (1890-1892). Rechtsanwalt Dr. Hugo Erlanger leitete als Obmann den Bürgerausschuss von 1907 bis 1913.

Im Gemeinderat der bis 1905 selbständigen Stadt Cannstatt vertraten von 1885 bis 1891 Fabrikant Louis Elsas und von 1899 bis 1905 Fabrikant Salomon Lindauer senior die Interessen der Bürgerschaft. Auch im Bürgerausschuss der Stadt Cannstatt befand sich von 1864 bis 1905 eine Anzahl jüdischer Bürger: u.a. Fabrikant J. Heinrich Stern (1864-1865), Fabrikant Louis Elsas (1867-1868), der nachmalige Ehrenbürger Ernst Ezechiel Pfeiffer (1869-1873), Fabrikant Isaac Straus (1889-1890), Fabrikant Julius Elsas (1897-1905). In dem 1907 zur Stadt erhobenen und bis 1931 eigenständigen Zuffenhausen war Samuel Rothschild, der Mitbegründer der Lederfabrik Zuffenhausen Sihler & Co, von 1910 bis 1915 Mitglied des Bürgerausschusses.[73]

In der zweiten Hälfte des 19. Jahrhunderts wandelte sich Württemberg vom Agrar- zum Industriestaat. Dass es damals gelang, eine den lokalen und regionalen Verhältnissen und Bedürfnissen Rechnung tragende, leistungsfähige und krisensichere Industrie aufzubauen, ist einer Reihe von Stuttgartern zu verdanken, die neben einem ausgeprägten sozialen Verantwortungsbewusstsein über unternehmerischen Wagemut, über hervorragende Kenntnisse auf technisch-wissenschaftlichem und wirtschaftlichem Gebiet sowie über eine ungewöhnliche organisatorisch-praktische Befähigung verfügten. Zu nennen sind hier u.a. Ferdinand Steinbeis, Gotthilf Kuhn, Kilian Steiner, Eduard Pfeiffer, Alexander Pflaum, Gustav Siegle, Wilhelm Emil Fein, Gottlieb Daimler, Paul Lechler und Robert Bosch. Drei dieser Männer, nämlich Kilian Steiner, Eduard Pfeiffer und Alexander Pflaum waren Juden.

**Kilian Steiner** wurde am 3. Oktober 1833 in Laupheim (Lkr. Biberach) geboren. Nach dem Besuch des Gymnasiums in Ulm und Stuttgart studierte er in Tübingen und Heidelberg Rechtswissenschaft, daneben auch Geschichte, Philosophie und Literatur. 1858 legte er in Tübingen die erste Staatsprüfung für den höheren Justizdienst ab, und, schon lange im Berufsleben stehend, promovierte er 1876 mit einer Dissertation über den Erwerb und die Amortisation eigener Aktien zum Dr. jur. Für die Geisteswissenschaften bewahrte er sich zeitlebens eine Vorliebe. 1859 ließ er sich als Rechtsanwalt in Heilbronn nieder, übersiedelte aber sechs Jahre später nach Stuttgart. Einen ausgezeichneten Ruf erlangte er schon bald in Fragen des Wirtschaftsrechts und des Bankwesens.

Politisch sehr interessiert, setzte er seit der Niederlage Österreichs und der deutschen Mittelstaaten im Krieg von 1866 gegen Preußen ganz auf die preußische Karte. Zusammen mit Gustav Müller, Julius Hölder, Eduard Pfeiffer und Gustav Siegle gründete er die württembergische nationalliberale Partei, die »Deutsche Partei«. Er unterstützte vorbehaltlos die von Bismarck konsequent verfolgte Politik der Schaffung eines kleindeutschen Bundesstaats unter preußischer Führung. Beruflich wurde nunmehr die Wirtschaftsförderung seine Domäne.

In Württemberg fehlte bislang ein Bankensystem, das den Kreditbedarf der expandierenden Wirtschaft befriedigte. Steiner wies den

Weg. Er gründete mit staatlicher Genehmigung die Württembergische Vereinsbank. Diese wurde ein großer Erfolg. Bereits im November 1869, zehn Monate nach der endgültigen Gründung der Bank, standen 431 württembergische Firmen und Privatpersonen mit ihr in geschäftlicher Verbindung. Noch 1869 konnte er den ansehnlichen Kundenstamm des Bankhauses Gebrüder Benedikt, einer renommierten jüdischen Privatbank in Stuttgart, übernehmen. Einen starken Auftrieb erhielt die Bank nach der Bismarck'schen Reichsgründung, zumal jetzt die Gründung von Aktiengesellschaften keiner staatlichen Genehmigung mehr bedurfte.

In Württemberg und namentlich in Stuttgart entstand eine Vielzahl von Industrieunternehmen. Fast allen bedeutenden Firmen hatte die Vereinsbank den Boden bereitet und ihnen eine solide Entwicklung ermöglicht. 1881 trat das Bankhaus Pflaum & Co zu ihr in enge Verbindung. Drei Jahre zuvor hatte sie ihre Tätigkeit auf das Hypotheken- und Pfandgeschäft ausgedehnt. Seit den 1870er-Jahren war sie an mehreren wichtigen Bankengründungen außerhalb Württembergs, so an der Errichtung der Deutschen Bank in Berlin, der Rheinischen Kreditbank sowie der Rheinischen Hypothekenbank in Mannheim, der Deutschen Vereinsbank und der Deutschen Effekten- und Wechselbank in Frankfurt am Main, beteiligt.

Kilian Steiner war der Anwalt der Vereinsbank und ein Mitglied ihres Aufsichtsrats. 1882 wurde er mit dem Vorsitz im Aufsichtsrat betraut. Von Anfang an übte er maßgeblichen Einfluss auf das Institut aus. Sein Freund, der berühmte Nationalökonom Gustav Schmoller, attestierte ihm hierbei »eine kluge und feste Hand«.

Im Deutsch-Französischen Krieg von 1870/71 veranlasste die Vereinsbank die Gründung des Württembergischen Kassenvereins. Dieser half Industrie und Handel, namentlich auch den jungen Genossenschaftsbanken über den Krieg hinweg. Ihre große Leistungsfähigkeit stellte die Vereinsbank damals insbesondere dadurch unter Beweis, dass sie dem württembergischen Staat eine Anleihe von neun Millionen Gulden zur Verfügung stellte, die dieser zur Finanzierung seiner Rüstungsausgaben benötigte.

Steiner wurde der finanzpolitische Berater der württembergischen Regierung. Insbesondere bei Finanzminister Carl von Riecke und Innenminister Johann von Pischeck erlangte der stets auf das Wohl des Landes bedachte Finanzexperte eine Vertrauensstellung. 1891/92 gewährte die Vereinsbank eine Staatsanleihe in der bemerkenswerten Höhe von 29,5 Millionen Mark. Maßgeblich beteiligt war Steiner an der Gründung der Württembergischen Notenbank 1871, deren Aufsichtsrat er dann viele Jahre vorstand. Dass die Vereinsbank so erfolgreich die Industrialisierung fördern und vorantreiben konnte, lag wesentlich darin begründet, dass sie enge Beziehungen zu Banken in den süddeutschen Mittelpunkten des Geldverkehrs geknüpft hatte und sich an vielen Neugründungen beteiligte. Steiner hat auch hier Entscheidendes bewirkt. Doch seine finanzpolitischen Aktivitäten waren sehr viel ausgedehnter. Sein Name hatte Klang beim Auf- und Ausbau eines leistungsfähigen Bankwesens weit über Württemberg und Deutschland hinaus. Als Berater von industriellen Großbetrieben kam er in Verbindung mit anderen Staaten, so mit der Türkei. Beim Ausbau der Anatolischen Eisenbahn brachte er seinen Sachverstand ein.

Einen Schwerpunkt seiner Tätigkeit sah er in der Beratung der württembergischen Industrie. Ihr wollte er die Expansion durch sachkundige Lösung ihrer Finanzierungsprobleme erleichtern. Er engagierte sich im größten deutschen Verlag, der Union, die den Verlag der *Gartenlaube* und den Cotta Verlag mit umfasste. Die Schaffung des Pulver- und Dynamit-Kartells, ebenso die Fusion der Badischen Anilin- und Soda-Fabrik in Ludwigshafen mit den Stuttgarter Farbenwerken von Rudolf Knosp und Gustav Siegle, aber auch die Gründung der Heilbronner Salzwerke waren wesentlich sein Werk. Er war beteiligt an der Umwandlung der von Gottlieb Daimler in Cannstatt ins Leben gerufenen Motorenwerke in eine Aktiengesellschaft. In den 1880er- und 1890er-Jahren gab es in seiner württembergischen Heimat auf industriellem Gebiet kaum ein Projekt von Bedeutung, an dem er nicht anregend, beratend oder helfend mitwirkte.

Nun könnte es scheinen, als sei es das Ziel Steiners gewesen, ein Finanzimperium zu schaffen, persönlichen Reichtum anzuhäufen, Politik und Wirtschaft seinen Willen aufzuzwingen. Dem war nicht so. Der bloße Gelderwerb, der beabsichtigte wirtschaftliche Egoismus, erschien ihm, wie sein Freund Schmoller im Nachruf von 1903 äußerte, stets verächtlich, und er befürchtete, dass die Habsucht der oberen Klassen dem Staat, der Gesellschaft zum Verhängnis werden könnte. Steiner zeichnete ein strenges Pflicht- und Verantwortungsbewusstsein aus. Das Gemeinwohl stand für ihn an erster Stelle. Reichtum habe er, erklärte er einmal, nie erstrebt, wäre dies seine Absicht gewesen, hätte er mühelos ein Mehrfaches dessen, was ihm an materiellen Gütern zuteil geworden sei, erwerben können. Ihm sei es vielmehr darum gegangen, anderen ein gutes Beispiel zu geben. Er habe es geradezu als seine Aufgabe angesehen, die Aufsichtsräte und die leitenden Bediensteten der großen Unternehmen zu Männern zu erziehen, die nicht in erster Linie für sich arbeiteten und Reichtum zu erlangen suchten. »Diese großen Betriebe können nur mit einem kaufmännisch-technischen Beamtentum geführt werden, das sich bewusst ist, fremde Gelder zu verwalten, im Dienste anderer und der Gesamtheit zu stehen.«

Sozialpolitisch dachte Steiner sehr modern. Wenn die Großbetriebe auf Dauer prosperieren wollten, meinte er, dann sei dies nur möglich, wenn die Arbeiterschaft in geistiger, technischer, politischer und moralischer Hinsicht über ein hohes Niveau verfügte. Die Berufsorganisationen der Arbeiter, ihr wachsendes Selbstbewusstsein schreckten ihn nicht. Die Tarifautonomie hielt er für legitim.

Große Verdienste erwarb sich der geniale Finanzfachmann um das Marbacher Schiller-Nationalmuseum. Ohne sein finanzielles und ideelles Engagement wäre dieses »Pantheon des Schwäbischen Geistes« schwerlich zustande gekommen. Durch großzügige Stiftungen legte er den Grundstock zu den Handschriftensammlungen. In dem auf Anregung von König Wilhelm II. zum Schwäbischen Schillerverein erweiterten Marbacher Schillerverein übernahm er den stellvertretenden Vorsitz. Seinem Charakter entsprechend im Hintergrund bleibend, betrieb er den Bau des Museums, dessen Einweihung er leider nicht mehr erlebte.

Freundschaftlichen Umgang pflegte er mit Männern des Kultur- und Geisteslebens, so mit dem Stuttgarter Prälaten Karl Gerok und dem Dichter Berthold Auerbach. Viel Freude hatte er an der Landwirtschaft. 1894 kaufte er das Schlossgut Grosslaupheim, das sein Vater seinem Bruder Daniel Steiner und seinem Schwager Salomon Klein übergeben hatte.

Kilian Steiner besaß nur noch lockere Bindungen an das Judentum. Seine drei Kinder heirateten christliche Partner und lösten sich völlig von der Israelitischen Religionsgemeinschaft. Für Leben und Werk Steiners, seine wahrhaft humane Gesinnung ist dennoch das jüdische Geisteserbe neben dem schwäbisch-deutschen bestimmend gewesen.

Am 25. September 1903 starb der mit dem persönlichen Adel ausgezeichnete Geheime Kommerzienrat, der Ehrenbürger von Bad Niedernau, wo er sich einen idyllischen Landsitz geschaffen hatte, und von Marbach am Neckar, an den Folgen einer Operation.

Tiefe, mitfühlende Menschlichkeit und eine wahrhaft edle Gesinnung zeichneten **Eduard Pfeiffer,** am 24. November 1835 in Stuttgart geboren, aus. Sein selbstloses soziales Engagement, das vor allem den wirtschaftlich benachteiligten unteren Bevölkerungsschichten Stuttgarts zugute kam, war beispielhaft. Er hat in der württembergischen Landeshauptstadt zur Milderung der sozialen Spannungen beigetragen und zukunftweisende Wege eröffnet.

Pfeiffer entstammte einer lange in Weikersheim ansässig gewesenen Hoffaktorenfamilie. Sein Vater, Max Pfeiffer, spielte in der ersten Hälfte des 19. Jahrhunderts im Wirtschaftsleben und insbesondere im Bankwesen Stuttgarts eine bedeutende Rolle. Doch starb er, als der Sohn noch kaum sieben Jahre alt war. 1850 bis 1852 besuchte Eduard Pfeiffer die Polytechnische Schule in Stuttgart. Er schrieb sich zunächst in der Fachrichtung »Ingenieur«, dann in der Fachrichtung »Kaufmann« ein. Ein vermutlich längeres Studium an der Pariser »Ecole Centrale des Arts et Manufactures« schloss er im August 1857 mit dem Grad eines Diplom-Ingenieurs der Fachrichtung Chemie ab. In den nächsten Jahren hörte er, seinen weit gespannten Interessen folgend, Vorlesungen an verschiedenen Universitäten: Heidelberg, Leipzig und zuletzt als ordentlicher Studierender an der Philosophischen Fakultät der Universität Berlin.

Der Schwerpunkt seiner Studien lag in den Bereichen Nationalökonomie und Finanzwirtschaft. Längere Reisen nach Frankreich, Italien und England sowie der Besuch der Londoner Weltausstellung von 1862 vermittelten ihm eine Fülle tiefer Eindrücke. In London lernte er das englische Genossenschaftswesen kennen; es sollte für seine spätere Lebensarbeit wichtig werden.

Ein bereits in jungen Jahren hervortretender Charakterzug war sein Bestreben, die Verhältnisse der wirtschaftlich und bildungsmäßig benachteiligten unteren Bevölkerungsklassen zu verbessern. Er suchte aufklärend, belehrend zu wirken, durch Publikationen seine volkswirtschaftlichen Kenntnisse einer möglichst breiten Leserschaft zu vermitteln. Sein erstes Buch führte den programmatischen Titel: *Über*

*Genossenschaftswesen – Was ist der Arbeiterstand in der heutigen Gesellschaft? Und was kann er werden?*

Seine enge Bindung an die Deutsche Partei veranlasste ihn 1868, für das Deutsche Zollparlament und für die Zweite Kammer der Württembergischen Landstände zu kandidieren. Der Sprung ins Zollparlament misslang. Dagegen wurde er, übrigens als erster Jude, in den Landtag gewählt. Hier im Landtag war seine Domäne naturgemäß die Finanz- und Wirtschaftspolitik. Von der Überzeugung durchdrungen, dass die wirtschaftliche Zukunft Württembergs im Freihandel liege, widersetzte er sich aufs Entschiedenste der von dem alten parlamentarischen Kämpen Moriz Mohl angeführten Phalanx der Schutzzollbefürworter.

*Eduard Pfeiffer*

Indes war es nicht seine Absicht, die Politik zu seiner Lebensaufgabe zu machen. Mit der Bismarck'schen Reichsgründung 1871 sah er sein politisches Hauptanliegen erfüllt. Zudem missfielen ihm die Konzessionen, die die jetzt in mehrere Gruppierungen zerfallende Deutsche Partei in wachsendem Maß an den Föderalismus machte. Er trat für eine fest gefügte starke Reichseinheit ein, die nicht durch Reservatrechte durchlöchert wurde. 1876 verzichtete er auf eine Wiederwahl.

Seine hervorragende Sachkenntnis in allen Finanzangelegenheiten und das ansehnliche Vermögen, das ihm schon in jüngeren Jahren zu Gebot stand, ermöglichten es Pfeiffer, eine führende Position im württembergischen Bankwesen zu erlangen, ohne seine Unabhängigkeit aufgeben zu müssen. Im Lauf der Zeit wurde er zu einem der reichsten Männer Stuttgarts. Durch seine 1872 geschlossene Ehe mit der

Witwe des Pariser Bankiers Louis Ferdinand Victor Benary hatte sich sein Vermögen beträchtlich vermehrt; es belief sich um 1910 auf zehn Millionen Goldmark.

Neben Kilian Steiner hatte er maßgeblichen Anteil an der Gründung und raschen Expansion der Württembergischen Vereinsbank. 1914 war er der Vorsitzende des Aufsichtsrats der Württembergischen Metallwarenfabrik in Geislingen/Steige, auch gehörte er dem Aufsichtsrat der Württembergischen Bankanstalt (vormals Pflaum & Co.) sowie der Stuttgarter Gewerbekasse an. Besonders stark betätigte er sich in der Bauwirtschaft. Als Aufsichtsratsvorstehender der »Allgemeinen Baugesellschaft« in Stuttgart und der »Terraingesellschaft Stützenburg« kam ihm ein gewichtiges Wort bei der baulichen Erschließung der Reinsburgstraße sowie des Stadtbezirks um Eugen-, Urban- und Kernerstraße, ebenso an der Überbauung des Stadtbezirks Alexander-, Dannecker- und Hohenheimer Straße zu. Auch die »Dampfziegelei Waiblingen« und das »Stuttgarter Gipsergeschäft« hatten ihm den Vorsitz im Aufsichtsrat anvertraut. Ferner wirkte er bei der Gründung der »Gemeinnützigen Baugesellschaft« mit.

Ähnlich wie Kilian Steiner war auch ihm der Gelderwerb nie Selbstzweck. Sein Vermögen diente ihm dazu, soziale Missstände zu beseitigen und die Voraussetzungen dafür zu schaffen, dass wirtschaftlich Benachteiligte ein menschenwürdiges Dasein führen konnten. Stets war er sich der aus dem Eigentum erwachsenden sozialen Verpflichtungen bewusst. »Sinnloser Luxus«, so sah er es, »spricht dem Elend Hohn«. Erbittert äußerte er sich über »üppiges, sinnloses Leben, Eitelkeit und Prunksucht«. Einen Großteil seines Lebens widmete er sich dem Kampf um mehr soziale Gerechtigkeit. Sein Vermögen und seine hohen Fähigkeiten auf wirtschaftlichem Gebiet, insbesondere auf dem Gebiet des Bankwesens, nutzte er dazu, die materielle Lage der unteren Bevölkerungsklassen zu verbessern. 1864 gründete er nach dem Vorbild englischer Konsumgenossenschaften den Konsum- und Ersparnisverein, dessen Mitglieder im Vorjahr den Arbeiterbildungsverein ins Leben gerufen hatten. Mit dem von ihm im Frühjahr 1866 errichteten »Verein für das Wohl der arbeitenden Klassen« verfolgte er den Plan, der Arbeiterschaft zu gesunden und preisgünstigen Wohnungen zu verhelfen. In den 1880er-Jahren verschaffte er sich durch eine Fragenbogenaktion ein genaues Bild von dem Wohnungselend der unteren Bevölkerungsklassen in Stuttgart.

Die wichtigsten Ergebnisse veröffentlichte er 1896 in einem Buch *Eigenes Heim und billige Wohnungen*. Die beengten Elendswohnungen der Armen, so stellte er fest, seien nicht nur gesundheitsschädlich, sie ließen auch das Familienleben verkümmern. Die Bewohner behaglicher, gut ausgestatteter Heime könnten sich von jenen wahrhaft jammerwürdigen Zuständen in den Behausungen der ärmeren Großstadtbevölkerung keine Vorstellung machen. Sehr viele Familien lebten mit ihren erwachsenen und halberwachsenen Kindern in einem einzigen Zimmer. Ein und derselbe Raum diene zum Wohnen, zur Gewerbeausübung, zum Kochen und Schlafen. Der gesamte Hausrat beschränke sich auf wenige Bettstücke, ein paar Stühle und allenfalls einen Tisch. Indes gebe es Schlimmeres als das Zusammenpferchen in einer Einzimmerwohnung. Häufig müssten sich zwei oder gar drei Familien einen einzigen Wohnraum teilen, wobei zu den Familienangehörigen noch so genannte Schlafgänger kämen, also Alleinstehende, die hier eine Schlafstelle gemietet hätten. In manchen Mietskasernen wohnten 20 bis 30 Familien unter einem Dach. Für mehrere Familien stehe jeweils nur eine Küche zur Verfügung. Ähnliches gelte für die kümmerlichen sanitären Anlagen. Pfeiffer warf der Stadtverwaltung schwere Versäumnisse vor. Sie habe ähnlich wie die Verwaltungen anderer Großstädte, in denen allerdings die Situation häufig noch verheerender sei, eine Vogel-Strauß-Politik betrieben, über die unhaltbaren Zustände hinweggesehen.

Eduard Pfeiffer begnügte sich nicht mit der Analyse der skandalösen Wohnverhältnisse der unteren Bevölkerungsklassen. Er entwickelte ein Grundkonzept für die Schaffung gesunder und billiger Eigentumswohnungen; auf ihm beruhten alle späteren Modelle in diesem Bereich: Heimstätten-, Bauspar- und Mietkaufsystem. Keine Mietskasernen, sondern Siedlungshäuser in aufgelockerter Bauweise waren zu erstellen, die Arbeiterfamilien ein ansprechendes Zuhause boten, und dies vor allem auch deshalb, weil sie allmählich in deren Eigentum übergingen. Die Siedlungen Ostheim, Südheim und Westheim, mit deren Bau Pfeiffer in den 1890er-Jahren begann, legen von seinen überaus erfolgreichen Bemühungen Zeugnis ab. Er war beteiligt an dem von Leo Vetter in der Büchsenstraße erstellten Stadtbad. 1872 schuf er die Pfandleihanstalt in der Gerberstraße. Er errichtete ein Heim für Fabrikarbeiterinnen und in Verbindung mit diesem die erste Stuttgarter Volksküche. 1890 erbaute er ein fünfstöckiges Haus für 240 Arbeiter, das spätere Eduard-Pfeiffer-Haus, dessen Trägerschaft der Verein für das Wohl der arbeitenden Klassen übernahm. Auf seine Initiative ging auch die Sanierung der Altstadt im Bereich Stein-, Nadler-, Eberhardstraße und Ilgenplatz in den Jahren 1906 bis 1909 zurück. Das Projekt förderte er entscheidend durch ein zinsgünstiges Darlehen von einer Million Mark. Um unreellen Arbeitsvermittlern das Handwerk zu legen, führte er den Arbeitsnachweis ein, der 1895 auf das Stuttgarter Arbeitsamt überging.

Eduard Pfeiffer erfuhr eine Vielzahl von Ehrungen. 1883 wurde er Hofrat, 1894 Geheimer Hofrat. 1900 verlieh ihm König Wilhelm II. das Ehrenkreuz des württembergischen Kronenordens, mit dem der Personaladel verbunden war. Im Jahr 1909 erhielt der große Wohltäter seiner Heimatstadt das Stuttgarter Ehrenbürgerrecht. Er war der siebte Stuttgarter Bürger und der erste Jude, dem diese Auszeichnung zuteil wurde. Die Stadt begründete die hohe Ehrung mit Pfeiffers »gemeinnütziger Wirksamkeit und Opferwilligkeit, namentlich seinen Verdiensten um die Erneuerung der Altstadt im Besonderen«.

1917 errichtete der württembergische Staat die von Pfeiffer mit einer Million Mark ausgestattete und seinen Namen tragende Stiftung. Dieser Stiftung sollte das Gesamtvermögen des kinderlosen Ehepaares Pfeiffer zufließen. Als ihr Zweck war bestimmt: Förderung gemeinnütziger und wohltätiger Aufgaben, wobei die Armenpflege sowie die Unterstützung von Einzelpersonen ausdrücklich ausgenommen waren. König Wilhelm II. nahm die Errichtung der Stiftung zum Anlass, um Pfeiffer in einzigartiger Weise auszuzeichnen. Er erhielt den Hofrang in der zweiten Rangklasse, war damit hohen und höchsten Staatsbeamten sowie Generalen gleichgestellt. Ungeachtet all dieser Ehrungen blieb Eduard Pfeiffer der bescheidene Mann, der von sich und seinem beispielhaften Wirken für das Gemeinwohl auch nicht das geringste Aufheben machte. Am 13. März 1921 starb er. Auf seinen Wunsch erfolgte die Beisetzung seiner sterblichen Überreste im Jüdischen Teil des Pragfriedhofs in aller Stille. Fünf Jahre später, am 5. Februar 1926, starb Julie Pfeiffer, 83-jährig. Der *Schwäbische Merkur* nannte sie in einem einfühlsamen Nachruf die ihren Mann stets zur Seite stehende, bei allem Guten eifrig helfende Ehefrau, die ihre Lebensinteressen, ihr ganzes Streben eng mit denen ihres Mannes verbunden habe.

Menschlich sehr nahe stand Eduard Pfeiffer zeitlebens seinem sechs

Jahre älteren Bruder Ernst Ezechiel Pfeiffer, dem schon erwähnten Cannstatter Ehrenbürger. Ernst Ezechiel Pfeiffer hat sein beträchtliches Vermögen ebenfalls in wohltätige und gemeinnützige Stiftungen eingebracht. Dem am 3. März 1904 Verstorbenen rühmte Bezirksrabbiner Dr. Stössel nach: »Das Dichterwort ›edel sei der Mensch, hilfreich und gut‹ war der Leitstern in seinem Lebensgang. Sein Herz war erfüllt von edler Menschenliebe, und seine Religion bestand in einem Wandel in den Wegen Gottes, das sind die Wege der Güte und Milde. An der Übung von menschenfreundlichen Werken hatte er seine Herzensfreude … Seine edle Hilfsbereitschaft Not leidenden Menschen gegenüber hat nie vor den Schranken der Konfession halt gemacht, als wahrer Menschenfreund hat er vielmehr bei seinen Wohlfahrtsbestrebungen nur daran gedacht, Not und Elend zu mildern, gleichgültig auf welcher Seite sie zu finden waren. Und welche Vornehmheit der Gesinnung, welche Feinheit des Taktgefühls …«

Diese eindrucksvolle Würdigung der Persönlichkeit und des Lebenswerks von Ernst Ezechiel Pfeiffer wäre in ihren Grundaussagen in gleicher Weise seinem Bruder Eduard gerecht geworden. Nur war das Wirken Ernst Ezechiels auf die Beseitigung oder Milderung krasser sozialer Missstände der Gegenwart gerichtet, Eduard, eine der bedeutendsten Persönlichkeiten, die Stuttgart hervorgebracht hat, aber wollte sehr viel mehr: Längerfristig sollte durch grundlegende sozialreformerische Maßnahmen in Stuttgart und Württemberg ein hohes Maß an sozialer Gerechtigkeit erreicht werden. Dieses Ziel unentwegt vor Augen leistete er Großes, Bewundernswertes. Im vorgerückten Alter äußerte er einmal: »Die höchste Genugtuung ist es, dass es mir da und dort gelungen ist, Gutes und Nützliches zu schaffen, und dadurch meiner Vaterstadt, die ich liebe, zu dienen.«

Gleichfalls eine hervorragende Stellung unter den Stuttgarter Industriepionieren nahm **Alexander Pflaum** ein. Er erblickte am 4. Juni 1839 in Pflaumloch (Gde. Riesbürg, Ostalbkreis) als Sohn jüdischer Eltern das Licht der Welt. Die enge Bindung der Familie an den Heimatort, in dem schon seit dem Ende des 15. Jahrhunderts Juden lebten, bezeugt der Name Pflaum, den sie wohl erst in den ersten Jahrzehnten des 19. Jahrhunderts angenommen hat.

In einem Exportgeschäft in Frankfurt am Main erhielt Alexander Pflaum eine kaufmännische Ausbildung. Anschließend war er einige

*71*

Jahre in der Bank für Handel und Industrie in Darmstadt tätig, danach bei führenden Banken in Berlin und Brüssel. Nach ausgedehnten Auslandsreisen trat er 1860 in das von seinem Vater Elias Pflaum in Stuttgart gegründete Bankhaus ein.

Seiner hohen beruflichen Qualifikation, seiner Intelligenz und Tatkraft gelang es, das bis dahin bescheidene Unternehmen, seit 1866 die Firma Pflaum & Co., zu großer wirtschaftlicher Blüte zu bringen. 1881 wandelte er die Bank in eine Aktiengesellschaft um: »Württembergische Bankanstalt vormals Pflaum & Co.« Gleichzeitig schloss er sich mit der Württembergischen Bank, in deren Geschäftsleitung er eintrat, zu einer engen Interessengemeinschaft zusammen. 1906 und 1908 wurden unter seiner Leitung und unter maßgeblicher Beteiligung der Württembergischen Vereinsbank die Königlich Württembergische Hofbank sowie die Firma Dörtenbach u. Co. in Gesellschaften mit beschränkter Haftung umgewandelt.

Seine Sachkenntnis, seine ungewöhnliche Arbeitskraft sowie sein Organisationstalent machten Pflaum ähnlich wie Kilian Steiner zu einem der begehrtesten Wirtschaftsberater in Württemberg. Es gab kaum einen namhaften Industriebetrieb im Land, der ihn nicht zu Rate zog. Eine Reihe von Unternehmen übertrug ihm den Vorsitz in ihren Aufsichtsräten, unter anderem die Maschinenfabrik Esslingen, das Portlandzementwerk Blaubeuren, die Salzwerke Heilbronn, die Stuttgarter Gewerbekasse, das Stuttgarter Immobilien- und Baugeschäft, die Württembergische Notenbank, die Gewerkschaft Amélie in Wittelsheim. Ferner gehörte er bei einer größeren Zahl von deutschen und belgischen Unternehmen dem Aufsichtsrat an. Viele Jahre stellte er sein Wissen und seine hohen beruflichen Fähigkeiten in den Dienst der Stuttgarter Handelskammer. Seit 1888 vertrat er die Handelskammer im Gesamtkollegium der Zentralstelle für Gewerbe und Handel.

Der *Schwäbische Merkur* nannte Pflaum nach seinem Tod 1911 »den wohl hervorragendsten Vertreter der Geschäftswelt des Landes«. Doch nicht nur in Württemberg genoss er hohes Ansehen. Er wurde auch in verschiedene das ganze Deutsche Reich umfassende Organisationen und Verbände, so in den Vorstand des Deutschen Handelstags, berufen. Er erlangte eine führende Position im Deutschen Börsenausschuss sowie im Zentralverband des Deutschen Bankwesens. Auf Reichsebene arbeitete er an der Lösung wichtiger Bank-, Börsen- und

Finanzfragen mit, wobei er nie die Förderung der württembergischen Belange aus den Augen verlor.

Ungeachtet seiner außerordentlich starken beruflichen Belastung, fand er noch Zeit für eine Vielzahl anderer dem Gemeinwohl dienender Aktivitäten. Er gehörte zu den Gründern der Stuttgarter Höheren Handelsschule (1871), des Württembergischen Kunstgewerbevereins, dessen Kassengeschäfte er bis zu seinem Tod besorgte, des Exportmusterlagers, der Stadtgartengesellschaft, des Vereins zur Förderung der Kunst. Einen bedeutsamen Anteil hatte er an den Landesausstellungen von 1881 und 1896, ebenso an den Gemäldeausstellungen von 1891 und 1896.

Politisch vertrat der mit dem Personaladel ausgezeichnete Geheime Kommerzienrat und Königlich Sächsische Generalkonsul einen stark nach rechts orientierten deutschnationalen Standpunkt. Lange Jahre war er stellvertretender Vorsitzender des Württembergischen Landesverbands des Deutschen Flottenvereins. Mit großem Erfolg war er für diesen Verein, in dessen Präsidium er 1908 gewählt wurde, tätig.

Eine enge Bindung bewahrte sich Alexander Pflaum zu der Israelitischen Religionsgemeinschaft. Von 1876 bis zu seinem Tod am 15. Dezember 1911 in Berlin gehörte er als Weltliches Mitglied der Israelitischen Oberkirchenbehörde an, seine Amtsbezeichnung: Oberkirchenvorsteher. Er löste hier seinen Vater Elias Pflaum ab, der dieses Amt seit 1862 bekleidet hatte. Für wohltätige Zwecke besaß er stets eine offene Hand. Vieles geschah in der Stille. Manche Künstler verdankten ihm ihre Ausbildung und weitere berufliche Förderung. 1890 rief er die »Alexander von Pflaum'sche Pensionskasse« für die Beamten und sonstigen Bediensteten der Württembergischen Bankanstalt ins Leben; den finanziellen Grundstock stellte er zur Verfügung. Anlässlich seines 70. Geburtstags übergab er dem Wohltätigkeitsverein eine Spende von 100 000 Mark als »Hilfsfonds für notleidende Arbeitslose«. Beträchtliche Stiftungen ließ er seiner Geburtsgemeinde Pflaumloch zukommen.[74]

Klangvolle Namen erwarben sich in der aufblühenden Wirtschaft Stuttgarts und Württembergs noch weitere jüdische Bürger. Dem Vorstand des Börsenvereins und der seit 1887 verselbständigten Wertpapierbörse gehörten in der Zeit des Bismarckreichs an: Kommerzienrat Hermann Rothschild, Kommerzienrat Emanuel Benzinger, August Hochberger, die Bankiers Emil Eßlinger, David A. Gutmann, Salomon David Nördlinger, Gottlieb Sontheimer und der Geheime Hofrat Albert von Kaulla. Wesentlichen Anteil an der Gründung der Landesproduktenbörse Stuttgart hatte der Juwelier Louis W. Wallerstein (1840-1898). Mitglieder der Handelskammer Stuttgart waren die Bankiers und Unternehmer Rudolf von Kaulla (1860-1867), Kommerzienrat Hermann Rothschild (1867-1877), Kommerzienrat Louis Elsas (1878-1896) und Kommerzienrat Julius Elsas (1900-1907).[75]

Aus kleinen Anfängen entwickelte sich seit den 1870er-Jahren die Baumwoll- und Putzwollfabrik W. Wolf & Söhne zu einer Weltfirma. Die von Wolf Wolf (1816-1893) gegründete und von seinen vier Söhnen Adolf, Isidor, Max und Moritz fortgeführte Firma hatte zunächst ihren Sitz in der Gerberstraße 22 und seit 1905 in Untertürkheim, Mercedesstraße 35.[76]

1891 gründete der Stuttgarter Bürger Max Levi (1868-1925) zusammen mit Jacob Sigle in Kornwestheim eine Schuhfabrik, die Salamanderwerke (heute Salamander AG). Diese Firma stieg in kurzer Zeit zu einem der erfolgreichsten deutschen Industriebetriebe der Schuhbranche auf, der 1914 3700 Beschäftigte zählte und am Tag 7000 Paar Schuhe herstellte. Der »Salamander-Levi« erhielt 1916 das Ehrenbürgerrecht der Gemeinde Kornwestheim. Außerdem wurde er nach dem Ersten Weltkrieg Konsul der Republik Österreich. Anteil an der raschen Expansion der Salamanderwerke hatte auch sein Schwager Isidor Rothschild (1860-1929), der viele Jahre Teilhaber des Unternehmens war und gleichfalls mit dem Kornwestheimer Ehrenbürgerrecht (1929) ausgezeichnet wurde. Levi und Rothschild fanden ihre letzte Ruhestätte im Israelitischen Teil des Pragfriedhofs. Hier liegt auch Samuel Rothschild (1853-1924) begraben, Mitbegründer der Lederfabrik Sihler & Co. Zuffenhausen. Die bis 1931 selbständige Stadt Zuffenhausen verlieh Samuel Rothschild in Jahr 1918 ebenso wie Kommerzienrat Moses genannt Moritz Horkheimer (1858-1945), Teilhaber der 1885 gegründeten Zuffenhäuser Kunstwollfabrik, das Ehrenbürgerrecht. Moritz Horkheimer war übrigens der Vater des berühmten Soziologen Professor Dr. Max Horkheimer (1895-1973), des ersten Trägers der Stuttgarter Bürgermedaille (1970).[77]

Mehrere renommierte jüdische Rechtsanwälte spielten in der Anwaltskammer eine bedeutsame Rolle: Nathan Levi (1880-1912, Vorsitzender 1903-1912), Dr. Leopold Löwenstein (1883-1901), Oberregierungsrat Dr. Nathan Schmal (1902-1911), Dr. Rudolf Löwenstein (1911-1922) und Dr. Richard Reis (1922-1932).[78]

In Stuttgart praktizierten seit der Mitte des 19. Jahrhunderts zahlreiche jüdische Ärzte. Von ihnen waren nicht wenige sehr beliebt, weil sie sozial eingestellt waren, ohne Ansehen der Person halfen und in ihrem Beruf eine Chance sahen, die Not der mittellosen gebrechlichen Alten und armen Kranken zu lindern. Ein hervorragend tüchtiger Arzt blieb den Stuttgartern noch lange in Erinnerung: Dr. Nathan Krailsheimer (1851-1924), einer der ersten Augenärzte der Stadt. Krailsheimer entstammte einer in Affaltrach im Landkreis Heilbronn bodenständigen jüdischen Familie. Er studierte in Heidelberg Medizin, wobei er sich auf die Augenheilkunde spezialisierte. Der junge Augenarzt ließ sich in Stuttgart nieder. Seine Praxis in der Neckarstraße zog Augenkranke aus nah und fern an. 1884 übernahm er den Posten eines Chefarztes im Katharinenhospital. Daneben behielt er aber seine Privatpraxis bei. Dem technischen Fortschritt gegenüber aufgeschlossen, arbeitete er mit den modernsten medizinischen Apparaten. König Karl und Königin Olga, später König Wilhelm II. und Königin Charlotte schätzten ihn sehr. Er war unermüdlich tätig, behandelte jeden Patienten, ob arm oder reich, gleichermaßen liebenswürdig-zuvorkommend. Er war stets für seine Kranken da. Keiner durfte weggeschickt werden, auch wenn es außerhalb der Sprechstunden zu höchst ungelegener Zeit war. Des Augenübels eines jungen Soldaten im Ersten Weltkrieg nahm er sich mitten in der Nacht an und steckte anschließend dem dankbaren Krieger noch Geld für ein Bier zu. Als er 1924 starb, wurde er in einem Ehrengrab beigesetzt. Dies hinderte indes die NS-Machthaber nach 1933 nicht, das Grab abzuräumen. Sein Sohn, Chefarzt am Katharinen- und Ludwigsspital, musste 1934 mit Schimpf und Schande Deutschland verlassen und sich mit der Mutter und Schwester in Finnland in Sicherheit bringen, wo er im Ersten Weltkrieg als Marinestabsarzt gewirkt hatte.[79]

An der Technischen Hochschule lehrte 1904 der Chemiker Professor Dr. Hugo Kauffmann. Das Fach Geschichte vertrat Professor Dr. Ernst Marx.[80]

Im Jahr 1891 gründete die Stadt eine Berufsfeuerwehr. Mit der Funktion des Branddirektors betraute sie Bruno Jacoby aus Stendal. Jacoby zeichnete sich durch Pflichteifer und stetige Einsatzbereitschaft aus.

Die Berufsfeuerwehr machte er zu einer höchst effektiv arbeitenden Organisation. Sie löschte in den ersten Jahren ihres Bestehens fast alle Brände und machte in der Stadt die Freiwillige Feuerwehr überflüssig. Der jüdische Branddirektor Jacoby wurde eine der bekanntesten Persönlichkeiten Stuttgarts.[81]

Schon in der ersten Hälfte des 19. Jahrhunderts gehörten Juden dem Stuttgarter Hoftheater an. Nichts Näheres wissen wir über den Hofmusiker Schwabacher, der vermutlich nur kurze Zeit ein Engagement in Stuttgart hatte. Karriere machte der aus Worms stammende Joseph Abenheim (1804-1881). 1825 erstmals als Violinist des Hoforchesters genannt, stieg er zum ersten Musikdirektor, Hofoperndirigenten bzw. Königlichen Musikdirektor auf. 1871 wurde er im Alter von 67 Jahren pensioniert.[82] Ein Liebling des Stuttgarter Opernpublikums war der Kammersänger Heinrich Sontheim (1820-1912). Der Sohn armer Eltern in Jebenhausen bei Göppingen, den einmal ein Zeitgenosse den »Kaiser der Tenöre« nannte, wurde 1851 an das Hoftheater berufen. Die Stimme des »Heldentenors« umfasste mehr als zwei Oktaven, vom großen H bis zum zweigestrichenen C. Sontheim, der auf seinen Gastspielen vor allem in Wien glänzende Triumphe feierte, erhielt zahlreiche Ehrungen. Auch nach seiner Pensionierung 1889 übernahm er weiterhin Gesangsrollen. Zum letzten Mal stand er an seinem 80. Geburtstag am 3. Februar 1900 auf der Bühne. König Wilhelm II., der dieser Vorstellung beiwohnte, empfing den großen Künstler in seiner Loge und überreichte ihm sein Bild.[83]

Sigmund Lebert-Levi (1823-1884), ein großer Musikkenner und -liebhaber, hatte 1857 wesentlichen Anteil an der Gründung des Königlichen Konservatoriums für Musik. Die Philosophische Fakultät der Universität Tübingen würdigte seine Verdienste um die Pflege des Musiklebens in Stuttgart und Württemberg durch die Verleihung des Ehrendoktors. Sein älterer Bruder Jakob Levi (1816-1883), ein begabter Violinist, war Hofmusiker.[84]

Fünfzig Jahre, von 1861 bis 1911, wirkte der Königliche Kammervirtuose Edmund Singer (1830-1912) am Konservatorium für Musik. Er galt als Meister des Violinspiels. Eine prägende Studienzeit hatte er in den 1850er-Jahren in Weimar bei Franz Liszt verbracht. In Stuttgart regte er 1874 die Gründung des Tonkünstlervereins an. Sein Streichquartett war weithin bekannt. 1911 starb er 81-jährig als Ehrenmitglied der Hofkapelle, Ehrendirektor des Konservatoriums, Ehrenvorstand des Tonkünstlervereins und Inhaber der Großen Goldenen Medaille für Kunst und Wissenschaft am Band des Kronenordens.[85]

Großer Beliebtheit bei Juden und Nichtjuden erfreute sich der Dichter Berthold Auerbach (1812-1882). Mit Stuttgart verband den aus Nordstetten bei Horb stammenden Auerbach vieles. So hatte er 1832 am damaligen hiesigen Obergymnasium die Reifeprüfung abgelegt. In den 1850er-Jahren war er zum Cotta Verlag in Geschäftsverbindung getreten. Besonders gerne hatte er sich, Erholung suchend, in Cannstatt, damals eine viel besuchte Badestadt von europäischem Ruf, aufgehalten. An seinem 100. Geburtstag, am 28. Februar 1912, feierte ganz Stuttgart den Verfasser der *Schwarzwälder Dorfgeschichten*. Der Literarische Club versammelte sich vor dem Gedenkstein im Cannstatter Kurpark, um den Dichter zu würdigen, der seine schwäbische Heimat mit seinem schriftstellerischen Werk so reich beschenkt hatte. Auch im Schauspielhaus und bei der Vereinigung »Freie Bühne« wurde seiner gedacht.[86]

Ein ungewöhnliches, aus jüdischer Sicht tragisches Lebensschicksal hatte Jakob Stern (1843-1911), einer der führenden Köpfe und literarisch fruchtbarsten Persönlichkeiten der württembergischen Sozialdemokratie im Wilhelminischen Kaiserreich. Stern kam aus einer im traditionellen Judentum fest verwurzelten, seit Generationen im hohenlohischen Niederstetten bodenständigen Familie. Seine Mutter war eine geborene Frankfurter aus Oberdorf am Ipf, eine nahe Verwandte des Rabbiners Dr. Naphtali Frankfurter (1810-1866), der von 1836 bis 1840 in Braunsbach wirkte und von dort an die Reform-Synagoge, die Tempelgemeinde, nach Hamburg berufen wurde. Nach dem Besuch der Jeschiwa in Preßburg immatrikulierte sich Stern in Tübingen, um sich auf den Rabbinerberuf vorzubereiten. In Preßburg hatte er den Chassidismus kennen gelernt und sich ihm angeschlossen. Er studierte kabbalistische Werke und führte ein Leben der Abstinenz und des Fastens. Nach vorübergehender Verwendung als Rabbinatsverweser in Mühringen wurde er zum Rabbiner in Buttenhausen ernannt. Inzwischen hatte sich – vielleicht unter dem Einfluss seiner intensiven Beschäftigung mit der Lehre des niederländischen Philosophen Spinoza – seine religiöse Einstellung vollkommen gewandelt. Er huldigte jetzt einem liberalen Reformjudentum. Es kam zu heftigen Auseinandersetzungen mit der Gemeinde. 1880 musste Stern von seinem Amt zurücktreten. Unmittelbar darauf trat er aus der Israelitischen Religionsgemeinschaft aus. In Stuttgart, wo er sich daraufhin niederließ, wurde er als Nachfolger Albert Dulks Hauptsprecher der Freidenkergemeinde. Seine wichtigste Aufgabe aber sah er im Kampf um soziale Gerechtigkeit. Hierbei hatte er indes nicht nur die Arbeiterschaft, sondern auch die bäuerliche Bevölkerung und die Kleingewerbetreibenden im Auge. In Referaten und in Zeitungsbeiträgen propagierte er den Marxismus. 1889 veröffentlichte er eine Schrift *Die Wert-Theorie von Karl Marx. In populärer Kürze.* Er schrieb regelmäßig Beiträge für das Landesorgan der württembergischen Sozialdemokratie *Die Schwäbische Tagwacht* und für das *Hamburger Echo*. Im Rückblick auf die verhältnismäßig liberale Handhabung des Sozialistengesetzes in Württemberg 1878 bis 1890 rühmte er, dass sich ein gewisser Zug der Toleranz in Religion wie in Politik hierzulande wohltuend von jenem preußischen Fanatismus abhebe, der gleich bei der Hand sei, gegnerische Meinungen und Bestrebungen mit Repressivmaßregeln niederzuknüppeln.

1891 wirkte er bei der Erarbeitung des Erfurter Programms der Sozialdemokratie mit. Clara Zetkin, die politisch in vielem andere Positionen vertrat, rühmte 1911 in einem Nachruf auf Stern dessen »restlose und rastlose Hingabe an die Sache des Proletariats«. Mit seinem unermüdlichen Wirken, seinen Artikeln und Broschüren habe er wesentlich dazu beigetragen, »dass auch in Schwaben die Sozialdemokratie die Eierschalen einer kleinbürgerlich-utopischen Auffassung abstreifte und sich auf den Boden des historischen Materialismus stellte«.

Der Austritt Jakob Sterns aus der Israelitischen Religionsgemeinschaft war für seine Verwandten in Niederstetten ein schwerer Schlag. Doch brach der nunmehrige Freidenker den Kontakt zu ihnen nicht ab. Er kam noch öfters nach Niederstetten, besuchte dabei auch stets den liberal denkenden Fürsten Albert von Hohenlohe-Jagstberg, ein einflussreiches Mitglied der Württembergischen Kammer der Standesherren, auf Schloss Haltenbergstetten. Am Ende seines Lebens scheint er den Bruch mit dem Judentum bereut und nach Wegen zur Rückkehr zur Religion seiner Vorfahren gesucht zu haben. Man fand ihn nach seinem plötzlichen Tod vor einem jüdischen Gebetbuch, in dem er die Sterbegebete aufgeschlagen hatte.[87]

König Wilhelm II., der im Oktober 1891 seinem Onkel Karl auf den Thron folgte, war seinen jüdischen Untertanen gleichfalls sehr gewogen. Er begegnete ihnen ohne Vorurteile und förderte ihre karitativen, kulturellen und religiösen Aktivitäten. Unter seinem bürgernahen, humanen Regiment ließ es sich gut leben. Die Agitation kleiner judenfeindlicher Gruppen, die es in Stuttgart und Württemberg ebenfalls gab, fand wenig Beachtung. Auch der neu aufkommende rassische Antisemitismus blieb bedeutungslos. Um aber der von dieser Bewegung ausgehenden Gefahr für das friedliche Zusammenleben von Christen und Juden wirksam zu begegnen, wurde 1890 der »Verein zur Abwehr des Antisemitismus« gegründet. In ihm fanden sich Christen und Juden zusammen. Zu seinen Gründern gehörten der demokratische Politiker Friedrich Payer, Präsident der Kammer der Abgeordneten, und der bekannte Schulmann Oberstudienrat Christian Heinrich Dillmann, zu seinen profiliertesten Mitgliedern zählte Robert Bosch.[88]

Dass es 1882 und 1908 zu »boshaften Beschädigungen« der Synagoge kam, wird in der Festschrift von 1911 lediglich mit einem knappen Satz erwähnt.[89] Die Juden fühlten sich in der bürgerlichen Gesellschaft integriert, und sie waren es auch. Freilich hatte das städtische Judentum in seiner Mehrheit große religiöse Zugeständnisse gemacht, viel vom geistigen Erbe seiner Väter aufgegeben. Hier tat eine Rückbesinnung not. Und diese hatte – nicht nur bei den so genannten Orthodoxen – auch bereits zaghaft eingesetzt. In Stuttgart standen dafür die Rabbiner Wassermann und Kroner. So war der von Theodor Kroner 1894 gegründete »Israelitische Jünglingsverein« (»Berthold-Auerbach-Verein«), wie erwähnt, bemüht, die heranwachsende Jugend in Vorträgen zu einem bewussten Judentum zu erziehen und ihr zugleich den Blick für die Gefahren des Antisemitismus zu schärfen. 1901 referierte beispielsweise der Vereinsgründer über die Bedeutung der Jugend bei der Abwehr des Antisemitismus und über die Geschichte der Juden in Württemberg. Bezirksrabbiner Dr. Stössel sprach über Vorkämpfer für die Emanzipation der Juden.[90]

Ausdruck der unauflöslichen Bindung der jüdischen Bürger an ihr deutsches Vaterland war der »Centralverein deutscher Staatsbürger jüdischen Glaubens«. 1899 erhielt dieser Verein in Stuttgart eine Ortsgruppe. Ihre Leitung übernahm der kurz zuvor aus Bayern übergesiedelte junge Arzt Dr. Gustav Feldmann. Sieben Jahre später besaß der Centralverein, dessen Mitgliederzahl stetig wuchs, in Württemberg schon 15 Ortsgruppen, ein eigener Landesverband konstituierte sich.[91]

In Stuttgart nahmen Juden regen Anteil am geselligen Leben. Sie schlossen sich den verschiedenen Vereinen an oder betätigten sich als deren engagierte Förderer. Besonders die Sport- und Wandervereine zählten viele jüdische Mitglieder in ihren Reihen. Adel und bürgerliche Oberschicht gaben den Ton in der Museumsgesellschaft an. Zahlreich in ihr vertreten waren renommierte jüdische Bürger. Neben den Familien Kaulla und Pfeiffer, die der Gesellschaft schon früh angehörten, sind hier für die Zeit um und nach der Wende vom 19. zum 20. Jahrhundert u.a. zu nennen: Fabrikant Julius Max Arnold, Privatier Bernhard Edenfeld, die Rechtsanwälte Dr. Hugo Elsas, Dr. Hugo Erlanger, Eduard Goldschmidt und Ernst Levi, die Fabrikanten Hugo und Paul Kahn, die Augenärzte Professor Dr. Oskar Königshöfer und Dr. Nathan Krailsheimer, Kaufmann Otto Rosenfeld, Professor am Konservatorium und Kammervirtuose Edmund Singer, Bankier Kilian von Steiner sowie die Ärzte Dr. Eduard und Dr. Sigmund Weil.[92] Die Museumsgesellschaft bot ein anspruchsvolles und vielfältiges Veranstaltungsprogramm: Konzerte, Bälle, Musikabende. Für die Mitglieder standen ein Klubhaus mit Bibliothek sowie ein Gesellschaftsgarten in den Silberburganlagen zur Verfügung. Die Einweihung des Museumsneubaus am 29. Januar 1876 an der Linden- und Roten Straße war ein gesellschaftliches Ereignis ersten Ranges gewesen. König Karl und Ministerpräsident von Mittnacht hatten ihr durch ihre Anwesenheit besonderen Glanz verliehen.[93]

## »Für König und Vaterland, Kaiser und Reich« im Ersten Weltkrieg (1914–1918)

Bei Ausbruch des Ersten Weltkriegs erfasste eine Woge nationaler Begeisterung alle Bevölkerungsschichten. Niemand wollte abseits stehen, wenn das Vaterland in Gefahr war. Die jungen Männer, die den Stellungsbefehl erhielten, eilten in die Kasernen. Viele Tausende, oft noch halbe Knaben und nicht wenige schon ergraute Männer, meldeten sich kriegsfreiwillig. Frauen und Mädchen stellten sich in großer Zahl für Pflegedienste in Lazaretten zur Verfügung, andere suchten in den verschiedenen Berufen die Männer zu ersetzen, die zu den Fahnen gerufen worden waren. Überwältigend war die Bereitschaft, durch finanzielle Opfer und Spenden dort zu helfen, wo Not und Mangel herrschten oder sonst wie Geldmittel für karitative Zwecke erforderlich waren.

In Stuttgart wie in anderen Städten des Landes wetteiferten die jüdischen Bürger in ihrer patriotischen Gesinnung mit ihren christlichen Landsleuten. Die Ärzte Cäsar Hirsch, Otto Einstein, Ludwig Weil und Gustav Feldmann meldeten sich kriegsfreiwillig. Söhne angesehener jüdischer Familien schlossen sich ihnen an, so die vier Brüder Julius, Karl, Moritz und Siegfried Lieblich. Der Bäcker Hlatki zeigte sich von solch beispielhafter Vaterlandsliebe tief beeindruckt; er schenkte dem Vater Lieblich als Zeichen seiner Hochachtung einen großen »Gugelhupf«. Einige weitere Namen der vielen jüdischen Kriegsfreiwilligen: Walter Engländer, Siegfried Heß, Ernst und Gustav Kahn, Paul Landauer, Albert Mainzer, Ludwig Stern, Max Stettiner, Julius Marx, Heinrich Ludwig, Viktor und Walter Straus, Lothar Zloczower, August Nathan, Willy Rosenstein, Eugen Levi.[94]

Die meisten der zu den Fahnen Gerufenen und der Kriegsfreiwilligen wurden württembergischen Truppenteilen zugewiesen. Dies war auch bei einem Großteil der Reservisten, die den Stellungsbefehl erhalten hatten, der Fall. Manche fanden auch in bayerischen, preußischen oder sächsischen Einheiten Verwendung. Männer, die die österreich-ungarische Staatsangehörigkeit besaßen, wurden zur k. u. k. Armee eingezogen.

Am 4. August 1914 wurde in der Stuttgarter und Cannstatter Synagoge wie in allen anderen israelitischen Gotteshäusern des Landes um den Beistand des Allmächtigen für die ins Feld ziehenden Krieger gebetet. Von diesem Tag an stand im Mittelpunkt der täglichen Morgen- und Abendgottesdienste die Fürbitte für die Ausmarschierten. Ihnen vor allem galten auch die jeweils vorgetragenen Psalmen 20, 91 und 124. Die Bitte »Hilf, Herr, dem König und erhöre uns, wenn wir rufen!« entsprach der patriotischen und königstreuen Einstellung der jüdischen Bürger; sie wurde mit großer innerer Anteilnahme gesprochen.[95]

Unter der Bezeichnung »Lemaarche Milchama« (für die Kriegführenden) ordnete die Israelitische Oberkirchenbehörde besondere Opfer in den Synagogen zugunsten der Verwundeten und der Familien der Kriegsteilnehmer an. Für den gleichen Zweck veranstalteten Rabbiner und Vorsänger Sammlungen bei den Gemeindemitgliedern. Bereitwillig übernahmen Rabbiner und Vorsänger auch die seelsorgerische Betreuung der Verwundeten in den Heimatlazaretten, ebenso die der Kriegsgefangenen in den Lagern. Wie etliche andere württembergische jüdische Geistliche wurden Oberkirchenrat Dr. Theodor Kroner und Rabbiner Dr. David Stössel für ihr beispielhaftes patriotisches Verhalten mit dem Wilhelms- bzw. dem Charlottenkreuz ausgezeichnet. Auf Veranlassung der Israelitischen Oberkirchenbehörde vom 28. Oktober 1914 riefen die Rabbiner und Vorsänger die jüdischen jungen Männer im Alter von 16 bis 20 Jahren zum Eintritt in die neu errichtete Jugendwehr auf, deren Zweck die vormilitärische Ausbildung der jungen Mannschaft war. Diese Aufrufe hatten großen Erfolg.

Im Mai 1916 wurden in den Israelitischen Gemeinden »Kriegsgedenkbücher« eingeführt; in sie sollten fortlaufend die Kriegsteilnehmer der einzelnen Gemeinden eingetragen werden. Oberkirchenrat Kroner erreichte auch, dass mitten im Krieg die seit langem von jüdischer Seite scharf kritisierte Form der Vereidigung der jüdischen Soldaten analog zu der der christlichen Soldaten eine befriedigende Lösung fand: Am 12. Juni 1916 ordnete das Württembergische Kriegsministerium an, dass im Bereich des XIII. (Königlich Württembergischen) Armeekorps die Soldaten in der Synagoge, und zwar unmittelbar nach der vorbereitenden Unterweisung durch den Rabbiner von einem Offizier auf dessen Degen vereidigt werden sollten. Eine erste solche Vereidigung fand bereits am 3. Juli jenes Jahres in der Ludwigsburger Synagoge statt.[96]

Das von den Architekten Oskar Bloch und Ernst Guggenheimer erbaute Schwesternheim, Dillmannstraße 9, stand bei Kriegsbeginn unmittelbar vor seiner Fertigstellung und Eröffnung. Es fehlte lediglich noch die Inneneinrichtung. Der Verwaltungsrat und sein Vorsitzender, Dr. Gustav Feldmann, zögerten keinen Augenblick, das Heim der Militärverwaltung zur Verfügung zu stellen. Die zwölf Schwestern übernahmen Aufgaben im Sanitätsdienst auf den verschiedenen Kriegsschauplätzen und in der Heimat. Vom September 1914 an wurde das mit 30 Betten ausgestattete Schwesternheim Hilfslazarett VIII in Stuttgart. Die Verpflegung der dort eingewiesenen Verwundeten und ihre pflegerische Betreuung lag in den Händen von drei Schwes-

*Jüdischer Soldat aus Stuttgart während des Ersten Weltkriegs*

tern des Heims. Mit der Leitung des Hilfslazaretts, das erst am 30. April 1919 wieder an den Verein »Jüdisches Schwesternheim« zurückgegeben wurde, waren die jüdischen Ärzte Dr. Max Hommel und Dr. Moritz Tannhäuser betraut. Beide Ärzte wurden für ihr beispielhaftes berufliches Engagement mit dem Wilhelmskreuz dekoriert. Die laufenden Kosten, die der Lazarettbetrieb verursachte, konnten durch großzügige Spenden gedeckt werden. Schwester Rosa Bendit stand zusammen mit acht Schwestern und zwei Hilfsschwestern zunächst dem Vereinsvorstand Dr. Gustav Feldmann zur Seite, dem Anfang August 1914 die Führung des Festungshilfslazaretts I in Breisach übertragen worden war. Vom 23. November 1915 bis Februar 1916 leisteten die Schwestern Dienst auf dem serbischen Kriegsschauplatz, dann hatten sie von März bis August 1916 eine schwere Aufgabe im Seuchenlazarett in Inor bei Stenay (Departement Meuse, Frankreich) zu erfüllen. Von Oktober 1916 bis April 1917 wurde ihre pflegerische Erfahrung in Hermannstadt in Siebenbürgen benötigt, sodann bis April 1918 im rumänischen Calaminesti, zuletzt bis November 1918 in Morlanwelz in Belgien. Insgesamt leisteten die Stuttgarter jüdischen Schwestern 14 370 Pflegetage im Heeresdienst. Dr. Feldmann tat während des ganzen Krieges Dienst an der Westfront. Von Breisach aus kam er zur Sanitätskompanie 2/XV und ins Feldlazarett 3/XV,271[97]

Die schweren Kämpfe im Westen, in Frankreich und in Belgien, und im Osten, in Ostpreußen, Polen und Westrussland, forderten hohe Verluste an Toten und Verwundeten. Bereits im August 1914 verloren acht Männer der Stuttgarter Israelitischen Gemeinde ihr Leben im Feld. Dennoch blieb die nationale Euphorie, die Hoffnung auf einen baldigen Sieg, zunächst ungebrochen. Immer noch drängten jüdische wie christliche junge Männer in großer Zahl zu den Fahnen. Bereitwillig nahm auch die Heimat die Lasten und Entbehrungen auf sich, die der Krieg im Gefolge hatte. Zwischen jüdischen und christlichen Bürgern gab es hier keinen Unterschied. In vielen Familien zeigte man stolz das Ringlein »Gold gab ich für Eisen«, das an die freiwillige Abgabe von Gold und anderen wertvollen Metallen erinnerte. Auf Empfehlung der Israelitischen Oberkirchenbehörde legten die Gemeinden nach dem Beispiel der Zentralkirchenkasse ihre Gelder in Kriegsanleihen an.[98]

Einzelne wohlhabende jüdische Familien stellten ihre Vaterlandsliebe durch großzügige Hilfsaktionen und Stiftungen unter Beweis. Die Firma Gebrüder Straus & Cie. in Cannstatt überließ ihr ebenso großzügig wie zweckmäßig ausgestattetes Gebäude dem Roten Kreuz. Dieses konnte es als Krankenstation mit etwa 20 Betten nutzen. Großes Aufsehen erregte es, als im Januar 1915 die Firma Wolf & Söhne einen ganzen Lazarettzug stiftete. König Wilhelm II. war von dieser wahrhaft fürstlichen Schenkung tief beeindruckt. Er fuhr eigens nach Untertürkheim, um den Zug zu besichtigen. Die Fabrikanten Adolf und Max Wolf in Untertürkheim stifteten im November 1915 5000 Mark zugunsten Not leidender Kriegsteilnehmer und das Fabrikantenehepaar Wolf – keine näheren Personalangaben – im Februar 1916 20 000 Mark zugunsten ihres Augenlichts beraubter oder sonst körperlich schwer beschädigter Soldaten. Der große Stuttgarter Wohltäter Geheimer Hofrat Dr. Eduard von Pfeiffer und seine Frau übergaben der Stadt eine Million Mark für soziale Zwecke. Auch zahlreiche kleinere Stiftungen und Sachspenden halfen manche Not lindern. Der »Israelitische Mädchenhilfsverein« und der »Israelitische Frauenverein« schlossen sich dem »Nationalen Frauenverein« an. Die unterschiedlichen Handarbeiten, die sie anfertigten, waren in Schützengräben, ebenso in Lazaretten und Genesungsheimen sehr begehrt und machten viel Freude.

Besondere Erwähnung verdient, dass zwanzig verwundete französische Soldaten dem sie in einem Stuttgarter Lazarett behandelnden deutschen Arzt Dr. Robert Gutmann ihren »tief gefühlten Dank« aussprachen und ihn den »Vertreter ritterlicher Haltung der edlen deutschen Nation« nannten. Dieses Lob der verwundeten französischen Kriegsgefangenen wurde im *Schwäbischen Merkur* veröffentlicht.[99]

Die Hoffnung auf ein baldiges siegreiches Ende des Krieges schwand mehr und mehr. Die Todesnachrichten von den Fronten verschonten kaum eine Familie. Der Kriegsalltag mit seinen Entbehrungen erlegte der Bevölkerung immer härtere Opfer auf. Die Lebensmittelversorgung verschlechterte sich 1916/17 dramatisch. Auch der Mangel an Kleidern und Gegenständen des täglichen Bedarfs wuchs ständig. Einige Fliegerangriffe in den Jahren 1917 und 1918, die glücklicherweise nur wenige Menschenleben forderten und geringe Gebäudeschäden verursachten, konfrontierten die Bewohner Stuttgarts mit der neuen, schrecklichen Erfahrung, dass sie trotz verhältnismäßig weiter Entfernung von der Front im Westen in das Kriegsgeschehen mit einbezogen waren.

Am 8. Oktober 1916, mitten im Krieg, feierte der in allen Bevölkerungskreisen als Mensch und Regent hoch geschätzte König Wilhelm II., »Württembergs geliebter Herr«, sein 25-jähriges Regierungsjubiläum. In allen Synagogen des Landes fanden Dankgottesdienste statt. Zum 70. Geburtstag des Monarchen am 25. Februar 1918, veranlasste die Israelitische Oberkirchenbehörde in den Gemeinden des Königreichs eine Sammlung, die den Betrag von 16 465,15 Mark ergab. König Wilhelm II. bestimmte, dass von dieser Spende das Israelitische Waisenhaus Esslingen, die »Wilhelmspflege«, 6 000 Mark, der »Verein für die Förderung des Handwerks und Gartenbaus unter den Israeliten in Württemberg« 10 000 Mark und die restlichen 9 465,15

Mark die »Zentrale für Israelitische Wohlfahrtspflege in Stuttgart« erhielt.[100]

Im Sommer 1918 zeichnete sich die endgültige militärische Niederlage Deutschlands und seiner Verbündeten ab. Die Israelitische Oberkirchenbehörde ermahnte in Anbetracht der sich überstürzenden Ereignisse in einem Erlass die Gemeinden zu Gottvertrauen, Einigkeit und Opferwilligkeit.[101] Im November 1918 wurde die militärische Niederlage mit dem Waffenstillstand im Wald von Compiègne bittere Wirklichkeit. Im Juni 1919 sah sich Deutschland gezwungen, im Versailler Friedensvertrag die harten Konsequenzen aus dem verlorenen Krieg auf sich zu nehmen.

Von den Israelitischen Gemeinden Stuttgart und Cannstatt, die 1910 zusammen 4 291 Mitglieder zählten (Cannstatt allein 469), standen 520 Männer an der Front. Von diesen 520 Kriegsteilnehmern wurden 138 einmal, 202 mehrfach ausgezeichnet, fast die Hälfte befördert. 158 erlitten Verwundungen, die teilweise lebenslange Behinderungen zur Folge hatten. Auf dem Denkmal in dem von der Israelitischen Gemeinde Stuttgart angelegten Ehrenhain auf dem Pragfriedhof sind die Namen von 98 Gefallenen und Vermissten verzeichnet. Maria Zelzer führt in ihrem Buch *Weg und Schicksal der Stuttgarter Juden* die Namen von 109 Kriegstoten aus Stuttgart und Cannstatt auf. Das Gefallenenehrenmal auf dem Pragfriedhof war übrigens im Wesentlichen durch freiwillige Spenden finanziert, von den Architekten Bloch und Guggenheimer errichtet und am 21. Juni 1925 feierlich eingeweiht worden. Auch die Gemeinde Cannstatt ehrte ihre 15 Gefallenen und Vermissten (darunter auch einige Kriegstote, die außerhalb von Groß-Stuttgart beheimatet gewesen waren) durch ein Denkmal auf dem Steigfriedhof.[102]

Für die 10 413 reichsdeutschen Juden in Württemberg liegen gleichfalls exakte Zahlen vor. Danach standen von ihnen 1 610 Männer (= 15,4 Prozent) an der Front. 12,79 Prozent von ihnen hatten sich kriegsfreiwillig gemeldet, 105 oder 6,52 Prozent wurden im Lauf des Krieges zu Offizieren befördert. Von den 1 610 Kriegsteilnehmern kehrten 263 oder 16,33 Prozent nicht mehr aus dem Feld zurück. 509 oder 31,61 Prozent wurden verwundet.[103]

Diese Zahlen sprechen eine eindeutige Sprache. Die Juden haben in gleicher Weise wie ihre christlichen Landsleute im Ersten Weltkrieg an der Front ihren Mann gestanden. Der Vorwurf antisemitischer

*Gedenktafel für die Gefallenen des Ersten Weltkriegs*

Kreise, die jüdischen Bürger hätten sich mit allen möglichen üblen Tricks vor dem Kriegsdienst und insbesondere vor Kampfeinsätzen gedrückt, ist daher eine infame Unterstellung.

Die Revolution im November 1918 stieß im Deutschen Reich die Throne um. Auch König Wilhelm II. musste der Krone seiner Vorfahren entsagen. Die Juden des Landes bedauerten dies sehr. Der König hatte ihnen bei jeder Gelegenheit großes Wohlwollen entgegengebracht, hatte sich um ihre Belange gekümmert und an bedeutsamen Ereignissen der Israelitischen Religionsgemeinschaft persönlich Anteil genommen. So hatte er zusammen mit seiner Gattin Charlotte am 11. November 1913 an der Einweihung des Neubaus der Israelitischen Waisen- und Erziehungsanstalt »Wilhelmspflege« in Esslingen teilgenommen.[104] Emma Weil, die Tochter von Sanitätsrat Dr. Sigmund Weil, die für ihr ungewöhnliches Engagement in der Kranken- und Verwundetenpflege während des Krieges mit dem Charlottenkreuz ausgezeichnet worden war, entschloss sich wohl schon kurze Zeit nach dem Sturz der Monarchie, zusammen mit ihrer Rotkreuzgruppe das nunmehr im Schloss Bebenhausen bei Tübingen lebende Königspaar zu besuchen und ihm ihre Verehrung und Dankbarkeit zu bekunden. Herzog Wilhelm von Württemberg, wie sich der bisherige König seit seinem Thronverzicht nannte, und seine Frau waren über diese Geste der Verbundenheit, wie sie sie tagtäglich von Menschen aus allen Schichten der Bevölkerung erlebten, tief bewegt.[105] König Wilhelm II. raffte der Tod nach kurzer schwerer Krankheit bereits am 2. Oktober 1921 hinweg. Königin Charlotte überlebte ihren Mann um beinahe 25 Jahre; sie starb am 16. Juli 1946.

Nach dem Abschluss des Waffenstillstands am 11. November 1918 erließ die Israelitische Oberkirchenbehörde eine im Gottesdienst zu verlesende »Ansprache an alle israelitischen Gemeindegenossen in Württemberg«. In ihr begrüßte sie die heimkehrenden Soldaten und rief zur Hilfe für die Kranken, Kriegsbeschädigten und für die Familien der Gefallenen und Vermissten auf. Die Ansprache schloss mit den Worten: »Wir müssen mithelfen, das ganze deutsche Vaterland in sittlicher Würdigkeit und wirtschaftlicher Kraft aufzubauen. Festhalten an unserer gemeinschaftlichen Aufgabe, den Frieden auf Erden zu hüten, soll unsere Losung sein«.[106]

Nach der Rückgliederung von Elsass-Lothringen an Frankreich Ende 1918 mussten Menschen wegen ihrer reichsdeutschen Herkunft oder ihrer nationaldeutschen Einstellung das seitherige Reichsland verlassen. So wurde auch der reichsdeutsche Geheimrat Dr. Arnold Cahn (1858-1927) von der Universität Straßburg verwiesen. Der ungewöhnlich tüchtige und fürsorgliche Arzt, in der Bevölkerung zu Recht der »Rettungskahn« genannt, kam nach Cannstatt und übernahm dort die Leitung der Inneren Abteilung des Städtischen Krankenhauses. Der Arnold-Cahn-Weg in Bad Cannstatt erinnert bis heute an ihn.[107] Auch die deutsch-gesinnte Familie Wachenheimer verließ damals das Elsass und kehrte nach Stuttgart zurück.[108]

- **Brüchige Gleichberechtigung in den Jahren der Weimarer Republik (1919-1933)**

## Die Verfassung vom 18. März 1924

Der Sturz der Monarchie im November 1918 ermöglichte der Israelitischen Religionsgemeinschaft die Befreiung von den letzten Überbleibseln des staatskirchlichen Systems. Am 23. Mai 1921 berief die Israelitische Oberkirchenbehörde eine Verfassunggebende Landeskirchenversammlung nach Stuttgart ein. Knapp drei Jahre später verlieh diese durch einstimmige Billigung dem Verfassungsentwurf, an dessen Zustandekommen Ministerialrat Dr. Otto Hirsch maßgeblichen Anteil hatte, Gesetzeskraft. Die Israelitische Religionsgemeinschaft Württembergs verwaltete nunmehr ihre Angelegenheiten selbständig. Wie schon bisher bestand sie aus Religionsgemeinden, die insgesamt neun Rabbinaten (1932) zugeordnet waren. Als gesetzgebendes Organ begründete die Verfassung von 1924 die Israelitische Landesversammlung, die den Oberrat als Exekutivorgan, als ausführende Behörde, wählte. Der dem Judentum fremde Begriff Kirche verschwand. Es gab künftig keine Israelitischen Kirchengemeinden, keine Israelitischen Kirchen- und Oberkirchenräte oder in Verbindung mit Kirchen stehende Bezeichnungen für irgendwelche jüdischen Institutionen mehr. Für die Errichtung neuer wie für die Auflösung Israelitischer Religionsgemeinden war jetzt die Landesversammlung und nicht mehr das Kultministerium zuständig. Die 19 Abgeordnete umfassende Landesversammlung wurde für eine Legislaturperiode von sechs Jahren durch die über 21 Jahre alten männlichen und weiblichen Mitglieder der Gemeinden gewählt. Wählbar als Abgeordnete der Landesversammlung waren aber ausschließlich Männer mit einem Mindestalter von 25 Jahren.[1] Die Besetzung der Rabbinate sowie der Stellen der Religionslehrer (bisher Vorsänger) erfolgte durch den Oberrat. Dieser vertrat die Israelitische Religionsgemeinschaft nach außen, leitete ihre Verwaltung und war in ihren Vermögensangelegenheiten federführend, außerdem beaufsichtigte er die Verwaltung der Religionsgemeinden. Er bestand aus einem besoldeten theologischen, einem besoldeten rechtskundigen Mitglied sowie aus fünf ehrenamtlichen Mitgliedern. Erster Präsident war Rechtsanwalt Regierungsrat Dr. Carl Nördlinger (1867-1931); ihm folgte 1930 Ministerialrat Dr. Otto Hirsch (1885-1941). Nördlinger wie Hirsch waren jeweils als besoldetes rechtskundiges Mitglied in den Oberrat gewählt worden. Die Funktion des besoldeten theologischen Mitglieds nahm seit 1924 Stadtrabbiner Dr. Paul Rieger wahr. Der Oberrat hatte seinen Sitz im Gebäude Königstraße 82/I. Dort war auch die Israelitische Zentralkasse untergebracht.[2]

Einen hervorragenden religions- und kulturgeschichtlichen Wert besaß die annähernd 6 000 Bände umfassende Bibliothek des Oberrats. Die hier befindlichen Judaica und Hebraica, darunter auch seltene Bände, gehörten zu den bedeutendsten Sammlungen vor allem hebräischer Literatur in Deutschland, ja in Europa. Den Grundstock zu dieser Bibliothek hatte die Familie Kaulla gelegt, deren Privatbücherei sie anfänglich gewesen war. Zu den erlesenen Kostbarkeiten zählte die Prager jüdisch-deutsche Schichoth-Ausgabe von 1602 sowie die Bomberg'sche Talmudausgabe von Venedig. Kabbalistische Literatur war aus dem reichen Büchernachlass des Freudentaler Rabbiners Joseph Schnaittach (1774-1861) in die Bibliothek gelangt.[3]

Die Gemeinden behielten innerhalb der Landesorganisation eine recht selbständige Stellung. Ihre Verwaltung beruhte auf demokratischen Grundsätzen. Die Gemeinde Stuttgart hatte übrigens durchgesetzt, dass als § 94 folgende Bestimmung in die Verfassung aufgenommen wurde: »Beschlüsse der Landesversammlung, welche Änderungen des Gottesdienstes oder der rituellen Bräuche betreffen, dürfen in den Gemeinden nicht im Widerspruch mit einem Beschluss des Vorsteheramtes durchgeführt werden.«[4]

## Jüdisches Gemeindeleben nach 1918

Von den beiden im Stuttgarter Stadtgebiet bestehenden Israelitischen Gemeinden hatte sich Stuttgart mit 4 238 Mitgliedern im Jahr 1925 zur Großgemeinde entwickelt, wogegen Cannstatt mit 310 Mitgliedern 1925 im unteren Mittelfeld der württembergischen Gemeinden einzuordnen war. Beide Gemeinden unterhielten enge Beziehungen zueinander. Cannstatt, das, wie schon früher erwähnt, zusammen mit den Israelitischen Gemeinden Esslingen und Ludwigsburg das Bezirksrabbinat Stuttgart bildete, profitierte in reichem Maß von den vielfältigen Veranstaltungsangeboten der Stuttgarter Großgemeinde. Die Stuttgarter Rabbiner übernahmen Gottesdienste in der Cannstatter Synagoge, Cannstatter Juden betätigten sich sehr aktiv in Stuttgarter Vereinen. Unter den im Jahr 1924 in Württemberg bestehenden 51 Israelitischen Gemeinden nahm die Stuttgarter Gemeinde schon wegen ihrer großen Mitgliederzahl eine Sonderstellung ein; sie ließ alle anderen Gemeinden, so auch die Gemeinden Heilbronn (1925 900 Mitglieder) und Ulm (1925 566 Mitglieder) weit hinter sich. Freilich waren in ihr unterschiedliche religiöse Gruppierungen vertreten. Das Spektrum reichte von streng gesetzestreu oder orthodox, wie es damals hieß, bis liberal. Die meisten Stuttgarter Juden waren gemäßigt liberal. Ihre Familien waren großteils schon viele Generationen in Württemberg oder in anderen süddeutschen Ländern bodenständig; sie fühlten sich als Schwaben und Deutsche. Das Judentum besaß für sie den ausschließlichen Charakter einer Religionsgemeinschaft. Ihre Belange sahen sie wie schon vor dem Krieg im »Centralverein deutscher Staatsbürger jüdischen Glaubens« vertreten. Die Zionistische Bewegung, die Ende 1918 in Stuttgart ihre erste Versammlung abhielt, gewann nur wenig Anhänger. Für ihre Veranstaltungen reichte im Allgemeinen der kleinste Versammlungsraum aus. Mit der Feststellung des Karlsruher Rechtsanwalts Dr. Rosenfeld in seinem Vortrag am 16. Dezember 1918, dass das Judentum nicht nur eine Glaubensgemeinschaft, sondern auch eine Nation sei und dass alles getan werden müsse, damit Palästina ein jüdisches Land werde, vermochten die Stuttgarter Juden wenig anzufangen.[5] Für sie war ihre Heimatstadt längst an die Stelle von Jerusalem getreten. Bei Sammlungen für den Jüdischen Nationalfonds zeigten sie sich nicht sonderlich spendenfreudig. Werbeabende hatten geringen Erfolg. Die *Gemeindezeitung für die israelitischen Gemeinden Württembergs* bedauerte wiederholt das Desinteresse der Stuttgarter Juden an Palästina-Vorträgen, so als der Berliner Ministerialrat Hans Goslar am 18. September 1929 auf Einladung der Ortsgruppe Stuttgart der Zionistischen Vereinigung für Deutschland einen Vortrag »Trotz allem – Palästina« hielt. Nur in wenigen Wohnungen hingen kleine blaue Büchsen mit aufgemalten hebräischen Buchstaben, die zum Einlegen kleiner, für den Landkauf im Heiligen Land bestimmter Geldbeträge aufforderten. Am aufgeschlossensten für die Ideen des Zionismus zeigte sich die junge Generation, doch selbst bei ihr war es lediglich eine Minderheit, die ihre Zukunft in einer Niederlassung in Palästina sah.[6]

Nicht unerwähnt sollte indes bleiben, dass der Mitbegründer und von 1897 bis 1920 der erste Präsident der Zionistischen Vereinigung für Deutschland der 1865 in Stuttgart geborene Rechtsanwalt Dr. Max Isidor Bodenheimer war (gestorben 1940 in Jerusalem). Bodenheimer, der bereits seit 1893 in Köln lebte, stand zudem von 1905 bis 1914 als Präsident an der Spitze des Jüdischen Nationalfonds. 1933 verließ er Deutschland, um nach zweijährigem Aufenthalt in den Niederlanden nach Palästina überzusiedeln.[7]

Der Stuttgarter Rechtsanwalt Fred Uhlmann (geboren 1901), dem England zur zweiten Heimat wurde und der sich vor allem als Maler einen Namen machte, teilte in seinem Buch *The Making of an Englishman* die hiesigen Juden der Zeit vor 1933 in mehrere sozial deutlich voneinander geschiedene Gruppen ein. An oberster Stelle rangierte der etwa ein Dutzend Familien umfassende »Adel«: alteingesessene Geschlechter, meist Rechtsanwälte, Bankiers sowie einige Richter; sie hatten hohe Ansprüche an Kultur und Geistesleben, sammelten Kunstgegenstände, besaßen Geld und sahen auf die im Handel ihren Erwerb findenden Juden, insbesondere auf die so genannten Neureichen, herab, ihre Söhne schickten sie gewöhnlich auf die Universität. Der Israelitischen Religionsgemeinschaft schon weitgehend entfremdet, suchten sie den gesellschaftlichen Umgang mit Nichtjuden, den Kontakt zu ihren Glaubensgenossen hingegen pflegten sie kaum noch. Sie waren auf dem besten Weg zur völligen Assimilation. Die überwiegende Mehrheit der Stuttgarter Juden waren wohlhabende Geschäftsleute, Ärzte, Rechtsanwälte und Angehörige anderer gehobener Berufe; ihre Familien lebten schon seit zwei oder drei Generationen in der württembergischen Landeshauptstadt. Sie kannten einander, heirateten auch häufig untereinander, besaßen in der Regel mehrere nichtjüdische Freunde und Bekannte, gaben aber ihren Glaubensgenossen im gesellschaftlichen Verkehr den Vorzug. Sie hatten selten mehr als zwei Kinder. Nach ihnen kamen die ärmeren Juden sowie die aus Landgemeinden zugewanderten Dorfjuden, meist Viehhändler und kleine Geschäftsleute. Die unterste soziale Stufe schließlich nahmen die hauptsächlich während des Ersten Weltkriegs und in der Nachkriegszeit hierher gekommenen Ostjuden, die »Pollacken«, ein.[8]

Viele Stuttgarter Juden verfügten nur noch über eine lockere Bindung an die Religion ihrer Väter. Die Synagoge besuchten sie allenfalls an den hohen Festtagen. An den gewöhnlichen Schabbaten sah man sie kaum in den Gottesdiensten. Selbstverständlich aber nahmen sie die Dienste des Rabbiners bei Hochzeiten und Beerdigungen in Anspruch. Auch ließen sie ihre Söhne beschneiden, ebenso legten sie Wert darauf, dass ihre Kinder in der jüdischen Religion unterrichtet wurden. Viele Ritualien waren ihnen nicht mehr bekannt, oder sie lehnten sie als antiquiert ab. Die Zahl der Ehen zwischen Juden und Christen war in stetigem Ansteigen begriffen. 1921 waren es zehn von 54 Eheschließungen, 1926 20 von 50 und 1930 22 von 39. Solche Heiraten mit Nichtjuden förderten den Austrittstrend aus der Israelitischen Religionsgemeinschaft. Indes hielt sich die Zahl der Juden, die ihre Religionsgemeinschaft verließen, um zum Christentum überzutreten oder sich der damals noch kleinen Schar der Konfessionslosen zuzugesellen, sehr in Grenzen. Sie betrug zwischen 1919 und 1932 im Jahr durchschnittlich weniger als zehn. 1929 erklärten elf Stuttgarter ihren Austritt aus der Israelitischen Religionsgemeinschaft, 1930 waren es fünf und 1932 13. Andererseits schlossen sich 1929 zwei und 1932 drei christliche Bürger dem Judentum an.[9]

Trotz des hohen Anteils von Mitgliedern, die im Gemeindeleben kaum mehr in Erscheinung traten, besaß die Stuttgarter Gemeinde einen Stamm von Männern und Frauen, die sich im Gemeindeleben engagierten, die regelmäßig die Gottesdienste besuchten, an den synagogalen, den häuslichen und den sonstigen Ritualien festhielten. Die Stuttgarter Gemeinde hatte in den 1920er- Jahren das Glück, dass an ihr sehr befähigte Rabbiner wirkten, die aus den tiefen Quellen jüdischer Frömmigkeit schöpften und dass sie ihre Erkenntnisse und Einsichten den ihnen anvertrauten Menschen vermittelten. Bis 1922 hatte Dr. Theodor Kroner das Amt des Stadtrabbiners inne. Seine dem Konservativismus zuneigende religiöse Richtung und sein lebenslanges Bemühen um Toleranz trugen wesentlich dazu bei, dass sich die Spannungen zwischen liberalen und orthodoxen Juden in halbwegs erträglichen Grenzen hielten und dass sich die verschiedenen Gruppierungen wechselseitig respektierten. Zu seinem 70. Geburtstag widmete ihm der Verein württembergischer Rabbiner, den er 1896 ins Leben gerufen hatte, eine Festschrift mit zahlreichen wissenschaftlichen Beiträgen. Kroner hatte nicht nur wesentlichen Anteil am Zustandekommen der Verfassung der Israelitischen Religionsgemeinschaft von 1912, sondern er beteiligte sich auch an den Vorarbeiten zur Verfassung von 1924.[10]

Sein Nachfolger wurde Dr. Paul Rieger (1870-1939), der zuvor Rabbiner in Potsdam, Hamburg und Braunschweig gewesen war. Rieger, ebenso wie Kroner kein gebürtiger Württemberger, verfügte als Theologe, als Pädagoge und als Kanzelredner über einen ausgezeichneten Ruf. Er machte sich auch als Schriftsteller einen Namen. Sein bedeutendstes Buch war die *Geschichte der Juden in Rom* (1895/96), das er gemeinsam mit Hermann Vogelstein verfasste. Rieger war ein glühender deutscher Patriot und ein Gegner des Zionismus. In der Stuttgarter Ortsgruppe des »Centralvereins deutscher Staatsbürger jüdischen Glaubens« übernahm er eine führende Rolle. In Wort und Schrift machte er gegen den Antisemitismus Front, der den deutschen Juden ihr Heimatrecht in Deutschland absprechen wollte. Zwei seiner Veröffentlichungen beweisen dies besonders eindrücklich: *Ein Vierteljahrhundert im Kampf um das Recht und die Zukunft der deutschen Juden* (1918) und *Vom Heimatrecht der deutschen Juden* (1921). Seiner religiösen Einstellung nach war Rieger liberaler als Kroner. Dennoch beklagte er den Verlust der religiösen Energie des deutschen Judentums. Sein seelsorgerisches und pädagogisches Wirken hatte eine Rückbesinnung auf die Werte des Judentums, eine Vertiefung jüdischer Religiosität zum Ziel. Der deutsche Staatsbürger jüdischen Glaubens sollte in gleicher Weise ein vaterländischer Deutscher wie ein gesetzestreuer Jude sein. Zu Recht vertrat er die Auffassung, dass das Judentum dem deutschen Volk in geistig-sittlicher Hinsicht viel zu geben habe. In Rabbiner Abraham Schlesinger in Buchau, dem einzigen zionistischen Rabbiner in Württemberg, sah er seinen Widersacher. 1927 kam es zwischen den beiden Geistlichen in der Frage der Förderung des Zionismus zu Auseinandersetzungen. Das Forum für sie bildete die *Gemeindezeitung für die israelitischen Gemeinden Württembergs*[11], deren Schriftleitung Rieger einige Jahre innehatte. Wichtiger indes war, dass der Stuttgarter Stadtrabbiner die *Gemeindezeitung* dazu nutzte, um jüdisches Gedankengut zu verbreiten, um religiös aufbauend und vermittelnd zu wirken. So entfaltete er weit über die württembergische Landeshauptstadt hinaus eine fruchtbare publizistische Aktivität; sie wurde vor allem draußen in den kleinen israelitischen Landgemeinden als förderlich und hilfreich empfunden. Seine Schüler im Eberhard-Ludwigs-Gymnasium und in anderen Schulen behielten ihren Lehrer, der insbesondere jüdische Geschichte anschaulich und lebendig zu unterrichten vermochte, in dankbarer Erinnerung.[12]

Auf die seit dem Tod von Dr. David Stössel am 2. März 1919 verwaiste Stelle des zweiten Stuttgarter Stadtrabbiners und Bezirksrabbiners, wurde 1920 Dr. Arthur Rosenzweig (1883-1935) berufen. Er blieb nur zwei Jahre. Von 1924 bis 1928 bekleidete dieses Amt Dr. Julius Cohn (1878-1940), der nachmalige Ulmer Rabbiner, und seit 1929 Dr. Heinemann Auerbach (1880-1957).[13]

Seit 1894 war Max Meyer (1865-1950) in verschiedenen Funktionen der Gemeindeverwaltung tätig, zunächst als Schochet und als Lehrer/Vorsänger. Sein menschliches Engagement und seine Hilfsbereitschaft waren beispielhaft. Stets wusste er Rat. Als Leiter der Fürsorgeabteilung, mit der die Arbeitsvermittlungsstelle verbunden war, kümmerte er sich besonders um die Bedürftigen. Gerne, vor allem von jungen Leuten, wurden seine Schabbat-Nachmittagskurse besucht, ebenso die Vorträge, die er im Lehrhaus hielt. Bei Jung und Alt erfreute er sich großer Beliebtheit und Wertschätzung.[14] Neben ihm sind als Lehrer, Vorbeter und Vorsänger zu nennen Jakob Tennenbaum (1854-1921), Leo Adler (1884-1966), Jakob Jaffé (1884-1943) und Alexander Adelsheimer (1880-1953). Tennenbaum kam 1886 nach Stuttgart. Der auch durch eigene Kompositionen hervorgetretene Vorsänger leitete den Synagogenchor. Unter ihm erlebte die Stuttgarter Synagogenmusik eine Blütezeit. Jaffé und Adler wirkten von 1908 bzw. 1909 bis in die Verfolgungszeit des Dritten Reiches als Religionslehrer, Adler auch als Kantor, Adelsheimer gesellte sich 1924 ihnen zu.[15]

Langjährige Vorsitzende des Vorsteheramts der Israelitischen Gemeinde waren der Kaufmann Arthur Essinger und der Fabrikant Oskar Rothschild. Wichtige Aufgaben in der Gemeindeverwaltung oblagen den Ausschüssen, dem Kleinen Rat, dem Finanzausschuss, dem Friedhofsausschuss, dem Unterrichtsausschuss, dem Büchereiausschuss sowie dem Wohlfahrtsausschuss. Ihnen standen gewählte Gemeindeglieder vor.[16] Ohne den Pflichteifer und die Einsatzbereitschaft dieser Männer – Frauen waren noch von der Wahrnehmung solcher Ehrenämter ausgeschlossen – hätte die Gemeindearbeit im religiös-karitativen und im kulturellen Bereich nicht so erfolgreich gemeistert werden können.

## Die Religionsgesellschaft und andere gesetzestreue Gruppierungen

Der eine streng gesetzestreue Richtung vertretenden Religionsgesellschaft gehörten 1928 50 Familien an. Sie hatte in der Zeit der Weimarer Republik einen starken Zulauf. Wegen der ständig wachsenden Zahl ihrer Mitglieder reichte ihr Versammlungsraum (um 1920 Rosenstraße 37 und um 1930 im Hinterhaus des Gebäudes Rosenstraße 35) nicht mehr aus. Sie plante deshalb den Kauf eines eigenen Hauses. In der *Gemeindezeitung*, die sehr wohlwollend über sie berichtete, wurden auch der Religionsgesellschaft fern stehende jüdische Bürger aufgefordert, dieses Vorhaben durch großzügige Spenden zu ermöglichen.[17] Es kam jedoch zu keinem solchen Kauf. Nach 1933 erlaubte die Israelitische Gemeinde ihren orthodoxen Glaubensbrüdern, in dem ihr gehörenden Eckgebäude Hospital-/Gartenstraße einen Betsaal einzurichten.[18]

Allseits anerkannt und hoch angesehen war Kleiderfabrikant Siegfried Kahn aus Cannstatt, der langjährige Vorstand der Religionsgesellschaft. Dank der ihm eigenen Gabe des Ausgleichs von Gegensätzen fand er auch Zugang zu den liberalen Kreisen des Stuttgarter Judentums. 1924 wurde er in die Israelitische Landesversammlung gewählt, der er dann bis zu seinem Tod im Jahr 1932 angehörte. Im Amt des Vorstands der Religionsgesellschaft folgte ihm Abraham Kulb nach. Zu den frömmsten und gelehrtesten Stuttgarter Juden zählte Emanuel Agulnik, der Inhaber einer Fremdenpension. Der frühere Religionslehrer hatte sich als Schüler litauischer Talmudschulen ein umfassendes Wissen über das Judentum angeeignet, das er als Lehrender und zugleich Lernender bis ins Alter noch erweiterte und vertiefte und das er vor allem auch gerne weitergab. Einen Mittelpunkt für die streng gesetzestreuen Juden bildete das Haus von Seligmann Kahn, Augustenstraße 17, das Menschen ohne Unterschied der Religionszugehörigkeit offen stand. Kahn und seine Familie nahmen es mit dem Gebot der Nächstenliebe sehr ernst. Dem 1932 Verstorbenen rühmte Rabbiner Dr. Bamberger nach: »Er war das Gewissen der Gemeinde.«[19]

Am 11. November 1928 feierte die Religionsgesellschaft im Oberen Museum, Kanzleistraße 11, unter reger Anteilnahme der Öffentlichkeit ihr 50-jähriges Bestehen. Die musikalisch umrahmte Festrede hielt Rabbiner Dr. Bamberger. Ihr schloss sich der Vortrag von Rabbiner Dr. Esra Munk, Berlin, »Kulturaufstieg und Traditionstreue« an.[20]

Im Gegensatz zur Israelitischen Gemeinde, die eine Körperschaft des öffentlichen Rechts war, besaß die Religionsgesellschaft lediglich den Rechtsstatus eines eingetragenen Vereins. Bei den orthodoxen Stuttgarter Juden waren die Sympathien für den Zionismus größer als bei ihren liberalen Glaubensgenossen. Diese Sympathien verstärkten sich zunehmend. Von 1930 an kam es dann zu einer offenen Hinwendung der streng gesetzestreuen Juden, insbesondere der jungen Generation, zum Zionismus. Rabbiner Dr. Bamberger und einige andere führende Köpfe der Religionsgesellschaft dämpften indes den jüdisch-nationalen Überschwang, indem sie nachdrücklich darauf hinwiesen, dass auch beim Zionismus das Religiöse entschieden den Vorrang vor dem Nationalen habe.[21]

Mindestens seit 1922 hatte die Religionsgesellschaft einen eigenen akademisch gebildeten Rabbiner. Bis 1925 war dies Dr. Jonas Ansbacher, zuvor Geistlicher der Israelitischen Religionsgesellschaft in Heilbronn[22], und von 1925 bis 1939 Dr. Simon Bamberger (1900-1957). Ehe Bamberger hierher kam, gab es in der Religionsgesellschaft starke Bestrebungen, sich gänzlich von der Israelitischen Religionsgemeinde zu trennen. Dem 25-jährigen Rabbiner, der rasch die Herzen von Alt und Jung gewann, gelang es ohne große Mühe, die Mitglieder der Religionsgesellschaft davon zu überzeugen, dass eine solche Trennung der Sache des Judentums schädlich wäre. Er legte Wert auf ein möglichst spannungsfreies Verhältnis zur Religionsgemeinde. Persönlich war er sehr fromm. Die Festigung des religiösen Bewusstseins bei seinen Gemeindegliedern betrachtete er als eine seiner wichtigsten seelsorgerischen Aufgaben. Seine Schüler liebten und verehrten ihn. Jedermann konnte mit seinen persönlichen Anliegen und Nöten zu ihm kommen. Er fand stets das richtige Wort, den hilfreichen Rat. In seinem gastfreien Haus fühlten sich alle Besucher freundschaftlich aufgenommen, und es stellten sich tagtäglich nicht wenige ein.[23]

Eine gesetzestreue Gruppe, die indes ihre eigenen Wege ging, hatte sich im Verein »Linath Hazedek« (Stätte der Wohltätigkeit) zusammengeschlossen. Ihr Betsaal befand sich im Haus Gartenstraße 1 und seit 1929 im Haus Kasernenstraße 13.[24]

Neben den einheimischen Juden hatten sich seit dem Ende des 19. Jahrhunderts in wachsender Zahl Ostjuden in Stuttgart niedergelassen. Sie waren zum Teil hierher gekommen, weil sie sich eine grundlegende Verbesserung ihrer wirtschaftlichen Verhältnisse versprachen, zum Teil hatte sie auch der Erste Weltkrieg aus ihrer zum Kampfgebiet gewordenen Heimat vertrieben. Meist besaßen sie ursprünglich die österreich-ungarische oder die russische Staatsangehörigkeit, später dann die der Nachfolgestaaten der k.u.k. Monarchie, überwiegend die polnische oder in wesentlich geringerer Zahl die tschechoslowakische Staatsangehörigkeit, vereinzelt waren sie auch Bürger anderer osteuropäischer Länder. 1933 betrug ihr Anteil an der jüdischen Einwohnerschaft der württembergischen Landeshauptstadt rund 10 Prozent. Etwa die Hälfte der Mitglieder der Israelitischen Religionsgesellschaft waren Ostjuden.[25] In der liberalen Gemeinde gab es erhebliche Vorbehalte gegen die Fremdlinge, zumal diese meist recht arm waren und keine Berufsausbildung hatten. Die wohlhabenden Stuttgarter Juden schämten sich ihrer. 1919 erklärte der einer eingesessenen Familie entstammende Dr. Caesar Hirsch dem Sprecher der Ostjuden: »Leute, die nicht richtig Deutsch sprechen, geschweige denn Schwäbisch können, haben kein Recht, in einer deutschen Gemeinde zu reden.« Der Familienverein und die Stuttgart-Loge des Unabhängigen Ordens B'nei B'rith schlossen Ostjuden von der Mitgliedschaft aus. Exklusive Zirkel wie der Union-Club ließen sie erst recht nicht zu. Bereits ein gewisses Entgegenkommen bedeutete es, dass die 1924 erlassene Satzung der Israelitischen Gemeinde die Wartezeit für die Aufnahme in die jüdische Gemeinschaft von fünf auf drei Jahre verkürzte. Allerdings gelang es erstmals 1932 einem Ostjuden, in das Leitungsgremium der Gemeinde aufzusteigen.[26]

Die Ostjuden hingen meist der aus ihrer Heimat mitgebrachten streng gesetzestreuen Richtung des Judentums an. In der Israelitischen Gemeinde wurden sie deshalb selten heimisch. Sehr viel mehr kam die Religionsgesellschaft ihren geistlichen Bedürfnissen entgegen.

Doch der größere Teil der Zuwanderer aus dem Osten blieb unter sich und gründete eigene kleine Vereinigungen, die der religiösen Grundeinstellung der Mitglieder entsprachen. Bereits 1908 riefen Ostjuden den Verein »Esrach Achim« ins Leben, der in der Marienstraße einen eigenen Betsaal einrichtete. 1919 trat der Verein »Bikor Cholim« hinzu. Noch vor dem Ersten Weltkrieg gründeten streng gesetzestreue Ostjuden eine Vereinigung, die nicht nur an Schabbaten und Feiertagen, sondern täglich zu Gottesdiensten zusammenkam. In diese Vereinigung wurden lediglich Juden aufgenommen, die sich strikt an die Schabbatvorschriften und die rituellen Gesetze hielten. Trotzdem hatte sie erheblichen Zulauf und entwickelte sich zu einer Institution von bedeutsamem Rang, die das religiöse Leben der Stuttgarter Juden in mancherlei Weise befruchtete. Eine maßgebliche Rolle in ihr spielten von Anfang an die drei einer jüdischen Gelehrtenfamilie entstammenden Brüder Joseph, David und Chaim Lehrmann. Joseph besaß als Talmudgelehrter einen Namen, sein Wort in religiösen Fragen fand in allen jüdischen Kreisen Stuttgarts Beachtung. David verfügte über eine hohe musikalisch-sängerische Begabung. Er diente der Vereinigung als Vorbeter und Sänger. Bekannte nannten ihn den »Minnesänger Gottes«. Gegenüber Abwerbungsversuchen namentlich des Vereins »Esrach Achim« blieb er standhaft. Wesentlich zu seinem hohen Bekanntheitsgrad trugen auch seine künstlerischen Fähigkeiten als Thoraschreiber bzw. als Zehngeboteschreiber bei, wie er, der Inhaber einer Knochen-, Lumpen- und Papierhandlung, im Adressbuch bezeichnet wurde. Chaim, in dessen Haus in der Christophstraße 47[27] die Vereinigung ihren Betsaal hatte, betätigte sich gleichfalls als Thoraschreiber und Thoravorleser. Neben seinem großen religiösen Wissen wurde namentlich auch seine ungewöhnlich praktische Klugheit sehr geschätzt. Von den drei Brüdern konnte nur David während der nationalsozialistischen Verfolgungszeit noch rechtzeitig in die USA emigrieren. Die beiden anderen wurden 1938 nach Polen abgeschoben und dort später ermordet. Über seine Eltern Chaim und Blima Lehrmann schrieb im Jahr 1962 Professor Dr. Chanan Lehrmann, damals Rabbiner in Berlin:

»Sie waren einfache, bescheidene, ja in religiösem Sinn demütige Menschen ohne soziale Ambitionen und sonstige Ansprüche an das Leben als nur den, das irdische Dasein ehrenhaft zu bestehen, seine Forderungen gewissenhaft zu erfüllen, den Wortlaut und den Geist der Zehn Gebote zu beherzigen und diese Prinzipien auch ihren Kindern, die sie großzogen, einzuprägen. Mein Vater – sein Name bezeugt es – stammte aus einer Gelehrtenfamilie, die sich seit Generationen durch Lernen und Lehren auszeichnete. Doch wollte er selber aus seiner Wissenschaft keinen Broterwerb machen und verdiente seinen Lebensunterhalt für seine zahlreiche Familie als kleiner Kaufmann, immer zufrieden mit dem, was der Tag ihm brachte, ganz im Sinne des Psalmisten, der da sagt: ›Gelobt sei Gott Tag um Tag!‹ Vor allem war er darauf bedacht, täglich einige Stunden aufzusparen für das persönliche Talmud-Studium mit seinen Kindern … In der ganzen Rechtschaffenheit, mit der er das Leben für sich und seine große Familie meisterte, stand ihm eine Gefährtin zur Seite, deren Energie, Mut, Gewandtheit in praktischen Fragen, Uneigennützigkeit und Aufopferung von heiterem Naturell getragen waren. Das Leben dieser Frau, klein und beweglich, von unerschöpflicher Vitalität trotz vieler Krankheiten, war das einer Heiligen und wirkte auf ihre Umgebung wie ein Beispiel, das man zum Vorbild nehmen, aber nicht nachahmen kann …«[28]

Dass das Ostjudentum keineswegs ein geistig oder kulturell zurückgebliebener, in seiner Lebensweise noch auf recht primitiver Stufe stehender Teil des Judentums war, wie dies ein Großteil der alteingesessenen Stuttgarter Juden sah, brachte das Gastspiel des sechs Jahre zuvor gegründeten Moskauer Hebräischen Künstlertheaters »Habima« Ende Januar/Anfang Februar 1928 im Stuttgarter Schauspielhaus schlagartig ins Bewusstsein. Der Schriftsteller Max Osterberg hatte dieses erste hebräische Gastspiel auf einer Stuttgarter Bühne angeregt, Kommerzienrat Wolf durch eine großzügige Spende auch wenig Bemittelten und Schülern den Besuch ermöglicht. Zur Aufführung gelangte die dramatische Legende von An-Ski »Dybuk« sowie die dramatische Dichtung von G. Leiwik »Golem«. Die Zuschauer waren vom Inhalt der Stücke, namentlich aber von der hervorragenden künstlerischen Leistung der Schauspieler tief beeindruckt. Auch wer keine Hebräischkenntnisse besaß, vermochte dem Geschehen auf der Bühne zu folgen. Max Osterberg verlieh seiner Betroffenheit mit den Worten Ausdruck:

»Der moderne deutsche Jude sah sich, wie jeder Nichtjude, einer fremden Welt gegenüber. Und doch – beeinflusst wohl vor allem durch die, wenn auch nicht verstandene, so doch durch den Gottesdienst vertraute Sprache – fühlte er seine Verwandtschaft mit diesen Menschen, die so ganz anders sind wie er selbst ... Manchem mag wohl der Gedanke gekommen sein, welch hohes Gut er eingebüßt habe, da er nicht wie jene mehr aufgehen kann im Gebet und [in] restloser Erfüllung überkommener religiöser Formen. Ja, jene fremde Welt war es, die sich uns enthüllte, keine Welt, in der wir mehr leben möchten, aber eine Welt, die uns mit Andacht und Verehrung erfüllen kann.«[29]

Auch der *Schwäbische Merkur* geizte nicht mit Lob für die große künstlerische Leistung der Schauspieler – er setzte sie mit der der besten deutschen Schauspieler gleich –, und er berichtete auch, dass das voll besetzte Haus stürmischen Beifall gespendet habe, aber die Welt, die die beiden Stücke zur Darstellung brachten, war dem Rezensenten doch seltsam fremd, wunderlich und geheimnisvoll, voll von phantastischem Mystizismus und von Aberglauben. Die von »kabbalistischer Mystik erfüllte Handlung« stieß ihn ab. Vor allem missfiel ihm die Vorliebe für das Groteske, die Freude am hässlichen Zerrbild.[30] Es scheint indes, dass das Urteil von Max Osterberg mehr den Eindrücken der überwiegenden Mehrheit der Theaterbesucher entsprach als die insgesamt recht negative Kritik des im *Schwäbischen Merkur* zu Wort kommenden Rezensenten.

In der Öffentlichkeit erregten die durch ihr Aussehen und ihre Kleidung exotisch wirkenden streng gesetzestreuen Juden meist osteuropäischer Herkunft Aufsehen. Das religiöse Leben dieser Menschen hingegen spielte sich weithin im Verborgenen ab. Anders die religiösen und besonders die vielfältigen kulturellen und gesellschaftlichen Aktivitäten der Israelitischen Religionsgemeinde, in der sich die Mehrheit der Stuttgarter Juden repräsentiert sah. Sie wirkten stark nach außen. Die Presse wies nicht nur regelmäßig auf die Gottesdienste in der Synagoge hin, sondern nahm auch Kenntnis von den wichtigsten Veranstaltungen der Gemeinde sowie der mit ihr verbundenen Vereine.

## Die *Gemeindezeitung für die israelitischen Gemeinden Württembergs* und der Kampf gegen die zunehmende judenfeindliche Agitation

Seit 1924 erschien die *Gemeindezeitung für die israelitischen Gemeinden Württembergs*; in ihr nahmen naturgemäß Berichte über die Großgemeinde Stuttgart mit Abstand den ersten Platz ein. Gründer der Zeitung und Mitverleger war Max Osterberg (1865-1938), eine Persönlichkeit, die im kulturellen Leben Stuttgarts eine bedeutsame Rolle spielte. Osterberg war der Gründer und Erste Vorsitzende des »Vereins für literarische Kultur, Freie Bühne« und längere Zeit Leiter der *Süddeutschen Literaturschau*. Die *Gemeindezeitung*, deren Schriftleitung Rabbiner Dr. Paul Rieger übernahm, betrachtete es als ihre Aufgabe, den Zusammenhalt der Israelitischen Gemeinden in Württemberg zu festigen, ihren Lesern die großen geistigen Werte des Judentums nahe zu bringen, sie über aktuelle Fragen und Problemkreise zu unterrichten, auch selbst dazu Stellung zu nehmen, auf verlässlicher Quellenbasis beruhende Darstellungen zur Geschichte der zum Teil jahrhundertealten Gemeinden zu veröffentlichen und so zur Erforschung der Geschichte der Juden in Württemberg seit dem Mittelalter beizutragen. Die zunächst einmal, dann zweimal monatlich erscheinende Zeitung gewann rasch einen ansehnlichen Leserkreis. Neben jüdischen Firmen inserierten in ihr bemerkenswert viele christliche Firmen.[31] Regelmäßig veröffentlichte die *Gemeindezeitung* Beiträge »Aus dem Schriftschatz Israels«. Hier brachte sie beispielsweise Psalmen in deutscher Übersetzung. Sie setzte sich mit der Frage des rituellen Schlachtens, des Schächtens, auseinander, rief zur Hilfe für jüdische Arme auf der Landstraße auf. Anlässlich des Versöhnungstags beklagte sie die Unversöhnlichkeit zwischen den »Parteien des Judentums«. Bei der Wahl zur Ersten Israelitischen Landesversammlung 1924 ermahnte sie die wahlberechtigten Gemeindeglieder, tatkräftige, gottesfürchtige Männer zu wählen, die der Wahrheit die Ehre gäben und ausschließlich das Wohl der jüdischen Gemeinschaft im Auge hätten. Die ständig zurückgehende Zahl der Gottesdienstbesucher nahm sie am 1. Januar 1931 zum Anlass, um eindringlich darauf hinzuweisen, dass der Besuch des Gottesdienstes eine heilige Pflicht sei. Wer diese Pflicht erfülle, finde nicht nur seine eigene Befriedigung, sondern trage auch zur Würde des Gottesdienstes bei.[32]

Von Anfang an kämpfte die *Gemeindezeitung* gegen die antisemitische Hetze. 1924 schrieb sie mit Blick auf Houston Stuart Chamberlain (1855-1927), den Schwiegersohn Richard Wagners, und die von diesem publizistisch propagierte antisemitische Rassentheorie: »Volksfremd und rassenrein sind üble Schlagwörter, die in den Bierdunst von Volksversammlungen passen mögen, die aber in der reinen Luft des Geistigen kein Heimatrecht haben dürfen. Die Frage nach der Rasse ist bei der Beurteilung von Hunden, Pferden und Ochsen voll berechtigt. Dieser Tierzüchterstandpunkt sollte aber bei der Beurteilung geistiger Strömungen endgültig aufgegeben werden. Wer sich mit der Genealogie der leitenden Gedanken der Kunst und Kultur befasst ..., der wird den Chauvinismus in Kulturfragen als Lächerlichkeit begreifen. Alle Völker haben nur ein winziges Bruchteilchen ihrer Geistesschätze aus ihrer eigenen Seele gehoben, das Größte und Beste danken sie fremder Anregung, schulden sie fremder Befruchtung. Wer aber auf das hilflose Stammeln eines Chamberlain und Wendrin und ihrer Nachbeter schwört, dass alles Große in der Menschheit germanisch oder wenigstens arisch ist, der hat das Anrecht, ernst genommen zu werden, verscherzt ...«[33]

Im Jahr darauf trat die *Gemeindezeitung* der antisemitischen Behauptung von der »zersetzenden Wirkung der Juden auf die europäische Gesellschaft« entgegen. Sie stellte fest, dass sich die Wiedergeburt Europas »unter verstärkter engerer Fühlungnahme mit der jüdischen Bibel« vollzogen habe. Am 1. Juli 1931 setzte sie sich mit dem »Problem der jüdischen Rasse« auseinander. Ihr Resümee: »Wissenschaftliche Erkenntnis schafft so klare Einsicht, dass die Judenheit weder als Rasse noch als Blutgruppe, sondern allein als Willensgemeinschaft verstanden und begriffen werden kann. Damit ist ihre religiöse und weltanschauliche Eigenart scharf gekennzeichnet.«[34]

Der rassische Antisemitismus wurzelte in einem pseudonaturwissenschaftlichen Denken des 19. Jahrhunderts. Nach ihm schied nicht die Religion die in der Diaspora lebenden Juden von den christlichen Völkern, sondern die Rasse. Nicht der Übertritt zum Christentum, der bis zur Emanzipation der Juden und in mancher Hinsicht auch darüber hinaus das »Entréebillet« zur abendländischen Kultur gewesen war, nicht eine noch so vollständige Assimilation vermochte den Juden von seinem Judentum zu befreien. Er war und blieb der Fremde, den eine unüberbrückbare rassische Kluft vom Nichtjuden trennte. Doch damit nicht genug. Für den rassischen Antisemitismus gehörte der Jude einer minderwertigen Rasse an, die zu keiner schöpferischen Leistung fähig war, die vielmehr schmarotzerhaft mit ihren geistig weit höher stehenden Wirtsvölkern zusammenlebte. Der europäischen oder der arischen Rasse, der man als besonders wertvollen Bestandteil das deutsche Volk zurechnete, wurden dagegen die Großtaten des menschlichen Geistes zugeschrieben. Die Rassefanatiker sahen eine Gefahr darin, dass die so genannten arischen Menschen durch die blutmäßige Vermischung mit dem Judentum in ihrer biologischen Substanz geschädigt, ja zerstört und dadurch auch ihrer geistigen Leistungsfähigkeit beraubt würden. Mit dem rassischen Antisemitismus war eine primitive politische Hetzkampagne verbunden, die sich gegen alle Deutschen jüdischen Glaubens oder jüdischer Abstammung richtete, die vermöge ihrer Begabung führende Positionen in Gesellschaft, Wirtschaft, Wissenschaft und Politik innehatten. Der erstaunlich hohe Anteil, den das Judentum seit seiner Emanzipation an den herausragenden Leistungen im deutschen Geistes- und Kulturleben hatte, wurde verkannt oder – und dies war gemeinhin der Fall – böswillig abgestritten.[35]

Den Kampf gegen den Antisemitismus hatte die sehr aktive Ortsgruppe des »Reichsbundes jüdischer Frontsoldaten« zu einem ihrer wichtigsten Programmpunkte gemacht. In ihren Veranstaltungen, an denen häufig in größerer Zahl auch christliche Frontkämpfer teilnahmen, traten Referenten infamen Behauptungen judenfeindlicher Agitatoren entgegen. Die Argumente der Redner wirkten überzeugend, und doch vermochten sie wenig gegen die Hasstiraden der antisemitischen Rassefanatiker auszurichten. Im Herbst 1931 einigten sich deshalb die Ortsgruppen des »Reichsbundes jüdischer Frontsoldaten« und des »Centralvereins deutscher Staatsbürger jüdischen Glaubens« auf ein gemeinsames Abwehrprogramm, d.h. auf einen Vortragszyklus, der den Juden das »notwendige Rüstzeug und die rechte Waffenübung« für diesen Kampf verschaffen sollte. Jeder bewusste Jude, so wurde gefordert, müsse angesichts der immer schlimmere Ausmaße annehmenden antisemitischen Hetze ein »Abwehrsoldat« sein. Den ersten Vortrag hielt Dr. Hans Reichmann, Berlin. In der Analyse der politischen Situation gab er sich zuversichtlich. Er meinte, die rechtsradikalen Nationalsozialisten würden, wenn sie einmal Regierungsverantwortung übernähmen, die Judenhetze immer mehr aus ihrem Programm streichen. Die Hauptaufgabe sah er darin, die

Juden selbst aufzuklären, also sie mit antisemitischen Thesen vertraut zu machen und ihnen die Argumente zu deren Widerlegung an die Hand zu geben.[36]

Enge Kontakte unterhielt der »Reichsbund jüdischer Frontsoldaten« zu dem »Verein zur Abwehr des Antisemitismus«, der Christen und Juden in seinen Reihen zählte, so, um nur wenige bekannte Namen zu nennen, seit langem Robert Bosch, den demokratischen Politiker Johannes Fischer und den ehemaligen Reichsvizekanzler Friedrich Payer. An der Spitze des Vereins stand Eduard Lamparter, seit 1924 Pfarrer an der evangelischen Kreuzkirche in Heslach. Lamparter war in Wort und Schrift unermüdlich im Sinne der Zielsetzung des Vereins tätig. Er forderte, dass die evangelische Kirche gegen die zu dem Evangelium Jesu Christi in diametralem Gegensatz stehende antisemitische Rassentheorie Front mache, und er empfahl, dass Christen und Juden, die religiös und sittlich Grundlegendes verbinde, einander besser kennen lernten, da nur so die Vorurteile christlicher Kreise gegen die jüdische Religion überwunden werden könnten.[37]

Wie andere rechts stehende politische Vereinigungen propagierte der »Reichsbund jüdischer Frontsoldaten« die Errichtung jüdischer Landsiedlungen. Er hoffte so, dem deutschen Judentum, das, in den Städten zusammengedrängt, durch Austritte aus der Israelitischen Religionsgemeinschaft und durch Kinderarmut zahlenmäßig schrumpfte, eine gesunde Basis durch Familien zu erhalten, die auf das Land zurückkehrten und sich dort in geschlossenen Siedlungen als Bauern und Handwerker betätigten. Die *Gemeindezeitung* nannte ein solches »Zurück« zur Scholle »unrealistisch«. Die Juden sollten, so schrieb sie, sich doch nicht immer nach dem Urteil ihrer Umwelt richten, insbesondere nicht nach dem der Antisemiten. Mit solch künstlichen Siedlungen ehemaliger Städter sei nichts gewonnen. Sehr viel sinnvoller erscheine es, das vom Aussterben bedrohte Landjudentum zu erhalten und den mit der Landwirtschaft verwachsenen jungen Menschen in den jüdischen Landgemeinden Zukunftsperspektiven zu eröffnen. Dies könne dadurch geschehen, dass man die Errichtung landwirtschaftlicher Betriebe durch finanzielle Beihilfen etwa auf dem Weg über Darlehenskassen erleichtere. Oberlehrer Samuel Spatz in Rexingen äußerte sich in einem von der *Gemeindezeitung* veröffentlichten Beitrag ähnlich.[38]

## Das Jüdische Lehrhaus und die von ihm ausgehenden Impulse

Dass für die großstädtischen jüdischen Gemeinden die Lockerung der geistig-religiösen Bindungen an das Judentum, wie sie bei einer wachsenden Zahl von Mitgliedern der Stuttgarter Gemeinde festgestellt werden konnten, eine möglicherweise noch größere Gefahr als der Antisemitismus bedeutete, war in den 1920er-Jahren für kritisch die Entwicklung der Israelitischen Religionsgemeinschaft beobachtende Zeitgenossen keine Frage. Viele Angehörige der Stuttgarter Gemeinde waren nur noch dem Namen nach Juden. Mit der Israelitischen Religion vermochten sie kaum noch etwas anzufangen. Ungeschützt waren sie der antisemitischen Agitation ausgesetzt. Eine geistige Rückbesinnung tat Not. Gerade der Status des deutschen Staatsbürgers jüdischen Glaubens setzte in religiöser Hinsicht eine sichere Position voraus, und nur ein Jude, der aus dem Reservoir seiner Religion schöpfte, besaß eine solche; ihm vermochte die antisemitische Hetze wenig anzuhaben. Der fortschreitenden Assimilation war durch ein neues jüdisches Selbstbewusstsein Grenzen zu setzen. Eine wichtige Funktion kam hierbei dem Jüdischen Lehrhaus zu, das das reiche jüdische Geistesgut in der traditionell jüdischen Form des Lehrens und Lernens vermittelte und so zu einem bewussten Judentum erzog. Der erste Anstoß zur Verwirklichung jüdischer Erwachsenenbildung ging von dem großen jüdischen Religionsphilosophen Martin Buber aus; er hatte in Frankfurt am Main ein solches Lehrhaus ins Leben gerufen. In Stuttgart waren es der Cannstatter Fabrikant Leopold Marx (1889-1983), der nachmalige bekannte deutsche Lyriker in Shavei Zion, dessen Schwager Karl Adler, der Leiter des Konservatoriums für Musik, Dr. Otto Hirsch und Dr. Otto Einstein, die dem Lehrhausgedanken den Boden bereiteten. Martin Buber, dessen Vorträge Christen und Juden in gleicher Weise in ihren Bann zogen, und Theodor Bäuerle, der Vorsitzende des »Vereins zur Förderung der Volksbildung« und Pionier der Erwachsenenbildung, standen ihnen beratend und fördernd zur Seite. Am 10. Februar 1926 wurde der »Verein Jüdisches Lehrhaus« gegründet. Dr. Otto Hirsch wurde Vorsitzender, Leopold Marx Schriftführer. Das Lehrhaus entfaltete eine fruchtbare Aktivität. Schon vor seiner Gründung hatte Martin Buber durch zwei Vorträge über »Das prophetische Wort« und über »Religion als Wirklichkeit« gewissermaßen die Richtung gewiesen. Buber war es dann auch, der in den folgenden Jahren durch seine Lehrtätigkeit der neuen Institution zu einem hervorragenden Ruf verhalf. Erstmals kam es hier zum Gespräch zwischen Juden und Christen. Die jüdische Seite vertrat jeweils Buber, die christliche profilierte Protestanten und Katholiken. Die Themen der Gespräche im Winter 1928/29 waren: »Religion und Volkstum« (Buber und der evangelische Schriftsteller Wilhelm Michel), »Religion und Politik« (Buber und Theodor Bäuerle). Verbindendes und Trennendes wurden offen ausgesprochen. Viel beachtete Vorträge hielten im Jüdischen Lehrhaus der jüdische Erziehungswissenschaftler Ernst Simon und der Theologe Leo Baeck, der spätere Präsident der Reichsvertretung der deutschen Juden. Auch mehrere württembergische Rabbiner übernahmen bereitwillig Lehrverpflichtungen. Aufmerksame Hörer fanden die Vorlesungen von Rabbiner Dr. Max Beermann, Heilbronn über den Talmud und seinen Kulturwert sowie die Kurse von Rabbiner Dr. Abraham Schlesinger, Buchau über neuhebräische Dichtung; sie wurden zu einem regelmäßigen Angebot im Arbeitsplan des Lehrhauses. Stadtrabbiner Dr. Paul Rieger, der stellvertretende Vorsitzende des Lehrhausvereins, leitete 1931/32 einen Arbeitskreis über Franz Rosenzweigs *Stern der Erlösung*. Rabbiner Dr. Heinemann Auerbach befasste sich in einer Vorlesung mit der Jüdischen Geschichte vom Babylonischen Exil bis zum Schluss des Talmuds. Der Göppinger Rabbiner Dr. Aaron Tänzer beteiligte sich gleichfalls immer wieder mit interessanten Referaten zu historischen Themen. Oberrechnungsrat Max Meyer, der über ein ungewöhnlich reiches jüdisches Wissen verfügte, gab Bibelkurse und referierte über religiöse Fragen. Besonderen Wert legte das Lehrhausprogramm auf Hebräisch-Kurse, insbesondere auf solche im Neuhebräischen. Bereits im ersten Geschäftsjahr registrierte das Lehrhaus 320 Hörer, die Mitgliederzahl des Lehrhausvereins war auf 245 angewachsen. Der Oberrat, die Israelitische Gemeinde und der Unabhängige Orden B'nei B'rith unterstützten das Lehrhaus finanziell sowie durch die Überlassung von Räumen.[39]

Eine indirekte Frucht des Lehrhauses war die von Friedrich Schieker gegründete, neue pädagogische Zielsetzungen verwirklichende Ganztagsschule am Kräherwald; in ihr fanden christliche und jüdische Kinder Aufnahme. Theodor Bäuerle, Otto Hirsch und Martin Buber gehörten zu ihren engagierten Beratern und »geistigen Helfern«.[40]

## Weiterhin reges Vereinsleben

In der Vermittlung jüdischen Geistesguts insbesondere an die Jugend sah der »Berthold-Auerbach-Verein« wie schon vor dem Ersten Weltkrieg seine Aufgabe. Sein Programm umfasste ein breites Spektrum von Vortragsthemen. So referierte beispielsweise im ersten Halbjahr 1928 Dr. Selma Stern, Berlin-Heidelberg, über Jud Süß, Rabbiner Dr. Simon Bamberger, Stuttgart, über die Frau im Judentum, Diplom-Ingenieur Oskar Plawner, Stuttgart, über das heutige Palästina im Licht des Technikers, Leo Löwenstein-Hirsch, Cannstatt, über Staat und Wirtschaft. Ferner leitete Rabbiner Dr. Julius Cohn, Stuttgart, einen Heimabend, der das Thema behandelte: »Die sittlichen Pflichten der Einzelnen nach den Lehren des Judentums«. Der Verein lud am 24. März zum Purimball und am 5. April zum Sederabend ein. In die jüdische und chassidische Literatur sowie in die Werke von Rainer Maria Rilke führten schließlich Rezitationsabende ein.[41] Im November 1928 sprach Dr. Karl Lieblich über Judenhass und Judenschicksal, im Januar 1929 Karl Adler über Gedanken zur Kunsterziehung, im April 1929 Jella Lepmann über neue Lebensformen der Frau. Ebenso wie der Freiwillige Synagogenchor Stuttgart veranstaltete der Verein auch Konzerte.[42]

Um eine effektivere Jugendarbeit betreiben zu können, konstituierte sich 1930 als Dachorganisation unter der Leitung von Dr. Walter Einstein der »Jüdische Jugendring«. Er umfasste den Jugendausschuss des Vorsteheramts der Israelitischen Gemeinde, den »Berthold-Auerbach-Verein«, den Jugendausschuss der Ortsgruppe Stuttgart des »Centralvereins deutscher Staatsbürger jüdischen Glaubens«, den »Jung-Jüdischen Wanderbund« (der eine zionistische Ausrichtung hatte) sowie den Deutsch-Jüdischen Wanderbund »Kameraden«. Der Jugendring suchte durch eine ausgedehnte Vortragstätigkeit aufklärend und richtungweisend zu wirken.[43]

Ebenfalls im Jahr 1930 eröffnete die Israelitische Gemeinde ein eigenes Jugendheim. Sie wollte damit jungen Juden, die nicht bei ihren Eltern wohnen bleiben konnten oder wollten, eine ansprechende Unterkunftsmöglichkeit schaffen und sie gleichzeitig in engeren Kontakt zur »Jüdischen Schicksalsgemeinschaft« bringen. Das Heim sollte zudem ein Treffpunkt sein, der der jungen Generation das geistige Rüstzeug für ein bewusst jüdisches Leben vermittelte. »Die Folge wird sein«, so äußerte sich Erich Lehmann in der *Gemeindezeitung* zuversichtlich, »eine erfreuliche Belebung des jüdischen Lebens unserer Gemeinde, eine gesteigerte Aktivität aller beteiligten Kreise in politischen Existenzfragen der deutschen Juden und zu guter Letzt das Vorhandensein einer verantwortungsbewussten Jugend.«[44]

Der Stuttgart-Loge des Unabhängigen Ordens B'nei B'rith war die Festigung und Vertiefung des Religiösen in gleicher Weise wie die Fürsorge für sozial benachteiligte Gemeindemitglieder ein Anliegen. 1919 gründete sie eine eigene Frauenvereinigung. Auf ihrer ersten öffentlichen Logensitzung am 15. Oktober 1928 setzte sich Alfred Dreifuß mit den Problemen moderner jüdischer Dichtung auseinander.[45]

Der Israelitische Frauenverein verband Wohltätigkeit mit geistig-religiösen Bestrebungen. 1927 bildete sich als eine Art Dachorganisation der »Württemberg-Hohenzollerische Landesverband des Jüdischen Frauenbunds«. Seine Zentrale befand sich in Stuttgart. Er lud im Mai 1929 Hannah Karminski, Berlin, zu einem Vortrag über Fragen der weiblichen jüdischen Jugend ein. Bei anderer Gelegenheit sprach Bettina Brenner, Vorstandsmitglied des Jüdischen Frauenbundes, über die Gegenwartsaufgaben der jüdischen Frau.[46]

Juden waren in den 1920er-Jahren Mitglieder beinahe aller Stuttgarter Sport- und Wandervereine. Mit der zunehmenden Judenfeindlichkeit kam es auch hier zur Gründung eigener Vereine, so zu der des schon früher erwähnten Deutsch-Jüdischen Wanderbunds »Kameraden« (um 1924) und zu der des Jüdischen Sportvereins »Hakoah«.[47]

Der einseitigen Berufsstruktur der Juden suchte der 1899 errichtete Verein zur Förderung des Handwerks und des Gartenbaus unter den Israeliten in Württemberg entgegenzuwirken. Eng verbunden mit diesem recht erfolgreichen Verein war der allerdings erst seit 1930 bestehende »Verein jüdischer Handwerker« in Stuttgart; er unternahm in der Zeit der Weltwirtschaftskrise erhebliche Anstrengungen, um jungen jüdischen Arbeitslosen eine Ausbildung zu verschaffen.[48]

Die Fürsorge für bedürftige Gemeindemitglieder, die durch Krankheit, Alter oder sonstige widrige Schicksalsschläge außer Stande waren, ihren eigenen Lebensunterhalt zu bestreiten, betrachtete die Israelitische Gemeinde als eine ihrer wichtigsten Aufgaben, und sie leistete hier Vorbildliches. Auch unter den Stuttgarter Juden gab es nach dem verlorenen Ersten Weltkrieg und der Inflation, die nicht wenige Gemeindeangehörige um einen beträchtlichen Teil, in manchen Fällen um beinahe ihr gesamtes Vermögen gebracht hatte, viel Not. Hinzu kam, dass die reichen Stiftungen, die zuvor Bedürftigen zugute gekommen waren, auf ein Minimum ihres Vorkriegswerts zusammengeschmolzen waren. Die Mittel der öffentlichen Fürsorge waren knapp; sie konnten nur die schlimmste Not lindern. Unter den Angehörigen der Israelitischen Religionsgemeinschaft befanden sich zudem Ausländer und Staatenlose, die nur in Ausnahmefällen auf Leistungen der öffentlichen Fürsorge hoffen konnten. Um den stark gestiegenen Anforderungen auf Unterstützungen gewachsen zu sein, errichtete die Jüdische Gemeinde 1924 das Israelitische Fürsorgeamt; es trat an die Stelle der seitherigen Zentrale der Stuttgarter Wohlfahrtsvereine.

Ein Schwerpunkt der Arbeit des Fürsorgeamts bildete die Gesundheitsfürsorge, sie schloss die Bereiche Krankenpflege und Erholung ein. Das Fürsorgeamt kümmerte sich darum, dass Kranke die notwendige medizinische Betreuung erhielten und erforderlichenfalls Aufnahme in Heilstätten fanden, dass unbemittelte pflegebedürftige Alte sowie unversorgte Waisenkinder in entsprechenden Anstalten untergebracht wurden. Um arbeitsfähigen Personen wirksam helfen zu können, gliederte es sich eine Arbeitsvermittlung einschließlich der Beratung bei der Berufsfindung und Berufsumschichtung an. Zur Existenzsicherung von Bedürftigen gewährte es zinsgünstige Darlehen, allerdings in der bescheidenen Größenordnung von 50 bis 500 RM. Durchreisende jüdische Wanderer unterstützte es, hier mit dem »Landesverband der jüdischen Wahlfahrtspflege« zusammenarbeitend, nach einem System, das die missbräuchliche Ausnützung der Hilfsbereitschaft der jüdischen Gemeinschaft nach Möglichkeit ausschloss. Es nahm sich ferner sittlich gefährdeter Jugendlicher an, war zu diesem Zweck auch im Jugendamt und im Jugendgerichtsamt vertreten. Ebenso stand es straffällig gewordenen Personen bei ihren Gerichtsverfahren zur Seite und betreute – soweit möglich – auch rechtskräftig verurteilte Straftäter. Immer wieder wandte sich das Fürsorgeamt mit Aufrufen um tätige Mithilfe an die wirtschaftlich gut situierten Gemeindeglieder. Im Juni 1926 beispielsweise appellierte es an die Stuttgarter, wiederum wie während der Inflationszeit arme Kinder, mittellose Alleinstehende und jetzt vor allem Arbeitslose zu einem Mittagessen einzuladen. In jenem Monat bekamen 35 Familien laufende Unterstützung. An zwölf Erwachsene und zehn Kinder wurden Kleidungsstücke ausgegeben. Mit dem Ausbruch der Weltwirtschaftskrise stieg die Not rapide an. Im Winter 1930/31 versorgte das Fürsorgeamt eine große Zahl von Armen mit Brennmaterial, Kartoffeln sowie mit Kleidung. Wiederholt forderte es die Gemeindeglieder auf, angesichts der wachsenden Armut in ihrer Spendefreudigkeit nicht nachzulassen. Neben dem Fürsorgeamt organisierte die Gemeinde noch zusätzlich die »Stuttgarter Jüdische Nothilfe«.

Im Fürsorgeamt der Israelitischen Gemeinde waren nicht weniger als 15 lokale Wohltätigkeitsvereine zusammengeschlossen. Zum engsten Kreis gehörten der Israelitische Ortsarmenverein, der Verein zur Unterstützung von hiesigen und durchreisenden israelitischen Armen, der Israelitische Frauenverein, der Israelitische Männerverein für Krankenpflege und Leichenbestattung (Chewra Kadischah), der Israelitische Krankenunterstützungsverein, der Israelitische Speiseverein, der Israelitische Mädchenhilfsverein; diese Vereine trugen die Arbeit des Fürsorgeamts mit, die anderen Vereine wurden von Fall zu Fall beteiligt. Neben finanziellen Zuwendungen an Hilfsbedürftige übten die Wohlfahrtsvereine bzw. deren Mitglieder in ausgedehntem Maß praktische Nächstenliebe.[49]

Der Israelitische Frauenverein betreute seit dem Ausbruch der Weltwirtschaftskrise eine große Zahl armer Familien, sorgte für angemessene Unterstützung, kümmerte sich um die Kranken und sorgte dafür, dass Erholungsbedürftige ihre angeschlagene Gesundheit durch einen Kuraufenthalt festigen konnten. In ähnlicher Weise betätigten sich die anderen Vereine, wobei der spezielle Vereinszweck jeweils für die Art des Einsatzes maßgeblich war. Dass das Fürsorgeamt eng mit dem Jüdischen Schwesternheim in Stuttgart, dem Israelitischen Waisenhaus »Wilhelmspflege« in Esslingen sowie dem Israelitischen Landesasyl »Wilhelmsruhe« in Sontheim (Stadt Heilbronn) zusammenarbeitete, versteht sich von selbst. 1929 flossen dem Fürsorgeamt und den ihm angeschlossenen Vereinen für soziale Zwecke Einnahmen in Höhe von 115 000 RM zu. Hinzu kamen noch 30 000 RM an außergewöhnlichen Spenden.[50] Dies waren beachtliche Summen; sie legten von der Spendenfreudigkeit der Stuttgarter Juden, die sich im Übrigen für die genannten sozialen Zwecke der jüdischen Gemeinschaft bei weitem nicht erschöpfte, ein eindrucksvolles Zeugnis ab.

In Stuttgart befand sich auch der Württembergische Landesverband für Israelitische Wohlfahrtspflege. Von dem Landesverband, der vertrauensvoll mit der öffentlichen und der interkonfessionellen Wohlfahrtspflege, namentlich mit der Zentralleitung des Wohltätigkeitsvereins und dem Stuttgarter Jugendamt, zusammenarbeitete, profitierte auch die Israelitische Gemeinde. 1923, als der Fortbestand des Landesverbands durch die Inflation gefährdet war, wurde das Israelitische Kirchenvorsteheramt (seit 1924 Vorsteheramt) zum Retter. Es gliederte den Landesverband unter Wahrung seiner Eigenständigkeit dem Fürsorgeamt der Gemeinde an. Die bisherige Geschäftsführerin des Landesverbands, Ada Hirsch (1922-1926), wurde als Gemeindebeamtin für das Fürsorgeamt angestellt. Die Leitung des Verbands ging an Arthur Essinger über. Stellvertreter wurde Dr. Rieger. Eine Wohlfahrtsausstellung im Jahr 1927 dokumentierte eindrücklich das Zusammenwirken von Gemeinde und Landesverband. Dr. Rieger hielt bei dieser Gelegenheit vor einem großen Kreis von Hörern, unter ihnen die maßgeblichen Vertreter der interkonfessionellen Wohlfahrtspflege, einen Vortrag über Ideen und Ideale jüdischer Wohlfahrtspflege. An dem im September 1927 in Stuttgart veranstalteten Deutschen Jugendgerichtstag nahm die Leitung des Landesverbands führenden Anteil, sie war in der Kommission zur Bekämpfung von Schund und Schmutz vertreten.[51]

Das Jüdische Schwesternheim, das am 9. März 1930 den 25. Jahrestag seiner Gründung feierte, war aus dem Leben der Stuttgarter Israelitischen Gemeinde nicht mehr wegzudenken. Die wirtschaftlich schwierigen Nachkriegsjahre und die Inflation hatten zeitweise sein Fortbestehen in Frage gestellt. Doch dank großzügiger finanzieller Unterstützung durch private Sponsoren und durch die Stadtverwaltung hatte es sich zu behaupten vermocht. Im Frühjahr 1930 gehörten dem Heim elf Schwestern an, die Einstellung einer Lernschwester war vorgesehen. Das Hauptarbeitsfeld der Schwestern bildete die Krankenpflege. Nach den »Bestimmungen«, die jede Neueintretende unterschreiben musste, hatten sich die Schwestern im Sinn praktischer Nächstenliebe zu betätigen:

»Getreu den von alters her geltenden Vorschriften unserer Religion dienen sie den Kranken jeden Glaubens. Sie suchen bei ihren Arbeiten keinen Gewinn; sie pflegen den Armen mit gleicher Sorgfalt wie den Wohlhabenden. Keine Schwester darf eine Vergütung für ihre Tätigkeit oder

ein Geschenk für sich annehmen ... jede Schwester sei stets dem eingedenk, dass sie die Ehre des Judentums zu vertreten hat.«
Großer Wert wurde auf die religiös-ethische wie auf die berufliche Weiterbildung der Schwestern gelegt. Dies geschah durch Vorträge jüdischer Theologen und Ärzte. Außerdem stand den Schwestern eine Bibliothek zur Verfügung. Neben der Krankenpflege bildete die Fürsorge für Arme von Anfang an einen Arbeitsbereich. 1926 widmete sich eine Schwester dieser Aufgabe. Auch in den Ferienkolonien, Landesasyl Sontheim und in dem 1924 von der Stuttgart-Loge des Unabhängigen Ordens B'nei B'rith errichteten Schwarzwaldheim in Mühringen, einem Kindererholungsheim, fanden einzelne Schwestern Verwendung. Die Stadtverwaltung ermöglichte die Ausbildung der Nachwuchskräfte in den Stuttgarter und Cannstatter Krankenhäusern. Die Mitgliederzahl des Vereins »Jüdisches Schwesternheim« erhöhte sich zwischen 1905 und 1930 von 462 auf 892. Dr. Gustav Feldmann, der die Stelle des Vorstands bis 1923 innehatte, erwarb sich um das Schwesternheim große Verdienste. Seine Nachfolger waren Max Wolf (1923-1927) und Rechtsanwalt sowie Notar Dr. Alfred Gunzenhauser (1927-1938), der zuvor das Israelitische Fürsorgeamt geleitet hatte. Im Geschäftsjahr 1925/26 versorgten die Schwestern an 1 630 Pflegetagen 82 Kranke und machten bei 146 Kranken 1 160 Besuche. Die Pflegetage verteilten sich auf 72 jüdische und zehn nichtjüdische Kranke, die Besuche auf 128 jüdische und 18 nichtjüdische Kranke.[52]

Enge Beziehungen unterhielt die Israelitische Gemeinde Stuttgart zu der Israelitischen Waisenpflege in Esslingen. Deren langjähriger Vorstand war der Stuttgarter Landgerichtsdirektor Ludwig Stern (1907-1934). Am 5. Juli 1925 hielt der Waisenhausverein unter zahlreicher Beteiligung der Stuttgarter Mitglieder seine Vollversammlung im Gemeindehaus in der Hospitalstraße ab.[53] An der Jahrhundertfeier des Waisenhauses im Herbst 1931 nahm die Stuttgarter Gemeinde lebhaften Anteil. Dr. Otto Hirsch, der Präsident des Israelitischen Oberrats, rühmte den echt jüdischen und den echt schwäbischen Geist, in dem das Waisenhaus bislang seine Arbeit geleistet habe.[54] Auch der Israelitische Landes-Asyl- und Unterstützungs-Verein für Württemberg, der das Israelitische Altenheim »Wilhelmruhe« in Sontheim bei Heilbronn unterhielt, besaß in Stuttgart viele Mitglieder und großzügige Gönner.[55]

In den Jahren 1930 und 1931 verschlechterten sich die wirtschaftlichen Verhältnisse in Württemberg fortwährend. Die Weltwirtschaftskrise hatte das Land fest im Griff. Die Industrieproduktion sank immer mehr ab, die Massenarbeitslosigkeit steigerte sich unablässig. Die Israelitischen Gemeinden Stuttgart und Cannstatt sahen sich mit kaum zu bewältigenden Problemen konfrontiert. Ihre Steuereinnahmen, ebenso das Spendenaufkommen gingen zurück, ihre sozialen Lasten vermehrten sich. Wie das Reich, das Land und die politischen Gemeinden hatten sie die Gehälter ihrer Bediensteten zu kürzen, ebenso den Beitrag für die Israelitische Religionsgesellschaft. Der Oberrat hatte der Stuttgarter Gemeinde die Anstellung eines weiteren Religionslehrers dringend angeraten. Allein, obgleich sie die Notwendigkeit einer solchen Personalaufstockung nicht von der Hand wies, sah sie sich bei den derzeitigen Verhältnissen dazu außer Stande. Die ungünstige wirtschaftliche Situation des Mittelstands, dem ein Großteil der Gemeindeglieder angehörte, wurde im Angebot des Stadtverbands des Jüdischen Frauenbundes deutlich, im Winter 1931/32 Nähkurse einzuführen, damit Frauen des Mittelstands »auf billige Weise ihre Wintergarderobe herstellen« könnten.[56]

## Die Hundertjahrfeier der Israelitischen Religionsgemeinschaft Württembergs und der Israelitischen Gemeinde Stuttgart

In diese wirtschaftlich schwere Zeit, die auch durch eine wachsende politische Radikalisierung und durch eine immer groteskere Ausmaße annehmende antisemitische Hetze gekennzeichnet war, fiel die Hundertjahrfeier der Israelitischen Gesamtorganisation in Württemberg. Ein Grund auch für die Stuttgarter Israelitische Gemeinde, Rückschau zu halten. An der vom Oberrat am 13. Dezember 1931 veranstalteten Jubiläumsfeier nahm sie wie die Öffentlichkeit überhaupt regen Anteil. Die Festrede hielt Stadtrabbiner Dr. Paul Rieger. Er gab einen historischen Überblick, der den Weg vom Schutzjuden bis zum voll berechtigten jüdischen Staatsbürger sowie die etappenweise Überwindung des der Israelitischen Religionsgemeinschaft lange auferlegt gewesenen Jochs des Staatskirchentums schilderte. Hierbei erinnerte er an die ausgezeichnete Zusammenarbeit zwischen dem ehemaligen nichtjüdischen Präsidenten und den Mitgliedern der Israelitischen

Oberkirchenbehörde. Allgemeinen Beifall fand seine Feststellung am Schluss. Er erklärte, es brauche den württembergischen Juden um die Zukunft nicht bange zu sein, wenn der Oberrat auf seinem alten Boden verharre, wenn im Glauben an den einen Gott, der das Schicksal der Nationen bestimme, im Sinne des Vaterlandes und des Judentums auch weiterhin harmonisch zusammengearbeitet werde. Die Anwesenheit von Staatspräsident Eugen Bolz und Kultminister Wilhelm Bazille sowie von hohen Repräsentanten der christlichen Kirchen, der Reichs- und der Landesbehörden vermittelte in der Tat den Eindruck, als sei die Israelitische Religionsgemeinschaft in Staat und Gesellschaft fest integriert und genieße allseits hohes Ansehen. Staatspräsident Bolz bezeichnete es in seiner Ansprache als »vornehmste Aufgabe eines neutralen Staates, alle Werte und Traditionen der bestehenden Religionsgemeinschaften zu schützen. Die württembergische Regierung sei auch künftig bereit, mit dem Oberrat zusammenzuarbeiten und die kulturellen Werte des Judentums zu schützen und zu fördern.« Landtagsvizepräsident Dr. Hans Göz bedauerte, dass mehr denn je das religiöse Glaubensbekenntnis in den politischen Streit hineingezogen werde. Erfreulich sei die gemeinsame Abwehrfront der Bekenntnisse gegen die Gottlosenbewegung. In seinem Schlusswort erklärte Präsident Dr. Otto Hirsch, der Oberrat wolle und könne seinen Dank für die vielen verpflichtenden Vertrauensbekundungen »nur durch die unentwegte Weiterarbeit an der Erhaltung des Judentums« abstatten.[57]

Ein Jahr später, am 10. November 1932, gedachte die Israelitische Gemeinde Stuttgart ihrer Gründung vor hundert Jahren. Angesichts der desolaten politischen Lage war die Feststimmung gedämpft. Den Festgottesdienst in der Synagoge, an dem als Einziger profilierter Nichtjude der ehemalige Präsident der Israelitischen Oberkirchenbehörde, Dr. Karl von Bälz, teilnahm – Landesregierung und Stadtverwaltung hatten Glückwunschschreiben gesandt – stellte Stadtrabbiner Dr. Rieger unter das Bibelwort »Wahrlich, ein Gott waltet an diesem Orte«. Diesen Ausspruch, so führte Dr. Rieger aus, habe der Stammvater Jakob beim Erwachen aus seinem Traum von der Himmelsleiter getan, und er habe gelobt, dort in Beth-El ein Haus Gottes zu bauen und Werke der Liebe zu üben. Die prophetische Sendung Israels sei es seitdem, seinem Gott überall Stätten der Anbetung zu errichten. Sie habe auch vor hundert Jahren hinter der Gründung der Jüdischen Gemeinde Stuttgarts gestanden, und dieser Geist der Opferfreudigkeit und der jüdischen Religiosität sei hier stets rege geblieben. Dr. Rieger rief die Jugend auf, im Sinne der Väter und Mütter Träger der Thora, Bekenner ihrer Wahrheit und Verteidiger ihrer Erkenntnisse zu werden. Er schloss mit dem Segen für die Gemeinde, das deutsche Vaterland, die Heimatstadt und die gesamte Menschheit.

Der Vorsitzende des Vorsteheramts, Oskar Rothschild, hob in seinem in der *Gemeindezeitung* veröffentlichten Grußwort hervor, dass sich die Gründer der Gemeinde ihrer Verpflichtung gegenüber der jüdischen Gemeinschaft bewusst gewesen seien. Sie hätten dafür gesorgt, dass es von Anfang an nicht an Männern gefehlt habe, die die Jugend gelehrt, die Erwachsenen geführt, die Armen in ihre Obhut genommen sowie Anstalten und Einrichtungen geschaffen hätten, wie es das Religionsgesetz fordere. Diesen Geist gelte es zu bewahren, denn auf ihm beruhe »die Forterhaltung, der Bestand und die Dauer« der heute blühenden und weithin als mustergültig anerkannten Jüdischen Gemeinde Stuttgart.[58]

# ■ Die Katastrophe der nationalsozialistischen Gewaltherrschaft

## Der Beginn der Verfolgung der jüdischen Bürger

Die Weltwirtschaftskatastrophe, die im Herbst 1929 mit Elementargewalt über die Industriestaaten hereinbrach und 1932/33 ihren Höhepunkt erreichte, hatte für Deutschland verhängnisvolle politische Auswirkungen. Das Massenheer der Arbeitslosen, das im Januar 1933 auf über sechs Millionen angewachsen war, sowie die große Zahl der in ihrer wirtschaftlichen Existenz bedrohten oder um sie besorgten Angehörigen des Mittelstands, die bereits die Inflation am härtesten getroffen hatte, waren für extreme Parolen überaus anfällig, so für die hemmungslose antisemitische Agitation der Nationalsozialisten. Der noch wenig gefestigte demokratische Staat geriet ins Wanken. Bei der Reichstagswahl am 14. September 1930 schnellte die Zahl der Abgeordneten der Nationalsozialistischen Deutschen Arbeiterpartei, der NSDAP, nach oben: von bislang zwölf auf 107 Abgeordnete. Eine parlamentarische Reichsregierung kam nicht mehr zu Stande. In Württemberg erfolgte der politische Erdrutsch knapp anderthalb Jahre später. Bei der Landtagswahl am 24. April 1932 eroberte die bisher mit einem Abgeordneten im Landtag vertreten gewesene NSDAP 23 von 80 Mandaten. Damit war in Stuttgart das parlamentarische Regierungssystem gleichfalls lahm gelegt. Wie schon im Reich übte jetzt auch im Land ein geschäftsführendes Kabinett, ein Präsidialkabinett von Fachministern, sich auf Notverordnungen stützend, die Regierungsgewalt aus. Am 30. Januar 1933 berief Reichspräsident Paul von Hindenburg den Führer der rechtsextremistischen nationalsozialistischen Bewegung, Adolf Hitler, zum Reichskanzler.

Hitler bildete eine Koalitionsregierung der politischen Rechten. Virtuos nutzte er die ihm nunmehr zu Gebot stehenden staatlichen Machtmittel, um innerhalb weniger Wochen die politischen Verhältnisse in Deutschland zu Gunsten seines totalitären Herrschaftsanspruchs grundlegend umzugestalten, so dass eine Rückkehr zum früheren System nicht mehr möglich war. Die noch Widerstand leistenden demokratischen Bastionen in den Ländern und Kommunen beseitigte er nach der schon stark von seinen Anhängern manipulierten Reichstagswahl vom 5. März 1933. Die Nationalsozialisten bemächtigten sich mit Hilfe ihrer politischen Steigbügelhalter, der deutschnationalen Bürgerpartei und dem mit dieser eng liierten Bauern- und Weingärtnerbund, der Regierungsgewalt im Land. Auch auf dem Stuttgarter Rathaus hatte die Hitler-Partei jetzt das Sagen. Das neu etablierte NS-Regime erhob Unrecht und Gewalt zu seinen Herrschaftsmaximen. Politische und ideologische Gegner verfolgte es erbarmungslos. Presse und Rundfunk wurden gleichgeschaltet, d.h. sie hatten sich strikt an die Sprachregelung des Regimes zu halten. Jede Hitler und seinen Paladinen nicht genehme Meinungsäußerung wurde brutal unterdrückt.

Die Juden hatten nach 1918 im demokratischen Staat einen aktiven Part übernommen. In Stuttgart gehörten jüdische Bürger unterschiedlichen politischen Parteien an, so Rechtsanwalt Fred Uhlman(n) der SPD, die Vorkämpferin für das Frauenstimmrecht, »Fabrikpflegerin« und nachmalige Arbeitsvermittlerin Thekla Kauffmann, Bankier Max Dreifus, der langjährige Direktor der Firma »Stuttgarter Hofbräu« Karl Grünwald, Fabrikant Ludwig Stern, der Städtische Rechtsrat Fritz Elsas, der 1926 zum Vizepräsidenten des Deutschen Städtetags und 1931 zum Zweiten Bürgermeister von Berlin gewählt wurde, sowie zahlreiche andere der Deutschen Demokratischen Partei, der DDP. Thekla Kauffmann hatte 1919/20 ein Landtagsmandat inne, ebenso von 1924 bis 1926 Fritz Elsas.[1] Einer der profiliertesten württembergischen sozialdemokratischen Politiker war der aus Posen gebürtige Redakteur Berthold Heymann (1870-1939). Er gehörte von 1906 bis 1933 ununterbrochen dem Landtag an. 1918/19 bekleidete er das Amt des württembergischen Kultministers und 1919/20 das des württembergischen Innenministers. Allerdings hatte er als Kultminister keinen leichten Stand. Kirchliche Kreise lehnten ihn ab, weil er, der religiöse Dissident, einer jüdischen Familie entstammte. Dabei attestierte ihm selbst ein so konservativer Historiker wie Karl Weller eine untadelige, vorurteilsfreie Amtsführung. Als Innenminister war dann Heymann konfessioneller Kritik weniger ausgesetzt. Nach der NS-Machtergreifung wurde er, der »Rassejude«, aufs Infamste beschimpft;

er legte deshalb bereits am 25. April 1933, also zwei Monate vor dem offiziellen Verbot seiner Partei, sein Landtagsmandat nieder und emigrierte in die Schweiz. 1939 starb er in Zürich.[2]

Bereits 1932 witterten die Nationalsozialisten auch in Stuttgart Morgenluft. Im November jenes Jahres veranstaltete der »Kampfbund für deutsche Kultur« einen Abend mit dem späteren NS-Oberbürgermeister Dr. Karl Strölin und drei bekannten Mitgliedern des Württembergischen Landestheaters. Auf den Einladungen war ausdrücklich vermerkt »Juden haben keinen Zutritt«. Nicht nur die jüdischen Bürger, sondern auch viele andere Stuttgarter empfanden dies als eine empörende Provokation. Das von dem Hitler-Gegner Staatspräsident Eugen Bolz geleitete württembergische Kultministerium erklärte, von dem soeben genannten sozialdemokratischen Landtagsabgeordneten Berthold Heymann zu einer Stellungnahme aufgefordert, es hätte diese Veranstaltung verboten, wäre ihm dieser diskriminierende Zusatz auf den Einladungen bekannt gewesen.[3]

Die demokratischen Institutionen in Land und Stadt bekundeten bis zu ihrer gewaltsamen Beseitigung im März 1933 ihre Solidarität mit den jüdischen Bürgern. So nahmen Oberbürgermeister Carl Lautenschlager, Polizeipräsident Rudolf Klaiber, der Stadtkommandant der Reichswehr, Oberst Alois Ritter von Molo und andere Persönlichkeiten am 6. Dezember 1932 in der Liederhalle am Vortrag eines Vorstandsmitglieds des »Reichsbunds jüdischer Frontsoldaten« über das Thema »Vaterland und deutsches Judentum« teil. Wenige Tage zuvor, am 30. November 1932, dem »Heldengedenktag«, legten wie in den Vorjahren Vertreter des Württembergischen Kriegerbunds Blumenschmuck an den Gräbern der jüdischen Gefallenen nieder. Die Kriegervereine entsandten Abordnungen zu der Gedenkfeier am Ehrenmal im Israelitischen Teil des Pragfriedhofs. Hier rief Siegfried Merzbacher, der Vorsitzende der Stuttgarter Ortsgruppe des »Reichsbunds jüdischer Frontsoldaten« in seiner Ansprache dazu auf, allen Anfeindungen mit unverbrüchlicher Treue zum deutschen Vaterland zu begegnen.[4]

Seitdem die Hitler-Bewegung über die uneingeschränkte Macht im Reich und in den Ländern verfügte, setzte sie eine zentral gelenkte diabolische Judenhetze ins Werk. Die von ihr gegebene Interpretation vom »gesunden Volksempfinden« wurde zur maßgebenden Rechtsnorm erhoben. Rundfunk und NS-Zeitungen »klärten« die »deutschen Volksgenossen« Tag für Tag über die Gefahren des »Volksfeinds Nr. 1«, des angeblich rassisch minderwertigen Juden, »auf«: »Die Juden sind unser Unglück!«, »Ohne die Erlösung vom Juden gibt es keine Erlösung des deutschen Volkes!«, »Die Juden untergraben die völkische Moral!«, »Es gibt keine anständigen Juden!«, »Der Jude siegt mit der Lüge und stirbt mit der Wahrheit!«, »Der Jude ist nichts anderes als der Teufel in Menschengestalt!«, »Wer die Juden unterstützt, schädigt sein Volk!«, »Wer mit Juden verkehrt, ist kein Volksgenosse!«, »Deutsche Frau, verachte den Juden, erzieh deine Kinder zum Kampf gegen das Judentum!«[5]

Mitgliedern der NSDAP war schon vor der Machtergreifung durch Hitler jeder Kontakt mit Juden untersagt gewesen. Jetzt aber wurde dieses Verbot wie selbstverständlich auf die übrigen Volkskreise ausgedehnt. Als Volksfeind galt, wer in einem jüdischen Geschäft einkaufte, wer sich von einem jüdischen Arzt behandeln oder wer seine Interessen durch einen jüdischen Rechtsanwalt wahrnehmen ließ. Die nationalsozialistische Presse wurde seit Frühjahr 1933 nicht müde, solche »ehr- und pflichtvergessenen« Bürger anzuprangern, ihre Namen oder gar ihre Fotos zu veröffentlichen.[6]

Kaum hatten die Nationalsozialisten die Macht in Württemberg und Stuttgart an sich gerissen, begannen sie jüdische Bürger in übelster Weise zu schikanieren und zu diffamieren, sie aus öffentlichen Ämtern zu verdrängen. Selbst vor gewaltsamen Übergriffen schreckten sie nicht zurück. Eines ihrer ersten Opfer war Karl Adler, Direktor des Konservatoriums für Musik, neben dem befreundeten Theodor Bäuerle einer der Pioniere der Volksbildung in Württemberg. Der deutschpatriotisch gesinnte Musikpädagoge war als schwer verwundeter Reserveoffizier aus dem Ersten Weltkrieg zurückgekehrt und hatte sich im kulturellen Leben Stuttgarts einen hervorragenden Namen erworben. Dies hatte ihn vor gemeinsten Attacken nicht verschont. Am 23. Dezember 1932 war im *Stuttgarter NS-Kurier* über das von Adler geleitete Weihnachtskonzert zu lesen: Es sei für »Christen« eine Qual gewesen, »unter der Leitung eines Musikers, der rassegemäß den auf dem Programm stehenden Musikern vollkommen fern steht, die Werke eines Telemann, Händel, Buxtehude zu hören«. Der Artikel schloss mit der infamen Bemerkung: »Wir müssen Herrn Adler als einem Fremdrassigen die Berechtigung und das Verständnis zur Verwaltung deutschen Kulturgutes absprechen.«[7]

Am Abend des 13. März 1933 wurde Karl Adler auf dem Nachhauseweg von zwei Männern überfallen und mit Stahlruten auf den Kopf geschlagen. Die Wunde neben der Narbe seiner Kriegsverletzung musste im Krankenhaus behandelt werden. Auf die Anzeige gegen »Unbekannt« reagierten die Justizbehörden einige Monate später mit einer Einstellungsverfügung. Im Mai 1933 musste auf Druck der württembergischen NS-Regierung der »Verein Konservatorium für Musik« aufgelöst werden. Karl Adler verlor seine Stelle.[8]

Anderen bekannten Persönlichkeiten erging es ähnlich. Bereits im März 1933 wurde dem Städtischen Veterinärrat Dr. Karl Wolf von SA-Männern der Zutritt zu seiner Arbeitsstätte, dem Schlachthof, verboten. Fritz Wisten, der beliebte Schauspieler, sowie seine Kollegen Max Marx und Heinz Rosenthal, ebenso die Tänzerin Suse Rosen hatten die Württembergischen Staatstheater zu verlassen. Kammersänger Hermann Weil, der schon dem Königlichen Hoftheater angehört hatte, bekam am Eingang des Großen Hauses zu hören: »Sie brauchen nicht mehr zu kommen!« Claudius Kraushaar wurde im März 1933 die Konzession für das Schauspielhaus entzogen.[9]

Bereits am 10. März 1933 blockierten SA- und SS-Männer die Eingänge der jüdischen Kaufhäuser Schocken, Tietz und Kadep. Sie verteilten Flugblätter mit der Aufschrift: »Deutsche, kauft nur in deutschen Geschäften!«[10] Drei Wochen später, am 1. April 1933, antwortete das Regime auf die angebliche Gräuelpropaganda der Juden in aller Welt gegen seine Politik mit einem reichsweiten Boykott jüdischer Geschäfte. Wiederum bezogen SA- und SS-Leute Posten vor den Eingängen dieser Geschäfte und verwehrten Kauflustigen den Zutritt. Der Israelitische Oberrat protestierte bei dem württembergischen Staatspräsidenten Wilhelm Murr gegen die durch nichts gerechtfertigte Gewaltmaßnahme, versicherte aber gleichzeitig der NS-Regierung seine Loyalität. Er schloss sich damit entsprechenden Loyalitätserklärungen des »Centralvereins der deutschen Staatsbürger jüdischen Glaubens«, des »Reichsbunds jüdischer Frontsoldaten« und selbst der deutschen Zionisten an, die damals alle noch hofften, wenigstens vorläufig mit dem Hitler-Regime zu einem Burgfrieden zu kommen.[11]

Indes mussten sie sich rasch eines Besseren belehren lassen. Die neuen Herren Deutschlands setzten konsequent ihre judenfeindliche Politik fort, sie gaben dieser allerdings jetzt eine pseudolegale Begründung. Am 7. April 1933 beschloss die nationalsozialistische Reichsregierung das Gesetz zur Wiederherstellung des Berufsbeamtentums. Nach ihm waren alle Beamten, die »nichtarischer« Herkunft waren, in den Ruhestand zu versetzen. Ausgenommen blieben auf ausdrücklichen Wunsch von Reichspräsident von Hindenburg alle Weltkriegsteilnehmer sowie solche Beamte, die mindestens seit 1914 im öffentlichen Dienst tätig waren. Zahlreiche Verwaltungsbeamte, Richter und Hochschullehrer, so auch in Stuttgart, wurden auf die Straße gesetzt. Beamte, die Hoheitsträger des Staates, durften keine Juden sein. Die bereits begonnene »Entjudung« der Theater wurde rigoros zum Abschluss gebracht. Das Regime hielt es für unerträglich, dass jüdische Schauspieler Rollen in deutschen Dramen und Opern übernahmen. Bekannte Künstler, Schriftsteller und Dichter wurden verfemt, ihre Werke mit Schmutz beworfen oder tot geschwiegen. Der aus Nordstetten bei Horb stammende Dichter Berthold Auerbach war plötzlich kein beliebter Heimatdichter mehr, sondern »der Macher von Schwarzwälder Dorfgeschichten«.

Jüdischen Ärzten, die bisher in vielen Städten und Dörfern eine segensreiche Tätigkeit ausgeübt hatten, wurde die Zulassung zu den Krankenkassen entzogen. In Stuttgart wie in vielen anderen Städten verschlechterte sich die wirtschaftliche Situation selbst von »nichtarischen« Ärzten und Zahnärzten, die zu den Spitzenvertretern ihres Fachs gehörten, schlagartig, da die stark geschrumpfte Zahl nichtjüdischer Privatpatienten, die weiterhin ihre Dienste in Anspruch nahmen, beschimpft und öffentlich angeprangert wurde. Ähnlich schlimm spielte das Regime jüdischen Rechtsanwälten mit.[12]

Das Gesetz gegen die Überfüllung der deutschen Schulen und Hochschulen vom 25. April 1933 beschränkte den Anteil der jüdischen Schüler und Studenten auf 1,5 Prozent, und er musste dort, wo er höher lag, auf maximal 5 Prozent herabgesetzt werden. Dies war eine gegen das Bildungsstreben der jungen Generation der deutschen Juden gerichtete diskriminierende Maßnahme. Die Stuttgarter Hochschulen tangierte dieses Gesetz nicht. An der Technischen Hochschule waren 1933 lediglich 20 Juden, 1,2 Prozent der Gesamtstudentenzahl, immatrikuliert. An der Landwirtschaftlichen Hochschule studierten damals keine Juden.[13]

Die *Gemeindezeitung* machte sich keine Illusionen. Sie schrieb bereits am 16. Mai 1933: »Unsere Sicherungen sind dahin. Wir glaubten

an den Bestand unserer Rechtsstellung, an den Beruf, dem wir uns gewidmet, an den Besitz, den wir erworben, an das Haus, das wir uns gebaut. Was wir für unerschütterlich hielten, ist hilflos zusammengebrochen ... Die jüdische Gleichberechtigung ist zu Ende.«[14]
Politisch besonders gefährdete jüdische Bürger verließen im Frühjahr 1933 fluchtartig die Heimat, unter ihnen der Arzt und Schriftsteller Dr. Friedrich Wolf, der den Nationalsozialisten als revolutionärer Dramatiker und als Kommunist besonders verhasst war, der der SPD angehörende junge Rechtsanwalt Fred Uhlmann, der schon früher erwähnte ehemalige Minister und SPD-Landtagsabgeordnete Berthold Heymann und der mit dem sozialdemokratischen Politiker Kurt Schumacher befreundete Fabrikant Ludwig Stern, der zusammen mit Friedrich Payer und Conrad Haussmann zu den Gründern der Deutschen Demokratischen Partei gehörte und der das Reichsbanner Schwarz-Rot-Gold mitaufgebaut hatte. Vermutlich keine primär politischen Gründe waren es, die den Augenarzt Dr. Cäsar Hirsch nach der NS-Machtübernahme in Württemberg veranlassten, ins Ausland zu fliehen. Ihm wurde vorgeworfen, er habe sein gesamtes Vermögen ins Ausland schaffen wollen, was mit der im Juli 1934 verfügten Beschlagnahme seines in Deutschland zurückgelassenen Eigentums zu begründen versucht wurde.[15]

Zahlreiche Juden, insbesondere Angehörige der jungen Erwachsenengeneration, sahen in der Heimat keine berufliche Zukunft mehr; sie entschlossen sich deshalb schon in den Anfangsjahren der NS-Gewaltherrschaft zur Emigration.

Mit Dr. Otto Hirsch stand 1933 ein mutiger, weit schauender und ungewöhnlich tatkräftiger Mann an der Spitze des Israelitischen Oberrats. Tief verwurzelt in der Israelitischen Religion und aus deren geistig-moralischem Kräftereservoir schöpfend, war er im wahrsten Sinne des Worts ein deutscher Staatsbürger jüdischen Glaubens. Hervorragende Verdienste hatte er sich in den Jahren der Weimarer Republik als Vorstandsmitglied der Neckar-AG um den Bau des Neckarkanals erworben. Nach der NS-Machtergreifung auf skandalöse Weise von seinem Vorstandsposten verdrängt, hatte er sich rückhaltlos in den Dienst der Israelitischen Religionsgemeinschaft gestellt.[16]

Am 19. Februar 1933 erklärte er vor der Israelitischen Landesversammlung, eine Wiederbelebung des Religiösen im deutschen Volk sowie die dringend notwendige Hebung der privaten und öffentlichen Moral, wie sie die Führer der NSDAP propagierten, sei unvereinbar mit dem Kampf gegen diejenigen, die am Sinai das Gotteswort und die Grundlage aller Moral empfangen hätten. Er forderte die neuen Machthaber auf, sich der Einsicht nicht zu verschließen, »dass heute und in alle Ewigkeit ein Staatswesen nur dauern kann, wenn es das übt, was schon unserem Stammvater Abraham geboten worden ist, nämlich Recht und Gerechtigkeit«. Als Ende März 1933 Heilbronner SA-Leute ohne jede Veranlassung in mehreren hohenlohischen Gemeinden Juden aufs Übelste traktierten und in Creglingen zwei Männer buchstäblich zu Tode prügelten, verlangte Hirsch im Namen des Oberrats in einem geharnischten Protest von der württembergischen Regierung eine umgehende Untersuchung der verbrecherischen Vorfälle und eine unnachsichtige Bestrafung der Schuldigen.[17] Leider war sein Protest vergeblich.

Obgleich sich Otto Hirsch wie viele seiner Freunde im Frühjahr 1933 trotz allem eine weitere Eskalation der Verfolgung schwer vorstellen konnte, vielmehr auf eine Mäßigung der Machthaber hoffte, wenn diese erst vollends fest im Sattel saßen, erkannte er schon damals eines klar: Die moralische Widerstandskraft der jüdischen Gemeinden musste gestärkt werden. Deshalb ordnete er am 27. März 1933 mit sofortiger Wirkung eine Urlaubssperre für Rabbiner und Religionslehrer an. Sie sollten in der gegenwärtigen schwierigen Situation für ihre Gemeindeglieder stets verfügbar sein. Um ihnen für ihren erschwerten Dienst das erforderliche geistige Rüstzeug an die Hand zu geben, berief sie der Oberrat zu kurzen Arbeitstagungen nach Stuttgart. Auch veranstaltete er im Herbst 1933 für Lehrer aus Stuttgart und Umgebung einen Neuhebräischkurs.

*Dr. Otto Hirsch*

*Gedenktafel
in Cannstatt an der
Otto-Hirsch-Brücken*

Der Herausforderung durch ein judenfeindliches Regime setzte Hirsch das Bekenntnis zu einem seines geistigen Erbes bewussten, in der Gemeinschaft des deutschen Volkes fest verwurzelten Judentums entgegen. Der jüdische Mensch musste sich seine Selbstachtung bewahren. Die Kraftquellen, die er hierzu benötigte, wuchsen ihm aus seiner Religion zu; sie befähigten ihn zum geistigen Widerstand. Rabbinern und Religionslehrern kam dabei eine entscheidende Funktion zu. Wichtig war Otto Hirsch sodann, den Juden, die durch das so genannte Gesetz zur Wiederherstellung des Berufsbeamtentums ihren Arbeitsplatz verloren hatten, den Geschäftsleuten, die durch Boykottmaßnahmen wirtschaftlich geschädigt worden waren, und den Angehörigen freier Berufe, die sich in ihrer Existenz bedroht sahen, beratend und helfend zur Seite zu stehen.[18]

Auch Martin Buber trug im September 1933 mit dem Vortrag »Die jüdische Geschichte und wir« im Stuttgarter Lehrhaus dazu bei, seine Glaubensbrüder und -schwestern in ihrem geistigen Widerstand gegen Entwürdigung und gegen Entrechtung zu stärken. Die Bibel lehrt, dass Gott in stetiger Verbindung mit seinem Volk ist und bleibt und es deshalb keinem blinden Schicksal preisgegeben ist, so der große Theologe und Religionsphilosoph.[19]

Auf der Tagung der Israelitischen Landesversammlung am 7. Januar 1934 nannte Otto Hirsch im Rückblick auf das vergangene Jahr die Wunden, die den württembergischen Juden im beruflichen und wirtschaftlichen Leben geschlagen worden seien, sehr schmerzlich, und dies vor allem auch deshalb, weil sie sich bisher in besonderem Maß mit ihren nichtjüdischen Mitbürgern verbunden geglaubt hätten. Als ungleich bitterer aber bezeichnete er die Diffamierung, die der jüdischen Gemeinschaft, ihrer Abstammung, ihrer Herkunft zugefügt werde, und er appellierte an den deutschen Staat, Schluss zu machen mit der Minderbewertung, ja der Entwertung der jüdischen Bürger und ihnen dieselbe Ehre und Würde zuzugestehen, die er für sich selbst beanspruche. Seine Glaubensgenossen ermunterte er: »Unser Häuflein ist klein, aber klein an Zahl wollen wir doch nicht kleinmütig werden und wollen nichts von dem preisgeben, was an Organisation unserer Religionsgemeinschaft im Lande und in den Gemeinden in hundertjähriger Entwicklung geschaffen worden ist.«[20]

Unter dem Motto »Für ein geeintes Judentum auf deutscher Erde« hatte am Vortag eine gemeinsame Kundgebung des Oberrats, des Israelitischen Gemeindevorsteheramts Stuttgart, der Landesverbände und Ortsgruppen des »Centralvereins der deutschen Staatsbürger jüdischen Glaubens« und des »Reichsbunds jüdischer Frontsoldaten« sowie der Ortsgruppe Stuttgart der »Zionistischen Vereinigung für Deutschland« stattgefunden. In seiner Begrüßungsansprache hatte Otto Hirsch die deutschen Juden zur Einigkeit aufgerufen. Gegensätzliches dürfe nicht mehr trennen. Die jüdischen Gruppen sollten sich ihrer Zusammengehörigkeit bewusst sein und sich in ihrem Lebenswillen nicht beirren lassen. Einigkeit und eine klare geistige Zielsetzung seien für die deutschen Juden ein Gebot der Stunde. Sie alle säßen im gleichen Boot.[21]

Am 17. September 1933 war die »Reichsvertretung der deutschen Juden« als Dachverband für die verschiedenen Gruppierungen oder Parteien des Judentums gegründet worden. Dieses ein breites Spektrum politischer und religiöser Vereinigungen umfassende Gremium bedurfte, wie es Ernst Simon formulierte, einer unextremen Leitung. An die Spitze der Reichsvertretung trat als Präsident der hoch angesehene liberale Berliner Rabbiner Dr. Leo Baeck, eine über den Parteien stehende, gewissermaßen das Judentum verkörpernde Persönlichkeit. Für die Geschäftsführung der obersten Repräsentanz des deutschen Judentums fand sich als geistiger Brückenbauer von Format kein Geeigneterer als Otto Hirsch. Dem Präsidenten des Oberrats der Israelitischen Religionsgemeinschaft Württembergs fiel es nicht leicht, die drängenden Aufgaben in der engeren Heimat mit einer noch erheblich schwierigeren reichsweiten Tätigkeit zu vertauschen. Allein, er nahm die persönlichen Risiken und Gefahren, mit denen er im neuen Amt zu rechnen hatte, auf sich, weil seine in einer schwierigen Situation befindlichen Glaubensgenossen seines Sachverstands, ebenso seines Durchsetzungsvermögens und seiner Standhaftigkeit bedurften. Im März 1934 gaben Oberrat und Präsidium der Israelitischen Landesversammlung seinem Antrag statt, ihn vorläufig für ein Jahr zu beurlauben. Indes beanspruchte ihn die neue Aufgabe sehr stark. Die Probleme, vor die sich die Reichsvertretung gestellt sah, wuchsen stetig an. An eine Rückkehr war nicht zu denken. Am 1. April 1935 trat Otto Hirsch als Präsident des Oberrats zurück.[22] Zu seinem Nachfolger wurde der Heilbronner Rechtsanwalt Dr. Siegfried Gumbel gewählt. Theologisches Mitglied blieb Stadtrabbiner Dr. Paul Rieger, der schon seit 1924 in dieser Funktion dem Oberrat angehörte.[23]

Dass das Regime den Juden verbot, die Flaggen des Reiches zu zeigen, den Hitler-Gruß zu entbieten oder mit so genannten nationalen Emblemen Handel zu treiben, traf die jüdischen Bürger sicher nicht allzu hart. Grotesk allerdings mutet es an, dass es anfänglich in Stuttgart wie anderwärts vereinzelt »Nichtarier« gab, die mit der Hitler-Partei sympathisierten, diese sogar wählten, solange sie noch das Wahlrecht besaßen und insgeheim sogar auf eine Aufnahme in die NSDAP hofften. Ein bitteres Erwachen gab es vor allem für christlich erzogene Kinder aus so genannten Mischehen, denen die Eltern bislang ihre teilweise »nichtarische« Abstammung verschwiegen hatten, wenn ihnen beim Eintritt in die Hitlerjugend Schwierigkeiten gemacht wurden.[24]

Die neuen Herren in Deutschland bestanden auf einer gänzlichen Isolierung der Juden von der übrigen Bevölkerung. Sie verboten jeden freundschaftlichen Kontakt, jede menschliche Aufmerksamkeit, ja selbst jede höfliche Geste, so den zwischen Nachbarn und Bekannten üblichen Gruß. Es sollte eine Ghettoatmosphäre ohne Ghetto geschaffen werden. Zu den bittersten Erfahrungen, die jüdische Bürger jetzt machen mussten, gehörte es, dass ihnen seitherige Freunde und Kollegen aus dem Weg gingen, dass der eine oder andere sie nicht einmal mehr kennen wollte, jede Verbindung zu ihnen abbrach und dass sie andererseits beinahe schutzlos Anpöbelungen von unreifen Jugendlichen und fanatischen Nazis ausgesetzt waren. Viele, vor allem jüdische Jugendliche erlitten einen seelischen Schock, der sie zeitlebens belastete. Besonders schlimm wirkte sich die Isolierung in den

Dörfern aus, in denen jeder jeden kannte. Dort konnten sich örtliche Parteifunktionäre durch Gewissenszwang hervortun und durch Einschüchterung und Anprangerung der »Judenknechte« eine Art Schreckensregiment ausüben. Hingegen bot die Anonymität der Großstadt den Diskriminierten und Entrechteten einigen Schutz.

Auch wenn ihre Zahl verhältnismäßig klein war, gab es glücklicherweise fast überall Bürger, die sich ein unverdorbenes menschliches Gefühl bewahrt hatten und dem propagandistischen Massenterror zu widerstehen vermochten. Die NS-Presse prangerte jedenfalls beinahe täglich solche »ehr- und pflichtvergessenen Volksgenossen« an und beschimpfte sie in übelster Weise. Selbst Parteigenossen gab es, die sich die kompromisslose nationalsozialistische Rassenideologie nicht zueigen gemacht hatten und daher in die Schusslinie der publizistischen NS-Hetzorgane gerieten, so wenn sie oder ihre Frauen weiterhin unbekümmert in jüdischen Geschäften einkauften.[25]

Die gesellschaftliche Isolierung und Diskriminierung traf diejenigen Juden, die sich der mosaischen Glaubenswelt schon längst entfremdet hatten, besonders hart. Häufig bedurfte es erst der Verfolgung, um ihnen ihre Zugehörigkeit zum Judentum wieder bewusst werden zu lassen. Nicht wenige von ihnen fanden im Raum der Synagoge die Gemeinschaft, auf die sie jetzt ungleich mehr als früher angewiesen waren. Die israelitische Religion hat, wie schon erwähnt, Kräfte des geistigen Widerstands entbunden, sie hat dem entwürdigten jüdischen Menschen einen Halt gegeben. Eine große Anziehungskraft übte nunmehr der Zionismus auf die durch die nationalsozialistische Machtübernahme aufs Tiefste in ihrem Selbstwertgefühl verletzten Juden in Stuttgart und Württemberg aus. Die Mitgliederzahlen der »Zionistischen Vereinigung für Deutschland« erhöhten sich sprunghaft. Doch war es nach 1933 durchaus nicht so, dass die Mehrheit der jüdischen Bürger unter dem Druck des NS-Regimes bereit gewesen wäre, ihren Anspruch auf die vollen staatsbürgerlichen Rechte und auf die deutsche Heimat preiszugeben. Sie wollten sich nicht entrechten, geschweige denn gewaltsam aus Deutschland vertreiben lassen. Kein Wunder ist es daher, wenn der Nationalsozialismus anfänglich – allerdings in sehr begrenztem Maß – den Zionismus begünstigte, die national-deutschen jüdischen Vereinigungen aber bekämpfte. Die Auseinandersetzungen zwischen deutschbewusstem und nationaljüdischem, zionistischem Judentum, in der Zeit des Nationalsozialismus teilweise auch ein innermenschlicher Konflikt, weist mehr als einen tragischen Aspekt auf.[26]

Am 5. April 1933 erschoss sich der beliebte junge Sportler und angesehene Geschäftsmann Fritz Rosenfelder, ein Mitglied der Familie wie auch der Firma L. Krailsheimer & Co., Calwer Straße 28, weil ihm sein Deutschtum abgesprochen wurde. Er hinterließ einen erschütternden Abschiedsbrief:

»Ihr lieben Freunde! Hierdurch ein letztes Lebewohl! Ein deutscher Jude konnte es nicht über sich bringen, zu leben in dem Bewusstsein, von der Bewegung, von der das nationale Deutschland die Rettung erhofft, als Vaterlandsverräter betrachtet zu werden! Ich gehe ohne Hass und Groll. Ein inniger Wunsch beseelt mich – möge in Bälde die Vernunft Einkehr halten! Da mir bis dahin überhaupt keine – in meinem Empfinden entsprechende – Tätigkeit möglich ist, versuche ich durch meinen Freitod, meine christlichen Freunde aufzurütteln. Wie es in mir aussieht, mögt Ihr aus meinem Schritt ersehen. Wie viel lieber hätte ich mein Leben für mein Vaterland gegeben! Trauert nicht – sondern versucht aufzuklären und der Wahrheit zum Sieg zu verhelfen. So erweist Ihr mir die größte Ehre! Euer Fritz.«

An der Trauerfeier für Fritz Rosenfelder nahmen auch seine christlichen Freunde teil; einer von ihnen ehrte ihn durch einen bewegenden Nachruf. Sein Freund Ernst Udet kreiste während der Beisetzung mit dem Flugzeug über dem Friedhof und warf einen Kranz ab.[27]

Nach der NS-Machtübernahme sah sich die Israelitische Gemeinde Stuttgart gezwungen, eine eigene Schule zu errichten. Im Gegensatz zu den größeren Landgemeinden, in denen schon während der dreißiger Jahre des 19. Jahrhunderts israelitische Volksschulen gegründet worden waren, betrat sie hier Neuland. Bislang hatten die Stuttgarter jüdischen Kinder ausschließlich christliche Schulen besucht. Einer der profiliertesten jüdischen Pädagogen des Landes, Direktor Theodor Rothschild vom Israelitischen Waisenhaus »Wilhelmspflege« in Esslingen, empfahl, die neue Schule solle sich an der »Idee der jüdischen Gesellschaft« orientieren und dem Unterricht die für die württembergischen Schulen geltenden amtlichen Lehrpläne zugrunde legen. Der aus Hamburg berufene Leiter der Schule, Dr. Emil Goldschmidt, wollte die Schüler, »wenn es sein darf«, für Deutschland erziehen, ihnen aber auch das Rüstzeug für eine Mitwirkung beim Aufbau von »Erez Israel« oder für die Schaffung einer Existenz in anderen Ländern vermitteln. Im April 1934 wurde die Schule nach Überwindung erheblicher Meinungsverschiedenheiten in der Gemeindeleitung mit zunächst vier Klassen im Gemeindehaus in der Hospitalstraße eröffnet. Ein Jahr später, am 17. März 1935, konnte ein von den Architekten Oskar Bloch und Ernst Guggenheimer im Hof und Garten hinter dem Gemeindehaus erstellter Neubau feierlich eingeweiht werden. Nach dem Bericht von Ilse Herz-Roberg, einer der damaligen Lehrerinnen, wurden die Kinder in der zuerst von Dr. Goldschmidt und dann von Frau Anna Wieler geleiteten und aus acht Klassen bestehenden Schule nach dem Allgemeinen Württembergischen Lehrplan, ergänzt durch die Sprachen Englisch und Hebräisch (wohl Neuhebräisch), unterrichtet. Für Handarbeit, Werkunterricht sowie Musik und Zeichnen standen besondere Räume zur Verfügung. Zwischen Lehrern und Schülern bestand ein unbeschwertes menschlich-vertrauensvolles, ja freundschaftliches Verhältnis, das nicht selten die Schulzeit weit überdauerte.[28]

Seit 1935 gab es in Stuttgart eine Ausbildungsstätte für jüdische Sport- und Turnlehrer; sie war in den Räumen der Gymnastikschule von Alice Bloch in der Zeppelinstraße untergebracht. Edwin Halle aus Wiesbaden bestritt den sportlichen, Alice Bloch mit ihrer Assistentin Simon den gymnastischen Teil des Unterrichts. Zweimal in der Woche kam Sportlehrer Ernst Lehmann aus Heidelberg, um die Stuttgarter Sportschüler zu unterrichten. Die Jüdische Sportschule erlangte rasch einen ausgezeichneten Ruf. Von staatlichen Stellen wurden ihre Leistungen hoch anerkannt. Ein geradezu freundschaftliches Verhältnis bestand zum Lehrkörper der Landesturnanstalt. Bereitwillig stellte die Anstalt ihre Turnsäle und Unterrichtsräume zur Verfügung. Anders sah es bei den Stuttgarter Schwimmbädern aus; von ihnen blieben Juden ausgeschlossen. Doch gelang es den jüdischen Sportlern, für ihre Schwimmübungen Zugang zum Ludwigsburger Schwimmbad zu bekommen.[29]

Schmerzlich empfanden die jüdischen Sportler 1933 den Ausschluss aus den allgemeinen Turn- und Sportvereinen. Jüdische Organisationen ermöglichten ihnen ein neues Betätigungsfeld. Zu nennen ist hier die 1932 vom Reichsbund jüdischer Frontsoldaten gegründete Sportgruppe, die der Situation nach der NS-Machtübernahme durch ein erweitertes Angebot Rechnung trug. Ihre Palette an sportlichen Disziplinen umfasste Fußball, Tennis, Schwimmen, Skilaufen und Wandern. Sie unterhielt Sportanlagen im Feuerbacher Tal. Im Schwarzwald verfügte sie über eine Ski- und Wanderhütte. Im Herbst 1933 rief sie eine Jugendabteilung ins Leben. Der Sportclub »Hakoah« schloss sich 1933 der zionistischen Makkabi-Bewegung an. Sportwettkämpfe und Fußballspiele zwischen jüdischen Vereinen verschiedener deutscher Städte begegneten lebhaftem Interesse.[30]

Um die Auswanderungschancen für junge Juden zu verbessern, mussten in großer Zahl Ausbildungsmöglichkeiten für handwerkliche und landwirtschaftliche Berufe geschaffen werden. Die »Reichsvertretung der deutschen Juden«, die Israelitischen Landesverbände sowie die Jüdische Nothilfe, Abteilung Arbeitsvermittlung, in Stuttgart unternahmen hier bemerkenswerte Anstrengungen. Anfänglich gelang es, jüdische Jugendliche bei christlichen Handwerksmeistern und Landwirten unterzubringen. Doch den Machthabern war dies ein Dorn im Auge, und sie machten den christlichen Lehrmeistern zunehmend mehr Schwierigkeiten. Durch die Errichtung eigener jüdischer handwerklicher und landwirtschaftlicher Ausbildungsstätten konnten jungen Juden die entsprechenden beruflichen Qualifikationen vermittelt werden. In Württemberg wurde in Lehrensteinsfeld bei Heilbronn eine landwirtschaftliche Kollektivausbildungsstätte gegründet. Ebenso stand für die »Berufsumschichtung« (Berufsumschulung) das Hachschara-Zentrum der Hechaluz in Heilbronn zur Verfügung.[31] Im Mai 1934 wurde in der Urbanstraße in Stuttgart ein von der »Zionistischen Vereinigung für Deutschland« geleitetes Lehrlingsheim eröffnet, in dem 15 junge Leute eine handwerkliche Ausbildung erhielten.[32]

Der Ausschluss aus dem deutschen Kultur- und Geistesleben zwang die Juden zu schöpferischen Eigeninitiativen. Die Institutionen, die im Rahmen der den »Nichtariern« zugestandenen beschränkten Kulturautonomie in kürzester Zeit geschaffen wurden, gehörten zu den erstaunlichsten Leistungen der diskriminierten und verfolgten jüdischen Gemeinschaft, und sie waren dem Glücksumstand zuzuschreiben, dass es Männer und Frauen gab, die die Fähigkeiten, aber auch den Willen zu diesem einzigartigen, kaum hoch genug zu würdigenden, geistigen »Aufbau im Untergang« besaßen. Für Stuttgart ist hier an erster Stelle der Name Karl Adler zu nennen. Noch ehe es im übrigen Deutschland zur Gründung von jüdischen Kulturbünden kam, gründete Adler im Zusammenwirken mit dem Jüdischen Lehrhaus einen Chor und ein Orchester. Er veranstaltete mit einem Kreis, der sich »Stuttgarter Jüdische Kunstgemeinschaft« nannte und rasch weitere Bereiche des künstlerischen Lebens erschloss, in der württembergischen Landeshauptstadt, in den sonstigen Israelitischen Religionsgemeinden des Landes und in denen anderer deutscher Länder Konzerte, Theateraufführungen und Kunstausstellungen. Trotz Schikanen von Seiten der Geheimen Staatspolizei, der Gestapo, und von den zuständigen staatlichen Überwachungsinstanzen, die ihre Arbeit stark behinderten, erlangte die »Stuttgarter Jüdische Kunstgemeinschaft« weit über Württemberg hinaus rasch einen hervorragenden Ruf. Ihre Veranstaltungen waren stets gut besucht.[33] Großen Anklang fanden die von ihr an den jüdischen Feier- und Festtagen vorgetragenen ernsten und heiteren Gesänge, zu denen vor allem Fabrikant Leopold Marx, der talentierte Lyriker, die Texte verfasste. Ausgezeichnete Arbeit leistete der Lehrhausverein. Zu den von ihm veranstalteten Vorträgen kam ein zahlreiches Publikum. Besonders groß war der Kreis der Zuhörer, wenn Martin Buber oder Leo Baeck am Rednerpult standen. Weiter bereichert wurde das kulturelle Leben der Stuttgarter Gemeinde durch die Gastspiele auswärtiger Kulturgruppen. So gastierte hier im Frühjahr 1934 das Mendelssohn-Trio aus Leipzig mit einem Konzert.[34]

Im Rahmen der »Stuttgarter Jüdischen Kunstgemeinschaft« betätigten sich auch namhafte bildende Künstler wie Hermann Fechenbach, Ignaz Kaufmann, Meta Freu, Klara Neuburger und Alice Haarburger.[35] Der Erfolg ihrer Ausstellungen vermittelte ihnen neue schöpferische Impulse und milderte den lähmenden Schock der Ausgrenzung.

Der Maler und Holzschneider Hermann Fechenbach, der im Ersten Weltkrieg ein Bein verloren hatte, stellte sein künstlerisches Talent zudem in den Dienst der Israelitischen Gemeinde. Ehrenamtlich organisierte er die Selbsthilfe Werkarbeit. Abraham Kulb überließ ihm einen Lagerraum im Keller des Hauses Gynasiumstraße 13, den er sich unter Mithilfe seiner Frau als Werkstatt einrichtete. Diese Tätigkeit bereitete ihm offenbar viel Freude.[36]

Der Ausschluss aus dem deutschen Kultur- und Geistesleben und das schon bald den Jüdischen Kulturbünden auferlegte Verbot, Werke deutscher Dichter und Musiker aufzuführen, hatte zur Folge, dass sich die deutsch-jüdischen Künstler, denen Judentum und jüdisches

133

Geisteserbe bislang wenig bedeutet hatten, in Literatur, Musik und bildender Kunst immer stärker jüdischen Themen zuwandten. Die Künstler vermochten dem Jüdischen einen neuen bemerkenswerten Ausdruck zu verleihen und so unter dem Druck der Verfolgung einen Beitrag zur jüdischen Kultur- und Geistesgeschichte zu leisten.[37]

**Der Verfolgungsdruck wächst**

Am 15. September 1935 wurden die ominösen Nürnberger Gesetze erlassen, die die bereits bestehende Kluft zwischen so genannten Ariern und Juden unüberbrückbar machten und die die jüdischen Bürger endgültig aus der Lebensgemeinschaft des deutschen Volkes ausstießen. Im ersten dieser Gesetze, dem so genannten Reichsbürgergesetz, wurde festgelegt, dass Reichsbürger nur sein konnte, wer deutschen oder artverwandten Blutes war. Juden wurde nur noch die deutsche Staatsangehörigkeit zugebilligt, sie waren künftig Bürger minderen Rechts. Ihr Status ähnelte sehr dem der Schutzjuden des 16. bis 18. Jahrhunderts. Das zweite Gesetz, das »Gesetz zum Schutz des deutschen Blutes und der deutschen Ehre«, verbot Ehen zwischen »Ariern« und Juden. Begründet wurde dieses Gesetz damit, dass die Reinheit des deutschen Blutes die Voraussetzung für den Fortbestand des deutschen Volkes sei. So genannte Rassenschänder hatten künftig mit strengen Strafen zu rechnen.

Im November 1935 wurde Juden das Wahlrecht aberkannt, ebenso das Recht, bürgerliche Ehrenämter zu bekleiden. Die letzten jüdischen Beamten wurden zwangspensioniert, darunter auch alle, die Frontsoldaten des Ersten Weltkriegs gewesen waren. Ein Einspruch gegen diese Willkürmaßnahme war nicht mehr zu befürchten. Reichspräsident von Hindenburg war seit gut einem Jahr tot.

Immer mehr Juden sahen in ihrer deutschen Heimat, die zunehmend zu einem ungastlichen, feindseligen Land wurde, keine Lebensmöglichkeit mehr. Die Zahl der Auswanderer nahm zu. Bis Ende 1935 verließen etwa 1000 Juden Stuttgart, darunter viele »Nichtarier«, die keine Bindung mehr an die Israelitische Religionsgemeinschaft besaßen. Gleichzeitig drängten in größerer Zahl Juden aus den Landgemeinden nach Stuttgart, weil sie sich in der Anonymität der Großstadt mehr Schutz vor Diskriminierung und Verfolgung erhofften.

Die Zahl der Glaubensjuden verminderte sich daher gegenüber der Volkszählung vom 16. Juni 1933 in den folgenden zweieinhalb Jahren nur um wenige hundert. Höchst unwillig registrierte die Kreisleitung der NSDAP, dass in den ersten sieben Monaten des Jahres 1936 582 Wegzügen 529 Zuzüge gegenüberstanden.[38]

Wie deutschpatriotisch die verfolgten Juden noch immer gesinnt waren, beweist das tragische Schicksal des Studenten Helmut Hirsch, geboren am 27. Januar 1916 in Stuttgart und Abiturient des Dillmann-Realgymnasiums. Hirsch hatte vor der NS-Machtergreifung einer der schillerndsten Gruppierungen der bündischen Jugend angehört und war nach seiner Emigration nach Prag im Jahr 1933 mit der Schwarzen Front Otto Straßers in Verbindung gekommen. Diese stiftete ihn zu einem dilettantischen, nur für den Attentäter selbst lebensgefährlichen Sprengstoffanschlag auf dem Nürnberger Reichstagsgelände an. Zu dem Anschlag kam es aber nicht, da ein in die Schwarze Front eingeschleuster Gestapospitzel den Plan verriet. Hirsch wurde bei seiner Ankunft in Stuttgart verhaftet, nach einem Geheimverfahren vom Volksgerichtshof in Berlin zum Tod verurteilt und am 4. Juni 1937 in Berlin-Plötzensee mit dem Fallbeil hingerichtet.[39]

Nach dem unrühmlichen Boykott jüdischer Geschäfte am 1. April 1933, der das NS-Regime im Ausland so sehr in Misskredit gebracht hatte, verzichtete die Hitler-Partei zunächst auf entsprechende spektakuläre Maßnahmen gegen Gewerbebetriebe und Handelsunternehmen von Juden. Bei der prekären wirtschaftlichen Situation des Reiches und der nur langsam zurückgehenden Arbeitslosigkeit bedurfte man der jüdischen Steuerzahler und der jüdischen Arbeitgeber, wenn man dies nach außen auch nicht zugab oder zugeben wollte. Bezeichnend war, dass man auf der einen Seite die jüdische Auswanderung propagierte, auf der anderen Seite aber die Emigration wohlhabender Juden finanziell sehr erschwerte, um einen zu großen Devisenabfluss ins Ausland zu verhindern. Die Staatsräson stand hier wie so oft beim Nationalsozialismus mit der Ideologie im Widerstreit. Indes ging trotz wiederholten Verbots der Regierung auch in den Jahren nach 1933 der zermürbende Kleinkrieg gegen jüdische Geschäfte, Handels- und Gewerbebetriebe unvermindert weiter. 1937 schien das Schreckgespenst der Arbeitslosigkeit gebannt. Jetzt glaubte man auf die jüdischen Geschäftsleute und Unternehmer verzichten zu können, ohne dass der Wirtschaft ein zu großer Schaden entstand. Man entzog daraufhin jüdischen Unternehmen alle öffentlichen Aufträge, machte ihnen die größten Schwierigkeiten beim Absatz ihrer Waren, hetzte die Arbeiter gegen ihre Brotgeber auf und begünstigte Schikanen, die sich örtliche Parteifunktionäre einfallen ließen. Vielen jüdischen Unternehmern blieb keine andere Möglichkeit mehr, als ihren Betrieb zu verkaufen und auszuwandern. 1938 mussten die noch bestehenden jüdischen Firmen als solche gekennzeichnet und in ein besonderes amtliches Register eingetragen werden.[40]

Im Herbst 1938 hatten auch die letzten jüdischen Ärzte und Rechtsanwälte ihre Praxen aufzugeben. Um der schlimmsten Not abzuhelfen, erlaubte die Regierung einigen wenigen Ärzten und Rechtsanwälten unter Vorbehalt des Widerrufs als »Jüdische Krankenbehandler« bzw. »Jüdische Rechtskonsulenten« für ihre »Rassegenossen« tätig zu sein. Die Bezeichnungen »Arzt« und »Rechtsanwalt« wurden Juden grundsätzlich aberkannt.[41]

Als »Jüdische Krankenbehandler« praktizierten in Stuttgart bis 1939 Dr. Julius Ottenheimer, zuvor Facharzt für Innere Medizin, zuletzt zusammen mit dem Kinderarzt Dr. Otto Einstein. Beiden gelang es noch 1939/40, mit ihren Familien in die USA bzw. nach Nicaragua (später gleichfalls in die USA) zu emigrieren. Der letzte »Jüdische Krankenbehandler«, der in den Stuttgarter Adressbüchern aufgeführt ist, war Dr. Viktor Steiner. Der hoch dekorierte Frontkämpfer des Ersten Weltkriegs (Eisernes Kreuz I. und II. Klasse, Ritterkreuz des Württembergischen Militärverdienstordens) wurde 1944 in Auschwitz ermordet. Von den »Jüdischen Rechtskonsulenten« Erich Dessauer, Alfred Einstein, Albert Mainzer, Dr. Benno Ostertag, Dr. Robert Perlen und Dr. Heinrich Wolf, denen das rettende Tor zur Emigration versperrt blieb, überlebten die Verfolgungszeit nur Dr. Benno Ostertag und Dr. Robert Perlen.[42]

Im September 1935 wurden die Juden vom »Winterhilfswerk des deutschen Volkes« ausgeschlossen. Die Jüdische Gemeinschaft organisierte daraufhin ein eigenständiges Hilfswerk. Der Aufruf des Oberrats der Israelitischen Religionsgemeinschaft Württembergs zu gegenseitiger Hilfe und Solidarität löste trotz wachsender Verarmung der jüdischen Bevölkerung ein unerwartet günstiges Echo aus. Die Wohlhabenden trugen bereitwillig zur Unterstützung ihrer sozial schwachen Glaubensgenossen bei. In Stuttgart wurden 1935/36 447 Personen oder 10,85 Prozent der jüdischen Einwohner unterstützt.

Unter ihnen befanden sich 45, die der Israelitischen Religionsgemeinschaft nicht angehörten. Im Jahr darauf war der Prozentsatz der Hilfsbedürftigen bereits auf 13,42 Prozent (592 Personen) angestiegen. In ganz Württemberg erhielten 1936/37 14,84 Prozent und 1937/38 18,25 Prozent der jüdischen Bevölkerung Unterstützung.[43]

## Die Ausweisung der polnischen Juden und die Reichskristallnacht

Am 6. Oktober 1938 erließ die polnische Regierung eine Verordnung, nach der die Pässe aller polnischen Staatsangehörigen, die im Ausland lebten, ungültig wurden, wenn sie nicht bis zum 30. Oktober 1938 mit einem Prüfungsvermerk versehen waren. Dieser Prüfungsvermerk konnte versagt werden, wenn der betreffende Staatsangehörige fünf Jahre hindurch keine Verbindung mehr mit Polen gehabt hatte und daher für eine Ausbürgerung in Betracht kam. Da sich unter diesen Polen viele Juden befanden, die schon seit langen Jahren in Deutschland ansässig waren, wollte sich das NS-Regime von diesen »rassisch minderwertigen Elementen« befreien, ehe ihnen die Regierung in Warschau die polnische Staatsangehörigkeit entzog und die Rückkehr nach Polen verwehrte. In Stuttgart hatten zum Zeitpunkt der Volkszählung vom 16. Juni 1933 225 Juden polnischer Staatsangehörigkeit ihren festen Wohnsitz gehabt. Auch wenn inzwischen eine größere Zahl ausgewandert war, so lebte sicher im Herbst 1938 doch immer noch ein ansehnlicher Teil von ihnen hier. Am 27. Oktober 1938 verfügte nun das Geheime Staatspolizeiamt Berlin, die polnischen Juden sofort festzunehmen und in Sammeltransporten über die polnische Grenze abzuschieben. Das württembergische Innenministerium verfügte am Tag darauf, die im Land wohnhaften »Juden beiderlei Geschlechts polnischer Staatsangehörigkeit« umgehend zu verhaften und sie in das Polizeigefängnis II in Stuttgart, Büchsenstraße, »einzuliefern«. Sicherheits- und Ordnungspolizei führten diesen Befehl und dann die Abschiebung der völlig überraschten Menschen nach Polen mit erbarmungsloser Härte durch.

Die polnische Regierung weigerte sich zunächst, die Ausgewiesenen aufzunehmen, musste aber bald dem deutschen Druck nachgeben. In der Zwischenzeit vegetierten diese unter miserablen Bedingungen im Niemandsland. Anfang 1939 durften die abgeschobenen Juden vorübergehend nach Deutschland zurückkehren, um ihre Vermögensverhältnisse zu ordnen und ihre Familien, soweit diese der Ausweisung entgangen waren, nachzuholen.[44]

Die Abschiebung der polnischen Juden Ende Oktober 1938 bildete den Beginn einer weiteren schrecklichen Eskalation der Verfolgung der so genannten Nichtarier. Am 7. November jenes Jahres schoss ein junger polnischer Jude, Herschel Grynszpan, dessen in Hannover lebende Eltern von der Ausweisung betroffen gewesen waren, in einer Affekthandlung – er selbst bezeichnete sie vor Gericht als Racheakt für das seinen Eltern und den deutschen Juden ganz allgemein zugefügte Unrecht – den Gesandtschaftsrat vom Rath in der deutschen Botschaft in Paris nieder. Ernst vom Rath erlag zwei Tage später seinen Verletzungen. Reichspropagandaminister Dr. Josef Goebbels kam dieses Verbrechen sehr gelegen. Er bezeichnete es in einer fanatischen Rede vor den in München versammelten »Alten Kämpfern« der NSDAP am Abend des 9. November 1938 als eine Meucheltat des gegen das nationalsozialistische deutsche Reich verschworenen internationalen Judentums und rief, zweifellos im Einvernehmen mit Hitler, zu »spontanen« Vergeltungsmaßnahmen gegen die deutschen Juden auf. Die telefonisch und mittels Fernschreiben durchgegebenen Anweisungen wurden von den örtlichen Parteifunktionären sowie von den SA- und SS-Führern entgegengenommen. Diese mobilisierten ihre Untergebenen und vollbrachten das barbarische Werk, in manchen Orten assistiert vom Straßenmob und von sensationslüsternen Zuschauern.[45]

In der Nacht vom 9. auf den 10. November 1939 gingen in ganz Deutschland hunderte von Synagogen in Flammen auf, so auch die jüdischen Gotteshäuser in Stuttgart und Bad Cannstatt. Gleichzeitig wurden jüdische Geschäfte und Wohnungen demoliert, Juden misshandelt und verhaftet. Wenn der *Stuttgarter NS-Kurier* triumphierend schrieb: »Der gerechte Volkszorn übt Vergeltung«, und er weiterhin feststellte: »In Stuttgart und im ganzen Gau [Württemberg-Hohenzollern der NSDAP] Demonstrationen gegen die Juden/ Die Synagogen wurden niedergebrannt/ Zertrümmerte Schaufenster bei den jüdischen Geschäften/ Aktion in tadelloser Disziplin«,[46] so war dies schierer Hohn. Von Volkszorn konnte keine Rede sein. In Stuttgart wie in anderen Orten hatten Angehörige der Hitler-Partei das

*Die zerstörte Stuttgarter Synagoge*

verbrecherische Schauspiel inszeniert und durchgeführt. In Bad Cannstatt beispielsweise war die Synagogenbrandstiftung das Werk des Leiters der Brandwache II, zweier Feuerwehrleute und einiger Zivilisten, ohne Zweifel linientreuer Nationalsozialisten.[47] Der amerikanische Generalkonsul in Stuttgart berichtete nach Washington, dass rund 80 Prozent der Einwohner offen ihrem Abscheu über die vom herrschenden Regime organisierten Untaten Ausdruck verliehen.[48]

Auf weite Bevölkerungskreise wirkte die »Kristallnacht« wie ein Schock. Mit einem Schlag zerstoben die seither noch von vielen Deutschen gehegten Illusionen über den politisch vertrauenswürdigen Charakter des totalitären Hitler-Staats. Den Augen der ernüchterten »Volksgenossen« enthüllte sich erstmals die ganze unmenschliche Brutalität des Regimes, dem nicht nur ihre jüdischen Mitbürger gnadenlos preisgegeben waren, sondern dem auch sie sich insgesamt mit ihrer politischen Selbstentmündigung im Jahr 1933 auf Gedeih und Verderben ausgeliefert hatten.

Die mehreren hundert Stuttgarter Juden, die während des Pogroms festgenommen und in die Konzentrationslager Welzheim und Dachau verbracht worden waren, blieben in der Regel etliche Wochen in

Haft. Noch Ende Januar 1939 befanden sich vierzig von ihnen hinter Stacheldraht.[49]

Die Zerstörung von Gotteshäusern und ihrer Einrichtungen, die mutwillige Zerstörung von Kultgegenständen und wie in Stuttgart auch von unersetzlichem Bibliotheksgut brachte das Hitler-Regime im Ausland in schlimmsten Misskredit. Sogar die NS-Führung erkannte, dass sie entschieden zu weit gegangen war. Noch am 10. November 1938 befahl Goebbels das Ende der »Demonstrationen«. Um das Maß des Vandalismus voll zu machen, wurde den deutschen Juden der Betrag von 1 Milliarde RM als Sühneleistung auferlegt. Begründet wurde diese Sühneleistung mit der feindseligen Haltung der Juden gegenüber dem deutschen Volk und Reich, die auch vor feigen Mordtaten (das Attentat von Herschel Grynszpan!) nicht zurückschrecke: eine ebenso groteske wie infame Begründung, die aus den grundlos in übelster Weise diffamierten, entrechteten und verfolgten deutschen Juden gefährliche Staatsfeinde machte.

Die jüdischen Gemeinden hatten auf eigene Kosten die Trümmer ihrer Synagogen beseitigen zu lassen, die jüdischen Inhaber von demolierten oder zerstörten Geschäften diese selbst wieder instand zu setzen. In Stuttgart musste Architekt Ernst Guggenheimer den Abbruch der anklagend zum Himmel emporragenden Synagogenruine beaufsichtigen und leiten. Die Quadersteine des zerstörten Gotteshauses wurden an Weingärtner im Remstal verkauft. Den Gelderlös strich die Gestapo ein.[50]

Die »Kristallnacht« nahm das Regime zum Anlass, die Juden weiter zu entrechten und in ihrer Bewegungsfreiheit einzuschränken. Juden durften keine Kinos und Theater mehr besuchen. Die Führerscheine wurden ihnen entzogen. Alle noch bestehenden jüdischen Geschäfte, Handwerksbetriebe und Industrieunternehmen wurden enteignet – »arisiert« oder »entjudet«, wie es in der Sprache des Nationalsozialismus hieß – oder aufgelöst. Die Warenlager jüdischer Firmen mussten zu Schleuderpreisen veräußert werden. Gegen Juden, die sich der Schließung ihrer Geschäfte widersetzten oder die nicht rasch genug die ihnen aufgebürdeten Zwangsmaßnahmen befolgten, wurde rücksichtslos eingeschritten.[51]

Juden konnten künftig ihren Lebensunterhalt nur noch als Hilfsarbeiter verdienen. Sie mussten jedoch in geschlossenen Gruppen abgesondert von der übrigen Belegschaft oder in eigens für sie eingerichteten Arbeitsräumen beschäftigt werden. Viele ältere Leute, die über keine größeren Sparguthaben verfügten, gerieten in Not. Die öffentliche Fürsorge stellte ihre Leistungen für »Nichtarier« entweder ganz ein oder beschränkte sie auf ein Minimum. Die jüdischen Stellen sahen sich kaum mehr zu lösenden Problemen gegenüber. Die entsagungsvolle Arbeit der Frauen und Männer, die die Israelitischen Gemeinden und zentralen Organisationen leiteten und die später häufig ihren treuen Dienst mit dem Tod in der Deportation besiegelten, sowie das vorbildliche soziale Verantwortungsbewusstsein vieler wohlhabender jüdischer Bürger trugen entscheidend dazu bei, ein Massenelend zu verhindern.[52]

Der Pogrom im November 1938 beendete auch abrupt die ebenso bewundernswerte wie erfolgreiche Arbeit der »Stuttgarter Jüdischen Kunstgemeinschaft«. Die Gestapo untersagte Karl Adler bei dessen Entlassung aus kurzer polizeilicher Willkürhaft jede weitere kulturelle Betätigung.[53] Die *Gemeindezeitung für die israelitischen Gemeinden Württembergs*, die seit dem 2. Mai 1937 auf Anordnung der Machthaber ihren Namen in *Jüdisches Gemeindeblatt für die israelitischen Gemeinden in Württemberg* hatte ändern und seitdem auch den Davidstern auf der Titelseite hatte führen müssen, war im November 1938 wie alle anderen jüdischen Presseorgane im Reich verboten worden. Die jüdische Gemeinschaft in Deutschland durfte von jetzt an nur noch ein von der Gestapo überwachtes kleines Nachrichtenblatt herausgeben. Die Israelitischen Landesverbände bedienten sich für ihre Bekanntmachungen, Mitteilungen usw. vielfach hektographischer Blätter.[54]

Die Bedeutung der *Gemeindezeitung* für die verfolgten Juden in Stuttgart und Württemberg während der Jahre 1933 bis 1938 kann kaum überbewertet werden. Sie vermittelte jüdisches Wissen und jüdische Heimatgeschichte. In ihren Spalten kamen führende Persönlichkeiten der Israelitischen Religionsgemeinschaft zu Wort. Auch förderte sie die religiösen, karitativen und kulturellen Vereine des Landes, ebenso berichtete sie über Gemeinde- und Familienneuigkeiten. Unter der verdienstvollen Leitung von Hans Sternheim, dem Schwiegersohn ihres Gründers Max Osterberg und Nachfolger des ersten Chefredakteurs Dr. Paul Rieger, vermochte sie nach 1933 ihre geistig-religiöse Aufbauarbeit geradlinig, wenn auch unter ständig zunehmenden Schwierigkeiten fortzusetzen.[55] Dass Max Osterberg

141

das gewaltsame Ende der *Gemeindezeitung* und das barbarische Geschehen der »Kristallnacht« nicht mehr erlebte, muss einem wie eine Gnade erscheinen. Max Osterberg starb am 10. März 1938.[56]

Für Rabbiner Dr. Paul Rieger, den patriotischen deutschen Juden, war wie für viele seiner Glaubensgenossen mit der Machtübernahme durch die NS-Bewegung eine Welt zusammengebrochen. Trotzdem behauptete er sich mannhaft. 1936 trat der hoch verdiente, aufrechte Theologe und Religionshistoriker, 66-jährig, in den Ruhestand. Seine letzten Lebensjahre verdüsterten Demütigungen und Schikanen, unter denen vor allem seine Frau wegen einer ihr in den USA zugefallenen Erbschaft zu leiden hatte. Rieger starb nach schwerer Krankheit am 10. Juli 1939. Seiner Gattin gelang im folgenden Jahr die rettende Flucht ins Ausland.[57] Als Stadtrabbiner in Stuttgart wirkte noch bis zu seiner Emigration in die USA 1939 Dr. Heinemann Auerbach.[58]

Der Rabbiner der Israelitischen Religionsgesellschaft Dr. Simon Bamberger war ein allzu engem religiösem Denken abholder gesetzestreuer Geistlicher. Er war nach 1933 um ein gutes Einvernehmen mit der Israelitischen Gemeinde bemüht. So setzte er durch, dass in dem dieser gehörenden Eckgebäude Hospital-/Gartenstraße ein Betsaal für den orthodoxen Gottesdienst eingerichtet wurde. Da der Betsaal ohne größere Schäden das Inferno der »Kristallnacht« überstanden hatte, feierte hier nunmehr auch die Israelitische Gemeinde ihre Gottesdienste. Bamberger wurde während des Pogroms in Bad Kissingen, wo er sich besuchsweise bei seinem Vater aufhielt, übel drangsaliert und ins KZ Dachau verbracht. 1939 emigrierte er mit seiner Frau nach Palästina. Dort starb er 1957. Sein Nachfolger in Stuttgart wurde Dr. Josef Wochenmark (1881-1943), zuvor Religionslehrer in Schwäbisch Gmünd.[59]

Seit November 1938 war jüdischen Schülern der Besuch deutscher Schulen verboten. Die letzten Juden mussten die Stuttgarter höheren Schulen verlassen. Die Jüdische Schule hatte nach der »Kristallnacht« zunächst keine Unterrichtsräume mehr, da die Nationalsozialistische Volkswohlfahrt das Israelitische Gemeindehaus und das Schulgebäude beschlagnahmt hatte. Erst nach langwierigen Verhandlungen erhielt die Gemeinde ihr Gemeinde- und ihr Schulhaus zurück. Die Turngeräte der Schule waren in ein Albdorf verschleppt worden; die Gemeinde musste sie auf eigene Kosten zurückholen.[60]

Nach dem Pogrom ordnete die Gestapo in Stuttgart die Errichtung der so genannten Jüdischen Mittelstelle an. Ihre Leitung übertrug sie Karl Adler. Die Mittelstelle war ein streng von Gestapo und SD (Sicherheitsdienst Reichsführer SS) überwachtes jüdisches Verwaltungsorgan. Adler war bestrebt, das Beste aus dieser Zwangseinrichtung zu machen, d.h. er tat alles, um die Lebensverhältnisse seiner verfolgten Schicksalsgenossen einigermaßen erträglich zu gestalten und möglichst vielen von ihnen bei der Auswanderung behilflich zu sein. Dank verdeckter Geldzuwendungen der Firma Bosch konnte er viel Not lindern und manche hemmende Barriere bei der Emigration beseitigen. Zunächst setzte er sich mit Erfolg dafür ein, dass die noch in KZ-Haft befindlichen Männer frei kamen. Die Arbeit unter Gestapo- und SD-Aufsicht verlangte diplomatisches Geschick und Fingerspitzengefühl, zumal es zwischen beiden NS-Organisationen starke Spannungen gab. Bereits im Krieg, Anfang 1940, konnte Karl Adler mit seiner Frau und seinen Eltern in die USA auswandern, wo bereits seine Geschwister Zuflucht gefunden hatten. Auch für seine engste Mitarbeiterin Thekla Kauffmann, die ehemalige Landtagsabgeordnete, öffnete sich noch das rettende Tor ins Ausland. Dagegen wurde eine andere engagierte Mitarbeiterin, die Rechtsanwältin Dr. Ella Kessler-Reis, 1944 in Auschwitz ermordet. Nachfolger Adlers als Leiter der Mittelstelle wurde dessen Schwager Alfred Marx, Amtsrichter a.D., der durch seine nichtjüdische Frau einen gewissen Schutz genoss.[61]

Seit dem 1. Januar 1939 mussten die Juden ihrem oder ihren Vornamen den Zusatzvornamen »Israel« bzw. (bei Mädchen und Frauen) »Sara« beifügen, soweit sie keinen eindeutig jüdisch klingenden Vornamen besaßen. In Ausnahmefällen wurde erlaubt, dass der deutsche Vorname in einen charakteristisch jüdischen geändert werden konnte.[62] Diese Zusatzvornamen sollten die Juden schon rein äußerlich als Angehörige des verfemten Volkes ausweisen.

Nach der »Kristallnacht« wuchs die Auswanderung der Juden zur Massenflucht an. Anfang 1939 verließen im Monat schätzungsweise hundert Stuttgarter »Nichtarier« die Heimat, um im Ausland größtenteils unter schwierigsten Bedingungen eine neue Existenz zu begründen. Bis zum Zeitpunkt der Volkszählung vom 17. Mai 1939 war die Zahl der in der württembergischen Landeshauptstadt lebenden Glaubensjuden auf 2194 geschrumpft.[63] Vielen älteren oder wenig bemittelten Juden war leider auch das Tor zur Auswanderung versperrt oder nur unter großen Schwierigkeiten allenfalls einen Spalt breit zu öffnen, da einige der wichtigsten Aufnahmeländer, so die USA, die für die Stuttgarter Juden als Zufluchtsland an erster Stelle standen, nicht einmal zugunsten der Verfolgten ihre Einwanderungsbeschränkungen lockerten. Indes haben jüdische und christliche Hilfsorganisationen im In- und Ausland durch Auswandererberatung und durch die Bereitstellung erheblicher Geldmittel viel Not gelindert und manchem Verfolgten doch noch die Emigration ermöglicht.[64]

Eine Israelitische Gemeinde nach der anderen musste nach dem Wegzug der überwiegenden Mehrheit ihrer Mitglieder aufgehoben werden. Seit Herbst 1939 bestand lediglich noch die Großgemeinde Stuttgart; ihr gehörten alle in Württemberg verbliebenen Juden an. An die Stelle des Oberrats trat die Jüdische Kultusvereinigung Württemberg e.V.[65] Sie wurde gemeinschaftlich von Dr. Siegfried Gumbel, dem letzten Präsidenten des Oberrats, und von Theodor Hirsch, dem Bruder von Dr. Otto Hirsch, geleitet. In einer Art Arbeitsteilung nahm sich Gumbel der Angelegenheiten der ehemaligen Landgemeinden an, Hirsch hingegen führte die Geschäfte der Stuttgarter Gemeinde.[66]

## Eskalierende Verfolgung in den ersten Jahren des Zweiten Weltkriegs

Im September 1939 wurde von Hitler der Zweite Weltkrieg entfesselt. Trotz des Verbots von Einzelaktionen gegen die Juden aus diesem Anlass – die Kriegsschuld schob die nationalsozialistische Propaganda dem internationalen Judentum zu – galten ihnen erneut die ersten Verfolgungsmaßnahmen. Juden durften sich nur von morgens 6 bis abends 20 bzw. 21 Uhr auf den Straßen aufhalten. Ihre Luftschutzkeller hatten sie sich selbst zu bauen. Alle Radioapparate, die in ihrem Besitz waren, wurden entschädigungslos beschlagnahmt und von der Gestapo zum Teil Reservelazaretten zur Verfügung gestellt. Hausdurchsuchungen nach Hamsterwaren folgten. Schokolade oder Bohnenkaffee, die bei Juden gefunden wurden, erhielt die Nationalsozialistische Volkswohlfahrt zur weiteren Verwertung. Die Abgabe von Genussmitteln oder Kosmetika an »Nichtarier« wurde bald darauf verboten. Früh ging man auch dazu über, besondere jüdische Lebensmittelkarten auszugeben, die bei der Nahrungsmittelzuteilung die Verfolgten gegenüber der übrigen Bevölkerung qualitativ und quantitativ krass benachteiligten. Schon seit der »Kristallnacht« war Juden der Besuch öffentlicher Bibliotheken untersagt. Jetzt wurde ihnen auch der Bezug von Zeitungen verboten.[67]

1939 begann man in Württemberg und insbesondere auch in Stuttgart, jüdische Einwohner mit Zwang umzuquartieren. 1940 setzte man dies in verstärktem Maß fort. NS-Funktionäre und NS-Presseorgane bezeichneten es als unerträglich, dass Nichtjuden mit Juden unter einem Dach wohnten. Ohne Rücksicht auf die Eigentumsverhältnisse wurden »Nichtariern« bestimmte Häuser oder Wohnblocks zugewiesen. Die bisherigen Behausungen, nicht selten Eigenheime, mussten in kürzester Frist und häufig unter Zurücklassung eines Teils des Mobiliars geräumt werden.[68]

Bereits vor der »Kristallnacht« hatten städtische und private Krankenhäuser bei der Aufnahme jüdischer Patienten Schwierigkeiten gemacht. Nach dem Pogrom und erst recht nach Kriegsbeginn schlossen sie »Nichtarier« weitgehend von der stationären Behandlung aus. Eine rühmliche Ausnahme bildeten das Robert-Bosch-Krankenhaus und das Marienhospital; sie setzten sich, solange dies möglich war, über die ominöse Rassenpolitik des Regimes hinweg. Im Marienhospital verdoppelte sich in den Jahren nach 1933 beinahe die Zahl der jährlich stationär behandelten jüdischen Kranken. Erst seit 1941 sind in der Statistik keine »Israeliten« mehr aufgeführt, weil nunmehr die Aufnahme von Juden in nichtjüdischen Krankenhäusern untersagt war. Dies schließt indes nicht aus, dass das Marienhospital auch noch 1941 einzelne Juden, die als Christen und »Arier« getarnt waren, aufnahm. Für die verfolgten »Nichtarier« bedeutete jedenfalls das Marienhospital bis hinein in den Zweiten Weltkrieg fast so etwas wie eine heile Welt. Hier brauchten sie keine Beschimpfung, keine Bedrückung und keine demütigende Behandlung zu befürchten. Nach dem Untergang des NS-Regimes hat die Israelitische Kultusvereinigung Stuttgart dem Marienhospital dafür gedankt, dass es während der Jahre der Hitler-Herrschaft Juden seine Tore nicht verschloss, dass es rassisch Verfolgten in ihrer bedrängenden Not die benötigte medizinische Hilfe nicht versagte. Der Direktor des Krankenhauses und Chefarzt der Inneren Abteilung, Dr. Otto Götz, kam, als die Mehrzahl der Stuttgarter Ärzte eine Behandlung von »Nichtariern« ablehnte, sogar noch zu Juden ins Haus und setzte mit solchen Besuchen seine berufliche Existenz aufs Spiel.[69]

Da die Hitler-Partei die Ansicht propagierte, es könne »deutschen Volksgenossen« nicht länger zugemutet werden, mit Juden in denselben Geschäften einzukaufen, wurden, wo es sich einigermaßen vertreten ließ, Juden bestimmte Geschäfte vorgeschrieben, in denen sie zu bestimmten Zeiten ihre Einkäufe tätigen konnten. In Stuttgart wurde trotz des Protests der Jüdischen Gemeinde im April 1941 im Haus Seestraße 39 ein »Judenladen« eingerichtet. In ihm hatten die noch in der Stadt lebenden Juden bewirtschaftete wie nicht bewirtschaftete Lebensmittel einzukaufen.[70]

Ende 1940 wurde in Württemberg damit begonnen, Städte und Dörfer »judenfrei« zu machen. Von dieser Aktion war vor allem auch Stuttgart betroffen. Namentlich die älteren Juden wurden zwangsweise in kleine Städte und Landgemeinden umgesiedelt, die noch immer einen verhältnismäßig hohen jüdischen Bevölkerungsanteil aufwiesen, so beispielsweise nach Bad Buchau, Laupheim, Haigerloch. Die Unterbringung der fremden Juden stellte die kleinen und meist finanzschwachen Gemeinden vor schwierige Probleme. Es fehlte an Wohnraum wie an Arbeitsmöglichkeiten. Nur widerwillig fügten sich die Gemeindeverwaltungen und der durch nationalsozialistische Wortführer vertretene Teil der Einwohnerschaft dem ihnen von der NS-Landesregierung aufgezwungenen Bevölkerungszuwachs. Leer stehende größere Gebäude und Schlösser in Eschenau (Gde. Obersulm, Lkr. Heilbronn), Tigerfeld (Gde. Pfronstetten, Lkr. Reutlingen), Weissenstein (Lkr. Göppingen), Herrlingen (Gde. Blaustein, Alb-Donau-Kreis) und Oberstotzingen (Gde. Niederstotzingen, Lkr. Heidenheim) mussten auf Weisung der Gestapo von der Jüdischen Kultusvereinigung Württemberg zu Altenheimen hergerichtet und ab 1941 mit älteren Leuten vorwiegend aus den größeren Städten belegt werden.[71]

Seit September 1941 hatten die Juden den gelben Davidstern zu tragen, der sie schon rein äußerlich als Angehörige des verfemten Volkes auswies und jeder Demütigung in der Öffentlichkeit preisgab. Das Verlassen des Wohnorts wurde ihnen sehr erschwert, bald so gut wie unmöglich gemacht. Öffentliche Verkehrsmittel durften sie nur noch mit besonderen Erlaubnisscheinen benutzen. 1942 wurde ihnen das Betreten von Wartesälen, die Benutzung öffentlicher Fernsprechzellen und vieles andere untersagt. Ihre Woll- und Pelzsachen hatten sie im Januar 1942 entschädigungslos an die Wehrmacht abzugeben. Schließlich durften sie auch keine elektrischen Haus- und Küchengeräte, keine Fahrräder und keine Schreibmaschinen mehr besitzen. Es wurde ihnen verboten, im Verkehr mit Behörden akademische oder beruflich erworbene Titel zu führen.[72] Am 30. Juni 1942 mussten die letzten jüdischen Schulen, so auch die Stuttgarter Schule, falls sie zu diesem Zeitpunkt überhaupt noch bestand, ihre Pforten schließen. Jegliche Art von Schulunterricht für jüdische Schüler durch besoldete oder unbesoldete Lehrkräfte war ab sofort streng untersagt.[73] Alles in allem waren die Juden nunmehr auf der tiefsten Stufe der Entrechtung, Beraubung und Entehrung angelangt. Doch auch damit ließ es der diabolische, nihilistische Rassenwahn des NS-Regimes nicht bewenden.

## Deportationen aus Stuttgart und Massenmord im Osten

Bis zum Jahr 1941 wollte das NS-Regime das so genannte Judenproblem durch Auswanderung lösen. Mehr als zwei Dritteln aller Stuttgarter und aller württembergischen Juden gelang es, bis dahin Deutschland zu verlassen. In den ersten Kriegsjahren erwog die nationalsozialistische Führung den so genannten Madagaskar-Plan: Die Juden im deutschen Machtbereich sollten auf die Südostafrika vorgelagerte Insel Madagaskar gebracht und dort angesiedelt werden. Der Plan scheiterte aber an den realen Möglichkeiten. Nach Beginn des Krieges gegen die Sowjetunion drang Reinhard Heydrich, Chef der Sicherheitspolizei und des Sicherheitsdienstes, mit seiner Forderung nach einer »Endlösung der Judenfrage« durch. Die Juden sollten nach dem Osten deportiert, zu schwerster Zwangsarbeit herangezogen und so allmählich ausgerottet werden. Bald wurde dieser schreckliche Plan durch Vernichtungslager wie Auschwitz, Sobibor oder Treblinka »vereinfacht«.[74] Seit dem 1. Oktober 1941 war Juden die Auswanderung, die zuletzt ohnehin nur noch ganz wenigen geglückt war, verboten.[75]

Im November 1941 ordnete die Gestapoleitstelle Stuttgart die Deportation von rund 1000 Juden aus Württemberg und Hohenzollern an. Es gehörte zum teuflischen System der Gestapo, dass sie der Jüdischen Kultusvereinigung in Stuttgart die Vorbereitung und Zusam-

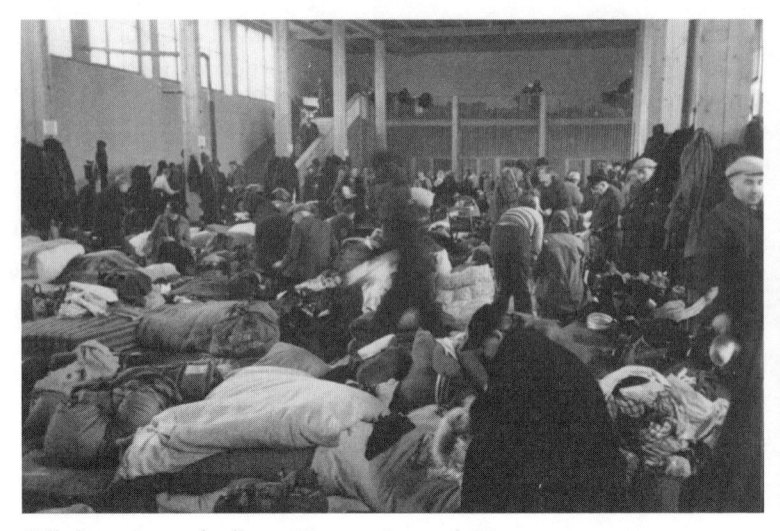

*Killesberg: Sammelstelle zur Deportation nach Riga*

menstellung des Transports übertrug. Die Kultusvereinigung hatte die Teilnehmer des Transports zu benachrichtigen und einzuberufen, einen Großteil der finanziellen, organisatorischen und technischen Anforderungen zu bewältigen. Die Juden, die zur Deportation eingeteilt waren, erhielten genaue Anweisungen, was sie an Kleidung, Verpflegung und Gebrauchsgegenständen mitnehmen durften. Um ihnen nicht die Illusion zu rauben, dass sie im Osten angesiedelt würden, erlaubte ihnen die Gestapo die Mitnahme von Beilen, Spaten und sonstigem Handwerkszeug. Selbst Fensterglas, einige Öfen und Nähmaschinen durften mitgeführt werden. Streng wurde darauf geachtet, dass die Juden vor der Deportation die sehr detaillierten Vermögenserklärungen ausfüllten, damit die Beschlagnahme ihrer Vermögen zugunsten des Reiches erleichtert wurde. Die Transportteilnehmer wurden unter Polizeiaufsicht nach Stuttgart gebracht und dort bis zum Abgang des Deportationszugs in einem Sammellager auf dem Killesberg festgehalten. Am 1. Dezember 1941 verließ der Deportationstransport Stuttgart in Richtung Riga. Von den 1000 Zwangsverschleppten haben nachweisbar 42 das Kriegsende erlebt. Alle anderen starben an Hunger, sonstigen Entbehrungen, Kälte und an Krankheiten, oder sie wurden durch die SS ermordet. Im April 1942 folgte von Stuttgart aus ein zweiter Transport nach Izbica bei Lublin in Polen.

*Kurz vor dem Abtransport*

Auch ihn hatte unter der Aufsicht der Gestapo die Kultusvereinigung organisiert. Handwerkszeug und Wohnungseinrichtungsgegenstände befanden sich diesmal nicht mehr unter dem Reisegepäck. Wie beim ersten Transport wurden die Juden nach dem Überschreiten der Reichsgrenze der deutschen Staatsangehörigkeit für verlustig erklärt, ihr gesamtes Vermögen eingezogen. Kein einziger der 350 Zwangsverschleppten dieses Transports hat die Heimat wieder gesehen.

Der mindestens 1100 Menschen umfassende größte Transport aus Stuttgart wurde im August 1942 nach Theresienstadt in der Tschechoslowakei zusammengestellt. Theresienstadt galt als Vorzeigelager. Von der Gestapo wurde es in bitterer Ironie als das jüdische Altersheim des Reiches bezeichnet, und man hatte alten Leuten nahe gelegt, sich durch einen so genannten Heimeinkaufsvertrag dort einen Platz auf Lebenszeit zu sichern. Viele schlossen solche Verträge ab in der Hoffnung, dadurch wenigstens einen Teil ihres Vermögens vor dem Zugriff der Gestapo retten zu können. Beim Eintreffen in Theresienstadt sahen sie, dass sie schändlich betrogen worden waren. In der kleinen Stadt, einer ehemaligen österreichischen Festung, die von der tschechischen Bevölkerung geräumt worden war, brachte man zeitweise 80 000 Juden unter. Schmutz, Raumnot und Nahrungsmangel charakterisierten das Lager, dem man im Unterschied zu anderen

Konzentrationslagern eine gewisse Selbstverwaltung zugestanden hatte. Die alten Menschen, die sich nicht mehr selbst helfen konnten, starben zu hunderten, ja tausenden, oder sie verkamen im Schmutz. Andere, vor allem Leute mittleren Alters, unter ihnen viele hoch dekorierte Frontsoldaten und Schwerbeschädigte des Ersten Weltkriegs, die die ersten Monate oder das erste Jahr in Theresienstadt überlebt hatten, wurden plötzlich zu neuen Transporten zusammengestellt; sie endeten meist in den Vernichtungslagern Auschwitz und Maly Trostinee. So ist auch die Zahl derer, die Theresienstadt überlebten, klein. Befreit wurden im Allgemeinen nur diejenigen Juden, die erst 1944 oder 1945 – meist Partner so genannter Mischehen – dorthin deportiert worden waren. Bei Kriegsende bezogen in Stuttgart lediglich noch 24 »Nichtarier« jüdische Lebensmittelkarten.

Insgesamt traten von Stuttgart aus in zwölf Transporten zwischen dem 1. Dezember 1941 und dem 11. Februar 1945 etwa 2 800 Menschen den Todesweg in die Deportation an, darunter einige hundert Juden aus Baden und Hohenzollern. Von ihnen kehrten nach dem Untergang des NS-Regimes etwa 250 zurück. Allein aus Stuttgart kamen rund 1 200 jüdische Bürger in der Deportation um. Unter ihnen befanden sich auch Verfolgte, die 1938/39 nach Polen ausgewiesen worden waren, sowie Juden, die in westeuropäische Länder hatten emigrieren können und die dann dort während des Krieges den nationalsozialistischen Schergen erneut in die Hände gefallen waren. Etwa 100 bis 150 aus rassischen Gründen verfolgte Bürger starben als Opfer nationalsozialistischer Willkürjustiz, verloren ihr Leben in Gefängnissen und Konzentrationslagern des Inlands oder sahen in ihrer verzweifelten Situation keinen anderen Ausweg mehr als den des Freitods.[76]

Es fällt schwer dies zu glauben, und doch war es so: Selbst in hoffnungsloser Situation im Konzentrationslager hatten sich jüdische Bürger ihre Liebe zur schwäbischen Heimat bewahrt, gaben sie die feste Bindung an das Land nicht preis, in dem ihre Vorfahren seit vielen Generationen gelebt hatten. Dafür ein erschütterndes Zeugnis: Im Sommer 1944, wenige Monate vor seiner Ermordung in Auschwitz, begrüßte der Stuttgarter Rechtsanwalt Erich Dessauer in Theresienstadt Landsleute mit dem auch heute noch jedem Württemberger vertrauten Wahlspruch: »Hie gut Württemberg allewege«. Dieser Gruß eines jüdischen Deportierten, der seinen nationalsozialistischen Peinigern und Mördern gänzlich ausgeliefert war, enthüllt die schreckliche Tragik, die mit dem Jahr 1933 über das deutsche Judentum hereingebrochen war.[77]

Die »Jüdische Kultusvereinigung Württemberg e.V.« wurde im Juni 1943 aufgelöst und ihre Räume einschließlich Mobiliar und sonstigen Utensilien von militärischen Stellen beschlagnahmt. Bereits drei Monate vor der Auflösung der Kultusvereinigung hatte der 62-jährige Rabbiner Dr. Josef Wochenmark am 8. März 1943 Selbstmord begangen, nachdem er von der bevorstehenden Deportation nach Theresienstadt benachrichtigt worden war. Bei seiner Frau misslang der Versuch des Freitods. Sie wurde nach Theresienstadt zwangsverschleppt und im Jahr darauf in Auschwitz ermordet. Dr. Wochenmark war der letzte jüdische Theologe in Stuttgart gewesen. Obwohl Rabbiner der Israelitischen Religionsgesellschaft, hatte die Fürsorge des allgemein beliebten Geistlichen allen seinen Glaubensbrüdern und -schwestern gegolten.[78]

Der infernalische Hass des Regimes gegen die Juden machte selbst vor den Ruhestätten der Toten nicht halt. Auch sie hatten zu verschwinden. Die Erinnerung an die mehr als hundertjährige Geschichte der Israelitischen Gemeinde Stuttgart sollte gänzlich ausgelöscht werden. Nach der Auflösung der Kultusvereinigung wurden auf Weisung des Reichssicherheitshauptamts die Friedhofsareale der Stadt angeboten, und die Stadtverwaltung, unterstützt von dem beratenden Ratsherrengremium, sah den Israelitischen Teil des Hoppenlaufriedhofs für eine Parkanlage vor. Dagegen sollte der Israelitische Teil des Pragfriedhofs zur Friedhofserweiterung verwendet werden. Schließlich war geplant, den von der Israelitischen Gemeinde erst 1936 erworbenen Platz nahe dem Steinhaldenfriedhof der landwirtschaftlichen Nutzung zuzuführen. Die Stadt entrichtete den vom Reichssicherheitshauptamt erwarteten »angemessenen Kaufpreis«[79] sonst beließ sie es aber bei ihren Absichtserklärungen. Die Israelitischen Teile des Hoppenlau- und des Pragfriedhofs sowie des Cannstatter Israelitischen Steigfriedhofs entgingen der ihnen in der Endphase der Barbarei des Dritten Reiches drohenden Gefahr der Einebnung. Eines war allerdings nicht zu verhindern: die vom Reichskommissar für Altmaterialverwertung angeordnete Erfassung von Metallteilen auf jüdischen Friedhöfen (Grabeinfriedungen, Grabmäler einschließlich Friedhofstoren) zu Verschrottungszwecken. Diese Grabschändungen gelangten im Gebiet von Württemberg voll zur Durchführung.[80] Sie verschonten nicht einmal auf dem Israelitischen Teil des Pragfriedhofs die Bronzeplatten auf den Einzelgräbern der Gefallenen des Ersten Weltkriegs und die große Bronzeplatte mit den Namen der Stuttgarter Juden, die 1914 bis 1918 ihr Leben für ihr deutsches Vaterland geopfert hatten, auf dem 1924/25 errichteten Ehrenmal.[81]

Der Israelitische Teil des Hoppenlauffriedhofs ging 1944 in den Besitz der Firma Bosch über, die aber bis 1945 nur geringe Eingriffe vornahm. Schwere Schäden erlitt der Steigfriedhof in Bad Cannstatt und der Israelitische Teil des Pragfriedhofs bei alliierten Fliegerangriffen 1943 und 1944.[82]

Am 19. Juni 1941 starb Dr. Otto Hirsch, Geschäftsführender Vorsitzender der »Reichsvertretung der deutschen Juden«, seit 1939 der Reichsvereinigung der Juden in Deutschland, im Konzentrationslager Mauthausen. Hirsch hatte, um möglichst vielen seiner Glaubensgenossen helfen zu können, alle Gelegenheiten zur Emigration, die sich ihm boten, ausgeschlagen. Tausende von Verfolgten, die sich noch rechtzeitig ins Ausland retten konnten, verdankten ihm ihr Leben. Seine Frau Martha geb. Loeb wurde im Oktober 1942 von Berlin aus deportiert und ermordet.[83] Das Schicksal von Dr. Otto Hirsch teilte auch sein Nachfolger als Präsident des Oberrats der Israelitischen Religionsgemeinschaft Württembergs, Dr. Siegfried Gumbel. Von einem Angestellten seines Büros bei der Gestapo denunziert, wurde der tapfere Mann, dessen Bemühen gleichfalls darauf gerichtet gewesen war, möglichst vielen seiner Glaubensgenossen die Auswanderung zu ermöglichen, im Herbst 1941 verhaftet; er starb am 27. Januar 1942 im Konzentrationslager Dachau.[84]

In Berlin gewährte der gebürtige Cannstatter demokratische Politiker Dr. Fritz Elsas (geb. 1890), bis 1933 Zweiter Bürgermeister von Berlin und Vizepräsident des Deutschen Städtetags, nach dem misslungenen Attentat auf Hitler am 20. Juli 1944 Carl Goerdeler, einem der führenden Köpfe des deutschen Widerstands, vorübergehend Unterkunft in seinem Haus. Er wurde verhaftet und als »Nichtarier« ohne Gerichtsverfahren und Urteil im Januar 1945 im Konzentrationslager Sachsenhausen ermordet.[85]

SONJA HOSSEINZADEH

■ »Wir, ein lebendiger Zweig am grünenden Baum unseres Volkes ...« (Alfred Marx, 1949)

Die jüdische Gemeinde in Württemberg seit 1945

- **Trotz allem geblieben:
Lebensaufgabe, Herausforderung und Perspektiven**

Kurz nach der Befreiung mit einer Gemeindegründung jüdischem Leben im Land der Mörder eine neue Chance zu geben – man fragt sich: Woher kam dieser Mut? Hatten die Holocaust-Überlebenden sich von Anfang an das Ziel gesetzt, dauerhafte Institutionen zu bilden? Oder war es nur blanke Notwendigkeit angesichts der vielen Hilfsbedürftigen eine Anlaufstelle, eine Zentrale für die vom Nazi-Terror gezeichneten Menschen zu schaffen? Oder glitten die als Zwischenlösung gedachten Gemeindeprovisorien irgendwann unbeabsichtigt in Routine und Stabilität?

Es handelt sich wohl um eine Mischung. Die Mehrheit der Befreiten hielt es nicht in Deutschland. Besonders die jüngere Generation, vorwiegend ostjüdischer Herkunft, sah hier keine Zukunft. Sie wanderten bei der erstbesten Gelegenheit aus – bevorzugt nach Palästina/Israel und nach den USA. Geblieben sind vor allem die an den Folgen der KZ-Haft chronisch Erkrankten, die an den Gesundheitschecks der Immigrationsbehörden scheiterten, und Rentenempfänger, die im Ausland ihren Abstieg zum Sozialfall befürchteten. In Deutschland konnten sie sich zwar nicht (mehr) zu Hause fühlen, aber ihre finanzielle Existenz war hier wenigstens gesichert. Heimatverbundenheit war wohl für die wenigsten deutschen Juden ein Grund zu bleiben. Insofern fungierten die Gemeinden nach außen bei den Wiedergutmachungsfragen als Interessenvertretungen und gleichzeitig nach innen als Notgemeinschaften und geschützter Freiraum zur jüdischen Religionspraxis und Kulturpflege. Und obwohl diese Verbindungselemente bestanden, wäre die idealisierte Vorstellung von einer homogenen, intern allzeit solidarisch agierenden Gemeinde eine krasse Fehleinschätzung. Denn zwischen deutschen Juden und Ostjuden bestanden auch nach 1945 nicht unerhebliche Gegensätze.

Deutsche Juden, deren Familien seit mehreren Generationen im Lande lebten, hatten auf eine vermeintliche Gesellschaftsakzeptanz im deutschen Bürgertum gesetzt. Ihre Bereitschaft zur Akkulturation ging zu Lasten jüdischer Tradition und Religion. So zeichneten sich im deutschen Judentum schon länger vor dem gewaltsamen Untergang durch den nationalsozialistischen Terror Auflösungstendenzen ab. Die steigende Zahl der jüdisch-nichtjüdischen Eheschließungen, die oft nur noch losen Bindungen der Mitglieder ans Judentum, zahlreiche Austritte und Taufen reduzierten das Gemeindeleben auf ein Minimum. Die Selbstdefinition als »Deutsche jüdischer Konfession« stand durch die Judenemanzipation in wesentlich höherem Kurs als die Betonung der jüdischen Identität. Deutsche Juden betrachteten sich trotz mancher antisemitischer Attacken ganz selbstverständlich als gleichberechtigter Teil der Gesellschaft.

In der Schtetl-Welt der Juden in Osteuropa dagegen überwog die Konzentration auf die alten jüdischen Werte und deutlich ausgeprägtere zionistische Aktivitäten als im deutsch-jüdischen Umfeld. Ostjuden lehnten bikonfessionelle Ehen ab, hielten am überlieferten Glauben fest und grenzten sich selbst von der nichtjüdischen Umwelt sehr bewusst ab. Damit forderten sie die Ablehnung der liberaler eingestellten Glaubensgenossen heraus und wurden von ihnen mit dem Vorwurf der Rückständigkeit und Modernitätsfeindlichkeit, den vermeintlichen Antisemitismusauslösern, konfrontiert. Diese Ressentiments traten auch nach der Befreiung wieder auf, besonders, da inzwischen Ostjuden die Gemeindemehrheit bildeten. Doch die Zeit des »deutschen Judentums« war durch Massenmord und Emigration unwiederbringlich vorbei. In den wieder gebildeten Gemeinden wies der deutsche Anteil einen starken Überhang von Senioren auf; Jugendjahrgänge fehlten fast völlig. Wie bei anderen jüdischen Gemeinden im Nachkriegsdeutschland spielte in den folgenden Jahrzehnten deshalb Migration auch beim Erhalt der Israelitischen Religionsgemeinschaft Württemberg immer eine wesentliche Rolle.

Abgesehen von inneren Auseinandersetzungen kämpften jüdische Gemeinden in Deutschland vor allem in den ersten Jahren nach der Befreiung um ihre Akzeptanz im Ausland. Überall in der Welt erwarteten jüdische Organisationen, dass der einstige Hitler-Staat mit dem gleichen Bann belegt werden sollte, wie vor Jahrhunderten Spanien, als es seine jüdische Bevölkerung ebenfalls hingemetzelt hatte: Kein Jude sollte mehr in Deutschland leben. Andere, unter ihnen der amerikanische General Clay, votierten für den Wiederaufbau der Gemeinden. Hitler dürfe keinesfalls – gewissermaßen posthum – sein Ziel eines »judenreinen« Deutschlands erreichen. Clays Einschätzung von 1949, dass etwa 30 000 Juden hier ihre Existenz gründen würden, galt noch zu Beginn der 1990er-Jahre.[1]

Von den alteingesessenen Stuttgarter Gemeindemitgliedern wurde zwar die harte Wiederaufbauarbeit geleistet. Aber sie wussten, dass die Zukunft der Gemeinde nur im Wandel liegen konnte. Hätten sie eine erzwungene Homogenität aufrecht erhalten wollen, wäre die Gemeinde längst untergegangen. Die Herkunft ihrer jetzigen Mitglieder ist von Internationalität geprägt – »Multikulti« wird hier seit Jahrzehnten im Stillen vorgelebt. Nicht die Nationalität ist relevant, sondern das Jüdisch-Sein: Hier ist der Kern des Zusammenhalts und der Existenz der Gemeinde. Gruppenbildungen und Reibungen bleiben deshalb nicht aus. Namentlich im Zusammenhang mit der aktuellen Zuwanderung von Juden aus der ehemaligen Sowjetunion sind in allen jüdischen Gemeinden in Deutschland Probleme entstanden, die noch gelöst werden müssen. Betrachtet man aber die Schwierigkeiten, die vor 57 Jahren bewältigt werden mussten, werden auch für diese neue Situation Wege sich finden lassen. Persönlichkeiten wie Josef Warscher und Alfred Marx, wie Benno Ostertag und Ernst Guggenheimer trafen damals zusammen, um eine auch innerjüdische Krise, wie sie vorher wohl noch nie in diesem Ausmaß aufgetreten war, für Stuttgart und Württemberg in geregelte Bahnen zu lenken. Ihre harte Arbeit hat sich gelohnt. Die Gemeinde verdankt ihnen ein doppeltes Jubiläum, da sie allen Widrigkeiten zum Trotz bereits sieben Jahre nach Kriegsende den Neubau einer Synagoge einweihen konnten.

Mit Sicherheit ist eine Vielzahl von Aspekten aus der jüngeren Vergangenheit der Israelitischen Religionsgemeinschaft Württemberg noch ergänzungswürdig. Angesichts der kurzen Projektzeit für die Festschrift kann und will keinesfalls der Anspruch auf Vollständigkeit erhoben werden. Auf die Stuttgarter jüdische DP-Geschichte wird hier nur am Rande eingegangen. Zu diesem Thema liegt bereits eine ausführliche Publikation von Susanne Dietrich vor.

Zum Quellenmaterial: Das Gros der für diesen Teil der Festschrift verwendeten Bestände stammt aus den Akten der IRGW. So weit bisher festgestellt werden konnte, handelt es sich dabei um die vollständig erhaltene Aktensammlung von den ersten Tagen der Gemeindewiedergründung 1945 bis in die Gegenwart – ein archivalischer Schatz,[2] dessen älterer Teil noch einer Ordnung und Verzeichnung entgegenharrt.

Als Vorbereitung für diesen Teil der Festschrift musste deshalb eine Auswahl getroffen werden. Die verwendeten Akten gingen in die neu angelegte Sammlung »Israelitischen Religionsgemeinschaft Württemberg – Altregistratur« (IRGW AR) über. Orientiert an der Satzung und der Verwaltungsorganisationsstruktur der IRGW erhielt sie ein provisorisches Ordnungssystem, das sich in die Bestandsgruppen A bis E gliedert. Das höchste gemeindeinterne Gremium besteht in der Mitgliederversammlung. Alle dazu aufgefundenen Protokolle erhielten folglich die Signatur A, die Protokolle der Repräsentanz und der Ausschüsse die Signatur B und das Landesrabbinat mit dem ihm zugeordneten Gemeindepersonal und den -einrichtungen die Signatur C. Die Geschäftsführung und Verwaltung mit allen Abteilungen wurden durch die Signatur D, die Vereine und Verbände, die von Mitgliedern der IKV/IRGW gegründet wurden, durch die Signatur E bezeichnet.

Weitere Quellen wurden aus dem Hauptstaatsarchiv Stuttgart, dem Staatsarchiv Ludwigsburg und dem Stadtarchiv Stuttgart herangezogen. Die Schwerpunkte lagen hier bei Akten zu den ersten Nachkriegsmonaten und der Gemeindeentstehung, bei der Wiedererrichtung der Synagoge und bei Informationen zu einzelnen Persönlichkeiten.

Mein besonderer Dank gilt
- dem Vorstand, Frau Barbara Traub MA, Herrn Martin Widerker und Herrn Dr. Fundaminski, dem früheren Vorstandsmitglied Herrn Meinhard Tenné und seiner Gattin Inge Tenné, dem Geschäftsführer, Herrn Dipl.-Ing. Arno Fern, der mir Informationen zu den IRGW-Akten übermittelte und gleichzeitig die Organisation der Interviewkontakte übernahm, der Verwaltungsleiterin, Frau Angelika Jung-Sattinger, und allen Teams der Verwaltung, den Hausmeistern sowie dem Personal an der Pforte. Sie machten mir die Recherchezeit vor Ort im Gemeindehaus sehr angenehm und standen mir jederzeit mit Rat und Tat zur Seite,
- den Interviewpartnerinnen und -partnern aus der IRGW, die sich teilweise sehr viel Zeit für ein Gespräch nahmen: Frau Engelhardt, Frau Jung-Sattinger, Frau Kahn, Frau Lichtholz, Frau Stock, Frau Eva Warscher und Frau Sigrid Warscher sowie Herrn Senator h.c.

Ehrenberg, Herrn Engelhardt, Herrn Dipl.-Ing. Fern, Herrn Grinberg, Herrn Dr. Itskov, Herrn Tenné, Herrn Rosenkranz und Herrn Dipl.-Inf. Rubinstein,
- im Zusammenhang mit den Recherchen zu TSV Makkabi: Herrn Widerker und Herrn Rosenberg,
- Herrn Hans Jauß, dem Mitarbeiter des Architekten und Synagogenbauers Ernst Guggenheimer, der einige interessante Detailinformationen beisteuerte,
- Herrn Rolf Hofmann, der mir Material zur Biographie von Herrn Professor Guggenheimer überließ,
- den Mitarbeitern des Hauptstaatsarchivs Stuttgart, des Staatsarchivs Ludwigsburg und des Stadtarchivs Stuttgart für ihre nützlichen Ratschläge und die freundliche Betreuung,
- sowie meinem Mann, der mich während der sechsmonatigen Projektdauer auf vielfältige Weise entlastete und in jeder erdenklichen Form unterstützte.

*Im März 2002*
*Sonja Hosseinzadeh*

- **Vom Neubeginn zur Konsolidierung und Gegenwart**

Kriegsende

Beinahe zeitgleich erreichten französische und amerikanische Truppen am 20. und 21. April 1945 von verschiedenen Seiten die Stadt. Am 22. April schließlich übergab der NS-Oberbürgermeister Dr. Strölin Stuttgart, um weitere Opfer und Zerstörungen zu verhindern. Durch Bombenangriffe hatten hier 4600 Menschen ihr Leben verloren, etwa die Hälfte aller Wohnungen war zertrümmert oder schwer beschädigt und die Innenstadt beinahe völlig in eine gespenstische Ruinenlandschaft verwandelt.

Die nationalsozialistische Herrschaft war zerschlagen, doch man ließ Strölin die Freiheit, seinen Nachfolger zu bestimmen. Auf seinen Vorschlag hin wurde Dr. Klett von der französischen Militärregierung ins Amt eingesetzt.[1] Der neue Oberbürgermeister hatte die Aufgabe, in der Stadt eine demokratische Ordnung aufzubauen. Bald wurde er auch einer der Hauptansprechpartner für die wieder entstehende jüdische Gemeinde.

»Kampflose Übergabe« hieß für die Stadtbevölkerung nicht, dass sie ohne Gewalt und drastische Einschnitte verlaufen wäre. Namentlich während der ersten Tage nach dem Einmarsch kam es zu Massenvergewaltigungen, zu Zwangsrekrutierungen und -verschleppungen der männlichen Bevölkerung in französische Gefangenschaft, Plünderungen und Beschlagnahmungen von Häusern. Ausgangssperre wurde verhängt. Bei den Lebensmittelkarten, die zum Nahrungsmitteleinkauf berechtigten, wurde in den ersten Wochen die tägliche Ration auf 970 Kalorien gesenkt. Eine Hungerphase begann. Die deutsche Stadtbevölkerung erlebte nun Ähnliches, was die deutsche Besatzung den Menschen im Ausland, aber auch die Nazis im Inland den rassisch oder politisch Verfolgten angetan hatten.[2]

Die späteren so genannten »Mitläufer«, die NSDAP-Parteigenossen und NS-Posteninhaber, jedenfalls die Mehrheit der Bevölkerung, standen nun den bisherigen »Feinden« gegenüber, die für Jahre ihre »Besatzer« sein würden. Für die wenigen in der Stadt und ihrer Umgebung untergetauchten Juden hatte das Blatt sich endlich gewendet. 24 Juden hatten hier überlebt.[3] Sie sahen in den alliierten Soldaten die lang ersehnten Befreier und Freunde.

Doch auch wenn nun alliierter Schutz gegeben war: An einen Ort, an dem – von wenigen Ausnahmen abgesehen – einstige Freunde, Nachbarn, Geschäftspartner und Vorgesetzte tatenlos Diffamierungen, Entlassungen, Enteignungen und Deportationen zugesehen hatten, werden die wenigsten Juden im eigentlichen Sinne *heim*gekehrt sein. Für viele stand die Auswanderung fest. Sie kehrten nur zurück, um vorübergehend ein Stück Heimat in den wieder zu gründenden jüdischen Gemeinden zu finden. Erst im Laufe der Jahre entwickelte sich so etwas wie Zuversicht in eine jüdische Existenz in Deutschland.

## 1945 – Rückkehr nach Stuttgart

Als einer der Ersten kehrte Josef Warscher in die Stadt zurück. Im KZ Buchenwald war er nach 5 Jahren und 10 Monaten am 11. April 1945 befreit worden. Noch herrschte Krieg; die Verkehrsverhältnisse erlaubten keinen sofortigen Aufbruch nach Württemberg. Einige Buchenwalder Mithäftlinge organisierten etwas später mit Erlaubnis des amerikanischen Militärs einen Bus samt Anhänger aus dem Raum Stuttgart. Am 25. Mai begann die Rückreise der württembergischen KZ-Häftlinge Warscher, Spielmann und Rosenrauch. Nach Warschers Bericht, kümmerte sich bei ihrer Ankunft in Stuttgart niemand um sie.

»Der Bus hat uns im Osten der Stadt abgesetzt – und da war ich eben. Es ist schon komisch, Sie steigen in irgendeinem Stadtteil aus, stehen mitten auf der Straße und fragen sich, was jetzt? Ich kam heim und es gab kein Heim mehr. Die ersten Nächte in Stuttgart habe ich in einer Schule verbracht, in einem Klassenzimmer geschlafen. ... Ich kannte niemanden mehr, als ich nach Stuttgart zurückkam.«

In der Jakobsschule, die provisorisch als Rückkehrerheim eingerichtet worden war, schlief er auf einem Strohsack.[4]

Es dauerte, bis die Stadtverwaltung hinsichtlich der ehemaligen KZ-

Häftlinge etwas unternahm. Am 8. Juni wurde ein festlicher Empfang für sie im Landestheater gegeben. Als Erstentschädigung erhielten sie Lebensmittelzulagen. Speziell für die jüdische Bevölkerung wurde jedoch weiterhin nichts unternommen. Ein Militärrabbiner machte den Anfang. Kurz nach Kriegsende war Chaplain Herbert S. Eskin mit der 100. Division der US-Truppen nach Stuttgart gekommen. Als Rabbiner betreute er nicht nur die Soldaten der US-Armee. Er hatte auch »... nach den übrig gebliebenen Juden [in Württemberg] zu forschen« und den Auftrag, »... den Aufbau der jüdischen Kultusgemeinde zu leiten«.[5]

Unter seiner Obhut begann die Selbstorganisation der Holocaust-Überlebenden. Als Erstes wurde die Rückführung der noch in Theresienstadt verbliebenen 120 württembergischen Juden bei Oberbürgermeister Klett angeregt, der dazu die Unterstützung der französischen Militärregierung benötigte. Nachdem das frühere Gemeindehaus in der Hospitalstraße bei einem Bombenangriff 1944 zerstört worden war, musste für die zukünftige Gemeinde ein neues Zuhause gefunden werden. Dank Eskins Initiative wurde deshalb mit Dr. Klett die Beschlagnahme des Hauses Reinsburgstraße 26 vereinbart.

Gemeinsam mit Freiwilligen seiner Division richtete Eskin hier eine »jüdische Religionszentrale und soziale Hilfsstelle« ein. Sie wurde die erste Kontaktmöglichkeit für jüdische Überlebende, die teilweise erst bei ihrer Ankunft mit der furchtbaren Realität konfrontiert wurden, allein überlebt zu haben. Abgesehen von der psychischen Betreuung kümmerte Eskin sich auch um ihre materiellen Belange. Er veranstaltete Geldsammlungen bei Soldaten, organisierte gemietete Busse, um rückkehrende Juden nach Württemberg zu bringen. Durch seine Fürsprache erhielten sie Lebensmittel und eine Unterkunft. Die traumatisierten Menschen sollten wieder einen Halt finden.

Bald diente die »jüdische Religionszentrale« als jüdisches Gemeindehaus. Es handelte sich dabei um ein während der Nazi-Zeit »arisiertes« Gebäude.[6] Zwei große Räume im ersten Stock wurden zum Betsaal umgebaut. Bereits am 2. Juni 1945 fand hier unter Leitung von Chaplain Eskin der erste öffentliche jüdische Gottesdienst in Stuttgart wieder statt.[7] Als Anerkennung all seiner Verdienste um den Wiederaufbau des jüdischen Gemeindelebens in Württemberg wurde das Gebäude in der Reinsburgstraße 26 »Eskin-Haus« genannt.[8]

# Die Gründung und die ersten Jahre der Israelitischen Kultusvereinigung Württemberg

Mit dem Aufleben der jüdisch-religiösen Praxis in Stuttgart war Eskins Aufgabe jedoch nicht erledigt. Frühzeitig kümmerte er sich um weitere stabilisierende Rahmenbedingungen für die Gemeinde. Sie sollte unabhängig von anderen Institutionen eine eigene Verwaltung führen können. Daher veranlasste der Rabbiner nach dem zweiten Gottesdienst in der Reinsburgstraße 26 am 9. Juni 1945 die Wahl eines provisorischen Vorstands, der damals aus insgesamt zehn Personen bestand: Josef Warscher, Willy Colm, Dr. Benno Ostertag, Hanne Leus, Julius Weinberg, Paul Kaufmann, Julius Landauer, Heinrich Rosenrauch, Hermann Spielmann und Adolf Levy. Der frisch gewählte Ausschuss nahm sofort seine Arbeit auf. Die erste Sitzung fand am darauf folgenden Tag statt.[9]

Damit war die jüdische Gemeinde in Stuttgart offiziell wieder gegründet, allerdings unter völlig veränderten Umständen. Sie hatte – wie bereits zur NS-Zeit – nun dauerhaft alle Juden in ganz Württemberg zu betreuen.[10]

Die früheren Gemeinden des Landes waren durch Auswanderung und Holocaust entweder erloschen oder so stark dezimiert, dass sie nicht mehr selbständig existieren konnten. In Abwandlung der bisherigen NS-Bezeichnung »Jüdische Kultusvereinigung Württemberg e.V.« trug die neue Gemeindeorganisation nun den Namen »Israelitische Kultusvereinigung Württemberg« (IKVW). Gleichzeitig wurde die Wiederherstellung des Status einer Körperschaft des öffentlichen Rechts angestrebt. Fortan verstand die IKVW sich als Rechtsnachfolgerin aller früheren jüdischen Gemeinden, Vereine und sonstiger Institutionen in Württemberg.

Neben den Ausschussmitgliedern waren außerdem Curt Baum und Helga Schilling an der Gemeindeverwaltungsarbeit beteiligt. Bis auf Josef Warscher, der neben seiner Vorstandstätigkeit auch als Geschäftsführer fungierte, wirkten alle anderen Beteiligten ehrenamtlich mit.[11] In der ersten Ausschusssitzung wurde die Organisation der Rückkehr der noch in den befreiten KZ-Lagern, besonders in Theresienstadt, befindlichen württembergischen Juden besprochen. Als Hauptprobleme erwiesen sich Treibstoffmangel und die Beschaffung von Ausweisen beziehungsweise Einreisegenehmigungen. Dank amerikanischer Unterstützung konnte ein Wagen zum Rücktransport von Tschechen – vermutlich Zwangsarbeiter – in ihre Heimat aufgetrieben werden.[12]

*Soziale Betreuung der Gemeindemitglieder*

Die Hauptaufgaben der jungen Gemeinde bestanden neben der religiösen Betreuung vor allem in der Versorgung ihrer Mitglieder mit Unterkünften und Lebensmitteln. Besondere Bemühungen strengte die Gemeinde um die Bedürfnisse der KZ-Rückkehrer an. Insgesamt zählte die Gruppe 180 Personen: für Theresienstadt sind 105, für Riga/Stutthof 36, für Buchenwald 13 und für andere Lager 26 Juden und Jüdinnen verzeichnet.[13]

Die Überlebenden aus Theresienstadt trafen am 24. Juni 1945 in Stuttgart ein. Um ihre Wiedergenesung und Erholung zu beschleunigen, hatten sie nicht nur das Anrecht auf die Normalverbraucher-Lebensmittelkarten. 48 Personen wurden von der IKVW in der früheren »Reichssportschule« Degerloch untergebracht. Dieses Heim trug die neue Stuttgarter jüdische Gemeinde bis zur Übernahme durch die United Nations Relief and Rehabilitation Administration (UNRRA), die Zwangsarbeiter betreute und ihre Repatriierung zu organisieren hatte. Noch verfügte die jüdische Gemeinde nicht über eigene Finanzen. Die Mittel, die ihr zu dieser Zeit zur Verfügung standen, rührten aus dem Privatvermögen eines ungenannten Vorstandsmitglieds und aus den Beiträgen jüdischer Soldaten beziehungsweise vom American Joint Distribution Committee (AJDC), New York. Die Rückkehrer erhielten im Degerlocher Heim zusätzlich zu den Normalverbraucher-Karten drei Mahlzeiten pro Tag. Diese Sonderrationen wurden wenig später auf sämtliche jüdische Rückkehrer ausgedehnt, allerdings nur für vier Wochen. Alternativ konnte eine Schwerstarbeiter-Zusatzkarte und der Berechtigungsschein für 125 g Kaffee-Ersatz sowie eine einmalige Zulage von 1000 g Fleisch und 1000 g Zucker beansprucht werden.[14]

Es fehlte jedoch auch an Geld. Auf Beschluss des Oberbürgermeisters erhielten alle ehemaligen KZ-Häftlinge Stuttgarts eine so genannte »Ehrengabe« von 200 bis 300 RM (Reichsmark). Über das Städtische Stiftungsamt wurden Kleider und Wäsche verteilt, soweit es der geringe Bestand erlaubte.[15] Vom Wirtschaftsamt erhielt die Gemeinde Bezugsscheine für Kleider, Schuhe und andere Gebrauchsgegenstände.[16]

Nachdem Stuttgart am 8. Juli 1945 aus der französischen an die amerikanische Militärverwaltung übergegangen war,[17] kam es bei der weiteren Lebensmittelversorgung der KZ-Überlebenden zu Problemen. Vorübergehend wurden ihnen die »Schwerstarbeiterzulagen« von der US Militärregierung gestrichen, ohne dass ein konkreter Grund dafür angeführt worden wäre; eine Regelung, die erst im letzten Viertel des Jahres 1945 rückgängig gemacht wurde. Offensichtlich musste die Gemeinde um diese Vergünstigung kämpfen. Erneute, und diesmal dauerhafte Reduzierungen auf die so genannte »Teilschwerarbeiterzulage« folgten im Januar 1946.[18]

Die Sozialarbeit bildete bald das Haupttätigkeitsfeld der Gemeindeverwaltung. Der Großteil der KZ-Rückkehrer war durch Berufsverbote und diverse Sonderabgaben während des Nationalsozialismus völlig verarmt. Die Wiedergutmachungsansprüche der Gemeindemitglieder wie auch der Gemeinde selbst standen noch jahrelang zur Regelung an. Der IKVW war es dennoch wichtig durch Unterstützungen und praktische Hilfen Chancen zu eröffnen, dass »… die Mitglieder wieder in ihr bürgerliches Leben zurückkehren und ihre frühere soziale Stellung wieder einnehmen können«. Als weitere Aufgabe wurde erachtet, Auswanderungswilligen nach Übersee oder Palästina mit Informationen und Zuschüssen beizustehen.[19]

Bei den wöchentlichen Ausschusssitzungen wurden neben den Unterstützungsgesuchen von Mitgliedern auch Gesuche um Befürwortungen zur Genehmigung von Geschäften gegenüber der Militärregierung und deutschen Behörden, zur Unterbringung in Krankenhäusern und Sanatorien, etc. beraten. Erste Existenzgründungen zeichneten sich damit ab. Auch im Zusammenhang mit vielen Spruchkammer-Fällen erhielt die IKVW-Ausschuss Anfragen. Ebenso brachte sie Spruchkammerverfahren von sich aus in Gang.

Außerhalb Stuttgarts bestanden Geschäftsstellen der IKVW in Bad Mergentheim, Ulm, Esslingen und in Göppingen. Die jeweiligen Gemeindevertreter vor Ort sorgten für die Weiterleitung von den verschiedenen Zuteilungen, beispielsweise vom AJDC.

Um die Versorgung aller zu gewährleisten und die verfügbaren Güter und Spenden gerecht zu verteilen, hatte Geschäftsführer Warscher immer wieder in mühsamer Kleinarbeit Listen zusammenzustellen, zu ergänzen und zu überprüfen: für Gemeindemitglieder, für Displaced Persons (DPs), über KZ-Heimkehrer wie verschiedene Zuteilungen etc.[20]

Der Verteilungsschwerpunkt lag bei Stuttgart, aber die IKVW war auch darum bemüht, außerhalb der Stadt lebende Gemeindemitglieder durch andere Zuteilungen nicht zu benachteiligen. Die hohe Relevanz völlig alltäglicher Gegenstände in jener Zeit zeigt sich auch darin, dass die Beschaffung und Verteilung von Kochtöpfen mit besonderer »Freude« erwähnt wurde. Auch die Versorgung von Gemeindemitgliedern mit Medikamenten trotz allen Mangels stand im Zentrum der Bemühungen des Vorstands.[21]

Kurz nach der Befreiung hatte die IKVW lediglich etwa 300 Mitglieder zu betreuen. Mittlerweile aber war der zu versorgende Personenkreis durch die neu aufgenommenen DPs auf 1700 Registrierte angewachsen. Der Betsaal im 1. Stock der Reinsburgstraße 26 bot nicht mehr genügend Platz. Zudem wurde eine ärztliche Ambulanz und eine Zahnarztpraxis benötigt. Die Neuankömmlinge befanden sich in einem gesundheitlich sehr schlechten Zustand. Sie konnten sich kaum ausreichend mit Lebensmitteln versorgen oder sich einen Arzt und Medikamente leisten. Zudem war zur Unterbringung von Durchreisenden Übernachtungsräume sowie ein kleiner Mittagstisch notwendig geworden. Man hoffte daher seitens der IKVW, das Nachbarhaus Reinsburgstraße 29 für die weitere Gemeindearbeit, die dann auch einen Kulturteil einschließen sollte, mieten zu können. Dieser Wunsch wurde allerdings nicht realisiert.[22]

Inzwischen war auch Verwaltungsarbeit hinsichtlich der Immobilien hinzugekommen. Die amerikanische Militärregierung hatte je nach Region verschiedene Gemeindemitglieder beauftragt, als Treuhänder für jüdischen Grundbesitz zu fungieren. Für Stuttgart waren Ernst Guggenheimer und Hans Feitel bestimmt worden. Einige Gebäude, die teilweise aus Vereinsbesitz an die IKVW als Erbin gefallen waren, wurden vermietet. Dazu zählten das frühere Schwesternheim in der Dillmannstraße, die Altersheime in der Wagenburgstraße und Heidehofstraße. Das Sontheimer Altersheim wurde an die Stadt Heilbronn als Krankenhaus vermietet und das Esslinger Israelitische Waisenhaus Wilhelmspflege bot unter der Leitung des AJDC für jüdische Waisenkinder wieder ein Heim.[23] Mit diesen Einnahmen war eine finanzielle Basis für die weitere Gemeindearbeit geschaffen. Trotz größter Bemühungen in der Notzeit des ersten Nachkriegs-jahres den Bedürfnissen aller gerecht zu werden, hatten Ausschuss und Vorstand Kritik erfahren. Zum einjährigen Bestehen der Gemeinde zogen sie dennoch ein unverdrossenes und selbstbewusstes Fazit.

»Unsere Organisation wurde aus dem Nichts geboren und hat im Grossen und Ganzen funktioniert. ... Heute sind wir erstarkt durch Schaffung der Interessen-Vertretung der jüdischen Gemeinden und Kultusvereinigungen. Aus dem Pflänzlein, das wir ursprünglich waren, ist ein starker Baum geworden. Wir gehen den Stürmen der nächsten Jahre guten Muts entgegen.«[24]

*Hilfsorganisationen*

Als wichtigste Hilfsorganisation trat gegenüber der IKVW das American Joint Distribution Committee (AJDC) sowohl in finanzieller Hinsicht als auch in Form von Lebensmitteln auf, die angesichts der anhaltenden Versorgungsengpässe von unschätzbarem Wert waren. Durch entsprechende Einzahlungen an das AJDC wie auch durch so genannten »Liebesgabensendungen« beteiligte sich schon sehr früh die »Organization of the Jews from Wurttemberg, New York«, am Gemeindeaufbau in Stuttgart. Auch von der Kommission »Hilfe und Aufbau« des Schweizerischen Israelitischen Gemeindebunds kamen Lebensmittelsendungen an. Da Zivilpost noch gesperrt war, ermöglichte es wiederum Chaplain Eskin, dass über ihn Lebensmittelpakete von Verwandten in den USA an Gemeindemitglieder der IKVW weitergeleitet werden konnten. Eine zunehmend wichtige Rolle spielte aber das AJDC bei der Vermittlung solcher Lebensmittelsendungen. Über die UNRRA konnten Gemeindemitglieder auch von Rote-Kreuz-Paketen profitieren. Allein bis zum 1.1.1946 waren 1200 Pakete und 350 Briefe eingegangen.[25]

*Spätfolgen der KZ-Haft*

Über die psychische Situation der Überlebenden, besonders aus Stuttgart und Württemberg, sind nur wenige persönliche Details bekannt. Der Untergang der Hitler-Diktatur setzte dem millionenfach zugefügtem Schmerz und Leid schließlich nur äußerlich ein Ende. Manche litten unter schweren Depressionen und waren auf die Hilfe ihrer Mitmenschen oder aber der Gemeinde angewiesen.[26] In einen »normalen« Alltag zurückzukehren, fiel den meisten schwer; namentlich dann, wenn es um den Kontakt zu Deutschen ging. »Ich habe ungefähr zwei Jahre gebraucht, bis ich fähig war, wieder in ein Café oder Restaurant hineinzugehen. Es gab da eine unsichtbare Wand. Es hat lange gedauert, bis ich wieder Kontakt mit der nichtjüdischen Bevölkerung aufnehmen konnte. Das war nicht aus Absicht, nein, ich konnte das einfach nicht«, erinnerte sich Josef Warscher. Als Theresienstadt-Überlebende berichtete die Ulmer Krankenschwester Resi Weglein aus der Zeit nach ihrer Rückkehr:

»In Degerloch verlebten wir 14 schöne Tage. Ich half wohl in der Küche und beim Essenverteilen, an den Nachmittagen blieb aber immer noch genug Zeit zur Erholung. Leider hatten wir schwere Hemmungen, unter die deutschen Menschen zu gehen. Etwa ein halbes Jahr nach der Befreiung war erst die Haftpsychose überwunden.«[27]

Anderen Überlebenden blieb der Weg zurück ins Alltagsleben verwehrt. Zahlreiche chronische Krankheiten als Folgeerscheinungen der Mangeljahre in den Lagern belasteten sie noch während eines längeren Lebensabschnitts, verhinderten eine Wiedergenesung oder führten nach jahrelangem Leiden zum Tod.[28]

Alfred Marx schilderte seine Beobachtungen zur Krankheitsgeschichte eines traumatisierten Bekannten. Herr S. wurde gemeinsam mit Marx am 12. Februar 1945 von Stuttgart aus nach Theresienstadt deportiert. Von Beruf kaufmännischer Angestellter in gehobener Stellung eines Stuttgarter Warenhauses hatte Herr S. in der Jüdischen Mittel- und Auswandererstelle gearbeitet, wo er bald Marx' »rechte Hand« war. Beinahe zeitgleich kehrten Marx und Herr S. im Juni 1945 in die Heimatstadt zurück. »Auch nach seiner Rückkehr widmete er sich wie ich ehrenamtlich im Wiederaufbau der jüdischen Gemeinde.« Beruflich sollte er aber nicht mehr Fuß fassen.

»Schon in Theresienstadt nahm ich eine gewisse Apathie bei Herrn S.

wahr. Jedenfalls war sein früherer Elan nach 1945 nicht mehr vorhanden. Als er 1953 plötzlich starb, war mein Gefühl, dass schon länger eine Krankheit in ihm gesteckt hatte. Selbstverständlich hatten Herrn S. die Jahre der Verfolgung, ihre Verschärfung nach dem Einführen des Judensterns und die schließliche Deportation sehr mitgenommen. Zusätzlich wirkte sich aber noch wie bei mir die ständige Überwachung unserer Arbeit durch die Gestapo aus und nach meiner Ansicht am allermeisten die fast tägliche Gegenüberstellung mit dem schrecklichen Elend unserer verfolgten Mitmenschen. Da Herr S. im Grunde eine weiche Natur war, so glaube ich, dass er damit nie fertig geworden ist und dass sich die Auswirkungen gerade dann bemerkbar machten, nachdem er nach Beendigung der Verfolgung nicht mehr unter ständigem Druck stand, sondern wieder Zeit hatte an sich selbst zu denken.«[29]

*Israelitische Friedhöfe*

Jüdische Friedhöfe wurden während der Nazi-Zeit mehrfach geschändet. Im Zuge von »Materialsammlungen« waren vom israelitischen Teil des Pragfriedhof während des »Dritten Reichs« nicht nur sämtliche Bronzebuchstaben der Grabsteininschriften abmontiert worden, sondern auch die Metalleinfassungen der Gräber. Zusätzlich hatten Nazis viele Grabsteine herausgerissen und umgeworfen, wenn nicht gar mutwillig zerstört. Die frühere Kapelle auf dem jüdischen Areal des Pragfriedhofs war nicht einem anfangs vermuteten Bombenschaden, sondern einer absichtlichen Sprengung zum Opfer gefallen.

Wiederum ergriff zuerst der amerikanische Rabbiner Chaplain Eskin die Initiative. Er forderte den Architekten Ernst Guggenheimer auf, die Instandsetzungsarbeiten des Friedhofs in leitender Funktion in die Hand zu nehmen. Die Sanierungsdurchführung selbst war Aufgabe der Stadtverwaltung.

Das sollte sich allerdings hinziehen. Im Sommer 1945 fehlte es vor allem am Arbeitskräften. Der Trümmerbeseitigung im Stadtinneren und dem Straßenbau wurden seitens der Stadtverwaltung Priorität eingeräumt. Zumindest versprach aber Oberbürgermeister Klett, dass so bald wie möglich eine neue Arbeitsgruppe für die Wiederherstellung des israelitischen Friedhofs zusammengestellt werden sollte. Dennoch wurden die Schäden nur sehr allmählich behoben. Da auf

*Mahnmal auf dem Pragfriedhof*

dem israelitischen Teil des Pragfriedhofs für weitere Gräber kein Platz vorhanden war, fanden Beerdigungen 1945 vorerst nur auf dem israelitischen Steinhaldenfriedhof statt.[30]

Erst 1948 konnten die Reparaturen abgeschlossen werden. Die Ruinen der Kapelle fanden zum Teil für das Mahnmal innerhalb des Pragfriedhofs Wiederverwendung, das am 9. November 1947 geweiht wurde. Aus anderen Bruchstücken der Kapelle sollten neue Grabmonumente gefertigt werden, so auch für den früheren Stuttgarter Rabbiner Wochenmark.[31]

*Die neue Satzung der IKVW*

Bei der zweiten Repräsentanzwahl am 21. Juli 1946 waren die aktiven wie passiven Wahlberechtigten auf Mitglieder begrenzt, die 21 Jahre alt und den Wohnsitz seit mindestens fünf Jahren in Württemberg oder wenigstens zwei Jahre vor dem Krieg in Deutschland hatten. Wählbar waren auch Angestellte und Beamte der IKVW. Der zu wählende Ausschuss bestand aus neun Personen. Nach der Neuwahl bildeten Willy Colm (Vorsitzender), Ernst Guggenheimer und Josef Warscher den Vorstand.[32]

Noch galt als provisorische Verwaltungsgrundlage die Satzung der früheren Gemeinde, »... solange die Verhältnisse nicht übersehen werden konnten«. Auch andere Gemeinden in Deutschland begannen auf dieser Basis ihren Wiederaufbau. Die Unsicherheit von 1945, ob jüdische Gemeinden in Deutschland überhaupt eine Zukunft hätten oder durch die fortgesetzte Auswanderung definitiv untergehen würden, bestand noch lange. Die Notwendigkeit, neue Statuten zu beschließen, blieb in dieser frühen Phase daher offen.

Der Komplexität dieses Sachverhalts waren sich die Vorstände bei einer durch den Holocaust völlig veränderten Gemeindestruktur wohl bewusst. »Eine Satzung nach einem derartigen Umbruch sofort verbindlich aufzustellen, ist eine Kunst, denn man bedarf zunächst der Erfahrungen der Nachkriegszeit, um zu wissen, was sich am besten für eine Gemeinde eignet.«[33]

Bis 1948 war die Situation wenigstens insoweit geklärt, dass die Wahrscheinlichkeit einer längeren Existenz der württembergischen Gemeinde den Aufwand um eine neue Satzung rechtfertigte. Zur Satzungsberatung wählten die Gemeindemitglieder ein zwanzigköpfiges Gremium der »Vertrauensmänner«, die aus den Wahlkreisen Stuttgart, Ulm, Haigerloch und Bad Mergentheim stammten. Die angegebenen Berufsbezeichnungen weisen auf die soziale Zusammensetzung in der IKVW-Spitze und ihrer Repräsentanten hin. Aus Stuttgart waren beteiligt Landgerichtspräsident Robert Perlen, Direktor Richard Neuburger, Oberlandesgerichtsrat Alfred Marx, Rechtsanwalt und Notar Dr. Benno Ostertag, Regierungsbaumeister Ernst Guggenheimer, Geschäftsführer Josef Warscher, Oberprüfer Kurt Krailsheimer und die Kaufleute Jakob Stern, Moritz Gundelfinger, Salomon Wolff, Chaskel Schlüsselberg, Werner Freundlich, Sigmund Helfer, Albert Schloss sowie Gustav Schweizer. Aus dem Wahlkreis Ulm kamen der Rechtsbeistand Berthold Wolf und der Kaufmann Arnold Czisch, aus dem Wahlkreis Haigerloch (mit Baisingen) die Kaufleute Adolf Haarburger und Harry Kahn und aus Bad Mergentheim der Kaufmann Julius Fechenbach.[34]

Am 11. April 1948 wurde die Gemeindeverfassung sowie die Wahlordnung in einer Sitzung beraten und verabschiedet. Laut Artikel 10 setzten die Organe der IKVW sich zusammen aus dem

»... a) Vorstand, bestehend aus 3 männlichen Mitgliedern ... b) der Ausschuss, der aus 6 stimmberechtigten Mitgliedern besteht. Eines der

Ausschussmitglieder kann eine Frau sein. Falls 5 Prozent der stimmberechtigten Mitglieder außerhalb Groß-Stuttgart wohnen, muss ein Mitglied des Ausschusses seinen Wohnsitz außerhalb Groß-Stuttgart haben. Der Ausschuss unterstützt den Vorstand in seiner Geschäftsführung. Er überwacht das Kassen- und Rechnungswesen und die Einhaltung des Haushaltsplanes. Er ist berechtigt, sich eine Geschäftsordnung zu geben. Der Vorstand und Ausschuss zusammen bilden den *Gesamtausschuss*. ...«

Gemäß Artikel 12 wurde dieser Gesamtausschuss für jeweils zwei Jahre gewählt. Wählbar waren nur stimmberechtigte Mitglieder über 25 Jahre.[35]

Ein weibliches Gemeindemitglied bemängelte jedoch, dass nur eine Frau in den Ausschuss gewählt werden könne. Warscher antwortete darauf, früher habe

»... dem Vorstand und Ausschuss einer jüdischen Gemeinde nie eine Frau angehört ..., dass wir aber, der Zeit Rechnung tragend, in unseren Statuten die Möglichkeit geschaffen hätten, dass eine Frau gewählt werden könne. Abgesehen davon hätten jüdische Frauen, wie auch früher, die Möglichkeit, sich in der Wohltätigkeit und Fürsorge zu betätigen.«[36]

Natürlich galt – völlig unabhängig von Konfession und Partei – (Gemeinde-)Politik traditionell als »Männersache«. Mit dem erklärten Ziel aller politischen Gremien, ein demokratisches System errichten zu wollen, gewann zwar auch der Gleichberechtigungsparagraph der Weimarer Verfassung von 1919 für Frauen neue Aktualität. Der Zeitgeist überlagerte allerdings diese verfassungsrechtlichen Erbansprüche. Trotz der erneut im Grundgesetz von 1949 bestätigten Gleichberechtigung gab die Mehrheit der Frauen viele Chancen kampflos auf oder hielt von sich aus an überkommenen Ansichten fest. Es ist deshalb nicht verwunderlich, wenn auch in anderen frühen politischen Gremien der Nachkriegszeit, beispielsweise dem Stuttgarter Gemeindebeirat Frauen trotz ihres größeren Bevölkerungsanteils keine wesentliche Rolle spielten,[37] – ein Aspekt, der bis in die Gegenwart fortwirkt.

Die Festschreibung innerhalb der IKVW-Satzung, dass der Vorstand nur aus Männern bestehen sollte und höchstens eine Frau in den Ausschuss gewählt werden konnte, ist daher angesichts der geschilderten Zeitumstände eklatant. Damit deutet sich an, dass die Gemeindegründer entweder Frauen keine dauerhaft konstruktive

Mitarbeit in der Gemeindeverwaltung zutrauten oder aber vorsorglich Konkurrenz ausschalten wollten. Durch eine spätere Satzungsänderung der IKVW wurde die Beschränkung beziehungsweise der Ausschluss weiblicher Beteiligung im Ausschuss und Vorstand zwar aufgehoben, dennoch blieb der Frauenanteil auch hier immer eine Minderheit, die erst im Jahr 2000 vorübergehend auf ein Drittel ansteigen konnte. Als gleichzeitig einziges weibliches Mitglied im Ausschuss amtiert mit Barbara Traub MA seit 2002 erstmals eine Frau in der Funktion der Vorstandssprecherin.

Die Satzung wurde vom Kultministerium genehmigt. Durch eine Korrektur von 1950 um die Namenserweiterung auf den Landesteil Hohenzollern, wurde die Satzung der Israelitischen Kultusvereinigung Württemberg und Hohenzollern (IKVW u. H.) vom württembergisch-badischen Kultministerium und separat von der südwürttembergischen Kultverwaltung in Tübingen anerkannt. Die IKVW u. H. hatte damit den Status einer Körperschaft des öffentlichen Rechts wiedererlangt.[38]

Bei der nächsten Gesamtausschusswahl vom 4.7.1948 wurden nun Ernst Guggenheimer, Medizinalrat Dr. Louis Falkenstein, Albert Schloss, Chaskel Schlüsselberg, Berthold Wolf, Studienrätin Jenny Heymann und in den Vorstand Josef Warscher, Alfred Marx sowie Jakob Stern gewählt.[39]

Als ein weiteres Zeichen wachsender Stabilität in der Gemeinde ist die Anstellung eines neuen Rabbiners zu werten. Anfang August 1948 traf Landesrabbiner Professor Dr. Heinrich Guttmann in Stuttgart ein.[40]

*Gründerpersönlichkeiten*

Es ist leider nicht möglich, für all diejenigen biographische Daten aufzufinden, die am schwierigen Wiederaufbau der Gemeinde beteiligt waren. Dennoch sollen hier wenigstens einige dieser Persönlichkeiten – chronologisch nach ihrem Eintritt in die Gemeindearbeit – geschildert werden.

**Josef Warscher** 1908 im österreichisch-ungarischen Krosno geboren, verbrachte er seine Kinderjahre bei den Großeltern in Wien. Seine Eltern hatten sich in Stuttgart eine Existenz aufgebaut, als er 1915 zu ihnen kam. Vater Mendel Warscher, ein Schneidermeister, stammte aus dem polnischen Galizien. Er floh mit seiner Familie in den Westen aufgrund der Wirren während des Ersten Weltkriegs. In Stuttgart wirkte er als Kantor, starb aber bereits 1917. Josef Warscher war der zweitjüngste von sieben Brüdern. Er besuchte die Jakobschule, dann die Handelsschule, absolvierte eine Lehre in der Textilbranche, wechselte dann aber bis 1932 ins Bankfach (Württembergische Privilegierten Bank). Danach trat er in eine Strickwarenfabrik ein.

1939 verschleppten ihn die Nazis nach Buchenwald. Seine Mutter und zwei Brüder wurden ermordet, zwei anderen Brüdern gelang rechtzeitig die Emigration. Nach der Befreiung setzte er sich für den Wiederaufbau der jüdischen Gemeinde Stuttgarts innerhalb des Vorstands ein. Dort wirkte er bis 1960 auch als Geschäftsführer. Josef Warscher verstand es, einerseits durch seine Herkunft, andererseits durch seine weitgehend in Deutschland erhaltene Erziehung zwischen deutschen Juden und Ostjuden als Mittler zu wirken. 1959 wurde Warscher mit dem Verdienstkreuz Erster Klasse ausgezeichnet.

»Er hat aus der Stuttgarter Jüdischen Gemeinde eine der am besten geführten im Bundesgebiet gemacht und einen beträchtlichen Beitrag zur guten Zusammenarbeit der Israelitischen Kultusvereinigung mit allen staatlichen und städtischen Stellen beigesteuert. ... Die Vertreter der Liga der Verbände der freien Wohlfahrtspflege arbeiten mit ihm gern zusammen.«

Warschers Eifer galt dem Ziel, besonders in Israel Verständnis für das demokratische Nachkriegsdeutschland zu fördern. Weitere Ehrungen erfuhr Warscher durch die Auszeichnung mit der Adenauer Medaille und 1988 durch die Otto-Hirsch-Medaille. Er war insgesamt 23 Jahre Mitglied im Rundfunkrat des früheren SDR. Innerhalb der Gesellschaft für Christlich-Jüdische Zusammenarbeit wirkte er als Gründungsmitglied und Geschäftsführer, als Schatzmeister sowie jüdisches Vorstandsmitglied bis März 1993. In Schulen trat er zwar noch lange als Zeitzeuge auf, doch im Alter quälten ihn die KZ-Erinnerungen zunehmend. Er starb im Sommer 2001.[41]

**Willy Colm** Der spätere Kinobesitzer (1893-1957) wurde in Bernstadt, Schlesien, geboren. 1913 kam er als Soldat nach Württemberg. Nach dem Ersten Weltkrieg ließ er sich in Stuttgart nieder. Durch seinen Berufswechsel ins Kapellmeisterfach fand er zur Filmbranche Zugang. Mit seiner Kapelle begleitete er ab 1925 die damaligen Stummfilme in den Kinos, beispielsweise in der »Schwäbischen Urania«.

Als die Tonfilmära begann, wurde er arbeitslos und musste erneut umsatteln. Nun eröffnete er selbst Kinos in Fellbach und Heilbronn. Diese Aufbauarbeit wurde durch Hitler unterbrochen. Aus rassischen Gründen enteignet, verlor Colm beide Kinos. Seit der KZ-Haft war seine Gesundheit beeinträchtigt.

Nach Kriegsende ging Colm neben seiner Vorstandsarbeit in der IKVW wieder mit »aller Energie« an die Arbeit. Bereits 1946 eröffnete er die Stuttgarter »Planie-Lichtspiele«, 1949 den Filmpalast in Heilbronn und den Filmpalast Frankfurt. 1953 gelang ihm die Einweihung des Stuttgarter Atrium. Unermüdlich setzte er auf die Modernisierung und vorbildlichen Ausstattung seiner Betriebe. Colm war unter den Ersten in Deutschland, die damals das neue Cinemascope-Verfahren in ihre Kinos einführten. Von der Filmindustrie erhielt er deshalb bedeutende Ehrungen.[42]

**Hanne Leus** Sie wurde am 6.1.1894 in Dörzbach/Jagst geboren und absolvierte die Mittelschule in Esslingen von 1905 bis 1909 mit Auszeichnung. Der einjährige Besuch der Handelsschule Esslingen schloss sich an. Berufstätig wurde sie allerdings erst zwischen 1931 bis 1943 als Sekretärin: Anfangs bei den Schriftstellern Bruno Wille und Ludwig Diehl, dann bei einem Unternehmen bis 1936, wo sie aufgrund antisemitischer Anfeindungen von Kollegen entlassen wurde. Schließlich arbeitete sie ab 1939 in der Anwaltskanzlei von Dr. Dessauer. In dieser Zeit bewies sie viel Zivilcourage. »Es ist mir durch die Tätigkeit bei Dr. Dessauer gelungen, einige Menschen aus dem Gefängnis und Konzentrationslager zu befreien.« Aus ihrer Familie wurden 14 Angehörige ermordet, darunter fünf Geschwister und ihre Familien. Hanne Leus sollte noch kurz vor Kriegsende nach Theresienstadt deportiert werden, sie tauchte jedoch unter.

Nach Kriegsende war sie das erste weibliche Mitglied der IKVW-Repräsentanz. Ihr Versuch, eine »Israelitische Frauenliga in Deutschland e.V.« mit Sitz in Stuttgart zu gründen, scheiterte allerdings. Vom Stuttgarter Oberbürgermeister Klett wurde sie in den Gemeindebeirat berufen. Ihre Zuständigkeit bezog sich auf Soziales und Wohnungsbelange. Kurz nach dem Tod ihres Mannes starb sie Ende 1951.[43]

**Benno Ostertag**  Am 13.9.1892 wurde er in Göppingen geboren. Sein Jura- und Volkswirtschaftsstudium in Berlin, München und Genf schloss er mit der Promotion ab. Anfang der 1920er-Jahre ließ er sich gemeinsam mit Rechtsanwalt Dr. Jordan in Stuttgart nieder. Auch er war Weltkriegsteilnehmer. Seine Anwaltstätigkeit konnte er noch bis 1938 ausüben. Danach wurde er als »Rechtskonsulent für jüdische Angelegenheiten« bestellt, ein Amt, in dem er bis 1945 nur noch für jüdische Mandanten tätig sein durfte. Dabei nahm er »... unter schwierigsten Umständen, ohne Rücksicht auf seine Person, die Interessen des jüdischen Teils der Bevölkerung in Stuttgart wahr ...«. Ostertag zählte zu den ersten 40 Anwälten, die in der Landeshauptstadt nach Kriegsende wieder zugelassen wurden. Bald folgte die Ernennung zum öffentlichen Notar. Außerdem wurde er zum Vorstand des Anwaltsvereins und der Anwaltskammer gewählt.

Innerhalb des ersten Ausschusses der IKVW nach Kriegsende wirkte er nur ein Jahr mit, da sein besonderer Einsatz der Gesetzgebung zur Wiedergutmachung galt – eine Aufgabe, die seine ganze Kraft forderte. Trotz ausgeprägtem Kampfgeist konnte er seine Vorstellungen jedoch nicht im erhofften Umfang durchsetzen. In diesem Zusammenhang war er ehrenamtlicher Vorsitzender des Rechtsausschusses der Jüdischen Gemeinden in den drei westlichen Zonen und später auch Mitglied des Direktoriums des Zentralrats der Juden in Deutschland. Darüber hinaus setzte er sich auch für eine Verbesserung des Ansehens des deutschen Volkes gegenüber dem Ausland und der Besatzungsmacht ein. Im September 1952 erhielt er zum 60. Geburtstag vom Bundespräsidenten das Große Verdienstkreuz. Überall galt er als angesehenes Mitglied der IKVW.

Obwohl er mit beruflichen Tätigkeiten überlastet war, wirkte er stets in der Christlich-Jüdischen Zusammenarbeit aktiv mit.

> »Alle die ihn kannten, vor allem seine Glaubensgenossen, haben ihn als einen Mann schätzen gelernt, der sich jederzeit mit seiner ganzen Person und seinem Wissen für die Durchsetzung des Rechts und der Rechte der Verfolgten verwendet hat.«

Ostertag amtierte als Verwaltungsratsvorsitzender sowie als stellvertretender Vorsitzender eines Aufsichtsrats in zwei Stuttgarter Firmen. Gemeinsam mit anderen Kollegen führte er eines der namhaftesten Anwaltsbüros in Stuttgart nach dem Krieg. Er starb nach kurzer Krankheit am 7. April 1956.[44]

*Ernst Guggenheimer im Alter von 71 Jahren (1951)*

**Ernst Guggenheimer** Seine Familie lebte seit sechs Generationen im Land; unter den Angehörigen waren Ärzte und Goldschmiede. Guggenheimer wurde in Stuttgart am 27. Juli 1880 geboren. Er absolvierte die Friedrich-Eugens-Realschule, studierte anschließend an der damaligen Technischen Hochschule Stuttgart und wurde Architekt. Diesen Beruf übte er auch im Ausland aus. Bis 1907 wirkte er in diversen Architekturbüros in Stuttgart, Kassel, Berlin, Hamburg, Luzern und Manchester mit, sowie als Dozent an einer staatlichen Bauschule. 1908 legte er sein Zweites Staatsexamen ab und richtete gemeinsam mit Regierungsbaumeister Oskar Bloch ein eigenes Architekturbüro ein. Guggenheimer war im Ersten Weltkrieg Frontteilnehmer. Gemeinsam mit Bloch führte er den Auftrag der Stuttgarter Ortsgruppe des Reichsbundes jüdischer Frontsoldaten aus, ein Kriegerdenkmal auf dem Pragfriedhof zu errichten.[45]

Als er unter Hitler Berufsverbot erhielt, war er gezwungen, als Bautagelöhner und Friedhofsgärtner zu arbeiten. Zu seinem wirtschaftlichen Ruin kam eine fast völlige Ertaubung durch den psychischen Druck angesichts der ständigen Überwachung durch die Gestapo hinzu. Diese Beeinträchtigung konnte auch in der Nachkriegszeit nicht mehr völlig behoben werden – Guggenheimer blieb schwerhörig. Aufgrund einer schweren Erkrankung entging er der drohenden Deportation.

Insgesamt entwarf er 60 teilweise sehr bedeutende Bauten, sowohl Fabriken als auch Geschäftshäuser, Wohnkolonien und einige Sakralbauten für jüdische Gemeinden, unter anderem die Synagoge in Schwäbisch Gmünd, das Israelitisches Waisenhaus in Esslingen, eine Siedlung der Stadt Stuttgart im Eiernest, sowie Altersheime in Sontheim bei Heilbronn und Heidehofstraße in Stuttgart.

In der Nachkriegszeit zählte er von 1946 bis 1952 zum IKVW-

Ausschuss beziehungsweise zum -Vorstand und zu den Mitgliedern der Verfassungsgebenden Landesversammlung. 1955 erhielt er das Bundesverdienstkreuz am Bande und 1959 wurde Guggenheimer der Professoren-Titel verliehen. Abgesehen vom Stuttgarter Synagogen-Neubau zählten zu seinen Projekten nach 1945 Betsäle und Synagogen in Kassel, Neustadt a. d. Weinstraße, Freiburg, Bremen und Offenbach. Guggenheimer starb 1973.[46]

**Alfred Marx** Am 28.7.1988 starb Alfred Marx im Alter von 89 Jahren. Er stammte aus einer alteingesessenen Bad Cannstatter Familie. Nach der Teilnahme am Ersten Weltkrieg begann er das Studium der Rechtswissenschaften in Tübingen und Freiburg. 1925 trat er in den württembergischen Justizdienst ein. Marx wurde Amtsgerichtsrat, dann Landgerichtsrat in Waiblingen. Die Nazis vertrieben ihn 1935 aus seinem Amt. Dennoch wirkte er weiter – jetzt in der Funktion des Leiters der jüdischen Auswandererstelle in Stuttgart und als Vertrauensmann der Vereinigung der Juden in Württemberg-Hohenzollern. Die Verfolgung brachte auch ihm KZ-Haft ein. Zuerst in Dachau und kurz vor Ende des Krieges wurde er mit der letzten Stuttgarter Deportation im Februar 1945 nach Theresienstadt verschleppt.

Doch schon kurz nach seiner Rückkehr, am 10. September 1945, setzte ihn die Militärregierung als Richter am Landgericht ein. In der Folgezeit amtierte er als Vorsitzender einer Spruchkammer und als Erster öffentlicher Ankläger, ab 1947 als Erster Staatsanwalt, dann als Landgerichtsdirektor und Oberlandesgerichtsrat. Schließlich wurde er zum ständigen Vertreter des Landgerichtspräsidenten ernannt. Seit der zweiten IKVW-Ausschusswahl im Sommer 1946 wirkte er – meist als Vorstandsmitglied – bis Anfang der 1960er-Jahre im ehrenamtlichen Dienst der Gemeinde.

Beim Eintritt in den Ruhestand 1964 erhielt er das Bundesverdienstkreuz nicht nur für die unermüdliche Arbeit im juristischen Bereich, sondern auch für den lebenslangen Einsatz um die Stuttgarter jüdische Gemeinde, besonders während der schwierigen Wiederaufbauphase. Zum Andenken an seine verfolgten Kollegen verfasste er eine Publikation über jüdische Juristen in Deutschland. Ganz besonders pflegte er den Kontakt zur Gemeinde Shavei Zion in Israel, an deren Aufbau sein Bruder, der Lyriker und Schriftsteller Leopold Marx wesentlich mitgewirkt hatte.

Der Kollege und Amtsnachfolger am Landgericht schätzte die Bedeutung von Alfred Marx' Lebenswerk als Basis ein, die bis in die heutige Zeit elementar ist: »Trotz des ihm zugefügten bitteren Unrechts und böser Verfolgung hat er sich nach dem Zusammenbruch seinem Land wieder zur Verfügung gestellt. Er hat maßgebenden Anteil am Aufbau unseres demokratischen Rechtsstaates.«[47]

**Jenny Heymann** 1890 in Stuttgart geboren, setzte sie nach ihrer Schulzeit im Katharinenstift dort ihre Ausbildung im Lehrerinnenseminar fort. Für eine junge Frau damals noch recht unüblich absolvierte sie ab 1916 ein Neuphilologiestudium in Tübingen und Hamburg. Nach dem Examen begann ihre Berufstätigkeit als Studienrätin an der damaligen Ludwigsburger Mädchenrealschule. Bald wurde ihr die Redaktion der Württembergischen Lehrerinnenzeitung übertragen. 1933 erfolgte ihre Entlassung aufgrund des so genannten »Gesetzes zur Wiedereinführung des Berufsbeamtentums«. Bis zur Auflösung des jüdischen Landschulheims Herrlingen fand sie an dieser Schule für die nächsten Jahre eine neue Wirkungsstätte. Erst zwei Monate vor Kriegsausbruch 1939 gelang der Lehrerin die Auswanderung nach England. Dort Fuß zu fassen, fiel ihr schwer. Um ihren Lebensunterhalt zu sichern, unterrichtete sie Englisch für Emigranten und Französisch in Privatstunden.

Kaum war der Krieg beendet, kam sie noch 1945 nach Stuttgart zurück. Jenny Heymann wurde dringend gebraucht. Infolge der Entnazifizierung herrschte Lehrermangel. Sie wirkte wieder an ihrer früheren Mädchenschule, dem heutigen Goethe-Gymnasium Ludwigsburg. Die Idee zu einem Schüleraustausch entwickelte Frau Heymann gemeinsam mit einer Freundin in England, die als Sozialarbeiterin tätig war. Dieser erste internationale Jugendkontakt hatte so kurz nach Kriegsende eine ganz besondere Dimension. Er lebt im Schüleraustausch der Ludwigsburger Gymnasien fort. Ab 1950 war Jenny Heymann am Hölderlin-Gymnasium in Stuttgart tätig. Innerhalb der IKVW war sie bei der ersten Wahl nach der Verabschiedung der neuen Satzung für eine Amtsperiode Ausschussmitglied. In der Gesellschaft für Christlich-Jüdische Zusammenarbeit, Stuttgart amtierte sie einige Jahre als Geschäftsführerin und baute 1958 einen Erzieherausschuss auf. Als Anerkennung für ihr stetes Wirken um die deutsch-jüdische Aussöhnung erhielt sie 1990 die Otto-Hirsch-

Medaille. Sie starb hoch betagt im Alter von 106 Jahren in Stuttgart.[48]

**Robert Perlen** Perlen (1884-1961) kam in Esslingen zur Welt. Sein Vater war ein schwäbischer Geschäftsmann. Nach dem Studium ließ Robert Perlen sich 1911 in Stuttgart als Rechtsanwalt nieder und war bald ein erfolgreicher Jurist. Während des Nationalsozialismus durfte auch er nur noch als »Rechtskonsulent« seinen Beruf ausüben. Um der Deportation zu entkommen, tauchte er in der Gegend bei Winnenden unter.

Nach 1945 wurde er zum höchsten Richter im Land ernannt: ab 1950 war er Oberlandesgerichtspräsident. Er amtierte gleichzeitig als Präsident des Staatsgerichtshofs und Vorsitzender der Prüfungskommission des Landesjustizprüfungsamtes. 1953 konnte er nur vorübergehend in den Ruhestand eintreten. Ab 1954 bestellte ihn das Innenministerium zum Leiter des Amts für Wiedergutmachung.

Für die jüdische Gemeinde setzte Perlen sich im Zusammenhang mit der Abfassung der neuen Satzung von 1948 ein, später ab Mitte der 1950er-Jahre bis zu seinem Tod auch innerhalb des Vorstands. Beeindruckend war er für seine Zeitgenossen durch die »Überlegenheit seines Geistes, Herzlichkeit seines Tones und trockenen Humor.« Die NS-Zeit konnte ihn nicht brechen. Ohne Ressentiments übernahm er nach dem Krieg die angebotenen hohen Ämter, »... die er mit beispielhafter Objektivität, getragen vom Geist einer überlegenen Menschlichkeit, führte«.

Für seine großen Verdienste, die sich auch daran ablesen ließen, dass das Land Baden-Württemberg im gesamten Bundesgebiet führend in der Abwicklung der Wiedergutmachungsaufgaben blieb, erhielt er 1959 das Große Verdienstkreuz mit Stern.[49]

*Keine Homogenität, sondern »Opposition«*

Angesichts der umfangreichen Arbeit in den Aufbaujahren der Gemeinde, zur neuen Satzung, Steuerordnung und nicht zuletzt auch bei den Auseinandersetzungen um die Wiedergutmachung stellte der Vorstand 1949 fest:

»Die Gemeinde vor 1933 hatte in solch kurzer Zeit nicht so viele Aufgaben zu bewältigen. Die Gemeinde vor 1933 hatte aber für diese Dinge ihre bezahlten hauptamtlichen Juristen und Obersekretäre. Ausschuss und Vorstand der Gemeinde von heute haben diese Arbeiten und manche andere im Wesentlichen selbst zu leisten gehabt, ehrenamtlich, neben ihrem Beruf, unter Daransetzung teilweise jeder Minute ihrer Freizeit, ja immer wieder unter Vernachlässigung beruflicher oder persönlicher Verpflichtungen.«[50]

Vorstand und Ausschuss (künftig: Repräsentanz) stießen trotz aller Bemühungen um ein geordnetes Gemeindeleben auf Kritik. Es wäre eine grobe Fehleinschätzung, zu glauben, während der ersten Nachkriegsjahre hätte es sich bei den Gemeindemitgliedern um eine absolut homogene Gruppe gehandelt. Das gemeinsame Schicksal glich bei weitem nicht alle Differenzen vereinheitlichend aus. Besonders in der Rekonsolidierungsphase der Gemeinde standen Meinungsvielfalt und Ideenreichtum einer konstruktiven Arbeit beinahe im Wege. Dabei ging es nicht allein um das Verhältnis zwischen deutschen Juden und DPs. Auch innerhalb der deutsch-jüdischen Gruppe ergaben sich Schwierigkeiten. Zumindest zwei kleinere Gruppen traten vorübergehend sehr kritisch oder auch machtbewusst auf. Die »12 Unabhängigen« glaubten ein eigenes Programm präsentieren zu können, das sie dem IKVW-Vorstand gewissermaßen als Maßstab auferlegten. Das »Stadtkomitee«, eine am »Zentralkomitee« in München orientierte DP-Organisation aus ostjüdischen Mitgliedern, trat ebenfalls in Konkurrenz zum IKVW-Vorstand.[51]

Der IKVW-Vorstand bedauerte dies, denn er betrachtete solche Entwicklungen als innere Schwächung. Dennoch ging er mit diesen Gruppierungen souverän um: »Jede Mitwirkung und auch jede Kritik ist uns willkommen. Wenn nur Leben herrscht. Was uns Sorge macht ist nur das völlige Beiseitestehen.«[52] Am energischen Widerstand anderer Gemeindemitglieder, die sich gegen jede Scharfmacherei wehrten, scheiterten diese Gruppierungen bald. »Wir wollen Frieden und Einigkeit unter den Gemeindemitgliedern! Jeder Streit und jede Unruhe stärkt den Antisemitismus und ist Wasser auf seine Mühle.« Offenbar hatten sich die »Unabhängigen Gemeindemitglieder« in einer Opposition ohne echte Inhalte versucht. Zumindest sahen andere die geforderten Programmaspekte sehr wohl in den vergangenen beiden Jahren als von der IKVW-Repräsentanz verfochten an.[53]

*181*

## Jüdische DPs und die deutsche Bevölkerung

In der Oberen Reinsburgstraße war das bis Sommer 1949 bestehende DP-Lager Nr. 664 aus 34 Wohnblöcken eingerichtet worden. Hier lebten zwischen 1400 bis 500 Juden, die zum größten Teil aus der polnischen Stadt Radom stammten und ihre Befreiung im KZ Vaihingen/Enz erlebt hatten. Die Unterbringung war alles andere als angenehm oder wenigstens menschenwürdig. Hanne Leus berichtete Anfang 1946, dass zehn bis zwölf Personen in einem Zimmer untergebracht waren.[54]

Weitere Unterkünfte wurden nötig, als es im Sommer 1946 in Polen zu mehreren blutigen Pogromen gegen zurückkehrende Juden kam; in Kielce fielen Anfang Juli des Jahres 1946 42 Juden antisemitischen Ausschreitungen zum Opfer. So zur Flucht gezwungen, strömten viele polnische Juden in den Westen, um von dort aus die Emigration nach Palästina anzutreten.[55]

Von der nichtjüdischen Stadtbevölkerung wurden Ostjuden – wie auch in München oder Frankfurt[56] – hauptsächlich aufgrund ihrer Einquartierung in Privatwohnungen, bei Zwangsräumungen, durch ihre Beteiligung auf dem Schwarzmarkt oder bei vorgeblich zahlreichen Diebstählen in negativer Weise registriert. Als Folge entwickelte sich bald ein Nachkriegs-Antisemitismus, von dem auch die deutschen Behörden infiziert waren. Gerade in Stuttgart wurde dies deutlich.

Bei der von der Militärregierung genehmigten Razzia vom 29. März 1946 im DP-Lager der Reinsburgstraße ereignete sich ein tragischer Zwischenfall, wie sonst nirgendwo in Deutschland. Auf den Verdacht hin, dass sich hier eine Schwarzmarktzentrale im großen Stil entwickelt habe, durchsuchten circa 200 deutsche Polizisten in Anwesenheit acht amerikanischer Militärpolizisten morgens um 6.15 Uhr das Lager. Es kam zu Tumulten, wobei laut Aussage der Stuttgarter Polizisten ein Pole in Notwehr durch Kopfschuss getötet wurde. Das Opfer war der 36-jährige Auschwitz-Überlebende Szmul Danzyger, der erst in der Nacht zuvor – auf der Suche nach seiner Familie – vor Paris aus in Stuttgart angekommen war und hier seine Frau und Kinder wiedergefunden hatte. Die Razzia wurde von den Amerikanern sofort abgebrochen.

Die Stuttgarter fanden dazu offenbar kein Wort des Bedauerns. In

Gegenteil: Sie nahmen die Razzia mit »größter Genugtuung« zur Kenntnis, zeigten sich über deren Verlauf jedoch enttäuscht und bedauerten, »… dass die Polizei nicht unter Brechung jeden Widerstands ihre Aktion durchgeführt« habe.
Schließlich erhob der Polizeibericht sogar die erschreckende Behauptung:
»Man kann heute allgemein in Stuttgart feststellen, dass es solchen Personen, die sich in den letzten 12 Jahren als Gegner des Nationalsozialismus nicht an dem antisemitischen Geschrei beteiligt haben, heute durch diese Vorkommnisse und durch das Verhalten der Polen jüdischen Glaubens schwer fällt, ihre gegenüber den Juden freundliche Haltung weiter beizubehalten. Dass bei der übrigen Bevölkerung diese Vorgänge keineswegs geeignet sind, den an und für sich verderblichen Antisemitismus abzubauen, springt jedem aufmerksamen Beobachter in die Augen … Im Übrigen ist bei der deutschen Bevölkerung auch bekannt, dass die in Stuttgart ansässigen deutschen Juden, mit denen sich die deutsche Bevölkerung sehr gut verträgt, die in der oberen Reinsburgstraße untergebrachten Polen jüdischen Glaubens wegen der zahlreichen kriminellen Elemente, die sich unter ihnen befinden, ablehnen.«[57]
Solche Bemerkungen sind an Zynismus wohl schwer zu überbieten. Es mutet als wahrhaft schizophren an, wie in einem offiziellen Bericht die nichtjüdische Stadtbevölkerung zum Opfer des eigenen Antisemitismus stilisiert wurde. Erneut galt das Pauschalurteil: Juden wären schuld. Ein Interesse am Schicksal der Menschen in den DP-Lagern klingt nicht an. Sowohl die Aufklärungsarbeit der Alliierten über die NS-Gräuel als auch die Entnazifizierung scheiterten bei vielen Deutschen an ihrem Unvermögen, nach Hintergründen zu fragen oder auch nur selbstkritisch zu sein. Allerdings wurde wie zur eigenen Rechtfertigung zwischen polnischen und deutschen Juden fein differenziert. Ob diese – offensichtlich einseitige Darstellung – allerdings als Indikator für ein innerjüdisches Problem betrachtet werden darf, ist fraglich.[58]

## Spannungen zwischen deutschen Juden und Ostjuden

Die befragten Zeitzeugen aus der jüdischen Gemeinde schilderten ihre Erinnerungen an den gemeinsamen Neubeginn von Ostjuden und deutschen Juden als ein beinahe reibungsloses Miteinander, dem kaum Streitigkeiten vorangegangen wären. Doch weder um 1900 noch in der Mitte des 20. Jahrhunderts kann die Aufnahme ostjüdischer Zuwanderer beim deutschen Judentum als unproblematisch bezeichnet werden. Erneut traten Vorurteile gegen Ostjuden auf, dass sie »nur Antisemitismus hervorrufen« würden.[59]

Die Intensität der Beziehungen zwischen der IKVW und den in DP-Lagern der Oberen Reinsburgstraße untergebrachten Ostjuden ist schwierig zu beurteilen. Am stärksten scheinen die Kontakte zu den Ostjuden gewesen zu sein, die ab 1946 bei Privatpersonen wohnten, also nicht in die DP-Lagerorganisation eingebunden waren. Andererseits gibt die IKVW für die Jahre von 1947 bis 1949 extrem hohe Mitgliederzahlen von 1623, 2432 und 1756 an – zweifellos handelt es sich dabei um die Bewohner der Oberen Reinsburgstraße. Denn nach deren Auswanderungsphase reduzierte sich die Mitgliederzahl deutlich auf 681. Auch der Betsaal im Gemeindehaus wurde gemeinsam von DPs und deutschen Juden genutzt, was jedoch nicht zu engeren Kontakten geführt haben muss. Zumindest bei der Aufnahme in die Gemeinde wurden gegenüber Ostjuden gewisse Regeln eingeführt. Sie mussten bei Herrn Spielmann eine kleine »Prüfung« ablegen. Nur wer auf Hebräisch beten konnte, wurde als Jude anerkannt. Als Zeichen der Aufnahme erhielt der jeweilige Kandidat danach einen Gebetsmantel und ein -buch.[60]

Wie bei anderen wieder gegründeten Gemeinden lassen Spannungen sich auch bei die IKVW anhand mehrerer Vorgänge nachvollziehen. Als Erstes wurden sie an einer unmissverständlichen Positionierung der Kompetenzen von Vorstand, Ausschuss und einzelnen Mitgliedern ablesbar. Ende März 1947 erging in einem Rundbrief eine klare Absage an jegliche Einmischungsversuche in die Arbeit der Repräsentanz und des Vorstands. Letztere seien die entscheidenden Organe der IKVW »... und haben allein die Geschäfte zu besorgen. ... Wenn Mitglieder während der ordentlichen Wahlperiode sich einen Einfluss auf die Geschäftsführung anmaßen wollen, so ist dies ungesetzlich.«[61]

Der Vorstand sah sich ganz erheblichen Attacken ausgesetzt. Welche Ereignisse gingen dieser Äußerung voran?

Bayern wies in den frühen Nachkriegsjahren den höchsten jüdischen Bevölkerungsanteil innerhalb der US-Zone auf. Die Hilfsangebote der US-Truppen hatten in der sozialen Betreuung der DPs weitgehend versagt, deshalb griffen die Betroffenen zur Selbsthilfe. Wie auch in den anderen Besatzungszonen entwickelte sich in München unter der Bezeichnung »Zentralkomitee der befreiten Juden in der amerikanischen Besatzungszone« (gegründet 28. Januar 1946, ZK, Nachfolgerin des bereits im Sommer 1945 gegründeten ZK der befreiten Juden in Bayern) ein ausgedehntes und gut durchorganisiertes Netz an Lokalkomitees mit Sozialdiensten, Kultureinrichtungen und Ausbildungsstätten. Ziel der Komitees war neben der Auswanderung aller Juden nach Erez Israel, die Nachfolge des früher jüdischen, nun herrenlosen Besitzes anzutreten. Das ZK konkurrierte also mit den deutsch-jüdischen Gemeinden. Sogar sämtliche Hilfslieferungen ausländischer Organisationen wurden vom ZK beansprucht.

Als DP-Organisation schwang das ZK sich gleichzeitig zum Sprecher und Aktionsorgan aller Juden – also auch der deutschen Juden – in der US-Zone auf, wobei deren Zustimmung nicht eingeholt wurde. Macht und Einfluss des ZK wuchsen trotz aller Gegenmaßnahmen durch die Militärregierung weiterhin an, bis das ZK gewissermaßen die Rolle einer »jüdischen Regierung« in der US-Zone einnahm. Diese angemaßten Kompetenzen riefen selbstverständlich Widerspruch hervor und bewirkten eine Verschlechterung der Beziehungen zwischen deutschen Juden und Ostjuden.[62]

Der autoritäre Führungsstil des ZK in München machte sich auch andernorts bemerkbar. Es kam nicht von ungefähr, dass der IKVW-Vorstand so deutlich seine Unabhängigkeit gegenüber dem Münchner »Central-Committee« (das bis Ende 1950 bestand) und dessen nachgeordneten »Regional-Komité Württemberg-Baden« betonte. Dieses Regional-Komité bestand aus gewählten Vertretern der DP-Lager in Württemberg und Baden und befasste sich unter anderem mit der Verteilung der Spenden des AJDC an seine Komitee-Mitglieder.[63]

Andererseits hatten auch in der IKVW deutsche Juden klare Abgrenzungen gegenüber den ostjüdischen Neumitgliedern vorgenommen. Letztere erhielten das Wahlrecht erst nach drei Jahren ihrer

Ansässigkeit in Württemberg, denn »... der größte Teil der jetzt Hinzugekommenen hat kein Interesse an einer Gemeinde, da die meisten Stuttgart nur als Durchgangsstation für die Auswanderung betrachten. Diejenigen – und wir wissen, es sind eine ganze Anzahl –, die die Absicht haben, sich hier oder sonst in einem Ort Württembergs niederzulassen und zu bleiben, werden, wenn sie 3 Jahre in Württemberg wohnhaft sind, genau so wahlberechtigt sein, wie die Eingeborenen. Diese Personen haben auch ein Interesse an dem Bestehen einer Gemeinde.« Die Kernaussage bestand darin: Deutsche Juden mutmaßten die schnelle Liquidierung der Gemeinden durch die vermeintlich desinteressierten, auf baldige Emigration hoffenden ostjüdischen Mitglieder. Der Vorstand erkannte seine Aufgabe jedoch darin, dass er nicht allein die Ansprüche emigrierter oder der Erben von ermordeten Juden, sondern vor allem die Gemeindeexistenz überhaupt zu sichern hatte. Gleichzeitig blockte er alle Kontrollbestrebungen gegen sich als »Missbrauch des Mitgliedsrechts« ab. Derlei wurde als Anmaßung gegenüber dem Vorstand und als Verstoß gegen die Satzung empfunden.

Der Vorstand fühlte sich wohl nicht allein in seiner Ehre verletzt, sondern auch in seiner Kompetenz und Vertrauenswürdigkeit angezweifelt. Man war in diesem Gremium der Ansicht, dass durch zwei ostjüdische Gemeindemitarbeiter genügend Transparenz bezüglich des Ablaufs der Geschäfte gewährleistet wären. »Was die Kontrolle anbetrifft, so ist zu bemerken, dass die I.K.V. es ablehnt, sich von den Hinzugekommenen beaufsichtigen zu lassen, da sie eine Körperschaft öffentlichen Rechts ist.« Als einzig akzeptierte Kontrollinstanz galt das bereits erwähnte vom AJDC beauftragte Regional-Komité. Dennoch akzeptierte die ostjüdische Mehrheit nicht widerspruchslos die »deutschen« Vorschriften. Sie stellte Forderungen, die sie erfolgreich gegenüber dem IKVW-Vorstand vertrat, der schließlich nachgeben musste. Folgendes Angebot ist deshalb als diplomatischer Schachzug des Vorstands zu werten:

> »Aus Entgegenkommen und im Interesse des Friedens der Gemeinde ist diese bereit, von sich aus einen Herrn aus dem Kreise der neuen Mitglieder zu berufen, der den allgemeinen Sitzungen des Ausschusses beiwohnen kann. <u>Ein Stimmrecht besitzt er nicht.</u> Die Teilnahme kann jederzeit widerrufen werden.«

Die Gemeinde forderte ihre Neumitglieder auf, zehn Personen zu benennen, »… aus denen sich die Gemeinde einen Herrn auswählen wird. Derjenige, der als Vertreter gewählt werden soll, soll jemand sein, der nicht so bald auswandert.« Und abschließend wird nochmals deutlich gemacht: »Unzuträglichkeiten in der Gemeinde dulden wir nicht. Wer gegen den Gemeindefrieden verstößt, muss damit rechnen, dass die Gemeinde von ihren entsprechenden Rechten Gebrauch macht.« Das bedeutete, dass sie im Falle eines »notorischen Störers« zum Ausschlussverfahren greifen würde.[64]

Der IKVW-Vorstand agierte gegenüber der ostjüdischen Mehrheit selbstbewusst und versuchte dennoch, dem Streit durch einen Kompromissvorschlag die Spitze zu nehmen. Das strikte Durchgreifen um der inneren Geschlossenheit willen vermittelt jedoch auch, dass der Vorstand sich vor einer anhaltenden Kontroverse schützen wollte, die letztlich seine Autorität untergraben hätte. In der Folge musste der Vorstand jedoch ein weiteres Mal nachgeben. Nicht die Gemeinde wählte einen ihr genehmen DP-Vertreter aus einer Vorschlagsliste, sondern die DPs setzten ihr internes Wahlrecht durch und bestimmten selbst drei Vertreter aus ihrer Mitte.

Die DP-Mitarbeiter der IKVW, N. Intrater und W. Szapiro, setzten Ende Juli 1948 einen Wahlaufruf und -vorschlag auf Jiddisch in Umlauf. Beide arbeiteten zu diesem Zeitpunkt bereits zwei Jahre bei der Gemeinde und kannten daher die »gite un szwache Sajten« der Verwaltung. Ihre Forderungen an die IKVW bestanden darin, dass alle Juden schnelle und rationelle Hilfe erhalten sollten. Da die Verwaltung der IKVW in der Hauptsache aus »dajcze Jiden« bestehe, »… welche hoben, wi bakant, a andere Mentalitet …«, sollten die DP-Vertreter energisch sein und über Autorität verfügen. Es wurde von ihnen erwartet, dass sie eben nicht nur – gemäß den Vorstellungen der IKVW – in beratender Funktion an den Repräsentanzsitzungen teilnehmen, sondern als gleichberechtigte Mitglieder respektiert würden. Anstelle des verweigerten Stimmrechts hatte Überzeugungsarbeit zu treten. Am 15.8.1948 wurden Pinkas Offner, Dr. Szulim Lewi und Szlama Chmielarz in diese gewiss nicht leichte Aufgabe gewählt.[65] Sie wirkten seither in den Repräsentanz-Sitzungen mit.

Alfred Marx bekannte nach einigen Monaten der Zusammenarbeit mit dem Beirat der zugewanderten Polen offen »… jedem Ausschussmitglied ist es ein Erlebnis, und zwar ein schönes und erfreuliches, wie wir uns in der praktischen Arbeit verstehen und kennen lernen und wie wir bisher jede Frage gemeinsam lösen konnten. Anfangs hielten wir den Beirat vielleicht für ein Experiment. Heute ist es so, dass wir die Zusammenarbeit gar nicht mehr missen könnten.«[66] Anfängliche Vorbehalte lösten sich dank dieses direkten Kontakts. Fast nebenbei wuchs damit – jedenfalls innerhalb der Repräsentanz – das Verständnis für die Mentalität der jeweils anderen Seite.

Inzwischen zeichnete sich ab, dass die hohe Sterberate bei alteingesessenen Mitgliedern kein Äquivalent in der Geburtenrate hatte. Im Vergleich deuteten nur die hohen Geburtenziffern bei den zugezogenen ostjüdischen Familien den Fortbestand der Gemeinde an. Ein neuer Aspekt, der die Beziehung zwischen deutschen und polnischen Juden belastete. Trotz der bei Einzelnen, beispielsweise Alfred Marx, vorhandenen Einsicht ins Unabänderliche bestand weiterhin

> »… die ewig aktuelle Frage Ost und West … Aber schon die unübersehbare Tatsache, dass unser Judentum westlicher Herkunft hier rein biologisch im Absterben begriffen ist, müsste jedem, dem Judentum überhaupt noch etwas bedeutet, 2 Bekenntnisse aufzwingen, nämlich dass die Bluttransfusion vom Osten nur ein Segen ist und zum anderen, dass Gegensätzlichkeiten zwischen den beiden Gruppen Wahnsinn sind.«

Beiden Seiten gelang es dennoch nicht, dauerhaft in intensiveren Kontakt zueinander zu treten. Anzeichen von separatistischem Verhalten blieben zumindest bis 1952 unübersehbar. Gegenseitige Akzeptanz versprach Alfred Marx sich vor allem durch eine verbesserte Kommunikation. Er beobachtete nach wie vor »Missverständnisse« im »westöstliche[n] Verhältnis«, die neue Schwierigkeiten »höchst unnötig« aufflackern ließen.

Bei seinen Integrationsbestrebungen hielt er nicht die unterschiedlichen Auffassungen für das belastende Moment. Offensichtlich lag ein wesentlicher Grund für die Konflikte vielmehr in der mangelnden Kommunikationsbereitschaft auf beiden Seiten.

> »Ostler und Westler arbeiten zusammen im Ausschuss, sitzen zusammen im Gottesdienst, bei den Vorträgen, und wenden sich gemeinsam mit diesem und jenem Anliegen an die Gemeinde. Ist das schon genug? Ich glaube nicht. In der privaten Sphäre ist man sich fremd. Man kennt sich nicht oder kaum beim Namen. Das ist etwas, was ich geändert sehen möchte.«[67]

## Währungsreform

Die Gemeinde hatte nach den ersten beiden Nachkriegsjahren eine etwas stabilere wirtschaftliche Basis gewonnen. Doch die Währungsreform im Juni 1948 mit der Entwertung des Reichsmark im Verhältnis von 10:1 warf auch die IKVW erneut in ihrer Aufbauarbeit zurück.

In der Retrospektive wurde die Situation der Gemeinde im Jahr 1949 als eine Phase größter finanzieller Bedrängnis beschrieben. »Es war manchmal so, dass wir nicht mehr wussten, woher wir unsere Unterstützungen bezahlten sollten und dass uns Mitglieder das Geld vorgeschossen haben, um die fälligen Gehälter zu bezahlen.« Dennoch konnte auch diese Krise relativ schnell bewältigt werden.[68] Zur Aufrechterhaltung des Gemeindebetriebs nach der Geldabwertung überwies das Wiedergutmachungsamt zunächst monatlich 5000 DM, jedoch nur bis Juli 1949. Denn in der Entschädigungsfrage war die Rechtslage bislang unklar. Eine Einigung, ob die Jewish Restitution Successor Organization (JRSO) oder die IKVW berechtig wären, Entschädigungsgelder von deutscher Seite zu erhalten, stand noch aus. Damit begannen große finanzielle Schwierigkeiten, die weder durch Spenden- noch Steuereingänge, sondern nur durch einen Kredit beim AJDC und dank der Vorschusszahlungen auf die Wiedergutmachungsansprüche überbrückt werden konnten.[69]

## Das Abkommen mit der *Jewish Restitution Successor Organization* (JRSO)

Zur üblichen Verwaltungsarbeit mussten von der Gemeinde innerhalb kurzer Zeit die Rückerstattungsanmeldungen gegenüber deutschen Behörden durchgeführt werden. Insgesamt gab die IKVW 1950 für die 52 erloschenen Gemeinden Württembergs Einzelanträge zur Entschädigung ab, die jeweils sehr detailgenau den Besitz der Gemeinden aufführen. Marx hoffte, endlich stabile finanzielle Möglichkeiten durch die Rückgabe des entzogenen, früher jüdischen Eigentums für die einzig noch erhaltene Gemeinde in Württemberg zu erreichen.

Die jüdischen Gemeinden der US-Zone befanden sich hier allerdings im Konkurrenzkampf mit der von der Militärregierung in der amerikanischen Zone als Treuhänder eingesetzten Jewish Restitution Successor Organization (JRSO). Sie erhob ebenfalls Anspruch auf erbenloses, früher jüdisches Privatvermögen und auf das Eigentum sämtlicher jüdischen, in der Nazizeit aufgelösten Organisationen. Letztlich profitierte die JRSO beziehungsweise die in der französisch besetzten Zone Südwürttembergs installierte »Branche Française de la Jewish Trust Corporation« von der Vorarbeit der IKVW. Beiden Organisationen gelang es weitgehend, die von ihnen erhobenen Ansprüche später durchzusetzen.[70]

Während der laufenden Verhandlungen betrachtete die Gemeinde sich jedoch ernsthaft in ihrer Existenz gefährdet.

»Sie [die JRSO] will also auch alles Gemeindeeigentum an sich ziehen und es der Verwendung für allgemein jüdische Zwecke zuführen. Denn alle jüdischen Gemeinden sind ja in der Nazizeit schließlich einmal aufgelöst oder eingegliedert worden.«

Generell sah man ein, dass der Besitz erloschener Gemeinden und erbenloses Privatvermögen der jüdischen Allgemeinheit in der ganzen Welt zugeführt werden sollte. Dennoch bestand die IKVW darauf, der wieder gebildeten Gemeinde wenigstens durch den einstigen Besitz der Stuttgarter Gemeinde eine Existenzgrundlage zu gewährleisten. Andernfalls drohte finanzielle Abhängigkeit von der JRSO, die unter anderem auch die jüdischen Gemeinden in Deutschland mitbetreute. Die IKVW war sich bewusst, dass nur auf dem Verhandlungswege ein für die Gemeinde günstiger Ausgang zu erreichen war.

Jüdische Organisationen im Ausland lehnten es weitgehend ab, dass israelitische Gemeinden in Deutschland weiterhin Unterstützung erfahren sollten. Es gab durchaus Bestrebungen, diese Gemeinden früher oder später »einschlafen« zu lassen. Deshalb forderte Marx die Gemeindemitglieder auf, sich aktiver zu zeigen, um nicht von der Welt vergessen zu werden. »Je mehr Sie am Leben der Gemeinde teilnehmen, desto mehr unterstützen Sie unsere Forderung, denn draußen heißt es oft, die deutschen Gemeinden sind tot. Es liegt mit an uns, das Gegenteil zu beweisen.«

Im Abkommen zwischen der JRSO und der IKVW ergab sich für letztere relativ wenig Eigentum. Der Schwerpunkt lag vorerst nur in einem Nießbrauchsrecht über einen kleinen Immobilien- und Grundstücksbesitz in Stuttgart und Umgebung. Ohne die Zustimmung der

JRSO konnte die IKVW keinen Verkauf tätigen. Der inzwischen geplante Synagogenbau wurde von der JRSO gebilligt, aber nicht mitfinanziert. Im Falle einer Auflösung der IKVW wäre der gesamte Besitz an die JRSO übergegangen. Es wurde vereinbart, dass für die nächsten Jahre spätestens alle neun Monate Treffen zwischen Vertretern der IKVW und der JRSO stattfinden sollten, um die aktuelle Finanzsituation und Bedürfnis der Gemeinde zu klären. Das Abkommen vom 2. März 1950 erlaubte dem IKVW-Vorstand lediglich den Verkauf eines Grundstücks, um die dringendsten Zahlungen zu decken. Er musste sich weiterhin mit Finanzsorgen herumschlagen. Noch hegte die JRSO Zweifel an einer dauerhaften Existenz der Stuttgarter Gemeinde. Alle anderen jüdischen Landesverbände der amerikanischen Zone orientierten sich am Vorgehen der IKVW und trafen daher mit der JRSO entsprechende Vereinbarungen. Jedenfalls hatte die IKVW sich eine stabile Finanzierungsbasis aus Mieteinnahmen geschaffen, die später noch durch Neubauten auf Ruinengrundstücken in der Vorstandsära von Henry Ehrenberg vergrößert werden konnten.[71]

## Die Rolle der IKVW in jüdisch-deutschen Nachkriegsorganisationen

Um mit einer starken Lobby gegenüber aus- wie inländischen Organisationen beziehungsweise Behörden jüdische Forderungen durchsetzen zu können, entstand die »Interessenvertretung der jüdischen Gemeinden und Kultusvereinigungen der drei westlichen Zonen«. Das gemeinsame Vorgehen in Wiedergutmachungs- und Entschädigungsfragen stand im Zentrum dieser Initiative, die im April 1946 gegründet wurde. Sie hatte ihren Sitz in Stuttgart; die Besprechungen fanden im Gemeindehaus statt. Die IKVW nahm besonders durch den in Wiedergutmachungsfragen aktiven Dr. Benno Ostertag nicht nur die Gastgeberrolle wahr. Er galt allgemein als eine führende Persönlichkeit in allen Verhandlungen zu diesem Gesetzeskomplex. Dr. Ostertag hatte den Auftrag erhalten, im Länderrat den jüdischen Standpunkt bei der Regelung des Rückerstattungsgesetzes zu vertreten.[72] Doch er konnte seine Vorschläge nur bedingt durchsetzen. Insgesamt enttäuschten ihn die langwierigen Beratungen im Vorfeld des 1952 in

Kraft gesetzten Wiedergutmachungsgesetzes. Die finanziellen Verpflichtungen des Staats gegenüber jüdischen Geschädigten hatten sich immer weiter reduziert. Diese Entwicklung lastete Ostertag nicht allein den deutschen Behörden an, sondern zum Teil auch dem bayerischen Staatskommissar und Präsidenten des Landesentschädigungsamts Auerbach, der als jüdischer Vertreter mit Stimmrecht innerhalb der Gremien nicht immer im Sinne Ostertags agierte.[73]

1947 wurde in der Interessenvertretung eine Mustersatzung ausgearbeitet. Es ging um verbindliche Regeln, die beispielsweise den Ausschluss von Gemeindemitgliedern betrafen oder die Änderung des alten Satzungsaspekts von 1924 bezüglich der Mitgliedschaft. Während früher Gemeindemitglieder erst nach fünfjähriger Zugehörigkeit das aktive Wahlrecht erhielten, sollte diese Karenzzeit nun auf drei Jahre verkürzt werden. Eine Regelung, die für 1924 wie für 1947 im Zusammenhang mit der starken ostjüdischen Zuwanderung zu sehen ist. Auf diese Weise wurde also nicht nur in Stuttgart versucht, den zahlenmäßig überlegenen Neumitgliedern eine zu große Einflussnahme auf das Gemeindeleben vorzuenthalten. Dieser Aspekt wurde jedoch nicht gleichförmig von allen westlichen Nachkriegsgemeinden übernommen.

Als weitere Organisation in jüdischen Belangen schloss die »Arbeitsgemeinschaft der Jüdischen Gemeinden in Deutschland« auch die an Mitgliedern zahlreiche Berliner Gemeinde ein. Die Beschlüsse und Empfehlungen der zweiten Tagung der Arbeitsgemeinschaft vom 19. bis 22. Oktober 1947 in Berlin behandelten als vorrangige Aufgabe die Auswanderung (hauptsächlich nach Israel), wandten sich gegen die ansteigende Welle antisemitischer Ausschreitungen in Deutschland und ihre geringfügige Ahndung seitens der Justiz.

Weitere Kritik galt dem schleppenden Verlauf der Wiedergutmachung. Die Forderungen bestanden unter anderem darin, dass angesichts der materiellen Not jüdischer Menschen überall Sofortmaßnahmen durchgeführt werden müssten. Diverse Richtlinien wurden den einzelnen Gemeinden und Kultusvereinigungen als Empfehlungen übermittelt. Von der rasseideologisch geprägten Definition der Nazis über die Zugehörigkeit zum Judentum distanzierte sich die Arbeitsgemeinschaft deutlich: »Nur Kinder von Müttern, die als Juden geboren oder vorschriftsmäßig in das Judentum aufgenommen waren, sind Juden.«[74]

Bei den Beschlüssen bezüglich der Voraussetzungen für potentielle Gemeindevertreter gingen die Meinungen allerdings auseinander. Den Beschlüssen der Arbeitsgemeinschaft zufolge sollten Gemeindemitglieder, die in »Mischehe« (mit einem nichtjüdischen Partner) lebten, für die Repräsentanz nicht wählbar sein. In der IKVW gab man diesen Ideen keinen Raum. Sie wurden einerseits als diskriminierend betrachtet. Andererseits wären eine ganze Reihe der bisherigen Gemeindefunktionäre gezwungen gewesen, ihre Ämter niederzulegen. »Dass wir auch sonst keinen Unterschied machen, dafür bürgt schon die Zusammensetzung des Gesamtausschusses und Vorstands, in dem die Mischehen zurzeit noch überwiegen.«[75]

Nach der Gründung der Bundesrepublik Deutschland 1949 wurde auch eine zentrale jüdische Organisation für ganz Deutschland nötig. Am 19. Juli 1950 entstand deshalb in Frankfurt der »Zentralrat der Juden in Deutschland« mit Sitz in Düsseldorf. Er fungiert seither als höchste jüdische Vertretung und offizieller Ansprechpartner der Bundesregierung und aller Behörden. Sein sechsköpfiges Direktorium und ihre Stellvertreter werden von Mitgliedern jüdischer Landesgemeinden beziehungsweise -verbänden gestellt. Die Geschäftsführung des Zentralrats liegt bis heute beim Generalsekretär.

Ostertag wünschte in der Frühphase des Zentralrats eine möglichst enge Bindung des Direktoriums an die Interessenvertretung der jüdischen Gemeinden in der US-Zone. In allen Angelegenheiten sollte auf demokratischer Basis Rücksprache gehalten werden. Die Interessenvertretung – in der neben Ostertag auch andere Stuttgarter Vertretern eine wesentliche Rolle spielten – wäre auf diese Weise gegenüber dem Zentralrat-Direktorium gewissermaßen zur »Chefinstanz« aufgestiegen. Der Rechtsanwalt scheiterte allerdings mit seinem Vorschlag. Denn der Zentralrat pochte auf seine Aktionsfreiheit, die nicht durch langwierige Vorgespräche gelähmt werden sollte.

Die einzelnen jüdischen Gemeinden, die in der Interessenvertretung und der Arbeitsgemeinschaft jeweils mit mehreren Personen vertreten waren, hatten damit ein gutes Stück ihrer Einflussmöglichkeiten verloren. Nun war beispielsweise die IKVW lediglich durch Ostertag mit einer Stimme im Zentralrat-Direktorium vertreten. Dennoch bestand die Interessengemeinschaft jüdischer Gemeinden in der US-Zone noch einige Zeit parallel zum Zentralrat fort.

Dieser allgemeinen Vereinheitlichungstendenz, die auch in der vom Zentralrat geschaffenen »Zentralwohlfahrtsstelle der Juden in Deutschland« das bisher dezentral angelegte Sozialwesen betraf, wurde zumindest seitens der Stuttgarter Gemeinde eine gesteigerte Wachsamkeit entgegengesetzt. Ihre bisherige tragende Rolle und die ihrer Führungspersönlichkeiten hatte sich gewandelt; es war einiges an Prestige verloren gegangen.[76]

### 1950 – Momentaufnahme und Perspektiven

Seit dem 3. Juli 1950 lautete die Geschäftsadresse der IKVW: Hospitalstraße 36. Der Neubau des Gemeindehauses, der einige Zeit vor der Synagoge fertig gestellt werden konnte, symbolisierte trotz der noch anhaltenden Auswanderung ein Stück Beständigkeit.[77]

In diesem Jahr startete auch das Office of the Adviser on Jewish Affairs der US Army eine Umfrage, die als Statusbericht und zur Selbsteinschätzung über die Zukunft jüdischer Gemeinden in Deutschland genutzt wurde. Die IKVW legte ausführlich ihre aktuellen Daten vor und berichtete über die Stimmungen in der Gemeinde.

Auf die Frage, wie die deutsch-jüdischen Beziehungen verbessert werden könnten, wurde seitens der IKVW auf Bildung und Aufklärung gesetzt: »Intensive Mitwirkung bei der Erziehung der jungen Generation; unaufdringliche laufende Beeinflussung der öffentlichen Meinung.« In Stuttgart war man vom dauerhaften Bestand jüdischer Gemeinden in Deutschland überzeugt, obwohl nicht die Ansicht herrschte, dass dem deutschen Volk die Ereignisse zwischen 1933 und 1945 allgemein Leid tun würden.

Zur Gemeindestatistik wurde festgestellt, dass 1950 von 681 Gemeindemitgliedern lediglich noch etwa 155 bereits vor 1933 in Deutschland wohnhaft waren. Deren Gründe zu bleiben wurden angegeben mit: »Feste Existenz in Deutschland; Pensionsanwartschaft, die nur in Deutschland verwertet werden kann; Familienbeziehungen bei Mischehen; eine optimistischere Beurteilung der Zukunft.«

Als Gründe für die Auswanderung galten neben Auslandsfamilienbeziehungen und Zukunftspessimismus »… eine gewisse Isoliertheit des jüdischen Lebens in Deutschland; Verbundenheit mit dem jüdischen Leben in den großen Auslandszentren, insbesondere Israel;

ferner auch die nicht zu überwindenden Ressentiments gegen die deutsche Umwelt.«

Die Zahl der deutsch-jüdischen Remigranten aus dem Ausland von 1945 bis 1950 bewegte sich innerhalb der IKVW in engen Grenzen: Aus England waren 4, aus China 3, aus der Schweiz und Belgien je 1, aus Israel 5 und Afrika 2 Rückkehrer verzeichnet worden. Von 307 Ehepaaren lebten mehr als ein Drittel, nämlich 119 Paare, in so genannten jüdisch/nichtjüdischen »Mischehen«. Seit 1945 waren weitere acht solcher »Mischehen« geschlossen worden, außerdem fünf Ehen zwischen deutschen Juden und DPs und mit zwei deutsch-jüdischen Partnern neun Ehen.

In die Rubrik der Geburtenziffer konnten für die vorangegangenen fünf Jahre bereits 149 Kinder in den Bogen eingetragen werden. Allerdings waren nur bei sieben Kindern die Eltern deutsch-jüdischer Herkunft, 142 Kinder hatten DP-Eltern – eine deutliche Aussage hinsichtlich der zukünftigen Gemeindezusammensetzung.

Bei der Aufschlüsselung der Altersstufen der Kinder und Jugendlichen wurde jedoch deutlich: Schulpflichtige und Jugendliche bis 17 Jahre fehlten auch bei den DPs. Diese Generation war zum größten Teil in den KZs ermordet worden. Auf jeden dieser Jahrgänge kam meistens nur ein Kind/Jugendlicher, bei den Acht- bis Elfjährigen waren es zwei, Vierzehn- und Fünfzehnjährige vier, ebenso bei Sechs- bis Siebenjährigen. Deutsch-jüdische Eltern hatten in diesen Altersstufen keine Kinder, sondern nur Säuglinge beziehungsweise Kleinkinder bis zu 3 Jahren (jeweils 2), sowie ein Kind in der Altersstufe fünf bis sechs. Für DP-Eltern waren dagegen 16 Kinder zwischen drei und vier Jahren, 13 Kinder zwischen zwei und drei, 17 Kinder zwischen einem bis zwei Jahre und fünf Säuglinge (0-1) eingetragen.

Vierzig Schüler erhielten Religionsunterricht, der in Jiddisch und Hebräisch, jedoch nicht in Deutsch abgehalten wurde. 20 Studierende waren an der Universität Tübingen beziehungsweise an der Technischen Hochschule Stuttgart eingeschrieben. Für sie stand aber bereits fest, dass sie nach dem Abschluss ihren Beruf nicht in der Gemeinde ausüben würden.

Die Angaben zu den Berufen vermitteln zwar nur ein unvollständiges Bild, dennoch wird der Schwerpunkt im kaufmännischen (46) und Angestellten-Bereich (36) deutlich (Fabrikbesitzer: 8, Akademiker: 10, Handwerk: 10). Auf die Frage bezüglich negativer Erfahrungen im wirtschaftlichen Bereich oder inwiefern in irgendeiner Weise Behinderungen vorgekommen wären, waren keine besonderen Beobachtungen registriert worden – mit zwei Ausnahmen. Diese hingen jedoch anscheinend nicht mit antisemitischen Reaktionen zusammen, sondern damit, »… dass sie [die beiden Betroffenen] von außerhalb Württembergs gekommen sind; es besteht in Württemberg eine lokal-patriotische Tendenz, unter der auch nicht-jüdische Auswärtige zu leiden haben.«

Die Auswanderung der vorangegangenen sieben Monate wies noch immer relativ hohe Zahlen auf: 381 Personen emigrierten nach USA, 64 nach Israel und 128 in andere Länder. Von den Gemeindemitgliedern, die noch für die Immigration registriert waren oder die Auswanderung zumindest planten, gingen allein nach den USA 295 und in andere Länder 90 Personen, jedoch niemand nach Israel. Als zurückbleibende Restgemeinde wurden etwa 200 Personen geschätzt. Auf die Frage, welche Art von Anstalt geplant sei, um den Ansprüchen der Menschen im Bezirk der IKVW gerecht zu werden, wurde geantwortet: »Voraussichtlich ein Altersheim.«

Die Beurteilung der Beziehungen der IKVW zur Stadt- und Landesverwaltung bzw. -regierung schwankte zwischen »gut« und »sehr gut«. Als Zusatz wurde allerdings vermerkt: »Teilweise antisemitische Äußerungen von untergeordneten Beamten wurden der IKV hinterbracht.«

Bisher wurden zwar antijüdischen Beleidigungen nicht öffentlich ausgesprochen, doch 2 Friedhofsschändungen im Jahr 1949 wurden verzeichnet. Ein jüdischer Rechtsanwalt hatte Drohbriefe wegen Rückerstattungsfälle erhalten, und Mitarbeiter der IKVW wurden in vereinzelten Fällen telefonisch angepöbelt. Mehrere Wandschmierereien waren ebenfalls vorgekommen. Bei Fragen zur Stimmung kam Misstrauen und Unbehagen gegenüber der deutschen Umgebung zum Ausdruck: »Haben die Menschen das Gefühl, dass im Allgemeinen die Deutschen hoffnungslos antisemitische Einstellungen haben?« – »Im Allgemeinen hoffnungslos: nein.« »Sehen sich die deutschen Juden als Teil des deutschen Volkes an?« – »Die Ansichten hierüber sind geteilt.«

»Sind die Menschen im Allgemeinen pessimistisch, optimistisch oder unsicher über die Möglichkeit in Deutschland gleichberechtigt und sicher zu leben, nachdem die Besatzung zu Ende ist?« – »Vorwiegend pessimistisch, mindestens aber unsicher.« Dem letzten Aspekt, inwiefern eine Möglichkeit bestehen würde, dass die alte Treue und der Patriotismus der deutschen Juden sich wieder entwickeln könnte, wurde ein entschiedenes »Nein« entgegengesetzt.[78]

## Jüdischer Alltag – zwischen mangelnder Sensibilität und Antisemitismus

Die Gesellschaft für Christlich-Jüdische Zusammenarbeit e.V., Stuttgart (GCJZ) wurde am 7.12.1948 gegründet. Ministerialrat Hassinger fungierte als evangelischer, Oberstudiendirektor Dr. Lehmann als katholischer und Landgerichtsrat Perlen als jüdischer Vorstand.

Bei einer der ersten Sitzungen dieses Vereins im April 1949, an der auch Vertreter anderer Institutionen teilnahmen, entwickelte sich ein Meinungsaustausch über Chancen, zukünftig Antisemitismus durch Aufklärungsarbeit zu verhindern. Dabei stellte sich heraus, dass man dem Publikum bei kritischer Darstellung historischer Persönlichkeiten mit bislang positivem Image nicht zu viel der rauen Wirklichkeit zumuten durfte. Denn man hatte bemerkt, dass allzu leicht mit ablehnendem »Befremden« reagiert wurde. Ein anderer Sitzungsteilnehmer, der für seine antinazistische Haltung und vielfältige Hilfe gegenüber verfolgten Juden während der Nazizeit bekannt war, formulierte – kaum dass der Holocaust vorüber war – die verletzenden, gedankenlosen Worte: »Man kann den Juden doch nicht vorwerfen, dass sie den Jesus gekreuzigt haben. Wir wollen einen Hitler auch nicht ewig vorgeworfen bekommen.«

Gerade vier Jahre nach Kriegsende sollte vor dem Hintergrund des altbekannten christlichen Antijudaismus die schreckliche jüngste Vergangenheit möglichst schnell und pauschal entsorgt werden. Wie wenig die Entnazifizierung bewirkte, zeigt einmal mehr dieser Selbstentlastungsversuch auf. Auch wenn derlei Sätze im »Trend« ihrer Zeit lagen, so muss doch beachtet werden, dass es sich hier nicht um eine kleinbürgerliche Stammtischrunde handelte. Sie gewinnen eine andere Dimension, da sie in Kreisen geäußert wurden, die sich als intellektuell-antinazistisch verstanden wissen wollten und über einen weitreichenden gesellschaftlichen wie politischen Einfluss verfügten. Widerspruch blieb laut Sitzungsprotokoll anscheinend aus – sogar vom

*Schändungen auf dem jüdischen Teil des Cannstatter Steinhaldenfriedhofs*

ebenfalls anwesenden Landesrabbiner Professor Guttmann, dem jüdischen GCJZ-Vorsitzenden, sowie von Ernst Guggenheimer und Josef Warscher.[79] Vielleicht wurde gegenüber dem Wohltäter von einst aus höflicher Dankbarkeit für die erwiesene Hilfe geschwiegen.

Im Vergleich mit anderen Bundesländern scheinen die Friedhofsschändungen sich auf württembergischem Gebiet während der ersten Nachkriegszeit »in Grenzen« gehalten zu haben. Dennoch kam es auch hier zu mehreren Vorfällen, wie in Braunsbach, Baisingen, Hochberg bei Ludwigsburg, in Stuttgart auf dem Hoppenlau- und Pragfriedhof sowie auf dem Steigfriedhof. Diese Entwicklung wurde von der IKVW fast mit Gleichmut betrachtet:

»Wie nicht anders zu erwarten war, hat sich eine neue Quelle des Antisemitismus im Zusammenhang mit der Rückerstattung aufgetan. Das ist nicht weiter verwunderlich: wer zahlen muss, schimpft; wenn er an Juden zahlen muss, schimpft er auf die Juden. Es ist immerhin interessant, dass antisemitischen Tendenzen gerade bei solchen Rückerstattungspflichtigen sich gezeigt haben, die wirklich die Lage der Juden im 3. Reich ausgenützt haben und unter jedem moralischen Gesichtspunkt mit Recht zur Rückerstattung herangezogen wurden.«

Auch auf dem Friedhof in Wankheim bei Tübingen mussten 1950

*Demonstration in Stuttgart gegen die Friedhofsschändungen: In der ersten Reihe u.a. Günther H.Oettinger, Meinhard Tenné, Erster Bürgermeister Dr. Thieringer, Vorstandsmitglied Arno Fern (2.R.)Herr Koch (Gartenbauamt), Dr. Bühler, CDU-Fraktionsvorsitzender im Gemeinderat, Dekan Röckle*

Friedhofschändung festgestellt werden. Sieben Grabsteine und das Mahnmal, das nach dem Zweiten Weltkrieg erreichtet worden war, wurden umgestoßen.

Diese Attacken setzten sich in unterschiedlichem Umfang fort – nur einige der zahlreichen Vorfälle seien an dieser Stelle genannt. 1976 entdeckte man auf dem Michelbacher Friedhof 23 umgeworfene und teilweise zerbrochene Grabsteine. In Freudental wurde sogar ein Grab durch Aushebung geschändet. Die Täter konnten nur zum Teil ermittelt werden.

Im Oktober 1963 wurde das Fenster an der Ostwand der neuen Synagoge in Stuttgart durch mehrere Steinwürfe zertrümmert. Der Täter stellte sich am nächsten Tag. Er verteidigte sich mit Angaben, welchen die Stuttgarter Kriminalpolizei nach »eingehenden Ermittlungen« Glauben schenkte, nämlich dass »... er sich zu der Zertrümmerung eines Fensters der Synagoge nach einer ausgedehnten Zechtour im Alkoholrausch [habe] hinreißen lassen. Irgendein politisches Motiv liegt dieser Ausschreitung offensichtlich nicht vor.« Damit wird deutlich: Es genügte, gegenüber den Behörden als Entschuldigung Alkoholeinfluss anzugeben, um als »unpolitisch« zu gelten. Die Synagoge befand sich damals bereits in einem dicht bebauten Gebiet, das einem angeblich motivlosen Steinewerfer genügend Gelegenheit geboten hätte, andere Fenster einzuwerfen. Vom Vorwurf des Antisemitismus blieb der Täter so jedenfalls verschont. Die »Ausschreitung« wurde zum einfachen Sachschaden heruntergespielt.

Zum »Alltag« der IRGW gehören bis in die Gegenwart zahllose Schmähschreiben, telefonische und schriftliche Morddrohungen gegen die Vorsitzenden der Gemeinde, den Landesrabbiner und die Geschäftsführung sowie einzelne Mitglieder.[80]

## Jüdische Gemeinden in Deutschland und ihre Probleme

1952 lebten in Deutschland etwa 22 000 Juden: 11 000 in der amerikanischer Zone, in der britischen und französischen Zone zusammen 4000, in Berlin und der sowjetischen Zone 7000 Personen. Die Ziffer der Rückwanderer belief sich inzwischen auf 2500.[81]

Im Ausland hält die Diskussion um die Zukunft jüdischer Gemeinden in Deutschland bis heute an. Verglichen mit der Vehemenz in den ersten Jahren nach der Befreiung ist die Thematik inzwischen entschärft, wirkt aber für Juden in Deutschland noch immer belastend. Es war und ist für Juden außerhalb der Bundesrepublik schwer nachvollziehbar, dass Juden sich trotz des NS-Massenmords in Deutschland neue Existenzen aufbauen konnten. Anfang der 1950er-Jahre wurden die hier im Lande Verbliebenen von Glaubensgenossen in anderen Staaten teilweise wie Geächtete behandelt. Bei der Tagung des World Jewish Congress in Frankfurt im Sommer 1950 wurde beispielsweise gefordert, dass die deutschen Teilnehmer nicht stimmberechtigt sein sollten, da es »... keine Zionisten in Deutschland mehr gäbe«. Ultimativ forderte die Jewish Agency wenig später, dass alle Juden in Deutschland auszuwandern hätten, weil das Münchner Büro der Agency in absehbarer Zeit geschlossen würde. Schließlich sollten laut eines Redners des World Jewish Congress sogar sämtliche Kontakte mit jüdischen Gemeinden in Deutschland beendet werden.[82]

In Verbindung mit dieser ablehnenden Haltung jüdischer Organisationen im Ausland stand natürlich auch die religiöse Personalversorgung jüdischer Gemeinden in Deutschland auf schwankendem Boden. Sie waren und sind darin noch immer von der Unterstützung aus dem Ausland abhängig.

Nach einer zweiwöchigen Reise durch Westdeutschland schilderte der württembergische Landesrabbiner Dr. Neufeld den dramatischen Personalmangel Anfang der 1950er-Jahre. Weder die Gemeinden in Köln, Wiesbaden, Frankfurt, Düsseldorf noch Hamburg hätten einen Rabbiner, genauso fehle überall ein Schochet (jüdischer Metzger) und ein Kantor (Vorbeter), von Frankfurt einmal abgesehen. Ehrenamtlich vorbetende Gemeindemitglieder erschienen ihm für diese Aufgabe untauglich. Zur Betreuung der gesamten britische Zone war nur ein Rabbiner vorhanden, »... eigentlich eine Arbeit für 3 Rabbiner«. Diesen Personalmangel deutete Neufeld auch als ein Resultat des Behördenverhaltens in Israel im Zusammenhang mit seiner eigenen Ausreise nach Deutschland.[83]

»Irgend ein kleiner Beamter [in Israel] hat sich das beleidigende Wort erlaubt, diese Juden in Deutschland brauchen kein [kulturelles und religiöses] Leben. ... Wir wissen aus der Zeitung, wie die Ansichten verschieden sind, wutentbrannt wollen die einen, die Juden in Deutschland sollen abgeschrieben werden, während die anderen einen vernünftigeren Standpunkt haben.«[84]

Teilweise wurde jeder weitere Aufenthalt von Juden auf deutschem Boden als Zeichen mangelnder Solidarität gegenüber dem Judentum und Israel interpretiert. Dabei war längst das bisherige jüdische Selbstverständnis in Deutschland von der NS-Diktatur gewaltsam zerbrochen worden. Deutschnationale, patriotische Gefühle, wie sie früher für deutsche Juden durchaus nicht selten waren, traten kaum mehr auf. Bei den meisten deutschen Holocaust-Überlebenden vollzog sich während der Verfolgung eine Umorientierung hin zum Zionismus. Die Verbindung aller Juden zu Erez Israel – unabhängig von ihrer Nationalität im Pass – erfuhr eine Aufwertung, die vorher in diesem Maße undenkbar gewesen wäre. Anlässlich der Gründung des Staates Israel im Mai 1948 äußerte Alfred Marx:

»Zum ersten Mal, so scheint es, wird ein *Sinn* des furchtbaren Unglücks sichtbar, das über das europäische Judentum gekommen ist. Schon unser Glaube gestattet uns nicht, anzunehmen, dass diese Leiden ohne Sinn gewesen seien. Sie waren vor allem eine grausame Lehre und Enttäuschung für alle von uns, die an die Möglichkeit einer vollkommenen Assimilierung, eines Aufgehens in den Ländern, in denen wir lebten, geglaubt haben. ... So beginnt sich unsere innere Situation zu klären, und wir kommen allmählich heraus aus dem Grübeln und Hadern mit einem Schicksal, das vielen von uns nur sinnlos erschien. ... Das hat nichts mit unserer staatsbürgerlichen Stellung und unseren staatsbürgerlichen Rechten zu tun. Es wird auch künftig Juden im Galuth [Diaspora] geben und sie können, müssen und werden loyale Staatsbürger der Länder sein, in denen sie leben, vorausgesetzt natürlich, dass diese Länder ihnen volle Gleichberechtigung gewähren. Aber der Mittelpunkt ihres Denkens und Fühlens, ihr Rückhalt in der Zeit der Gefahr und die Hoffnung für sie und ihre Kinder ist Israel. Was für staatsbürgerliche Folgen dies hat, ist noch nicht zu übersehen, aber auch nicht ausschlaggebend. In einer Zeit, die, wie wir hoffen den Nationalismus überwindet und das Weltbürgertum schafft, ist es nicht mehr so wichtig, auf welches Land der Pass lautet. Es ist aber wichtig, zu welchem Lande der Mensch innerlich gehört. Der Italiener in New York kann ein treuer amerikanischer Staatsbürger sein, aber sein Herz hängt doch an Italien. Etwa so denke ich mir die künftige Stellung der Juden außerhalb von Israel. ... Wir sind keine Nationaldeutschen à la Naumann, aber auch nicht einmal mehr deutsche Staatsbürger jüdischen Glaubens à la Centralverein, sondern wir sind Juden deutscher Staatsangehörigkeit. ... Wir werden die Werte unserer eigenen Kultur wieder mehr pflegen, ohne unsere allgemeine Bildung zu vernachlässigen. ... Die Geschichte seines eigenen Volkes zu kennen, muss zur zusätzlichen Bildung eines Juden gehören. Wir haben in dem Juden anderer Staatsangehörigkeit nicht den Ausländer, sondern den Juden zu sehen.«[85]

Diese Maximen waren nun für jüdisches Leben in Deutschland prägend: Rückbesinnung auf die eigenen Traditionen, sachliche emotionslose Loyalität gegenüber dem deutschen Staat, während Israel die Stelle dessen einnahm, was man vielleicht mit dem Begriff »geistige Heimat« umschreiben könnte. Benno Ostertag dagegen ließ die Bindung an Deutschland trotz allem nicht los:

»Heute müssen wir es fast als eine Last ansehen, die man mit sich trägt, wenn man Deutscher ist. Ich bin trotzdem Deutscher und will Deutscher sein. Ich will aber mitkämpfen, damit Deutschland wieder das ist, was es war. Ich will Deutschland zur Gerechtigkeit verhelfen. Zur Gerechtigkeit gehört aber, dass das Unrecht wieder gut gemacht wird.«[86]

Mit diesen Einschätzungen zählte er zu einer kleinen Minderheit. Mag sein, dass seine Anhänglichkeit nicht zuletzt daraus resultierte, dass er im Gegensatz zu Alfred Marx nie die erniedrigenden Bedingungen der KZ-Haft erlebt hatte. Marx' Priorität lag eindeutig bei der wieder entdeckten jüdischen Identität. Im Vergleich mit ihm erscheint Ostertag in seinem Selbstverständnis zwischen den Polen »jüdisch« – »deutsch« zerrissen.

Aus den von Marx erwähnten Gründen stand die Stuttgarter Gemeinde in völliger Solidarität bei Krisensituationen hinter dem Staat Israel. Die finanzielle Unterstützung für Israel im Kriegsfall war bereits 1948 sicher.[87] Als 1967 der Sechs-Tage-Krieg ausbrach, setzte sich die IRGW mit all ihren zur Verfügung stehenden Mitteln für den Erhalt des Staates Israel ein. Das gesamte Gemeindekapital von 1 600 000 DM wurde bereitgestellt. Entsprechende Beschlüsse fassten die Repräsentanz in einer außerordentlichen Sitzung am 1. Juni 1967 und ein neuer achtzehnköpfiger Aktionsausschuss. Innerhalb einer eilig einberufenen Außerordentlichen Mitgliederversammlung am 6. Juni 1967 wurde die »Solidaritäts-Aktion für Israel« gegründet. Alle halfen durch ihre Ersparnisse bei der Hilfe für Israel mit – von den Kindern bis zum Rentner. Nach den Schilderungen des damaligen Vorstandsmitglieds Henry Ehrenberg ergriff von allen jüdischen Gemeinden in Deutschland zuerst die IRGW die Initiative. Damit wurden auch andere Gemeinden zu ähnlichen Aktivitäten ermuntert. Laut den Angaben zur jüdischen Bevölkerung in der Bundesrepublik stellten 1967 die Gemeindemitglieder der IRGW 2 Prozent der Juden in Deutschland dar (insgesamt 30 000 Menschen), die aber 10 Prozent der Spendensumme von 30 Mio. DM aus der Bundesrepublik aufbrachten.[88]

## Die Israelitische Religionsgemeinschaft Württemberg

1966 benannte die IKVW sich in »Israelitische Religionsgemeinschaft Württemberg« (IRGW) um. Diese Bezeichnung hatte bereits vor 1933 für die damaligen württembergischen Gemeinden bestanden. Ausschlaggebend für die Namensänderung zur »Religionsgemeinschaft« war die Aufhebung der NS-Zwangsbezeichnung und die bewusste Rückkehr zur selbst gewählten Bezeichnung.[89]

Inzwischen hatten sich in der Repräsentanz Veränderungen ergeben. An der Vorstandsspitze standen neue Persönlichkeiten. Die früheren »Neumitglieder« waren inzwischen in der Gemeinde nicht nur integriert, sondern auch hier vertreten.

**Alfred Korn** (1912-1980) stammte aus einer angesehenen Krakauer Familie. Sein Vater war Lebensmittelgroßhändler und galt als frommer und gegenüber den Armen hilfsbereiter Mann – eine Eigenschaft, die offenbar auch seinen Sohn nachhaltig prägte. 1942 wurde Alfred Korn von den Nazis ins Zwangsarbeitslager Planschow verschleppt. Dort organisierte er mit Unterstützung noch nicht inhaftierter Glaubensgenossen in der Umgebung einen Lebensmittel- und Medikamentenschmuggel für die Mitgefangenen. Korns Frau und seine drei Kinder wurden im KZ ermordet. Er selbst wurde weiter nach Auschwitz und Buchenwald verschleppt.

Nach dem Krieg ließ er sich in Stuttgart nieder und baute verschiedene Firmen auf. Wie einst sein Vater, bemühte er sich um die Unterstützung armer Glaubensgenossen. Er verfügte nicht nur über ein großes Wissen, sondern beherrschte außerdem mehrere Sprachen. Als »gelehrter Talmudist« – der Talmud ist die rabbinische Auslegung der Thora – unterrichtete er nach der Arbeit abends ehrenamtlich. Seit 1954 war er Mitglied der Repräsentanz, ab 1970 wirkte er im Vorstand mit. Abgesehen von der Mitgliedschaft innerhalb verschiedener IRGW-Kommissionen war er gleichzeitig Delegierter beim Zentralrat, in den Vorstandsgremien der Gesellschaft für Christlich-Jüdische Zusammenarbeit und der Gesellschaft der Hebräischen Universität Jerusalem. Korn galt als hochherziger, engagierter Mittler zwischen Juden und Christen, als Verfechter des Versöhnungsgedankens und nicht zuletzt als »guter Geist« der jüdischen Gemeinde in Stuttgart. Er wurde in Israel beerdigt.

**Dr. Norbert Moschytz,** Jahrgang 1895, wurde in Berlin geboren. Eine schwere Verletzung im Ersten Weltkrieg bestimmte seine Berufswahl. Als Lungenarzt praktizierte er in Freiburg. Nachdem auch ihm durch die Nazis jede Tätigkeit untersagt worden war, emigrierte er in die Schweiz, wo er wieder als Lungenfacharzt im jüdischen Sanatorium in Davos eine Stelle fand. Große Verdienste erwarb er sich durch die Betreuung von Flüchtlingen und Geretteten aus den KZs. 1954 wurde er an ein Stuttgarter Krankenhaus als Gutachter berufen. Hier arbeitete Moschytz bis zur Pensionierung. Für die IKVW setzte er sich nach 1960 als Repräsentanzmitglied und als jüdischer Vertreter im Rundfunkrat ein. Seit der Gründung der württembergischen Gruppe »Gesellschaft der Freunde der Hebräischen Universität Jerusalem« hatte er deren Vorsitz übernommen. Seine Bemühungen drehten sich dabei hauptsächlich um die ökonomische Unterstützung der Universität Jerusalem. Dank seiner Initiative erhielt ein Institutsraum auf dem Jerusalemer Campus den Namen »Baden-Württemberg«.[90]

**Jakob Fern**, stammte aus Polen, war aber bereits vor dem Zweiten Weltkrieg ein angesehener Stuttgarter Bürger und Textilkaufmann. Nach der Trennung von seiner Familie aufgrund der Deportation gelang ihm die Flucht aus dem Lager. Fern kämpfte im Zweiten Weltkrieg auf der Seite der sowjetischen Truppen. Seine Frau überlebte mit Sohn und Tochter in Südfrankreich versteckt. Kurz nach seiner Rückkehr 1951 baute er in Stuttgart sein Unternehmen wieder auf und setzte sich gleichzeitig unentwegt für die Gemeinde ein: Abgesehen von der Mitgliedschaft in der Repräsentanz und im Vorstand (1961 bis 1980) vor allem als Synagogenvorstand, als Mitglied der Chewra Kadischa, des religiösen Bestattungsvereins, und in der Sozialkommission durch ehrenamtliche Krankenbesuche bei Gemeindemitgliedern. Seine Hilfsbereitschaft wurde allseits gerühmt. Thoratreu nahm er nicht nur innerhalb des »polnischen Minjan« beim Gottesdienst eine führende Rolle ein. Jakob Fern galt als »Säule der Gemeinde«.[91]

Sein Landsmann **Henry Ehrenberg** baute ebenfalls kurz nach seiner Befreiung ein äußerst erfolgreiches, inzwischen längst weltweit tätiges Unternehmen auf: die Neumo Firmengruppe. Die Krönung seines Lebenswerks sieht er jedoch in der wirtschaftlichen Zusammenarbeit zwischen Israel und Deutschland, die ihm bereits 1950/51 mit ersten Ansätzen gelungen war. Zur Aussöhnung zwischen Juden und Deutschen sollten möglichst viele persönliche Kontakte entstehen. Auch zu diesem Zweck gründete er gemeinsam mit Karl Fischer in Naharia/Israel 1970 eine Firma. Mittlerweile betreibt er in Israel vier, weltweit 25 Unternehmen. Auch er wirkte seit Beginn der 1960er-Jahre kontinuierlich bis in die neunziger Jahre hinein in der Repräsentanz mit. Alfred Marx äußerte sich einmal angesichts des immen-

sen Arbeitsaufwands allein in der Vorstandstätigkeit über die Belastbarkeit seines Amtsnachfolgers Ehrenberg:
> »... mir ist es manchmal unverständlich, wie ein Mensch, der nun außerordentlich viel in seinem Beruf zu tun hat, der noch enorm viel für Israel tut [Organisation der Sammlungen für den jüdischen Stiftungsfonds Keren Hayessod zur Unterstützung der Einwanderung in Israel], noch die Zeit aufbringt und sich um all das [die Gemeindearbeit] zu kümmern und auf die Details einzugehen.«

Darüber hinaus wirkte Henry Ehrenberg im Direktorium des Zentralrats der Juden in Deutschland und in dessen Verwaltungsrat mit, war Vizepräsident der Deutsch-Israelischen Wirtschaftsvereinigung, Mitglied des Kuratoriums der Hochschule für Jüdische Studien in Heidelberg sowie Vizepräsident der Freunde der Universität von Tel Aviv. Zwischen den Universitäten Tübingen, Heidelberg und Tel Aviv initiierte er Partnerschaften. Für seine vielseitigen Verdienste wurde er unter anderem mit dem Titel des Senator h.c. der Universität Tübingen und dem Bundesverdienstkreuz Erster Klasse geehrt.[92]

**Meinhard Tenné,** 1923 in Berlin geboren, gelang im November 1938 die Flucht in die Schweiz. In den ersten Nachkriegsjahren wirkte er bei der Vorbereitung von DPs auf die Einwanderung nach Israel mit, bis er selbst 1948 einwanderte. Nach zehnjährigem Militärdienst nahm er als Hauptmann seinen Abschied und wechselte in den Staatsdienst zur Israel Government Tourist Organization. Innerhalb weniger Jahre stieg er in verschiedene leitende Positionen im Touristikbereich auf, und wurde über eine Zwischenstation in Zürich Anfang der 60er-Jahre schließlich mit dem Direktorposten des Staatlichen Israelischen Verkehrsbüros in Frankfurt a.M. betraut. Nach dem Ausscheiden aus dem Staatsdienst wechselte er aufgrund eines Stellenangebots nach Stuttgart. Durch die Entwicklung des Lehrplans für den Religionsunterricht wurde Meinhard Tenné in der Gemeinde bekannt und 1984 in die Repräsentanz sowie seit 1986 in den Vorstand gewählt, in dem er bis ins Jahr 2000 als Vorstandssprecher aktiv blieb. 1993 erhielt er für seine Verdienste zur Annäherung und Versöhnung zwischen Israel und Deutschland das Verdienstkreuz am Bande und 1998 die Verdienstmedaille des Landes Baden-Württemberg.[93]

Mittlerweile hat sich durch die Zuwanderung aus den Staaten der ehemaligen Sowjetunion ein erneuter Generationswechsel innerhalb der Repräsentanz ergeben. Etwa die Hälfte ihrer im Jahr 2002 amtierenden Mitglieder wird von GUS-Zuwanderern gestellt. Auch im Vorstand haben sie durch Dr. Michael Fundaminski einen Vertreter. Unterstützt wird die Repräsentanz durch mehrere Kommissionen. Hier ist die Mitarbeit der Gemeindemitglieder willkommen und gefordert. Jeweils ein Repräsentanzmitglied führt den Vorsitz. Nach verschiedenen Umbenennungen und Neuzuordnungen sind derzeit elf Kommissionen aufzuführen: die Bau-, Finanz-, Kindergarten-, Kultur-, Jugend-, Neuzuwanderer- (Integrations-), Restaurant und Lebensmittelverkauf-, Schul-, Sozial-, Synagogen- und Friedhofs- sowie die Verwaltungs- und Personalkommission.[94]

*Die Geschäftsführer*

Josef Warschers Nachfolger in der Geschäftsführung wurde der 1906 in Sarajewo geborene Hermann Zwi Wollach. Von Beruf Bankdirektor war er in seiner Heimatstadt mehrere Jahre Vorstand der jüdischen Gemeinde. Seine gesamte Familie wurde von den Nazis ermordet. Er heiratete wieder und wanderte 1948 mit seiner neuen Familie nach Israel aus.

Als Geschäftsführer der Stuttgarter Gemeinde ab 1960 waren ihm seine Erfahrungen in Beruf und Vorstandstätigkeit sehr nützlich. Kultur und Soziales bildeten seine Prioritäten. Mit viel Geschick, Güte und Geduld setzte er sich für seine Gemeindemitglieder ein und festigte das Ansehen der Gemeinde nach außen. Bescheidenheit und ein ausgeprägte Pflichtgefühl waren einige seiner Charaktereigenschaften. Außerdem leistete er Vorstandsarbeit bei der Gesellschaft für Christlich-Jüdische Zusammenarbeit und bei den Freunden der Hebräischen Universität Jerusalem. Im April 1972 erhielt er das Bundesverdienstkreuz Erster Klasse.[95] Aus gesundheitlichen Gründen musste er die Geschäftsführung niederlegen.

In der Folge entstanden Interimslösungen. Zuerst übernahm einige Zeit Maria Rosenkranz stellvertretend die Aufgaben der Geschäftsführung. Sie war durch die seit Jahren ausgeübte Sekretariatsarbeit in diesem Bereich mit den anfallenden Arbeiten vertraut. Schließlich leiteten verschiedene Vorstandsmitglieder die Geschäftsführung im Ehrenamt, also in ihrer Freizeit. Ab 1973 übernahm Herr Süßkind diese Rolle provisorisch.[96] Ihm folgten in dieser Aufgabe das Vorstandsmitglied Alfred Korn bis zu dessen Tod 1980, danach Herr Isaack und schließlich Arno Fern. Anfang der 1990er-Jahre übernahm er die Geschäftsführung wieder als Vollzeitstelle, in der er sich seither für die Gemeinde nach innen wie außen einsetzt.[97]

Dipl. Ing. Arno Fern wurde 1938 in Fürth geboren. In Südfrankreich versteckt, überlebte er den Holocaust. 1950 kehrte er mit Mutter und Schwester wieder nach Stuttgart zurück. Nach dem Abitur studierte er bis 1965 Wirtschaft in Berlin. Anschließend stieg er in den väterlichen Textilgroßhandel ein, um seinen Vater weitgehend zu entlasten. Die Betriebsleitung behielt er bis zu seinem beruflichen Wechsel in die Geschäftsführung der IRGW bei.[98]

*Die Gemeindeverwaltung*

Die Grundstrukturen der Gemeindeverwaltung blieben weitgehend seit 1945 erhalten. Viele soziale Aufgaben waren von früheren Vereinen auf die Gemeinde übergegangen und von ihr zu leisten. Mit der Zeit ergab sich eine Verfeinerung und Spezialisierung in verschiedene Aufgabenbereiche, die dennoch eine enge Vernetzung untereinander aufzeigen. Heute stellt sich die Verwaltung in zwei Hauptsträngen dar: Geschäftsführer Arno Fern kümmert sich hauptsächlich um die sozialen und administrativ-religiösen Belange; Angelika Jung-Sattinger übernimmt als Verwaltungsleiterin die organisatorischen und buchhalterisch-technischen Angelegenheiten der IRGW. Insgesamt beschäftigt die IRGW derzeit 31 Mitarbeiterinnen und Mitarbeiter.[99]

Innerhalb der Geschäftsführung bildet die Sozialarbeit nach wie vor einen Schwerpunkt. Unter anderem leistet diese Abteilung für die Senioren die Organisation und individuelle Betreuung im Altenwohnheim sowie Gemeinschaftsveranstaltungen, Krankenbesuche, Sprechstunden bei Sozialarbeiterinnen, sie regelt die Kinder- und Jugendfreizeiten und bietet den Gemeindemitgliedern Hilfe bei Behördenkontakten. Ein weiterer Schwerpunkt liegt bei den Bemühungen um die Zuwanderer aus der Gemeinschaft Unabhängiger Staaten (GUS). Neben Kontaktpflege und Betreuung in den Wohnheimen bietet die IRGW den Neuankömmlingen Unterstützung, Hinweise und erste Integrationshilfen. Als weiterer Bereich erscheint hier auch die Verwaltungsarbeit der inzwischen eingerichteten IRGW-Außenstelle in Ulm, und den -Kontaktstellen in Bad Mergentheim, Schwäbisch Hall, Heilbronn und Tübingen/Reutlingen. Sie entstanden durch die vom Land Baden-Württemberg organisierte Verteilung der Zuwanderer, die entgegen den Wünschen der IRGW nicht hauptsächlich in Stuttgart und Umgebung aufgenommen wurden und werden. In religiöser wie sozialer Hinsicht ist die Betreuungsarbeit der IRGW komplizierter und aufwendiger geworden. Als Voraussetzung für eine Kontaktstelle sollten mindestens 20 bis 30 jüdische Familien in einer Stadt oder in deren näherem Umkreis wohnen.[100]

Tägliche Sprechstunden stellen die Voraussetzung zur guten Kommunikation mit den Gemeindemitgliedern dar. Hinzu kommen interne wie externe Aufgaben: Koordination mit dem Landesrabbinat, der Hausverwaltung und Friedhofpflege, der koscheren Gaststätte, den Vereinen und Verbänden im IRGW-Umfeld sowie den Kontakten zum Zentralrat der Juden in Deutschland, der Zentralwohlfahrtsstelle, anderen jüdischen Gemeinden und Organisationen sowie zu Stadt und Land. Dazu zählt für den Geschäftsführer auch die Teilnahme an Vorstands- beziehungsweise Repräsentanzsitzungen und die Wahrnehmung externer Sitzungstermine.[101]

In der Verantwortung der stellvertretenden Geschäftsführung – als Verwaltungsleiterin wirkt hier seit kurzer Zeit Angelika Jung-Sattinger – liegt zum einen die komplette Organisation und Koordination von Terminen zwischen Vorstand beziehungsweise zwischen Landesrabbinat und Geschäftsführung, was auch die Erstellung der Sitzungsprotokolle einschließt. Zum anderen ist hier die Mitgliederverwaltung, alle organisatorischen Belange rund um den Kindergarten, die Personalverwaltung, die Produktion und Versendung der monatlich erscheinenden »Gemeindemitteilungen«, die Buchhaltung, Zuschussbearbeitung und die Immobilienverwaltung angesiedelt. Die »allgemeinen Sekretariatsaufgaben« beinhalten in der IRGW neben der Schreibarbeit, Posteingangsverwaltung und Ablage unter anderem auch Familienforschung und die dazugehörige Recherche.[102]

*Die Gemeindeentwicklung*

Zur weiteren Konsolidierung der Mitgliederzahl der Gemeinde trugen verschiedene Kriterien bei. Ab den fünfziger Jahren traten mehrere kleine Flüchtlingswellen auf. Durch den Slansky-Prozess in Prag sowie der so genannten »Ärzte-Verschwörung« in Moskau brach in der DDR eine neue Verfolgung gegen »Kosmopoliten« aus, die des Zionismus oder der Spionage bezichtigt wurden. Verdächtigt wurde dabei jeder, der einmal Pakete vom AJDC erhalten hatte. Es kam zu Durchsuchungen der Büroräume jüdischer Gemeinden. Zahlreiche jüdische Glaubensgenossen flüchteten – nicht zuletzt aufgrund des Aufrufs des damaligen Gesamt-Berliner Rabbiners Nathan Levinson, der später in Baden Rabbiner wurde – 1952/53 aus der DDR in den Westen. Auch die IKVW nahm sich ihrer an. Um ihnen einen Aufenthalt im Flüchtlingslager zu ersparen, kamen sie teilweise in leeren Räumen der Stuttgarter Synagoge unter.[103] Nachdem 1952 die Wiedergutmachungsgesetze in Kraft getreten waren, ergab sich neben der Rückwanderung deutscher Juden aus Israel aufgrund wirtschaftlicher Probleme zusätzlich eine jüdische Einwanderung. Dank dieser Gruppen konnte die Gemeinde 1954 nicht nur eine stabile Mitgliederzahl feststellen, sondern bereits einen kleinen Zuwachs verzeichnen.

Die günstige Wirtschaftsentwicklung in der Bundesrepublik ermutigte zwischen 1955 und 1959 mehr als 6000 Juden zur Rückwanderung – eine Entwicklung, die von deutscher Regierungsseite als Zeichen der Demokratisierung gegenüber dem Ausland angeführt wurde. Zu den Rückwanderungsgründen zählten Ansprüche auf Alters- oder Gesundheitsschadensrenten und teilweise der Beruf, besonders bei Juristen.

Die finanzielle Situation der Stuttgarter Gemeinde dagegen blieb in dieser Zeit ohne wesentliche Verbesserung. Sie konnte sich nicht allein aus Steuern und staatlichen Zuschüssen finanzieren, sondern war auf die Nutzung des Vermögens angewiesen, dass die frühere Gemeinde geschaffen hatte.[104]

Wenige Jahre später stießen erneut durch politische Krisen im Ostblock Emigranten aus Ungarn und Polen zur Gemeinde. Von ihnen blieben jedoch nur wenige; der Großteil wanderte bald nach Israel ab.[105] Nach dem 21.8.1968 trafen Flüchtlinge aus der damaligen Tschechoslowakei ein. Mit Hilfe der Gemeinde erhielten sie Wohnungen und Arbeitsplätze. Dieser Flüchtlingsstrom sollte so bald nicht abreißen – er hielt noch wie bei polnischen Zuwanderern bis 1970 an.[106] Dennoch war die Generation der Kinder und Jugendlichen unterrepräsentiert. Zum Teil war dies auch eine Konsequenz der Erziehung zur Emigration.[107] Junge Familien zogen ins Ausland, während die Gemeinde bereits deutlich überaltert war. 1961 konstatierte Landesrabbiner Dr. Bloch, dass »... die Situation der jüdischen Kinder im Galuth Aschkenas außerordentlich schwierig ist und sie wird schwieriger, je älter diese Kinder werden. Das ist die große Tragik, die über unserer Jugend liegt, sie ist isoliert.«[108]

Diese Sorge um die Gemeindezukunft blieb über Jahrzehnte hinweg erhalten – umso mehr, da die Zahl der Mitglieder nicht als realistisch betrachtet werden durfte. Denn in ihr waren Israelis, Studenten und Lehrer mit ihren Familien eingeschlossen – eine nicht unerhebliche Zahl junger Menschen, die aber nur vorübergehend in Stuttgart und Umgebung wohnten und in absehbarer Zeit wieder nach Israel zurückkehrten. In dieser Problematik befand sich jedoch die IRGW nicht allein. Alle jüdischen Gemeinden in der Bundesrepublik hatten mit dieser Situation zu kämpfen. Um den Jugendlichen Kontaktmöglichkeiten zu eröffnen, wurde daher ihre Teilnahme an Seminaren oder Jugendfreizeiten der Zentralwohlfahrtsstelle gefördert.[109]

Die Gemeinde hatte die Erfahrung gemacht, dass die heranwachsende junge Generation ihre Zukunft nicht in Stuttgart oder im Württembergischen plante. Der dauerhaft aktive Mitgliederanteil im Ehrenamt der IRGW war relativ gering. Aber nicht nur hier gab es Probleme. In Gemeinde- und religiösen Funktionen war das Personal knapp. Schon eine einzelne Pensionierung, wie beispielsweise bei Kantor Korman 1967, riss eine ganz erhebliche Lücke in die dünne Personaldecke, die sich nur schwer wieder schließen ließ.[110]

*Besuch von Ministerpräsident Lothar Späth im Gemeindezentrum der IRG (1990). V.l.n.r.: Ministerpräsident Lothar Späth, Landesrabbiner Dr. h.c. Joel Berger, Vorstandsmitglied Dipl. Ing. Arno Fern, Vorstandssprecher Meinhard Tenné, Senator h.c. Henry Ehrenberg*

*Jüdische Migranten aus der ehemaligen Sowjetunion*

Die Ministerpräsidentenkonferenz der Bundesrepublik stimmte am 9. Januar 1991 der Einreise sowjetischer Juden ohne zahlenmäßige Begrenzung zu. Die Zuwanderer wurden innerhalb der gesetzlichen Regelungen im Rahmen humanitärer Hilfsaktionen der BRD als »jüdische Kontingentflüchtlinge« bezeichnet. Die Verteilung auf die einzelnen Bundesländer orientiert sich am Asylbewerberschlüssel. Zum 31. Oktober 1991 waren dem Land Baden-Württemberg insgesamt 2640 Personen zugeteilt worden. Bis Anfang Januar 1992 kamen weitere 224 Neuaufnahmen hinzu.[111]

Die jüdischen Gemeinden in der Bundrepublik begrüßten diese Entwicklung sehr. Die IRGW engagierte sich von Anfang an für die Integration der Zuwanderer. Nach wie vor handelt es sich bei ihnen um einen hohen Prozentsatz von Akademikern, er lag 1992 bei 90 Prozent. Daran hat sich im Laufe der Jahre nichts Wesentliches geändert. Die Einwanderer sind hoch motiviert und hoffen, möglichst schnell Deutsch zu lernen, eine Wohnung und Arbeit zu finden. Ihr besonderer Status als »Kontingentflüchtlingen gleichgestellte Ausländer« gewährleistet ihnen unbefristetes Aufenthalts- und Arbeitsrecht. Sie selbst betrachten sich zum Teil als Flüchtlinge vor antisemitischen Repressalien im Beruf und vor der Rolle des Sündenbocks für alle möglichen Missstände. Andere wieder definieren ihre Immigration nicht als Flucht, da sie ihre Ausreise beantragt hatten und offiziell in die Bundesrepublik einreisen konnten.

Ihre in die Zukunft gesetzten Hoffnungen sind groß – trotz der Erkenntnis, dass sie wieder ganz von vorn beginnen müssen. Dass der frühere gesellschaftliche Status erst nach längerer Zeit oder eventuell nicht mehr erreicht werden kann, wird dagegen erst spät realisiert. Manche Sozialarbeiter sahen darin schon frühzeitig ein Problem. Sie befürchteten, dass die Zuwanderer nach dem Sprachkurs in ihren teilweise hohen Erwartungen bitter enttäuscht werden würden. Denn je älter Menschen sind, umso schwerer fällt das Sich-Anpassen an ein neues Umfeld, das Lernen einer fremden Sprache. Für jüngere Zuwanderer werden vom Arbeitsamt Sprachkurse angeboten, doch ältere Menschen haben darauf keinen Anspruch. Auf Frau Traubs Initiative hin werden aus diesem Grunde für die Älteren seit 1994 Deutschkurse von und in der IRGW angeboten, um auch ihnen die Integration zu erleichtern.

Angesichts der Überalterung in der Gemeinde hegte 1992 die IRGW selbst ebenfalls Hoffnungen und Erwartungen gegenüber den Zuwanderern. Die jüngere Generation sollte einen im Gemeindeleben bald aktiven Mitgliederzuwachs einbringen. Im jüdischen Kindergarten wurde entsprechend eine zusätzliche Gruppe für zwanzig Kinder geschaffen und in der Religionsschule konnten Neuaufnahmen verzeichnet werden. Tatsache ist aber, dass die meisten Familien mit drei Generationen, also auch mit den Großeltern nach Deutschland kommen. Daher hat sich bei den älteren Jahrgängen in der Gemeindestatistik eher noch eine Steigerung ergeben, die von den zugewanderten jüngeren Generationen nicht ausgeglichen werden kann. Ältere Immigranten erhalten keine Rente, können aber aufgrund ihres Alters hier im Westen nicht mehr ihren Beruf ausüben. Vielen fällt dieser Rückzug aus dem Arbeitsleben ohnehin schwer, besonders dann, wenn sie in den Ländern der GUS verantwortungsvolle Posten bekleidet hatten und nun zum Sozialfall werden. Das arbeitsfreie Rentnerleben ist für sie eine ungewohnte Erfahrung, da in der ehemaligen Sowjetunion bis ins hohe Alter gearbeitet wurde. Einigen gelingt die Verlagerung ihrer Aktivitäten ins Ehrenamt. Damit geben sie ihrem Leben nicht nur einen neuen Inhalt, sondern bewirken viel Gutes für andere.

Integration braucht Zeit und sie ist arbeitsintensiv – für Immigranten wie für die aufnehmende Gesellschaft. Teilweise resultieren Konflikte aus den zu hohen Erwartungen auf beiden Seiten. Manches Mal überfordern alteingesessene Gemeindemitglieder wie auch Neumitglieder einander gegenseitig. Mentalitätsunterschiede, enttäuschte Hoffnungen, Fehleinschätzungen und mangelnde Kenntnisse über die (bisherige) Lebensrealität der jeweilig anderen Seite führten jedoch in allen jüdischen Gemeinden Deutschlands zu Komplikationen.

Auch wenn inzwischen als die wichtigste Aufgabe der Gemeinde die Integration gilt: Angesichts des zweieinhalbfachen Zuwachses an Mitgliedern innerhalb von zehn Jahren waren und sind die finanziellen wie personellen Kapazitäten der Gemeinde überfordert. Laut den Angaben der Mitgliederstatistik der IRGW an die Zentralwohlfahrtsstelle der Juden in Deutschland wurden zum 1.1.1992 noch 679 Mitglieder angegeben, zum 1.1.2002 war ihre Zahl auf 2394 hochgeschnellt. Voraussichtlich werden bis zum Jahresende 2002 etwa 2500 Mitglieder zu verzeichnen sein.

Die Zuschüsse des Landes an die IRGW, die eine Integration der neuen Gemeindemitglieder fördern sollen, sind dabei knapp bemessen und in jedem Falle nicht ausreichend. Bemühungen um eine Erhöhung seitens des Vorstands sind noch im Gange.

Ein weiteres Ziel der IRGW besteht darin, möglichst alle Gemeindemitglieder im näheren Einzugsgebiet von Stuttgart (Umgebung von 50 km) unterzubringen. Distanzen von 150 km bleiben bei den Unterbringungsmöglichkeiten für die Neuzuwanderer nicht aus. Damit wird allerdings eine Betreuung von Stuttgart aus sehr erschwert. Gemeinsam mit der IRG Baden wurden seitens der IRGW diverse Eingaben bei den Behörden gemacht, die bislang aber alle zum Scheitern verurteilt waren.

Ein weiterer Problempunkt stellt die Zugehörigkeit zum Juden-

Quelle: IRGW AR, A Mitgliederversammlungen 1946 - 1954 und Vierteljahresmeldungen der Mitgliederstatistik der IKVW/IRGW an die Zentralwohlfahrtsstelle ab 1955

geschätzt

| Jahr | 1945 | 1946 | 1947 | 1949 | 1950 | 1951 | 1952 | 1953 | 1954 | 1955 | 1956 | 1958 | 1959 | 1960 | 1961 | 1962 | 1963 | 1964 | 1966 | 1967 | 1968 | 1969 | 1970 | 1971 | 1972 | 1974 | 1975 | 1976 | 1977 | 1978 | 1979 | 1980 | 1981 | 1983 | 1984 | 1985 | 1986 | 1987 | 1988 | 1989 | 1991 | 1992 | 1993 | 1994 | 1995 | 1996 | 1997 | 1998 | 2000 | 2001 | 2002 |
|---|---|---|---|---|---|---|---|---|---|---|---|---|---|---|---|---|---|---|---|---|---|---|---|---|---|---|---|---|---|---|---|---|---|---|---|---|---|---|---|---|---|---|---|---|---|---|---|---|---|---|---|
| Mitglieder | 250 | 301 | 1623 | 1756 | 681 | 611 | 523 | 543 | 550 | 540 | 569 | 590 | 622 | 651 | 685 | 712 | 725 | 737 | 721 | 721 | 750 | 778 | 763 | 802 | 839 | 781 | 795 | 784 | 778 | 755 | 724 | 714 | 700 | 703 | 704 | 712 | 717 | 685 | 688 | 691 | 670 | 679 | 1015 | 1368 | 1428 | 1474 | 1628 | 1814 | 2207 | 2290 | 2394 |

## Altersstruktur der IRGW 1955 bis 1985 (jeweils zum Jahresanfang)
Quelle: Vierteljahresmeldungen der Mitgliederstatistik der IKVW/IRGW an die Zentralwohlfahrtsstelle

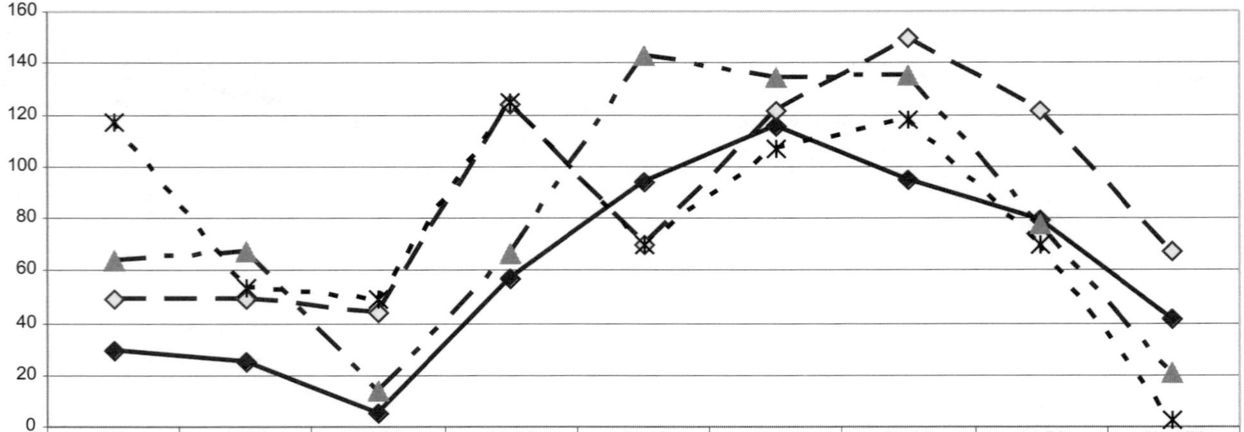

|       | 0-6 Alter | 7-15 Alter | 16-20 Alter | 21-30 Alter | 31-40 Alter | 41-50 Alter | 51-60 Alter | 61-70 Alter | über 70 Alter |
|-------|-----------|------------|-------------|-------------|-------------|-------------|-------------|-------------|---------------|
| 1955  | 29        | 25         | 5           | 57          | 94          | 115         | 95          | 79          | 41            |
| 1965  | 64        | 67         | 14          | 66          | 143         | 134         | 135         | 77          | 21            |
| 1975  | 49        | 49         | 44          | 124         | 70          | 121         | 150         | 121         | 67            |
| 1985  | 117       | 53         | 49          | 125         | 70          | 107         | 118         | 70          | 3             |

## Altersstruktur IRGW 1995 bis 2000 (jeweils zum Jahresanfang)
Quelle: Vierteljahresmeldungen der Mitgliederstatistik der IKVW/IRGW an die Zentralwohlfahrtsstelle

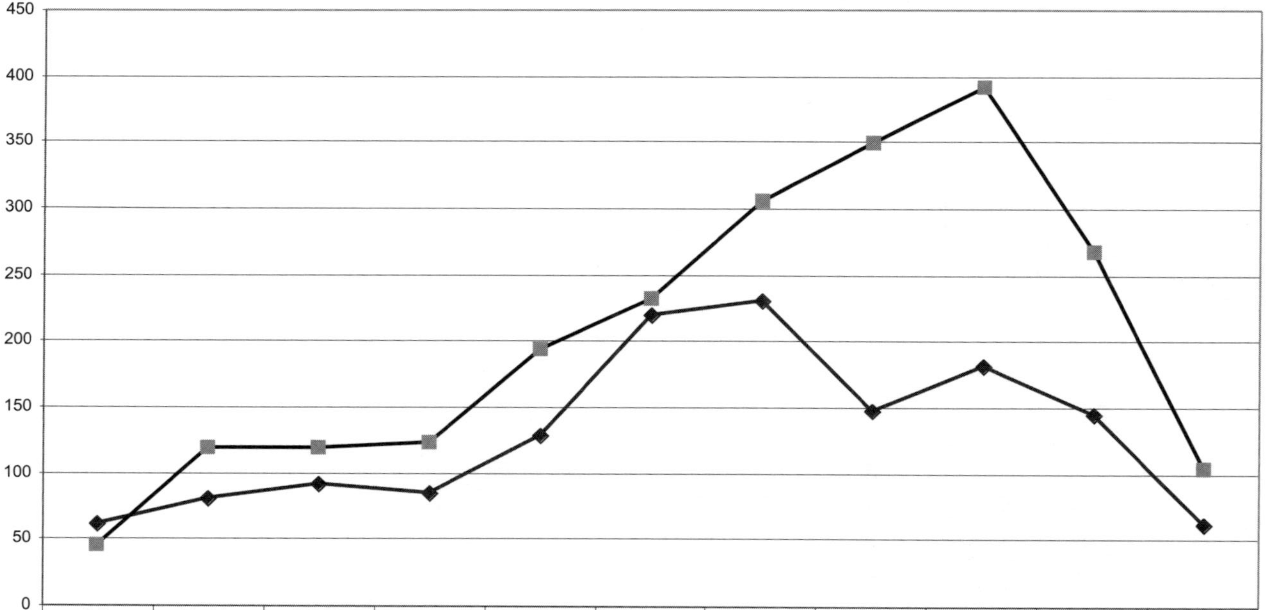

| | 0-6 | 7-11 | 12-16 | 17-21 | 22-30 | 31-40 | 41-50 | 51-60 | 61-70 | 71-80 | über 80 |
|---|---|---|---|---|---|---|---|---|---|---|---|
| 1995 | 61 | 81 | 91 | 85 | 128 | 219 | 230 | 147 | 181 | 144 | 61 |
| 2000 | 45 | 118 | 118 | 123 | 194 | 232 | 305 | 349 | 391 | 267 | 104 |

tum dar. Nach der Halacha, dem jüdischen Religionsgesetz, ist nur die Person Jude, die eine jüdische Mutter hat oder ordnungsgemäß in den jüdischen Glauben aufgenommen wurde. Dennoch wurden aber Repressalien auch gegen Menschen in der ehemaligen Sowjetunion ausgeübt, die »nur« einen jüdischen Vater hatten. Damit stellt sich die Frage, inwiefern diese Person und ihre Familie ein Anrecht auf die Unterstützung der jüdischen Gemeinden in Deutschland haben, die selbst längst an die Grenzen ihrer finanziellen Kräfte gestoßen sind. Aus dieser Situation können krasse Härtefälle entstehen. Die Diskussion allein zu diesem Themenkomplex dauert noch an.

Die IRGW ist sehr darum bemüht, jedem neuen Mitglied den Einstieg ins neue Lebensumfeld zu erleichtern. Um auch Neulinge mit aktuellen Informationen zu versorgen, werden die Gemeindemitteilungen übersetzt. Auch Gebetbücher und Bibeln in russischer Übersetzung wurden angeschafft.

Die Aspekte rund um die Zuwanderung aus den Staaten der GUS sind äußerst komplex. Eine für alle Seiten akzeptable Lösung kann nur allmählich gefunden werden. Der Wunsch, in Deutschland größere jüdische Gemeinden zu etablieren, ging allem Anschein nach vorschnell in Beschlüsse und Regelungen über, die mittlerweile zu erheblichen Problemen geführt haben.

Positiv ist aber zu werten, dass der überwiegende Teil der Neumitglieder Deutschland nicht als Durchgangsland betrachtet, sondern hier Fuß fassen will. Bei den Kindern verläuft die Integration am einfachsten. Sie lernen nicht nur sehr schnell die deutsche Sprache, sondern bringen inzwischen sehr gute schulische Leistungen. Auf ihnen ruhen nun alle Hoffnungen hinsichtlich der weiteren Existenz der Gemeinden.[112]

# Repräsentanz- und Vorstandsmitglieder von 1945 bis 2002[113]

Kurt Baum
Ivan Bergida
Michael Bludnikov
Alexander Boguslowski

Abraham Chmelnik
Willy Colm

Henry Ehrenberg

Louis Falkenstein
Hans Feitl
Arno Fern
Jakob Fern
Michael Fundaminski

Jakob Goldberg
Ernst Guggenheimer
Moritz Gundelfinger

Käte Harter
Sigmund Helfer
Jenny Heymann
Yael Hiller-Gutmann

Albrecht Isaack
Frau Tony Isaack
Bertilla Jontofsohn
Marc Jontofsohn

Fredy Kahn
René Kahn
Israel Kaminski
Michael Kashi
Paul Kaufmann
Andreas Kleimann
Alfred Korn

Julius Landauer
Hanne Leus
Adolf Levy
Friedrich Lewin
Awiwa Lipowitsch

Roman Mandelbaum
Alfred Marx
Roman Mayer
Norbert Moschytz

Pinkas Offner
Benno Ostertag

Robert Perlen

Ischo Rosenberg
Heinrich Rosenrauch
Michael Rubinstein

Albert Schloss
Symche Schlösser
Chaskel Schlüsselberg
Amnon Schmueloff
Izak Sikuler
Hermann Spielmann
Jakob Stern
Gabriele Süßkind
Herbert Süßkind

Inge Tenné
Meinhard Tenné
Barbara Traub

Josef Warscher
Julius Weinberg
Martin Widerker
Simon Winograd
Berthold Wolf

## Ereignisse und Veränderungen in der IKVW/IRGW – eine Kurzchronik

Über die Jahrzehnte spielten verschiedene Veränderungen und Ereignisse teilweise massiv in das Alltagsleben der Gemeinde hinein. An dieser Stelle sollen nur die besonders herausragendes Geschehnisse genannt sein.
- Dank der Initiative des US-amerikanischen Chaplain Eskin wird am 9. Juni 1945 die Gemeinde in Stuttgart als »Israelitische Kultusvereinigung Württemberg« wieder gegründet. Der erste Gemeindeausschuss besteht aus zehn Personen. Das Gebäude Reinsburgstraße 26 fungiert provisorisch als Gemeindehaus mit einem Betsaal und verschiedenen sozialen Einrichtungen.
- 1948 gibt die IKVW sich eine neue Satzung. Sie wird wieder als Körperschaft des öffentlichen Rechts anerkannt. Erstmals wird ein »Landesrabbiner« eingestellt: Professor Dr. Heinrich Guttmann.
- Im Sommer 1950 kann die Gemeindeverwaltung in den Neubau der Hospitalstraße 36 umziehen.
- Wenige Tage nach der Gründung des Landes Baden-Württemberg wird die neue Synagoge in Stuttgart am 18. Ijar 5712 / 13. Mai 1952 feierlich eingeweiht.
- Zu Beginn des Jahres 1966 stattet der erste israelische Botschafter in der Bundesrepublik, Asher Ben Natan, der Landesregierung und der jüdischen Gemeinde in Stuttgart einen Besuch ab. Mehrere festliche Empfänge werden veranstaltet. Kurz zuvor sind am 12. Mai 1965 offiziell diplomatische Beziehungen zwischen dem Staat Israel und der Bundesrepublik Deutschland aufgenommen worden.[114]
- Um diese Beziehung zu stärken, findet vom 17. bis 23. März 1969 in der Landeshauptstadt die erste Israel-Woche Deutschlands statt. Die Bevölkerung erhält Gelegenheit, Israel durch ein breit gefächertes Programm aus Kultur und Produktangeboten kennen zu lernen. Um persönliche Kontakte zu knüpfen, reisen Israelis nach Stuttgart. Unter ihnen befinden sich auch ehemalige Bürger der Stadt.[115]
- Nach dem Attentat auf israelische Sportler bei der Olympiade in München 1972 findet in der Synagoge in Anwesenheit von Oberbürgermeister Klett ein Trauergottesdienst statt. Junge Gemein-

demitglieder regen zu einem Schweigemarsch von der Hospitalstraße zum Rathaus am 7. September an, an dem sich zahlreiche Stuttgarter Bürger beteiligten.[116]

- Ähnlich wie beim Sechs-Tage-Krieg wird wieder eine große Sammlung in der Gemeinde anlässlich des Jom Kippur-Kriegs 1973 durchgeführt. Nach dem Jom-Kippur-Krieg entsteht innerhalb der IRGW eine neue Kommission, die sich mit Sicherheitsfragen beschäftigt. Die Gefahr arabischer Terroranschläge zwingt 1976 zur Einrichtung von Schutzvorkehrungen. Diese Kommission besteht anfangs aus den Gemeinde- bzw. Repräsentanzmitgliedern Korn, Mayer und Widerker. Die Installation einer Alarmanlage, der Umbau im Eingangsbereich zu einer Schleuse und die Überwachungskamera stammen aus dieser Zeit.[117]
- Im September 1979 stirbt Landesrabbiner Dr. Bloch. Sein Nachfolger wird Dr. h.c. Joel Berger.
- Ab 1991 kommen jüdische Zuwanderer aus der ehemaligen Sowjetunion nach Baden-Württemberg. Die IRGW legt großen Wert darauf, dass diese neuen Gemeindemitglieder in der Nähe Stuttgarts wohnen können.
- Da viele ältere Menschen zu ihnen zählen, entstehen 1995 erste Pläne für ein »Altersheim«. Dieses Projekt geht auf den Vorschlag von Martin Widerker zurück. Der Neubau »Altersgerechtes Wohnen« in der Firnhaberstraße kann von den Senioren am 1. Oktober 1999 bezogen werden. Nur Gemeindemitglieder über 60 Jahre sind hier wohnberechtigt. Wenig später wird das Seitenhaus und das Verwaltungsgebäude aufgestockt. Es kann 2000 bezogen werden.
- Die langjährigen Bemühungen des Vorstands um einen eigenen Sportplatz bringen 1999 endlich ein Ergebnis. Die Stadt Stuttgart tauscht mit der IRGW den Botnanger Platz offiziell zum 1. Januar 2000 mit einem Sportplatz in Feuerbach aus, der nach der Sanierung durch die Stadt ab 2002 bespielbar sein soll.[118]

## Gemeindeeinrichtungen

Für die Verantwortlichen stand bei der Wiederbegründung der Gemeinde neben der notwendigsten Grundversorgung im sozialen Bereich im Mittelpunkt, den Gemeindemitgliedern eine religiöse und kulturelle Betreuung durch entsprechende gemeindeinterne Institutionen anzubieten.

Von größter Bedeutung war ein angemessener Rahmen für die Gottesdienste. Deshalb wurde als Erstes der Betsaal im Eskin-Haus eingerichtet. Noch deutlicher tritt dieser Gedanke hervor, als bei den Bauprojekten in der Hospitalstraße anfangs lediglich an den Neubau einer Synagoge gedacht wurde. Die Notwendigkeit eines eigenen Gemeindehauses, das zwar auch weitere rituelle Einrichtungen einschließen, aber eben doch im Wesentlichen für Verwaltungszwecke dienen sollte, kam erst später ins Gespräch. Provisorisch wurde eine Mikwe, ein Ritualbad, während der ersten Nachkriegsjahre im Hinteren Vogelsang eingerichtet. Auch wenn sie wenig genutzt wurde, so war es für die Gemeinde doch Pflicht, im Keller des neuen Gemeindehauses ebenfalls eine Mikwe einzurichten. Dort stand sie ab dem 7. November 1951 zur Verfügung.[119]

*Landgerichtspräsident Alfred Marx spricht anlässlich einer Veranstaltung in den sechziger Jahren im Gemeindesaal. Rechts neben Marx: Senator h.c. Henry Ehrenberg, Ehrenvorstandsmitglied der IRGW*

Der zweite Hauptaspekt galt der Wiederbesetzung des Rabbinats. So bald wie möglich wurde auch diesem Wunsch entsprochen (vgl. Das Landesrabbinat S. 265).

Von den ersten Rabbinen hing nicht allein die Intensität der religiösen Betreuung ab, sie bestritten in den frühen Jahren der Gemeinde den Löwenanteil der Kulturarbeit.

Landesrabbiner Professor Dr. Guttmann bot Vorträge über jüdische Geschichte und auch einen Kurs für Iwrith, dem modernen Hebräisch, an, doch mangels Beteiligung fiel er aus.[120] Ähnlich erging es seinem Amtsnachfolger Dr. Neufeld.

*Kulturangebote*

So kam es nicht von ungefähr, dass Marx 1954 – kaum ein halbes Jahr nach dem Amtsantritt Dr. Blochs – feststellte, mit diesem Landesrabbiner hätte die Gemeinde einen kulturellen »Aufschwung« genommen.

»Erstmals sind unsere Kinder mit Aufführungen in Erscheinung getreten und erstmals ist ein Unterricht in Iwrith für Erwachsene zustande gekommen. ... Ich rufe unsere Maler und Dichter, unsere Musiker und

*Jährlich wird zum Neujahrsempfang im Saal des Gemeindezentrums eingeladen. (2001)*

sonstigen Künstler an die Front. ... Seitdem man sogar einmal mich in einem jüdischen Chor brauchen konnte, halte ich nichts mehr für unmöglich. Aber auch Sportgruppen und Wandergruppen für unsere Jugend sollten ins Leben gerufen werden, um sie, die vielleicht noch unter furchtbaren Erlebnissen in frühester Kindheit leiden, wieder zu frischen und frohen Menschen zu machen.«[121]

Die meisten Initiativen Dr. Blochs zeigten Bestand. Ihm gelang es, über die Kinder auch die erwachsenen Mitglieder bei gemeinsamen Festen ins Gemeindeleben einzubeziehen. Die Kinder waren nicht allein die Zukunft der wiedererstandenen Gemeinde, sie repräsentierten den Erhalt jüdischer Religion und Kultur. Und in beides sollten Kinder wie auch ihre Familien fester eingebunden werden.

Die Organisation in der Kulturarbeit ist aufwendig. Um den Vorstellungen der Gemeindemitglieder möglichst nahe zu kommen, trug Dr. Bloch sich 1961 mit der Absicht, gemeinsam mit anderen Interessierten einen Kulturausschuss zu gründen. Bereits 1965 bot er ein breites Veranstaltungsspektrum. Angefangen bei jüdischem Kabarett, Auftritten von Sängern aus Israel, über wissenschaftliche Vorträge, Filmvorführungen, Erwachsenen- wie Kinderveranstaltungen zum Jom Haazamauth (Nationalfeiertag zur Gründung des Staates Israel) wurden hier auch religiöse Feste organisiert.[122] Doch nicht jeder gute Ansatz erwies sich als lebensfähig. Vieles verlor seinen anfänglichen Schwung und ging unter. Beispielsweise der von Marx erwähnte jüdische Chor löste sich nach kurzer Zeit wieder auf.[123] Der Kulturausschuss dagegen arbeitete erfolgreich weiter. Besonders im Vergleich mit dem Angebot vor einigen Jahren konnte er sein vielseitiges Programm inzwischen verdoppeln.[124]

*Bibliotheken*

Für eine Bibliothek und einen Lesesaal bestanden bereits 1947 Pläne, als es hieß, unter Einbeziehung eines Nachbargebäudes des Eskin-Hauses könnte die Gemeinde sich dort dauerhaft sogar mit einem Restaurant etablieren. Doch beides ließ sich erst im Neubau der Hospitalstraße realisieren. 1966 leitete die Kindergärtnerin Esther Bitterwolf die Leihbücherei nebenamtlich. Da die Bibliothek 1974 noch auf der Gebäudeseite der Hospitalstraße untergebracht war,

*Besuch von Ministerpräsident Erwin Teufel in der Bibliothek der IRGW. V.l.n.r.: Senator h.c. Henry Ehrenberg, Ministerpräsident Erwin Teufel, Meinhard Tenné, Landesrabbiner Dr. h.c. Joel Berger, Herr Engelhardt*

musste sie wegen des Einbaus von Sicherheitsvorkehrungen vorübergehend geschlossen werden.

Unter der Leitung von Herrn Engelhardt stieg die Bibliothek zum »Mittelpunkt jüdischen Wissens« der Gemeinde auf. Sie enthält neben einem reichen Judaica-Bestand einige wertvolle Folianten, die über den Zweiten Weltkrieg gerettet werden konnten. Herr Engelhardt investierte viele Jahre ehrenamtlicher Arbeit und auch finanzielle Mittel in die Bücherei. Aufgrund einer schweren Erkrankung musste er diese Lieblingstätigkeit aufgegeben. Inzwischen wird die Bücherei von Herrn Finkel betreut.[125] Seit einigen Jahren existiert außerdem eine separate Jugendbibliothek.

*Sozialbetreuung*

Zum Sozialbereich zählte auch die ärztliche Betreuung der Gemeindemitglieder. Im Eskin-Haus stand eine Ambulanz zur Verfügung. Bei sozialen Härtefällen kam Dr. med. Falkenstein auch zur Hausvisite. Ähnliches bietet die Gemeinde heute wieder. Ausgerichtet an

*Purim-Feier mit Frau Hanne Brauer, erste Kindergärtnerin der IRGW*

*Kindergärtnerin Towa Gorski mit »ihren« Kindern in den sechziger Jahren*

den aktuellen Bedürfnissen können Mitglieder im Gemeindehaus Russisch sprechende Ärzte konsultieren: einen Allgemeinarzt, eine Hals-Nasen-Ohren-Ärztin, eine Augenärztin, einen Kardiologen und einen Psychologen sowie einen Internisten und einen Hautarzt.[126]

Kranke, arbeitsunfähige und ältere Gemeindemitglieder wurden regelmäßig von Ehrenamtlichen oder Gemeindemitarbeitern der Sozialabteilung durch Hausbesuche betreut und konnten finanzielle Unterstützung erhalten. Zusätzlich wurden und werden für Senioren Ausflüge und Kaffeenachmittage organisiert.[127] Inzwischen hat Sevilla Lichtholz einen Seniorenclub eingerichtet.[128]

*Kindergarten*

Für die Jüngsten in der Gemeinde stand schon in den 50er-Jahren ein Kindergarten zur Verfügung. Seine erste Leiterin war Hanne Brauer. Durch ihren Schauspielberuf brachte sie in diese Aufgabe viel Phantasie, Witz und Musikalität ein. Von der liebevollen Gestaltung der Chanukka- und Purim-Theaterstücke, die von den Kindern und Jugendlichen aufgeführt wurden, zeugen die Gemeindefestschriften zu Rosch Haschana und Pessach noch immer. Spielgerät, wie die Rutsche, wurde im Synagogenvorraum oder im daran anschließenden Garten aufgebaut. Ihre Tätigkeit im Kindergarten beendete Hanne Brauer 1958. Es erwies sich allerdings als schwierig, in Deutschland eine jüdische Kindergärtnerin zu finden. Daher wurde vorübergehend eine nichtjüdische Mitarbeiterin eingestellt. Der Kindergarten war unterschiedlich stark besucht. 1966 unter der Leitung von Esther Bitterwolf kamen durchschnittlich zwölf Kinder, 1969 schon 20. Aber bereits drei Jahre später war die Zahl wieder auf zehn Kinder gesunken.[129] Aufgrund Personalmangels musste der Kindergarten für einige Zeit geschlossen werden. Nachdem Martin Widerker in Israel die Erzieherin Ruthi Stock für die Stelle in Stuttgart gewonnen hatte, leitete sie den Kindergarten bis 1992. Anfangs war für sie die geringe Zahl der Kinder ungewohnt. In Israel hatte sie Gruppen mit bis zu 35 Kindern betreut, in Stuttgart kamen teilweise nur fünf Kinder. Zu den Schwerpunkten im jüdischen Kindergarten zählen die Festtage, da über sie die religiösen Inhalte an die Kinder herangetragen werden. Durch Geschichten lernen die Kinder schnell das Wesentliche

*Chanukka-Feier mit Schülern der IRGW, Ende der fünfziger Jahre*

und können damit kreativ umgehen. Bei relativ kleinen Kindergruppen ist diese Vermittlungsarbeit schwierig. Frau Stock betrachtete es als ihre Hauptaufgabe, dass die Kinder im jüdischen Glauben und gleichzeitig in ihrer Bindung zu Israel als dem Land der Juden gefestigt wurden. Aber auch der gute Kontakt mit den Eltern war Ruthi Stock wichtig. Abgesehen von Hausbesuchen feierte sie mit den Kindern und ihren Familien gemeinsam religiöse Feste im Kindergarten.

Nach dem Umbau im Gemeindehaus erhielt der Kindergarten neue, großzügigere Räumlichkeiten und eine moderne Ausstattung. Kinder von außerhalb wurden früher mit Taxis in den Kindergarten gefahren. Inzwischen ist dafür ein gemeindeeigener Hol- und Bringdienst eingerichtet worden.[130] Zu Beginn des Jahres 2002 kamen 17 Kinder in den Kindergarten.[131]

## Jugendbetreuung

Die Jugendarbeit der IKVW wurde 1949 gemeinsam mit der Beth Bialik Schule innerhalb des DP-Lagers Reinsburgstraße organisiert. Als Erste wurden hier die Studienrätin Jenny Heymann gemeinsam mit Dr. Falkenstein und dem Repräsentanzbeirat Dr. Szulim Lewy aktiv.[132] Landesrabbiner Dr. Bloch und Maria Rosenkranz setzten diese Arbeit in den 50er-Jahren fort. Ihr gemeinsames Hauptziel lautete: »... den Kindern das Judentum lieb zu machen, damit sie mit Freude sich hineinleben können.« Auch sie hoben die große Bedeutung der Festvorbereitungen zusammen mit den Kindern hervor, setzten allerdings durch den Hebräischunterricht einen neuen Schwerpunkt.[133]

Eine stabile Jugendorganisation entwickelte sich erst ab 1960. Diese Gruppe, Jugendliche über 12 Jahre, traf sich wöchentlich unter der Leitung von Ruth Amisar und war der Zionistischen Jugend in Deutschland angeschlossen. Im selben Jahr hatte die Elternversammlung mit dem Vorsitzenden Herrn Stapler erstmals einen Elternrat gewählt. Dem Elternrat wurde ein pädagogischer Beirat aus Repräsentanzvertretern, Eltern und pädagogischem Personal beigegeben.[134]

Durch die Teilnahme an Jugendfreizeiten in der Schweiz oder in Israel sollten die Kinder im Judentum stärker verwurzelt werden, da hier besonders jüdische Traditionen gepflegt wurden. Pädagogisches Ideal und Ziel war, die Jugendlichen auch in der Diaspora zu bewussten und stolzen Juden zu erziehen. Ein wesentlicher Aspekt war hierbei die Organisation von regelmäßigen und durch die Gemeinde geförderte Veranstaltungen im jüdischen Umfeld.[135] Seit Mitte der 60er-Jahre organisierten Jugendleiter, unter anderen Esther Bitterwolf, Arno Fern und Meir Lemberger, große Wanderungen, Skitouren und Reisen zu anderen jüdischen Jugendgruppen. Jeweils für die Winter- beziehungsweise Sommerferien wurden spezielle Programme entwickelt. Ab 1967 verfügten die Jugendlichen über separate Räumlichkeiten.[136]

Im neu eingerichteten Jugendzentrum Morijah[137] wird an zwei Sonntagen im Monat Programm geboten. Partys je nach Altersstufe oder größere gemeinsame Unternehmungen wechseln mit den Aktivitäten der Arbeitsgruppen »Tanzen« oder »Kochen« ab. Eine Band befindet sich gerade im Aufbau. Jüdische Identität soll hier über die entsprechende Themen bei allen Jugendlichen gefördert werden und gleichzeitig integrativ wirken. Morijah will – so die Jugendleiterin Saskia Kahn, die hier wesentliche Organisationsarbeit leistet – Treffpunkt und Anlaufstelle für alle möglichen Belange von jüdischen Kindern und Jugendlichen sein, auch wenn sich Spannungen zwischen Zuwanderer- und deutschen Jugendlichen nicht immer vermeiden lassen.[138]

*Die Religionsschule*

Die Erteilung des jüdischen Religionsunterrichts gestaltet sich in Deutschland seit dem Holocaust organisatorisch äußerst schwierig. Mangels einheimischer Lehrkräfte wurden und werden Lehrer und Lehrerinnen jeweils nur für wenige Jahre aus dem israelischen Schuldienst für eine Tätigkeit in Deutschland beurlaubt. Zwangsläufig waren beziehungsweise sind jüdische Schülerinnen und Schüler deshalb mit häufigem Personalwechsel wenn nicht sogar -mangel konfrontiert. Zusätzlich fehlte anfänglich ein »roter Faden« im Unterricht. Eva Warscher, Jahrgang 1953, erinnert sich, dass der Unterricht durch den Lehrerwechsel »immer wieder bei Null« anfing.[139]

Gleichzeitig erfordert die spezielle Situation der jungen Juden in Deutschland eine äußerst personalintensive Betreuung. Die Kinder und Jugendlichen sind nicht nur in verschiedenen Schulen einer Stadt zu betreuen, sondern leben mit ihren Familien zum Teil über ein ganzes Bundesland verstreut. Für sie kann der Religionsunterricht nur stattfinden, weil die Gemeinden ihre Religionslehrer zu den Kindern schicken, die dann in Kleinstgruppen oder sogar einzeln Unterricht erhalten. Auf diese Weise wurden 1960 in Stuttgart 46 Kinder unterrichtet, weitere 20 in übrigen Orten.[140] Bis 1969 war die Organisation des Religionsunterrichts immer komplizierter geworden; es mussten 85 Schüler an etwa 60 verschiedenen Schulen und dort wieder in verschiedenen Klassen betreut werden. Die damit verbundenen organisatorischen und termintechnischen Schwierigkeiten konnten auch von den damals vier hauptamtlichen Lehrern, dem Landesrabbiner und dem Kantor, Herrn Kleinmann, nicht vollständig bewältigt werden.[141]

Verschiedenen Ansätzen zu einem geregelten Religionsunterricht folgend, wurden in der Schulkommission 1971 konkretere Schritte unternommen. Paul Rosenkranz legte einen Lehrplan für Kinder aller Altersstufen vor.[142] In diesem Lehrplan stand der Unterricht in Neuhebräisch nicht im Vordergrund; er sollte als Privatunterricht außerhalb des Religionsunterrichts stattfinden. Das Eingebettetsein eines Kindes im jüdischen Leben betrachtete er als die eigentliche Aufgabe des Unterrichts. Jeweils zwei Klassenstufen wurden in eine Gruppe zusammengefasst, ohne allerdings zwischen den Schularten zu differenzieren.[143]

Abgesehen vom Lehrplan musste außerdem die reguläre versetzungsrelevante Benotung des jüdischen Religionsunterrichts bei den Schulämtern in Baden-Württemberg durchgesetzt werden. Bisher beruhte die Eintragung der Zeugnisnote für jüdische Religion gewissermaßen auf der Freiwilligkeit der jeweiligen Schule. Landesrabbiner Dr. Bloch setzte sich bei den Behörden nachhaltig für eine Änderung in dieser Angelegenheit ein, sollte aber den Erfolg nicht mehr erleben. Auch der Zentralrat und der IRGW-Vorstand korrespondierten mit dem Kultusministerium Baden-Württemberg. Als Elternbeiratsvorsitzender der Religionsschule ergriff 1980 Meinhard Tenné die Initiative. Er entwickelte einen neuen Lehrplan, der je nach Schulart den jüdischen Religionsunterricht mit verschiedenen Inhalten und Schwerpunkten neu gewichtete. Orientiert am Unterrichtsaufbau der christlichen Konfessionen berücksichtigte er jede einzelne Klassenstufe bis hin zu den Grund- und Leistungskursen am Gymnasium. Mit der Zustimmung des neuen württembergischen Landesrabbiners Berger und dem badischen Landesrabbiner Dr. Levinson wurde der Plan beim Kultusministerium eingereicht und anerkannt. Das Fach war damit versetzungsrelevant und gegenüber dem christlichen Konfessionsunterricht gleichberechtigt. Nach kurzer Zeit orientierten sich auch die badischen Gemeinden an diesem Lehrplan.[144] Inzwischen werden nach diesen Vorgaben 178 Kinder und Jugendliche in jüdischer Religion unterrichtet (Stand: Februar 2002).[145]

*Restaurant und Metzgerei*

Die Einrichtung eines koscheren Restaurants ist für eine jüdische Gemeinde Pflicht. Unabhängig von der Anzahl der Gemeindemitglieder, die die Kashrut, die Speisevorschriften, einhalten, sollte das Angebot einer koscheren Küche, die von der Gemeinde mitgetragen wird, der Tradition gemäß gegeben sein.

Zur Führung einer koscheren Küche sind entsprechende Lebensmittel, also auch koscheres Fleisch notwendig. Als weiteres von der Gemeinde unterstütztes Angebot an ihre Mitglieder bestand für kurze Zeit in Stuttgart eine koschere Metzgerei. Den Anstoß zur »Einrichtung einer koscheren Metzgerei mit Wurstfabrikation« gab der Unterausschuss des Synagogenbeirats. Bei einer Besprechung am 26. Juni 1960 kamen Landesrabbiner Dr. Bloch, die Herren Szwinkelstein,

Zyttenfeld und als Sachverständiger der Baisinger Viehhändler Harry Kahn überein, dem IKVW-Vorstand diesen Vorschlag zu übermitteln: »Es muss ein richtiger Metzgerladen mit Straßenfront eröffnet werden.«[146] Ende September 1961 fiel die Entscheidung zugunsten der Einrichtung einer Metzgerei, die in der Ludwigsstraße von der IKVW mit dem Rexinger Ehepaar Heimann als Betreiber am 31. Januar 1962 eröffnet wurde.[147]

Doch bald stellte sich heraus, dass der Absatz von koscherem Fleisch nicht im gedachten beziehungsweise ausreichenden Maße gegeben war. »Das Geschäft hat sich laut Angabe von Heimann nicht wie erwartet entwickelt und der Umsatz geht zurück. Grund: Wahrscheinlich legen doch nicht so viele unserer Mitglieder Wert auf koscheres Fleisch.« Geschäftsführer Wollach gab deshalb zu bedenken, dass es für die IKVW wesentlich kostengünstiger wäre, zur Koscherfleischversorgung der Gemeindemitglieder die Metzgerei aufzugeben und lediglich eine entsprechende Verkaufsstelle in den Gemeinderäumlichkeiten einzurichten

Nach der Schließung der Metzgerei wurde ab dem 1. August 1963 mithilfe der Belieferung einer Münchner Großschlächterei im Gemeindehaus ein kleiner Laden mit koscheren Lebensmitteln eröffnet.[148] Inzwischen wird die Fleischversorgung durch Einkäufe in Frankfurt und Straßburg abgedeckt.[149]

## Vereine, Verbände und kulturelle Initiativen

*Chewra Kadischa*

Die »Heilige Gesellschaft« hat traditionell die Aufgabe der rituellen Totenbestattung. Dieses Ehrenamt, das gleichzeitig eine religiöse Pflicht, eine Mizwa, ist, genießt von alters her in jüdischen Gemeinden hohes Ansehen. Sowohl für Männer als auch für Frauen besteht jeweils eine Chewra.

Für die Gründung der ersten Chewra Kadischa in der IKVW setzte sich Julius Weinberg im August 1946 ein. Er bat dringend um Spenden von Leintüchern und geeignetem weißen Stoff zur Totenkleidung. Textilien waren zu dieser Zeit lediglich auf Bezugsscheine zu erhalten, also noch äußerst knapp.[150] Seine Bemühungen hatten bestenfalls vorübergehenden Erfolg. Denn 1952 wurde in der Mitgliederversammlung erwähnt, dass unter Leitung von Herrn Helfer durch Landesrabbiner Dr. Neufelds Anstrengung eine Chewra Kadischa gegründet worden sei, allerdings ohne Pendant auf weiblicher Seite.[151]

Spätestens seit 1961 hatte sich dank Frau Michelbacher auch bei den Frauen eine Chewra Kadischa etabliert. Aushilfsweise betreuten IKVW-Mitglieder sogar über den eigenen Gemeindebezirk hinaus in Baden jüdische Bestattungen.

Mit den Jahren ergab sich ein kleiner, relativ konstanter Kreis von Helfern und Helferinnen. 1976 zählten zu ihnen Frau Lorch, Frau Rosenkranz, Frau Sittenfeld und Sigrid Warscher sowie Jakob Fern, die Herren Weiss und Zytenfeld. Für das Jahr 2001 wurden als Aktive Bela Feldmann, Yael Hiller-Gutman, Sofia Kossowskaja, Sigrid und Eva Warscher sowie Herr Ganth stellvertretend genannt.[152]

*Verein »Wilhelmspflege« Esslinger Waisenhaus*

Ende 1947 bemühten frühere Vereinsmitglieder sich um die Wiederbegründung des Vereins »Wilhelmspflege«, der bis zur Enteignung Besitzer des Esslinger Waisenhauses war. Auch hier ergriffen in erster Linie wieder Dr. Benno Ostertag und der Erbauer des Instituts, Ernst Guggenheimer, zusammen mit Alfred Marx die Initiative. Am

27.8.1948 wurden Jakob Stern und Guggenheimer in den Vorstand des wieder gegründeten Vereins gewählt.

In diesem Gebäude lebten inzwischen etwa 100 jüdische Kinder im Alter von einem Jahr bis 18 Jahren. Sie waren Waisen oder ihre Eltern lebten in württembergischen und bayerischen DP-Lagern. Das Kinderheim wurde vom der JRSO und dem AJDC betrieben, was sich aber nach der Währungsumstellung 1948 bald als problematisch herausstellte. Der Weiterbestand hing von den Wiedergutmachungsregelungen beziehungsweise an den Auszahlungsmodalitäten ab, die von deutschen Behörden zu diesem Zeitpunkt nur an deutsch-jüdische Organisationen geleistet werden konnten. Deshalb wurde die Wiedergründung des Vereins »Wilhelmspflege« nötig. Kinder und Jugendliche sollten hier besser versorgt und angenehmer untergebracht werden, als es in den DP-Lagern möglich war. Aber auch zur Erholung konnten deutsch-jüdische Kinder hier aufgenommen werden. Im Sommer 1949 änderte sich die Lage durch die starke Auswanderung. Das Waisenhaus wurde in ein Heim für tuberkulöse jüdische DPs umgewandelt. Der Verein Wilhelmspflege trat dabei nicht mehr in Erscheinung. Schließlich wurde das Esslinger Waisenhaus im Abkommen zwischen der IKVW und der JRSO letzterer zugesprochen.[153]

## Vereinigung der aus Theresienstadt Befreiten

Nach der Stuttgarter Vereinsgründung am 6. Juli 1946 amtierten Wolfgang Peisach und Harry Hess als Vorsitzende. In Hamburg und Berlin entstanden ähnliche Organisationen mit der Bezeichnung »Die aus Theresienstadt e.V.«, die ihren Gemeinden das ausschließliche Vertretungsrecht in jüdischen Angelegenheiten streitig machten. Die Stuttgarter Vereinigung verstand sich zwar ebenfalls als Interessenvertretung, jedoch ohne gemeindepolitische Ambition.

»Der Grundgedanke war, auf keinen Fall ein Konkurrenz-Unternehmen zu schon bestehenden Hilfsorganisationen zu bilden, wie die der Israelit. Kultusgemeinde oder des Vereins der Nazi-Verfolgten, sondern eine Vereinigung zu suchen, die ihrem inneren Ziele nach auch heißen könnte: ›Gesellschaft der Freunde‹.

Freunde sollen sich helfen, jeder dem anderen nach bestem Vermögen,

sei es durch Rat aus seinem Wissens- oder besonderen Arbeitsgebiet, sei es durch Hergabe seines Einflusses bei besonderen Eingaben usw. Eine der wichtigsten Aufgaben ist somit die freundschaftliche Beratung eines jeden Einzelnen.«
Offenbar war noch in Theresienstadt eine Kameradschaft der württembergischen Juden als Überlebensstrategie beschlossen worden, die nun eine neue Aufgabe erhielt. Sie bestand im Informationsaustausch über die neuesten Entwicklungen in der Wiedergutmachungsfrage, bei allen organisatorischen Fragen um einen Arbeitsplatz oder eine Unterkunft und in der gegenseitigen finanziellen Unterstützung. Die wirtschaftliche Not jüdischer Bürger war – wie erwähnt – durch die Beschlagnahme und die Erhebung verschiedener Sondersteuern der Nazis mit der Befreiung nicht abgeschlossen. Sie dauerte aufgrund der sich hinziehenden Entschädigungsdiskussionen noch Jahre an. Als 1956 das Bundesentschädigungsgesetz verkündet wurde, erhielten die Mitglieder die Benachrichtigung, dass sie demnächst eine »Soforthilfe« in Höhe von 6000 DM erhalten könnten.

Bei den monatlichen Treffen nahmen anfangs sowohl persönlich Betroffene als auch Gäste teil, zusammen etwa 100 Personen. Doch bereits ab 1947 ließ das Interesse deutlich nach. Bis 1949 schmolz die Gruppe auf etwa 20 Personen zusammen. Der harte Kern bestand aus Lucie Hain und der Schriftführerin Käthe Harter, die sich für den Verein am stärksten einsetzte, den Herren Kohnstamm, Krailsheimer und Franz Maas. Nachdem die Wiedergutmachungsgesetze in Kraft waren, verlor der Verein allmählich an Bedeutung. Bis Ende der 1950er-Jahre fanden noch gemütliche Zusammenkünfte statt.[154]

*Studentenverband Stuttgart (SVS)*

Arno Fern hatte bereits während seines Studiums in Berlin als Vorstand des deutsch-jüdischen Studentenvereins fungiert. In Stuttgart baute er ab 1965 eine ähnliche, allerdings sehr lockere Organisation auf. Einen Vorsitzenden gab es anfangs nicht. Als Jugendgruppe erhielten die Studenten jedoch finanzielle Unterstützung von der Stadt Stuttgart. Man traf sich vierzehntägig im Gemeindehaus zu verschiedenen Unternehmungen. Die Studentengruppe war relativ homogen – in der Mehrheit bestand sie aus Israelis deutscher Abstammung, die nur zum Studium nach Deutschland gekommen waren. Stuttgarter jüdische Jugendliche dagegen befanden sich in der Minderheit.[155]

1971 traf sich die Studentengruppe regelmäßig am Samstagabend in den Klubräumen der IRGW. Besonders aktiv zeigten sich inzwischen die Studenten Nelke und Schwalb-Dror.[156] Obwohl in der Hauptsache Studenten die Organisation trugen und bis heute leiten, galt und gilt sie gleichzeitig immer als Anlaufstelle für junge Auszubildende und Berufstätige. Sie war nie ein klassischer Studentenverein oder gar eine -verbindung, sondern von Anfang an eine Jugendorganisation. Nur Gemeindemitglieder können ihr beitreten.

Kurz nach seinem Abitur trat Michael Grinberg in der Studentengruppe der IRGW ein und ist dort seit 1998 im Vorstand. Ein Jahr später wurde der neue Name »Studentenverband Stuttgart – SVS« eingeführt. Der SVS steht unter dem Dach der IRGW und des »Bundesverbands jüdischer Studenten Deutschlands«. Zielgruppe sind die 18- bis 35-Jährigen. Den Löwenanteil der Verbandsmitglieder stellen die 18- bis 25- bzw. 30-Jährigen. Insgesamt hat der SVS circa 400 Mitglieder. Davon sind zwischen 50 und 100 Personen als Aktive zu bezeichnen.

Inzwischen hat im SVS sich der Arbeitsaufwand deutlich intensiviert und ein neuer Schwerpunkt entwickelt. Standen in der früheren Studentengruppe nur wenige Veranstaltungen (z.B. gemeinsamer Kino-, Konzert- oder Theaterbesuch) für einen kleineren, hauptsächlich aus Studenten bestehenden Interessentenkreis auf dem Programm, so wird jetzt ein wesentlich vielseitigeres Spektrum geboten. Mit dem erklärten Hauptziel der Integration werden nun in Kooperation mit anderen Studentenverbänden Workshops und Wochenendseminare u. a. vorbereitet, die auf großes Interesse stoßen. Die Kontaktaufnahme zwischen den einzelnen jüdischen Studenten- bzw. Jugendverbänden, wobei nur wenige wirklich aktiv und zu überregionaler Zusammenarbeit bereit sind, rührt erst aus jüngster Zeit.

Die Hauptprobleme des SVS bleiben allerdings mangelnde Integrationsbereitschaft und Motivation zu aktiver Mitarbeit beziehungsweise Beteiligung an den Veranstaltungen. Abgesehen von der inhomogenen Herkunftsgeschichte der jungen Menschen, fehlen bei vielen größere Kenntnisse über ihre Religion. Deshalb wollen die SVS-Veranstaltungen hauptsächlich zu einer Vertiefung ins Judentum beitragen.[157]

## Women International Zionist Organization (WIZO) Württemberg e.V.

Dieser Verein steht für ein Stück Frauenbewegung. 1920 in London von Rebecca Sieff gegründet, verband die WIZO von Anbeginn Emanzipation mit Zionismus. Frauen sollten durch Bildung und Beruf die Chance erhalten, sich zu verantwortungsbewussten Staatsbürgerinnen zu entwickeln. Der Verein betrieb den Aufbau eines Sozialnetzes und verbesserte Bildungschancen von Immigrantinnen in Palästina. Deshalb wurden als erstes Landwirtschafts- und Berufsschulen für Frauen und Mädchen sowie ein Fürsorgewerk für bedürftige Frauen und ihre Familienangehörigen nach dem Motto »Hilfe zur Selbsthilfe« eingerichtet.

Bis zum Zweiten Weltkrieg verblieb der WIZO-Hauptsitz in London, der sich um die Einrichtung weiterer WIZO-Gruppen in der ganzen Welt kümmerte. Seit der Gründung des Staates Israel wurde der Hauptsitz nach Tel Aviv verlegt. Mittlerweile hat sich die Aufgabenstellung der WIZO, die insgesamt etwa 700 Institutionen betreibt, hinsichtlich der Jugend- und Seniorenbetreuung erweitert.[158]

Der ersten WIZO Deutschland blieb nach ihrer Gründung 1929 nur wenige Jahre der Wirkungsmöglichkeit. Auch in Stuttgart soll es bereits damals einen örtlichen Verein gegeben haben. Ab 1960 wurde die WIZO auf deutschem Boden wieder aktiv. Ihr Förderschwerpunkt liegt beim »Beith Heuss« in Herzlia/Israel, das nach dem früheren Bundespräsidenten Theodor Heuss benannt ist. Dieses einstige Müttererholungsheim hat sich inzwischen in einen Ort für Familientherapie und eine Begegnungsstätte für Frauen aller ethnischen Gruppen Israels gewandelt. Gleichzeitig finanziert die WIZO Deutschland mehrere Kindergärten, Frauenclubs und Jugendzentren.

Nach einem Foto des Stuttgarter Stadtarchivs zu schließen, existierte hier bereits 1947 innerhalb der DP-Lager eine WIZO-Gruppe. Eine entsprechende Organisation lässt sich für die IKVW jedoch erst in den 60er-Jahren nachweisen. Bei gemeindeinternen Veranstaltungen standen Tombolas auf dem Programm, die von der WIZO organisiert wurden. Mitte der 70er-Jahre verlor der Verein jedoch allmählich an Schwung und stellte mangels personeller Unterstützung alle Aktivitäten ein.

Erst mit der Wiedergründung am 2. April 1984 durch die Gattin des neuen Landesrabbiners, der seitherigen Vorsitzenden Noemi

Berger, erreichte die WIZO ihre bis heute anhaltende positive Wirkung. Als nichtjüdische Parallelorganisation gesellte sich zur Stuttgarter WIZO ein Freundeskreis.

Abgesehen von WIZO-Bibeltagen spielt der alljährlich im Gemeindehaus veranstaltete Bazar durch seine intensive Vorbereitung im Verein eine zentrale Rolle. Das Stuttgarter WIZO-Mitglied Hanna Herzberg hatte die Idee, bei dieser Gelegenheit Produkte aus Israel zu verkaufen. Seit Jahren lockt die zweitägige, sehr erfolgreiche Veranstaltung nun schon viele Stuttgarter in die Hospitalstraße. Inzwischen stammt aus der Feder Noemi Bergers ein koscheres Kochbuch, dessen Verkauf ebenfalls der WIZO zu Gute kommt. 1996 erhielt Noemi Berger für ihren langjährigen Einsatz das Bundesverdienstkreuz – womit erstmals die WIZO-Arbeit in Deutschland auf diese Weise geehrt wurde – und 2001 die Otto-Hirsch-Medaille, eine Auszeichnung der Stadt Stuttgart, der Gesellschaft für Christlich-Jüdische Zusammenarbeit, Stuttgart und der IRGW. Integrationsarbeit gehört selbstverständlich auch gegenüber den neuen Gemeindemitgliedern zur WIZO-Idee.[159]

*TSV Makkabi Stuttgart e.V.*

Hinter dem Vereinsnamen steht eine historische Persönlichkeit: der Feldherr Juda Makkabi (Jehuda Hamakabi), der seiner langen, zäh durchgehaltenen Kämpfe wegen zum Anführer des Widerstandes während der syrischen Besatzung und Unterdrückung wurde (165-160 v.d.Z.).[160] Der legendäre Volksheld gilt bis heute in der jüdischen Gemeinschaft als Vorbild für Idealismus, Mut, Stärke und Selbstbewusstsein – die Maximen der Makkabi Turn- und Sportvereine.

Bei der Gründung des 1898 in Berlin entstandenen ersten jüdisch-deutschen Turnvereins standen zwei Ziele im Raum: Es ging um die Verbreitung zionistischer Ideen aber auch um die Abwehr des antisemitischen Vorurteils, Juden seien schwächlich und unsportlich. Die Rekorde der jüdischen Turner sprachen bald für sich.[161]

1921 entstand der erste Makkabi-Verein in Deutschland; aus ihm ging die bis heute weltweit tätige Makkabi-Sportorganisation hervor. Auch in Stuttgart formierte sich noch 1932 die Sportvereinigung »Hakoah«.[162] Die selbstständigen jüdischen Vereine erhielten unfreiwillig durch die judenfeindliche Politik der Nazis vorübergehend größere Bedeutung. 1933 wurden jüdische Mitglieder aus den allgemeinen Turn- und Sportvereinen ausgeschlossen, aber schon fünf Jahre später mussten sich auch diese jüdischen Organisationen unter Zwang auflösen.

Nach dem Holocaust entstanden vergleichbare Vereine in Deutschland sehr spät. Erst 1965 wurde in der Bundesrepublik wieder ein Makkabi-Verband gegründet. Gemäß den Idealen Offenheit, Überkonfessionalität und Toleranz, Fairness, Gemeinschaftsgefühl und Gastfreundschaft besteht hier die Chance zur jüdisch-nichtjüdischen Begegnung. Nach wie vor spielt aber die Entwicklung des jüdischen Selbstbewusstseins durch die Vermittlung jüdisch-kultureller Werte besonders an die Jugend eine wichtige Rolle.

1966 regte Erwin Alter, der selbst früher einmal Sportvereinsvorsitzender war, die Gründung eines neuen Makkabi-Sportvereins an. Er schlug sogar die Einrichtung einer Sportakademie vor – vielleicht in Erinnerung an die »Jüdische Sportschule« in der Hospitalstraße während der NS-Diktatur.[163] Der Kostenaufwand für die nötigen Umbauten erschien damals als nicht gerechtfertigt, da das Interesse seitens der jungen Generation und somit der Bestand des Vereins angezweifelt wurde. Es sollten mehr als zehn Jahre vergehen, bis diese Idee nicht nur erneut ins Gespräch kam, sondern auch tatkräftig umgesetzt wurde.

Martin Widerker, 1935 in Tel Aviv geboren, kam 1958 nach Stuttgart. Inzwischen ist er bereits 35 Jahre Mitglied der Repräsentanz, Vorsitzender verschiedener Kommissionen und seit mehreren Amtsperioden auch im IRGW-Vorstand aktiv. Nach dem Tode von Landesrabbiner Dr. Bloch unterstand die Religionsschule für einige Jahre seiner Leitung. Zusätzlich wirkt er seit zwei Jahrzehnten im Präsidium des Keren Hayessod und als Vorsitzender des Magbit-Komitees Württembergs mit. Seit Januar 2001 ist er im Zentralrat Direktoriumsmitglied. Doch auch dem Sport gilt sein Interesse. Daher gründete Martin Widerker 1979 als seitheriger erster Vorsitzender gemeinsam mit Mina Gampel (Stellvertretende Vorsitzende), Arno Fern, Michael Kashi (Kassierer) und Amnon Schmueloff den TSV Makkabi Stuttgart e.V. Mittlerweile übernahm Ischo Rosenberg die Aufgaben des Pressesprechers und Technischen Leiters. Als Trainer fungieren Natascha Linde (Tennis), die gleichzeitig das Amt der Jugendobfrau versieht, und Dimitri Polski (Fußball, Tischtennis, Volley- und Basketball). Abgesehen von den meist auf Teamarbeit ausgerichteten Mannschaftsspielen zählt inzwischen als neue Disziplin Schach, das »Training für den Geist«, zum Programmangebot.

Die großzügige finanzielle Unterstützung durch die IRGW war dem Verein von Anbeginn sicher. Der vom Stuttgarter TSV Makkabi alljährlich veranstaltete Purimball ist seit 1980 ein gesellschaftliches Highlight und gleichzeitig eine Einnahmequelle zum Erhalt des Vereinsbetriebs.

Zum Trainieren wurden bisher verschiedene Hallen und Plätze der Stadt Stuttgart angemietet. Durch die Zuwanderung aus den Ländern der GUS wuchs die Vereinsmitgliederzahl auf 155 an – der Verein leistet damit wichtige Integrationsarbeit durch sinnvolle Freizeitgestaltung. Umso dringlicher wurde es, einen festen Sportplatz zur Verfügung zu haben. Nach längerer Verhandlung der IRGW mit der Stadt Stuttgart konnte ein Geländetausch vorgenommen werden. Voraussichtlich ab Herbst 2002 – nach abgeschlossener Sportplatzsanierung – werden für den TSV Makkabi neue Aktivitäten möglich.

Vereinsmitglieder können sowohl an nationalen wie internationalen Makkabi-Trainingslagern und -Meisterschaften bis hin zur jüdischen Olympiade – bei der Maccabiah in Israel – teilnehmen. Mehrfach wurden auch Stuttgarter Mitglieder mit Medaillen ausgezeichnet. Teilnehmer dieser Veranstaltungen müssen allerdings nicht nur Makkabi- sondern auch Mitglieder einer jüdischen Gemeinde sein. Die Zukunftspläne des Stuttgarter Vereins drehen sich um ein größeres Angebot an Disziplinen und eine verstärkte Einbeziehung von Jugendlichen. Derzeit ist der Anteil der Mitglieder unter beziehungsweise über 18 Jahre etwa gleich.[164]

*Die Jüdische Akademische Gesellschaft e.V. (JAG)*

Die erst im Sommer 2000 gegründete Gesellschaft ist ein Forum zur beruflichen Selbsthilfe für Zuwanderer. Hier findet ein Austausch über wissenschaftliche Themen statt, wobei die Mitglieder aus ihren Wissensgebieten einander Informationen vermitteln. Gleichzeitig geht es um praktische Unterstützung beispielsweise bei Formalitäten zu Patentanmeldungen. Hinzu kommen Weiterbildungsangebote, die mit finanzieller Hilfe der Gemeinde speziell für Akademiker stattfinden, wie Intensiv-Deutsch-Kurse oder PC-Kurse. Initiator, Mitbegründer und Vorstand dieses Vereins ist Dipl.-Ing. Roman Mandelbaum (Jahrgang 1928). Auch er ist seit Jahrzehnten für das Wohl der Gemeinde aktiv. Von 1980 bis 2001 wirkte er in der Repräsentanz, zwischen 1982 und 1984 auch im Vorstand mit.[165]

*Theater-Studio AG*
*der Israelitischen Religionsgemeinschaft Württembergs*

Seit einigen Jahren bringt die Gruppe unter der Leitung des Theaterfachmanns und Regisseurs Felix Charam jüdisches Theater auf die Bühne. Mit Gesangs- und Tanzeinlagen gewinnen diese Aufführungen operettenhafte Züge, wie beispielsweise bei dem jiddisch-russisch-deutschen Lustspiel »Die Chassene« (Die Hochzeit).

*Zemer-Chor*

Eine neue Kulturinitiative innerhalb der IRGW ist der Zemer-Chor. Zemer bedeutet im Jiddischen »Lied«. Der Name ist Programm: Vorwiegend ältere Zuwanderinnen und Zuwanderer singen unter der Leitung von Stella Tamarkina jiddische Lieder. Sie begleitet den gemischten Chor bei Auftritten am Flügel und versteht es, auch solistische Talente zu fördern.[166]

## ▪ Die neue Synagoge in Stuttgart

Schon vor der Diaspora hatten jüdische Gemeinden inner- wie außerhalb Palästinas Bethäuser eingerichtet. Während des babylonischen Exils (586-515 v.d.Z.) bewährte sich diese neue Form der Religiosität. Später bestanden die Gottesdienst-Versammlungen parallel zum Tempelopfer. Erst nachdem der Zweite Tempel Jerusalems im Jahr 70 zerstört war und der Opferdienst damit nicht mehr stattfinden konnte, erhielten die Bethäuser ihre bis in die Gegenwart gültige Bedeutung. Ohne religiöse Umorientierung wäre das Judentum vermutlich untergegangen. An die Stelle der Tieropfer traten nun ausschließlich Gebete. Es entstanden neue Riten und eine Liturgie für den Gottesdienst, zu dessen Abhaltung mindestens zehn Männer, der Minjan, anwesend sein mussten. Auf diese Weise blieb trotz der jahrhundertelangen Verfolgung überall in der Welt die jüdische Identität erhalten.

Die frühere Verpflichtung zu Zusammenkünften an Feiertagen im Tempel wurde auf die Bethäuser übertragen. Dort, wo Juden sich niederließen, entstanden Häuser, deren Achse in Richtung Jerusalem wies – in Erinnerung an den früheren Tempel. In ihnen wurden die Gebete (Beth Hamidrasch: Bethaus), aber auch religiöse Feiern von der Geburt (Beschneidung) bis zum Tod abgehalten. Auch Weltliches hatte hier seinen Platz: Das Gericht tagte oder man schloss Verträge ab. Innerhalb der Sozialarbeit empfingen Arme und Durchreisende dort ihre Unterstützung. Und es war ein »Lehrhaus«, in dem auch die Thora und ihre Kommentare studiert wurden. Ursprünglich verband die Synagoge, das Beth Knesseth (Versammlungshaus), in sich also viele Funktionen. Im Laufe der Zeit, vor allem während der Assimilation im 19. Jahrhundert, gingen einige der genannten Aufgaben verloren. Die Schwerpunkte lagen nun beim »Bet-« und »Lehrhaus«.

In Mitteleuropa wurden und werden daher bis heute Synagogen in östlicher Richtung, der »Gebetsachse«, gebaut. Denn verschiedene Gebete sind nach Jerusalem gewandt zu verrichten. Der Eingang sollte daher möglichst im Westen liegen, um beim Eintritt in das Gebäude

*Verwaltungsgebäude der IRGW Mitte der fünfziger Jahren*

gleich den Blick auf den Thoraschrein an der Ostseite zu lenken. Die Bima, das erhöhte Pult, auf dem die Thorarollen ausgebreitet und der Gemeinde der entsprechende Wochenabschnitt vorgelesen wird, befindet sich in der Raummitte. Die Lehre steht damit im Zentrum der orthodoxen Gemeinde. Bei einer liberalen Gemeinde ist dieses Pult direkt vor dem Thoraschrein angebracht. Das Ewige Licht über ihm symbolisiert die jüdische Diaspora.

Die Neubauten nach 1945 wurden nicht nur als Synagogen, sondern meist als Gebäudekomplexe konzipiert und erstellt, die auch andere Nutzräume einschließen – eine neue Form der Gemeindezentren. Auf die Bedürfnisse der wenigen Gemeindemitglieder zurechtgeschnitten, wurden hier vor allem Verwaltungsräume, ein größerer Gemeindesaal für Veranstaltungen, eine koschere Küche, Klassenzimmer für den Religionsunterricht, Jugendräume, die Bibliothek und ein Klubraum untergebracht. Meistens gehört auch ein kleinerer Betsaal dazu, da die Auslastung der größeren Synagoge lediglich zu Schabbat und den Feiertagen gewährleistet ist. Im Kellergeschoss wurde die Mikwe, das Ritualbad, eingerichtet.[1]

Alle diese Einrichtungen sind auch im Gemeindezentrum der IRGW zu finden. Maßgebend war, den Gemeindemitgliedern Gelegenheit zu geben, den rituellen Vorschriften entsprechen zu können und gleichzeitig einen generationsübergreifenden Treffpunkt anzubieten, der hinsichtlich der jüdischen Identität stabilisierend wirkt.

*Einer der ersten jüdischen Gottesdienste in Stuttgart nach Kriegsende mit Rabbiner Ginsburg*

## Der Ritus im Gottesdienst – liberal oder orthodox?

Die Stuttgarter Gemeindemitglieder pflegten vor der Zerstörung ihrer Synagoge den liberalen Ritus. Das bedeutete, dass beispielsweise die Gebete in der Hauptsache nicht mehr in Hebräisch, sondern in Deutsch gesprochen wurden, oder dass ganz selbstverständlich Orgelmusik zum Gottesdienst gehörte. Beides ist in einer orthodoxen Synagoge undenkbar. Das Reformjudentum hatte manche Aspekte aus dem christlichen Umfeld aufgenommen, die von Orthodoxen abgelehnt wurden. Eine völlige Abkehr vom liberalen Ritus wäre nach dem Holocaust nachvollziehbar gewesen. Manche deutschen Juden, die in ihrer Jugend dem Glauben weniger eng verbunden waren, besannen sich auf die alten, strengeren Traditionen. Andere aber hielten an den früheren Gewohnheiten fest – neuer Konfliktstoff zwischen den »alten« und »neuen« Gemeindemitgliedern in Stuttgart. Denn die ostjüdischen Zuwanderer bildeten im religiösen Bereich nicht nur eine starke Mehrheit, sondern empfanden sich als diejenigen, die durch die Orthodoxie den Glauben in seiner unverfälschten Ursprünglichkeit bewahrt hatten. Der »polnische Minjan«, der durchaus in religiösen Fragen einige Autorität in der Gemeinde besaß, fühlte sich für die Abhaltung regelmäßiger Gottesdienste verantwortlich. Im Gegensatz zu den deutschen Juden waren seine Mitglieder noch in einem mehr oder weniger ausschließlich jüdischen Umfeld aufgewachsen, das die alten Traditionen pflegte und hütete.

In den Anfangsjahren war die religiöse Betreuung der Gemeinde von einem häufigen Personalwechsel gekennzeichnet. Seit dem Versöhnungsfest Jom Kippur, dem höchsten jüdischen Feiertag, 1945 wirkte Kantor Rontal in Stuttgart. Die Gottesdienste hatten zahlreiche Besucher. Darüber hinaus wurden an drei Festtagen religiöse Feierstunden über das damalige Radio Stuttgart übertragen, die in ganz Deutschland »… mit Freude und Interesse gehört worden sind«. Rontal wanderte jedoch schon bald nach den USA aus.[2] 1946 bat die Gemeinde zumindest gelegentlich den US-Armeerabbiner Cohen um die Gestaltung des Schabbat-Gottesdienstes, dessen Teilnehmerzahl nun durchschnittlich bei 250 Personen lag.[3]

Der im Eskin-Haus befindliche Betsaal wurde bis 1951 genutzt. Im Allgemeinen bestimmt der Rabbiner den Ritus im Gottesdienst; fehlt er, so übernimmt der Vorbeter (Kantor) diese Aufgabe und Leitung. 1947 amtierte der polnische Kantor Lejb Rychtman. Dank seiner Unterstützung konnten regelmäßig Gottesdienste in Stuttgart und Esslingen stattfinden. Er lebte im DP-Lager, wie auch Moses Peterfreund, der Trauungen vornahm und als Schächter fungierte.[4]

Alteingesessene Gemeindemitglieder verlangten jedoch nach einem deutschen Vorbeter. In der Mitgliederversammlung beschwerte sich ein Gemeindemitglied: »Wenn wir immer noch einen polnischen Vorbeter haben, fühlen wir uns zurückgesetzt.« Josef Warscher stellte jedoch klar, dass »… wir kein Minjan hätten, wenn wir nur deutsche Juden wären. Wir waren sehr froh, dass wir Herrn Rychtman hatten, sonst hätten wir überhaupt keinen Vorbeter gehabt.« Krakauer, ein weiteres Gemeindemitglied, beschwichtigte und entschärfte die Diskussion um einen polnischen oder deutschen Vorbeter.

»Wir können mit dem Gottesdienst zufrieden sein. … Wir wollen aber auch mal einen Gottesdienst haben, wie wir ihn in unserer Jugend gehört haben. Ohne irgendjemand zu beleidigen, aber dass wäre eben ein deutscher Gottesdienst. Die Predigten sind keine Kleinigkeit. Es wäre ganz gut, wenn man ab und zu an dieser Stelle etwas sagen würde, was wir falsch machen.«

*Auf dem Weg zur Einweihung des Mahnmals auf dem Pragfriedhof*

Im Zentrum der Kritik standen Verständigungsschwierigkeiten, aber auch der Wunsch, durch eine Predigt seelsorgerisch betreut zu werden. Das vakante Rabbinat wurde nur in Ausnahmefällen von dem in Bayern amtierenden Oberrabbiner Dr. Ohrenstein vertreten, wie bei der Mahnmalweihe auf dem Pragfriedhof 1947. Darauf bezogen äußerte Guggenheimer ebenfalls kritisch:

»Der Gottesdienst ist für uns nicht immer ansprechend. Wir können dies aber heute nicht ändern. Es sei denn, dass Oberrabbiner Dr. Ohrenstein ab und zu zu uns kommt. ... Es ist etwas zerbrochen, was nicht gutzumachen ist. Wir brauchen etwas, was uns aufmuntert, und was uns veranlasst, besser aus dem Gottesdienst herauszugehen als wir hineingekommen sind. Wir sind uns einig. Wir sind nach der Befreiung 300 Menschen gewesen, heute sind wir 2200. Man kann sich die Arbeit nicht vorstellen, die schon geleistet wurde. Wenn Dr. Ohrenstein kommt, wird er auf die seelische Bertreuung sehr gut einwirken.«[5]

Die gemeindeinterne »Opposition«, die sich 1947 zu Wort gemeldet hatte, forderte konkret die Anstellung eines deutschen Rabbiners. Im folgenden Jahr wurde tatsächlich ein liberaler Rabbiner bei der IKVW angestellt: Professor Dr. Heinrich Guttmann. Insofern wurde dem Wunsch der alteingesessenen Minderheit mehr Bedeutung beigemessen als der aus neuen Mitgliedern bestehenden Mehrheit.

Noch stellten die deutschen Juden die Funktionsträger in der Gemeindeverwaltung allein; auf die religiösen Bedürfnisse der Zuwanderer dagegen wurde in dieser Phase kaum eingegangen, obwohl sie als die kontinuierlich aktiven Mitglieder den regelmäßigen Gottesdienst erst möglich machten. Der Wunsch nach einer deutschen Predigt war nun zwar erfüllt. Dennoch fanden nicht mehr Besucher den Weg in den Betsaal. Denkbar ist auch, dass nun eine Fluktuation der ostjüdischen Mitglieder aufgrund ihrer Ablehnung des in Deutsch abgehaltenen liberalen Ritus einsetzte. Zumindest formierte sich ein separater Minjan, der längere Zeit in einer Privatwohnung in der Hermannstraße eigene Gottesdienste abhielt. Nachdem diese Gruppe eine größere Anzahl ihrer Mitglieder durch die Auswanderung verloren hatte, schloss sie sich wieder verstärkt der Gemeinde an. Durch ihre Unterstützung konnten die Gebete am Schabbat-Nachmittag und zum -Ausgang im Gemeinde-Betsaal stattfinden.[6] Marx führte seine Beobachtungen allerdings auf psychologische Gründe zurück:

»Man hat manchmal den Eindruck, dass mancher nicht deshalb die Synagoge meidet, weil er die Zeit nicht findet oder weil er den Ritus ablehnt, sondern weil er, vielleicht noch unter dem Druck der Ereignisse der letzten Jahre, noch aus dem Gleichgewicht ist und sich einen gewissen Ruck geben müsste. Man soll sich einmal diesen Ruck geben. Vielleicht wird man dann selbst wieder an häufigerem Besuch der Gottesdienste Gefallen und Erbauung finden.«[7]

Die Teilnehmer an den Gottesdiensten zu den Hohen Feiertagen dagegen waren traditionell sehr zahlreich. Zum Neujahrsfest Rosch Haschanah, besonders aber am Feiertag Jom Kippur, reichte der Platz im Betsaal des Eskin-Hauses bei weitem nicht aus. Angemessene Räumlichkeiten waren in der noch im Aufbau befindlichen Stadt kaum zu finden. Deshalb stellte Willy Colm 1948 sein Kino, das »Planie-Lichtspielhaus« zur Verfügung. Eine andere Alternative bot ein Saal der Mörike-Oberschule.[8]

Die Zahl der aktiv am Ritus teilnehmenden Mitglieder hielt sich demnach zwar bei den Schabbat-Gottesdiensten im Eskin-Haus in Grenzen und bestand im Wesentlichen aus den zugewanderten Mitgliedern. Dennoch wurden die Provisorien zu den Hohen Feiertagen zunehmend als unwürdig empfunden. Angesichts der sich allmählich stabilisierenden Gemeindemitgliederzahl erschien der Bau einer Synagoge nicht nur als zweckmäßig, sondern als Notwendigkeit und Pflicht der Gemeinde gegenüber ihren Mitgliedern.

## Die Synagogenplätze in Stuttgart und Bad Cannstatt

Kurz nach der Befreiung galt die Errichtung einer Synagoge jedoch als ein äußerst fragliches Projekt. Zumindest in Erinnerung an die beiden früheren Gotteshäuser sollten ihre Standorte in der Hospitalstraße und in der Bad Cannstatter Wilhelmsstraße als Gedenkstätten in einen würdigen Zustand versetzt werden.

Für den Wiederaufbau der Stadt war seit dem 8. Mai 1946 die »Zentrale für den Aufbau der Stadt Stuttgart« (ZAS) zuständig. Der Abtransport der Trümmer aus dem weitgehend zerstörten Stadtinneren wurde sowohl mittels einer Trümmerbahn als auch durch die Stuttgarter Straßenbahnen bewerkstelligt.[9] Dass angesichts der zahlreichen anderen möglichen Flächen ausgerechnet der Synagogenplatz in der Hospitalstraße von der ZAS als »Güterbahnhof mit der Steinquetschfabrik« verwendet wurde, zeugt nicht gerade von Feingefühl gegenüber den Holocaust-Überlebenden.[10] Die verständlicherweise von der IKVW geforderte Räumung dieses Platzes – nicht zuletzt aus Gründen der Pietät – zog sich hin. Anfang 1946 verhinderten noch immer Schutt, Unrat und Maschinenteile eine Instandsetzung. Zu diesem Zeitpunkt war bereits geplant, wenigstens eine bescheidene Rasenfläche anzulegen.[11] Schließlich übermittelte die IKVW eine bittere Beschwerde an Oberbürgermeister Dr. Klett.

»Leider hat sich die ZAS noch nicht gemeldet. Es vergeht eine kostbare Woche nach der anderen und das Unangenehme bei der Sache ist, dass schon 3 amerikanische Besuche (frühere Stuttgarter Bürger) hier eingetroffen sind, die von der Situation nicht sehr erbaut waren.«[12]

Wie bei der der Sanierung des Israelitischen Teils des Pragfriedhofs scheiterte die schnelle Räumung des Synagogenplatzes vorgeblich an fehlenden Arbeitskräften. Wie dann aber – im Widerspruch zu diesen Auskünften – weiterhin Schutt auf dem Platz aufgehäuft werden konnte, blieb offen.[13] Anscheinend spielte diese Fläche in der Planung der ZAS bereits eine besondere Rolle.

Im Frühjahr 1947 wurde mit dem Städtischen Gartenbauamt die Gestaltung des Synagogenplatzes besprochen. Nun brachte die ZAS den Vorschlag eines Grundstückstausches ein. Die von Trümmern, Werkstätten und Hinterhäusern entstellte Umgebung in der Hospitalstraße wären einer würdigen Gedenkstätte nicht angemessen. Einem späteren Synagogenbau stünde auch auf einem neuen Grundstück

nichts entgegen. Doch dieser Vorschlag wurde von der IKVW aus gutem Grund abgelehnt:
»Den Platz der Synagoge betrachten wir als eine heilige Stätte. Zweifellos werden im Laufe der nächsten Jahre Besuche ehemaliger Stuttgarter aus aller Welt zur Erledigung ihrer Angelegenheiten, zum Gräberbesuch ihrer Angehörigen usw. hier eintreffen. Sie hätten wohl kein Verständnis für eine andere Lösung als die zuerst von Herrn Guggenheimer vorgeschlagene. Wir müssen uns von dem Pietätsgedanken leiten lassen. Die Frage des Neubaues einer anderen Synagoge ist momentan noch nicht akut.«[14]
Niemand konnte zu diesem Zeitpunkt voraussagen, ob die Gemeinde in Stuttgart sich nicht durch die Auswanderungswelle in wenigen Jahren auflösen würde. An ein Projekt wie den Bau einer Synagoge ernsthaft zu denken, erschien jedenfalls noch unrealistisch.

Zunehmend gewannen die Repräsentanten der IKV den Eindruck, die ZAS fördere nicht, sondern verschleppe den Fortgang der Arbeiten. Guggenheimer bemängelte gegenüber dem Städtischen Hochbauamt: »Hier handelt es sich wohl um einen der wenigen Synagogenplätze in Deutschland, der noch ein so verheerendes Bild zeigt.« In München und Frankfurt a.M. wären in dieser Hinsicht bereits deutlichere Initiativen der Stadtverwaltungen erkennbar geworden.[15]

Auch der Bad Cannstatter Synagogenplatz harrte noch seiner Instandsetzung.
»Wir haben Ihnen bereits früher erklärt, dass wir darauf bestehen, das wir die alten Grenzen des Platzes haben wollen und keine Durchgangsstraße zu dem nahen Bunker auf unserem Platz angelegt wird. Auch hier ist uns nicht gedient, dass Sie sich einfach einschalten und alle Instandsetzungs-Arbeiten liegen lassen.«
Der Bunker diente offenbar als Notwohnung, wobei die Anlieger den direkten Weg über den Synagogenplatz nutzten. Zudem wurde auf diesem Synagogenplatz von den Anwohnern Gemüse angepflanzt. Aufgrund der knappen Lebensmittel in der Stadt war die gärtnerische Nutzung aller Grünflächen üblich geworden; derlei musste von der IKVW auf dem Synagogenplatz eigentlich als pietätlos, wenn nicht gar als Affront aufgefasst werden. Doch die IKVW zeigte sich verständnisvoll. Der Oberbürgermeister bat jedenfalls um Rücksicht, ob es angesichts der »… äußerst schwierige[n] Ernährungslage der Stadt

*Gedenksteinenthüllung für die ehemalige Synagoge Bad Cannstatt 1961. Am Rednerpult Stuttgarts Bürgermeister Dr. Hirn.*

Stuttgart nicht möglich erscheint, die Räumung des Platzes erst nach der Ernte, also im Herbst 1946 durchzuführen, um die Aberntung des Gemüses noch zu ermöglichen.«

Klett versprach die Räumung und Gestaltung beider Plätze bis zum Herbst 1947. Eine weitere Gemüseanpflanzung für 1947 hatte Guggenheimer zwar rechtzeitig zu unterbinden versucht – er hatte in Erfahrung gebracht, dass auch drei einstige NSDAP-Parteigenossen sich unter den Nutznießern befanden – war aber offensichtlich mit dieser Auflage beim Cannstatter Liegenschaftsamt auf taube Ohren gestoßen.[16]

Durch eine Änderung im Stadtbauplan wurde der Cannstatter Synagogenplatz mit Bauverbot belegt und später von der Stadt gekauft.[17] Der heute auf dem Platz befindliche Gedenkstein wurde erst 1961 errichtet.[18]

In der Hospitalstraße hatte Guggenheimer inzwischen die zum Teil noch erhaltenen Umfassungswände der Stuttgarter Synagoge glätten und ausrichten lassen, um bei der bevorstehenden Anpflanzung weitere Schäden zu vermeiden. Die Vorarbeiten zur Gartenanlage am Synagogenplatz begannen endlich am 20. August 1947.[19]

Zwei Monate später legte das Städtische Gartenamt den Plan zu einer Gedenkstätte am früheren Standort der Synagoge vor. Nach einigen Änderungen konnte er weitgehend realisiert werden. Hinter der eigentlichen Gedenkstätte waren über einige Stufen, die früher zu den Gebäudeeingängen führten, die Außenmauerreste des zerstörten Gotteshauses sichtbar geblieben. Zwischen diesen Resten und den an ihnen entlang geführten Schrittplatten wurden Taxushecken gepflanzt (ursprünglich waren für diesen Zweck Blütensträucher beziehungsweise im Hintergrund Pappeln geplant). Von dieser rechteckigen Begrenzung war eine Rasenfläche umschlossen. Zur im Vordergrund befindlichen, ummauerten Gedenkstätte – schon vor dem 9. November 1938 befand sich hier ein kleiner Vorgarten – gingen ein paar Stufen hinab. Die Stelle des früheren Thoraschreins sollte als Kernort des Gedenkens fungieren; darüber sollte eine Trauerweide angepflanzt werden, die das Gemeindemitglied Jakob Stern stiftete. Der Abschluss der gesamten Arbeit wurde auf Frühjahr 1948 terminiert. Inzwischen waren aber bereits neue, von anderen jüdischen Gemeinden in Deutschland errichtete Denkmäler durch antisemitische Attacken geschändet worden. Aus diesem Grunde nahm man in Stuttgart vorerst davon Abstand, diesen besonderen Platz des einstigen Thoraschreins, durch einen Gedenkstein zu gefährden. Die Trauerweide wurde daher im Zentrum der Rasenfläche eingesetzt.[20]

## Die neue Synagoge

Bereits 1948 beriet die Repräsentanz über die Wiedererrichtung einer Synagoge. Doch zu dieser Zeit konnten noch keine konkreten Prognosen über den Raumbedarf der Gemeinde abgegeben werden. Immerhin zeichnete sich trotz starker Auswanderung ab, dass eine ausreichend große Mitgliederzahl sich in Stuttgart und Württemberg etablieren würde, die den Bau einer Synagoge rechtfertigen könnte.[21] Im Herbst 1949, als die Gottesdienste an den Hohen Feiertagen bei extremem Platzmangel stattgefunden hatten, beschloss die Repräsentanz der IKVW, aktiv zu werden. Kurz vor dem 11. Jahrestag der Synagogenzerstörungen schrieb Warscher an das Kultministerium und die Stadt Stuttgart und bat angesichts der auf Dauer unhaltbaren Bedingungen ohne eigene Synagoge um finanzielle Unterstützung.

»Seit unserer Befreiung üben wir unseren Gottesdienst in einem gemieteten, früher jüdischen Privathaus aus, das früher Wohnzwecken diente. Die Verhältnisse sind aber so, dass wir unsere Verwaltungssitzungen und Tagungen in dem gleichen Raum abhalten müssen, der dem Gottesdienst dient. ... Dieser Tage, während des Neujahrsfestes, waren die Räume in der Reinsburgstr. 26 so überfüllt, dass die weiblichen Besucher des Gottesdienstes abgedrängt vom Betsaal waren und in dem Büroraum und im Gang sitzen mussten (ca. 100 Frauen). Diese Zustände sind unerträglich und unwürdig.«

Da das Haus Reinsburgstraße 26 in absehbarer Zeit wieder an die Besitzer zurückgegeben werden müsse, trieb den Vorstand der IKV die Sorge um, bald weder für den Verwaltungsbetrieb noch für den Gottesdienst Räumlichkeiten zur Verfügung zu haben. Mangels eigener finanzieller Mittel – durch Enteignung und Sonderabgaben während der NS-Diktatur waren die Gemeinde und ihre Mitglieder gleichermaßen verarmt, die Entschädigung aber noch nicht angelaufen – hoffte man nun auf Hilfe durch die öffentliche Hand. Der Neubau sollte für die durch Emigration und Massenmord drastisch reduzierte Mitgliederzahl »... nur eine bescheidene Synagoge in Stuttgart« sein.[22]

Stadt wie Land hielten sich aus verschiedenen Gründen erst einmal bedeckt. Man war sich zwar der politisch-moralischen Verantwortung bewusst, aber dennoch erschienen wesentliche finanzielle Fragen ungeklärt. Vorsichtig erkundigte sich Bürgermeister Hirn bei einer Reihe anderer Stadtverwaltungen über eventuelle Synagogenbauprojekte der dortigen jüdischen Gemeinden und der damit verbundenen städtischen Beteiligung.[23] Im Rücklauf erhielt er folgende Informationen: Lübeck und Ingolstadt hatten aus städtischen Mitteln ihre zerstörten Synagogen wieder errichtet. In Berlin, Aachen, München, Ulm, Göttingen, Augsburg, Mannheim und Köln war in dieser Hinsicht noch nichts unternommen worden. Für Wiesbaden und Frankfurt a.M. stellte sich heraus, dass es sich hier um Renovierungs- und Ausbauarbeiten handelte, die teils von der Stadt, teils vom Land getragen wurden.[24]

Finanz-, Kult-, Justizministerium (Wiedergutmachungsstelle) und Bürgermeisteramt der Stadt Stuttgart prüften die Wiedergutmachungsansprüche der IKVW. Aufgrund der noch laufenden Verhandlungen zwischen der IKVW und der JRSO war den Behörden unklar, wem bezüglich der Synagoge Wiedergutmachungsgelder angerechnet werden sollten. Diskutiert wurde auch, wer für die Zerstörung der Synagogen 1938 nun im Nachhinein tatsächlich die Wiederherstellungskosten tragen sollte: Das »Deutsche Reich« als »Entzieher« bestand nicht mehr. Wer wollte freiwillig auch noch dieses »Schadenserbe« antreten? Ob nun der Bund oder das Land dafür haften sollte, blieb vorerst offen.

Trotz aller Bedenken, auch hinsichtlich des Zweifels an einem dauerhaften Bestand der IKVW, wurde aber festgestellt, »... dass eine gewisse Großzügigkeit trotz allem gerechtfertigt ist, da keine Menschengemeinschaft als ganze derartig schwer unter dem Dritten Reich zu leiden gehabt [hätte], wie das Judentum.«

Nach das Abkommen zwischen der IKVW und der JRSO war bei den Behörden doch die Einsicht vorhanden, dass die finanziellen Mittel der jüdischen Gemeinde gerade einmal für die dringendsten sozialen und organisatorischen Anforderungen ausreichten, aber keinesfalls einen Neubau dieser Dimension tragen konnten. Die Zuständigkeiten klärten sich so weit, dass die Finanzierung des Synagogenaufbaus nicht Sache der Stadt, sondern des Landes war.[25]

Die Gemeinde konnte allerdings für die zerstörte Synagoge vom Land höchstens 75000 DM als gesetzlich festgelegtes Entschädigungsmaximum erhalten. Tatsächlich aber war der damalige Bau ein Vielfaches dieses Betrags wert gewesen. Weil damit allein die Finanzierung auch eines kleineren Gebäudes bei weitem nicht gedeckt werden konnte, hegte die jüdischen Gemeinde Hoffnungen auf staatliche Zuschüsse »als ein[en] Akt *echter Wiedergutmachung*«. Sie wurden nicht enttäuscht. Anfang Juni 1950 erging ein Schreiben des Kultministeriums an die IKVW, das zumindest in Aussicht stellte, dass das Land für die Finanzierung des Neubaus entsprechende Sorge tragen würde.[26] Die Vorauszahlungen durch das Land sollten zu einem späteren Zeitpunkt als Entschädigungs- und Rückerstattungsmittel mit der IKVW verrechnet werden.[27]

Bei den Bauplänen, die anfangs nur eine Synagoge projektiert hatten, war mittlerweile eine Änderung eingetreten. Die anhaltende Abwanderung reduzierte die Gemeinde zwar nicht mehr drastisch, aber doch spürbar. Daher mussten die Bedürfnisse neu definiert werden. Neben einer kleineren Synagoge sollte ein neues Gemeindehaus entstehen. Das alte Gebäude war bei einem Fliegerangriff 1944 weitgehend zerstört worden. Im Neubau sollte ein Versammlungsraum, ein

Lesezimmer, ein Unterrichtsraum für religiöse Unterweisung, mehrere Büroräume und eine Hausmeisterwohnung inbegriffen sein.[28]

Von den früheren Gemeindegebäuden waren lediglich ein Saal und das ausgebrannte Schulgebäude erhalten geblieben. Hier konnten nach einer Renovierung die Verwaltung untergebracht (Geschäftsadresse ab 3. Juli 1950) und in der umgebauten früheren Turnhalle als Notbehelf ein Betsaal in der Hospitalstraße 36a am 8. Juli 1950 eingeweiht werden. Damit war ein erstes Teilziel erreicht – die Gemeinde hatte wieder eigene Räumlichkeiten zur Verfügung. Dennoch konstatierte die Repräsentanz der IKVW, dass die Notwendigkeit für die Gemeinde wieder eine Synagoge zu errichten, keinen Absolutheitsanspruch einnahm. Priorität hatte nach wie vor die Unterstützung sozial schwächerer Mitglieder. »Es wäre kein gottgefälliges Werk, wenn wir eine schöne Synagoge dastehen hätten und einen Hilfe suchenden Juden abweisen müssten.« Der Neubau mit nur etwa 300 Plätzen fiel wesentlich kleiner aus als die zerstörte Synagoge.[29]

*Die Gestaltung der Synagoge*

Nachdem nun die Finanzierung des Neubaus geregelt war, konnte das Projekt im Herbst 1950 konkrete Formen annehmen. Beim Einkauf der Baumaterialien war Eile geboten, denn die Preissteigerungen in diesem Sektor entwickelten sich enorm. Um eine deutliche Verteuerung des Baus zu verhindern, drängte Warscher beim Kultministerium darauf, möglichst schnell die ersten Gelder freizugeben, selbst wenn die davon eingekauften Materialien erst später verwendet werden sollten.[30]

Regierungsbaumeister Ernst Guggenheimer war mit der Planung des Neubaus beauftragt worden. Die Einbindung des Landesrabbiners Dr. Neufeld bezog sich dabei auf die Klärung von rituellen Fragen. Guggenheimer reiste mit ihm und dem Bauleiter Jauß beispielsweise im Februar 1951 nach Saarbrücken und auch nach Augsburg, um die dortigen Synagogen zu besichtigen. Diese Bauten hatten während der Nazi-Zeit und des Krieges relativ wenig Schaden genommen. Nur wenige Wochen später besuchte Neufeld anlässlich einer Tagung die wieder hergerichtete Frankfurter Synagoge, unter anderem auch mit der Absicht, Anregungen für den Stuttgarter Neubau zu erhalten.[31]

Welchen Einfluss seine Eindrücke und Ratschläge auf die Planungsentwicklung Guggenheimers nahmen, bleibt jedoch unerwähnt.

An der Arbeit war abgesehen von Guggenheimers engeren Mitarbeitern, dem Architekten Hans Jauß, mit dem er gemeinsam den Bau entwarf, und dem Kunstmaler Karl Löffler, der die künstlerische Innengestaltung übernahm, auch ein neu eingerichteter Bauausschuss beteiligt. In ihm wirkten Josef Warscher, Dr. Falkenstein, Jakob Stern, Pinkas Offner und Berthold Wolf (Ulm) mit. Am intensivsten kümmerte sich auch hier wieder Josef Warscher um alle Angelegenheiten, »… der täglich auf der Baustelle zu finden war«. Wegen des Neubaus schob er sogar mehrfach eine Studienreise in die USA hinaus, die von der Gesellschaft für Christlich-Jüdische Zusammenarbeit Stuttgart e.V. getragen wurde.[32]

Ernst Guggenheimer befasste sich schon Jahrzehnte vor dem Neubau mit dem Thema »moderne Synagogenarchitektur«. Bei einer 1930 in Stuttgart stattgefundenen Ausstellung zur kirchlichen Kunst der Gegenwart wurde auch die Präsentation jüdischer Sakralkunst miteinbezogen. In der Begleitbroschüre hatte Guggenheimer das Vorwort zu dieser Abteilung verfasst, wobei er schon damals seine Vorstellungen über die richtige Form der Synagogenarchitektur zum Ausdruck brachte.

»Um die Gestaltung des Synagogenbaues war es in vergangenen Zeiten schlecht bestellt. Aber der tote Punkt ist überwunden, denn der immer größer werdende Kreis der Verstehenden weiß, dass nicht die Pracht des Innenraumes, nicht die Wucht der Fassade mit maurischer Kuppel, dem Wesen des jüdischen Kultus gerecht wird. Die Synagoge wird heute im Grundplan als Neubeseelung der Jahrhunderte alten Überlieferung sich an nichts anderes halten können, als an die heilige Lade und den Tisch, an dem die Gesetze vorgelesen werden. Diese beiden sind die natürlichen Brennpunkte, von denen die Baugestaltung ihren Ausgang nimmt. Die Bundeslade an der Ostwand – ihr beigegeben die rituellen Lichter, der oder die siebenarmigen Leuchter, die ewige Lampe, die Totenlichter. Der Vorleserpult in der Mitte des Raumes. Um ihn sammeln sich die Sitzreihen. Jeder Anwesende hat gleichen Anteil am Inbegriff des jüdischen Gottesdienstes, dem Vorlesen der heiligen Schrift. So ist der nach außen streng durch den Vorhof abgeschlossene kubische Raum – der Saal – der sinnfällige bauliche Ausdruck der Synagoge – der jüdische Tempel. Der Frauenraum auf der Empore mit der strengen Trennung im Hinblick auf

*Früherer Eingang der Synagoge bis in die neunziger Jahre von der Gartenseite (Firnhaberstraße) her*

Eingang und Sicht vermag das Wesentliche des Raumes nur zu unterstreichen. ... Der jüdische Geist verlangt sein Haus, das jüdische Bethaus. Der neue Bau der Synagoge kann also nur die Verkörperung der Überlieferung darstellen. Die Gottesverehrung und die Selbstbesinnung brauchen keine Pracht, sondern verlangen Schlichtheit. Und so verknüpfen sich die Begriffe der heutigen Zeit sehr wohl mit der jüdischen Vergangenheit hinsichtlich bescheidener dekorativer Ausgestaltung. Zierrat und Allegorien werden Hilfsmittel untergeordneter Art bleiben. Überall regen sich die Geister, um neue jüdische Andachtstätten in diesem Sinne zu erstellen.«[33]

Diesen Thesen getreu begann er nun die Stuttgarter neue Synagoge zu entwickeln. Allen christlich-kirchlichen oder orientalisch-islamischen Anklängen – wie sie die frühere »maurische« Synagoge aufwies – wollte er in seiner Arbeit eine Absage erteilen. Ein eigener, jüdischer Baustil schwebte ihm vor.

*Vom Projekt zum Bau*

Guggenheimer legte großen Wert darauf, die südöstliche Richtung der Synagoge beizubehalten und sie gleichzeitig in eine sinnvolle Verbindung mit dem seitlich anschließenden Verwaltungsbau zu bringen. Die ZAS gab die Anregung zu einer großzügigen Grünfläche vor dem Eingang. Da zu dieser Zeit noch die Trümmerlandschaft um die neue Synagoge dominierte, gewann der Bau schon äußerlich dank dieses Vorgartens, von dem auch die Halle vor der Synagoge durch den Blick ins Grüne und auf den Brunnen profitierte. Während beim zerstörten Vorgängerbau der Eingang über die Hospitalstraße erreicht wurde, war dieser nun in die Firnhaberstraße verlegt. Die Westfassade bestand aus Kehlheimer Muschelkalk.

*Gesetzestafeln mit den 10 Geboten, gerettet von der alten Synagoge. Befinden sich in der neuen Synagoge.*

In der Vorhalle wurde die Kleiderablage und ein kleiner, kostbarer Kupferbrunnen zur rituellen Handwaschung eingerichtet. Hier sollte auch die Ehrentafel der gefallen Stuttgarter Juden des Ersten Weltkriegs ihren Platz finden. Der Durchgang zum Synagogenraum war ursprünglich nur von doppelten Vorhängen, so genannten Portieren, getrennt.

In der Synagoge wurden in die linke Wand die Gesetzestafeln eingefügt, das einzig erhalten gebliebene Zeugnis des 1938 zerstörten Vorgängerbaus. Guggenheimer schlug damit eine Brücke zwischen dem alten und neuen Bau.

»Es war Theodor Hirsch, der frühere Vorstand, der durch die Gestapo verurteilt worden ist. Mit ihm habe ich nach der Zerstörung erreicht, dass man diese Gesetzestafeln nicht abführen ließ mit den anderen Steinen. Wir haben sie versteckt, ohne zu wissen, ohne zu ahnen, dass sie noch einmal eine Funktion haben könnten. ... Auch das ist eine Verbindung von früher zu jetzt.«[34]

Ursprünglich war die Einweihung der Synagoge im September 1951, also noch vor den Hohen Feiertagen geplant.[35] Die Bauarbeiten verzögerten sich, dennoch wollte man zu den Festen nicht mehr in einen Notbehelf ausweichen, sondern nutzte die unvollendete Synagoge. Die rund um die aus Makassar-Ebenholz gefertigte Bima angebrachte Bestuhlung – eines der Lieblingsthemen Guggenheimers – kam dabei zur Geltung. »Wir haben an den hohen Feiertagen schon festgestellt, dass rings herum die Andächtigen sitzen und der Vorlesung aus der Thora lauschen, die der Höhepunkt jüdischen Lebens ist und bleibt.« Diese Anordnung ermöglichte außerdem, dass die Umzüge mit der Thorarolle, wie bei Simchas Thora, dem Fest der Thora-Freude, eine besonders feierliche Wirkung gewinnen konnten.

Guggenheimer wird sich in diesen Details mit dem »polnischen Minjan« ausgezeichnet verstanden haben. Der Minjan bestimmte den orthodoxen Gottesdienstritus, obwohl die Gemeinde sich heute als »Einheitsgemeinde« versteht, in der alle jüdischen Glaubensrichtungen ihren Platz haben.[36]

Dem Thoraschrein – als weiterer Hauptaspekt in der Synagoge – widmete Guggenheimer ebenso große Aufmerksamkeit. »Was nimmt man als Einrahmung für die Heilige Lade? Da gab es Marmor und Zedernholz und andere. Wir haben eine alte Technik, Mosaik, genommen ...«. Diese Mosaiksteine sind hauptsächlich in hellen Erdtönen gehalten. Abgesetzt von der Wand durch blaue Steine und durch abstrakte Linienelemente in Gold beeindruckt das Mosaik durch seine zeitlose, schimmernde Eleganz.

Der Thoraschrein selbst wurde aus Zedernholz gefertigt. Über ihm ist wiederum zentral das Ewige Licht angebracht und zu seiner rechten und linken Seite stehen je ein siebenarmiger Leuchter.

Umrahmt von Carrara-Marmor schmückt im Fenster der Magen David, der doppelte Davidsstern, den oberen Teil der Ostwand. Das hier und auch bei den übrigen Fenstern verwendete farbige, in rötlichen Nuancen gehaltene Glas wurde unter anderem im Saarland und in Belgien gefertigt. Bei der Farbgebung soll der »polnische Minjan« großen Wert auf Goldtöne gelegt haben.[37] Die Jahrzeitlampen, die zum

*Innenansicht der neuen Synagoge*

Todestag von Verwandten entzündet werden, wurden an den Seitenwänden des Raumes angebracht. Auch im separaten, kleineren Betsaal, der wesentlich häufiger als Gottesdienstraum genutzt wird als die große Synagoge, erhielten sie einen festen Platz.[38] Das Fries in Sgraffitotechnik an der Empore zeigt die zwölf Stämme Israels. Statt der einstigen Kuppel befindet sich in der Mitte des Flachdachs ein niedriger Aufbau, durch dessen Fenster diffuses Oberlicht in den Raum fällt. Der Raum bietet 350 Sitzplätze mit verschließbarem Pulten.

Der Bau steht zwar auf den Fundamenten der alten Synagoge, hat aber mit der früheren maurischen Architektur nichts mehr gemeinsam. Wesentlich nüchterner, in einfacher Würfelform mit schmalen Fenstern, verzichtete Guggenheimer bei dem hohen, hellen Zentralraum mit klarer linienstrenger Architektur auf jede Effekthascherei. Die feierliche Wirkung blieb so trotz vorgeschriebener Schmucklosigkeit nicht aus.

Die Laubhütte mit aufziehbarem Dach war bereits in einem lang gestreckten Nebenraum separat untergebracht.[39]

*Erste Trauung in der neuen Synagoge 1952*

Noch vor ihrer Einweihung gab die Synagoge auch den feierlichen Rahmen für eine Hochzeit ab. Josef Warscher heiratete die gebürtige Stuttgarterin Sigrid Helfer Anfang April 1952.

*Die Einweihung der Synagoge*

Gemeindemitglieder der IRGW schilderten ihre Eindrücke anlässlich der bevorstehenden Feier als zwiespältig. Einerseits war da die Freude über die neue Synagoge – das äußere Zeichen, dass die Gemeinde sich trotz der schrecklichen Ereignisse und aller Hindernisse wieder fest etabliert hatte. Andererseits mischte sich Trauer und Schmerz über die ermordeten Familienangehörigen, Verwandten und Bekannten mit der bangen Frage: Wie würde die Bevölkerung auf den Neubau reagieren? Man hielt es jedenfalls für ratsam, Sicherheitsvorkehrungen zu treffen. Die Befreiung lag erst sieben Jahre zurück und doch hatte die Erfahrung in zahlreichen Fällen gelehrt, dass sogar noch während der Besatzungszeit antisemitische Attacken überall in Deutschland und so auch in Württemberg verübt wurden.[40]

Die festliche Einweihung der Synagoge fand am 18. Ijar 5712/13. Mai 1952 statt. Alle Gäste, Gemeindemitglieder, Abgesandte anderer jüdischer Gemeinden wie Vertreter der Landesregierung und der Stadt Stuttgart wurden vorsorglich gebeten, spätestens um 16.15 Uhr zu erscheinen, damit die Feierlichkeiten pünktlich um 16.30 Uhr beginnen und ohne Störungen verlaufen konnten. Denn aus den erwähnten Sicherheitsgründen wurden polizeiliche Absperrungen eingerichtet; der Einlass war nur durch blaue Einladungskarten gewährleistet.[41]

Das große Polizeiaufgebot erregte nicht nur Aufsehen; Gäste aus dem Ausland waren darüber regelrecht entsetzt. Es kam zwar zu keinen Ausschreitungen seitens der nichtjüdischen Bevölkerung, aber mehrfach wurden deutlich antisemitische Äußerungen von Passanten laut. Einige der Bemerkungen kommentierte ein Journalist kritisch:

»›Wie die (gemeint waren die Juden) schon wieder angeben!‹ – ›Die fahren wieder die schönsten Wagen!‹, und auch das schlimmste und gedankenloseste Wort war zu hören. ›Es sind noch viel zu viel übrig geblieben!‹ Wir – und zum Glück auch die ausländische Bekannte – sind nicht der Meinung, dass diese Ansichten von der Mehrheit des deutschen Volkes geteilt werden. Es zeigt sich aber, dass von der angeblichen Erziehung zur Demokratie nicht viel übrig blieb und dass die heutigen herrschenden Kräfte weder wirtschaftlich noch politisch, noch geistig gewillt oder in der Lage sind, dem deutschen Volk einen besseren und zukunftsreicheren Weg zu zeigen.«[42]

Einige wenige Äußerungen nur – aber sie werfen besonders zum Anlass der Synagogeneinweihung einen bezeichnenden Schatten auf die Realität des deutsch-jüdische Zusammenlebens Anfang der 1950er-Jahre.

Bei der Einweihung waren als Ehrengäste außer dem baden-württembergischen Ministerpräsidenten Dr. Reinhold Maier, seinem Kultminister Dr. Schenkel, den Prälaten Schlatter und Spohn, Oberbürgermeister Dr. Klett, Professor Erbe, dem Präsidenten der deutschen UNESCO-Kommission auch Persönlichkeiten aus dem Ausland anwesend, die zum Teil in Stuttgart aufgewachsen waren. Josef Warscher gedachte nach der Begrüßung zuerst der während der NS-Diktatur ermordeten Juden Württembergs und der Mitarbeiterinnen und Mitarbeiter der früheren Stuttgarter Gemeinde, die bis »… in den Tod getreu, für unsere jüdische Gemeinschaft ihre Pflicht erfüllt haben«. Und er fuhr fort:

»So niederdrückend der Rückblick auf die nahe Vergangenheit ist, die vielleicht das dunkelste Kapitel in unserer Geschichte gebildet hat, so war es uns doch immer wie ein Lichtschein der Hoffnung, dass Einzelne und nicht wenige mit dem Herzen und oft auch mit der Tat auf unserer Seite gestanden haben, ungeachtet der Gefahren und Verfolgungen, denen sie sich selbst dadurch aussetzten, bis endlich die Befreiung kam. So haben wir wenigen, die wir der Vernichtung entgangen sind, 1945 die Zuversicht gehabt, die zerschlagene Gemeinde neu aufzubauen. Dabei waren wir uns bewusst, dass die Zeiten ehemaliger Größe der Gemeinden in Deutschland vorbei sind. Nur darum konnte es und musste es uns gehen, einen kleinen, aber lebendigen Zweig der großen jüdischen Gemeinschaft hier noch zu hegen und zu pflegen. So haben wir unsere Gemeindearbeit aufgefasst und in diesem Rahmen haben wir auch den Aufbau unserer Synagoge und unseres Gemeindehauses als eines – und zwar des einzigen – Zentrums jüdischen Lebens für das ganze Land erstrebt.«

Architekt Guggenheimer stellte in seinem Redebeitrag die Kontinuität zwischen der zerstörten Synagoge und dem Neubau als Gleichnis für die damalige und jetzige Gemeinde in den Vordergrund.

»Das wieder aufgebaute Gotteshaus wurde, soweit möglich und erforderlich, auf den Fundamenten der alten Synagoge errichtet. Dies sollte dem Brückenschlag vom Einst zum Heute symbolischen Ausdruck verleihen. … Wir, die kleine Schar der in Deutschland lebenden Juden betreten eine wiedererstandene Synagoge mit wehmütigeren Gefühlen und ernsteren Empfindungen als dies jemals geschah, weil wir für *die* beten müssen, mit denen zusammen wir einstmals gebetet haben.«

Und bei der Schlüsselübergabe an Warscher bekannte er: »Ich selbst erblicke in diesem Bau die Krönung meiner Lebensarbeit, mit der ich im vorgerückten Alter erneut mein religiöses und mein künstlerisches Glaubensbekenntnis ablegen durfte.«

Leopold Goldschmidt, der als Vertreter und Direktoriumsmitglied des Zentralrats der Juden in Deutschland an den Feierlichkeiten teilnahm, zeichnete kein positives Zukunftsbild für die jüdischen Gemeinden in Deutschland. Er betonte, dass die Synagogeneinweihung – obwohl sie Anlass zur Freude sei – dennoch von Trauer und Schmerz getrübt wäre.

»Wir streben nach Versöhnung und Versöhnlichkeit, aber wir können und wir wollen nicht vergessen. Der Schmerz über den Verlust von Millionen Brüdern und Schwestern, über die Zerstörung einer Gemeinschaft, die geistesgeschichtlich, nicht nur für das Judentum selber, von geradezu einzigartiger Bedeutung war, dieser Schmerz wird auch mit uns Zeitgenossen nicht ins Grab sinken. Leise, nur leise mischen sich in diese Trauer freundlichere Töne. Denn obwohl wir keineswegs die schönen, wenn auch zarten Pflänzchen übersehen, die den Ruinen entsprießen und wiewohl wir auch die Neuerrichtung dieses Gotteshauses als einen Beweis des unverwüstlichen Lebens in uns und neuer Zusammenlebensmöglichkeiten mit unserer Umwelt betrachten, dennoch vermögen wir nicht unsere Augen zu verschließen vor den düsteren Wolken, die aus dem Gestern herüberragen oder die sich heute neu zu bilden scheinen. ... Wir möchten die Neuerrichtung dieses Gotteshauses als einen weiteren Beweis dafür ansehen, dass die Geschichte des Judentums in Deutschland doch noch nicht zu Ende ist, dass sich hier zumindest ein Nachtrag ereignet, dem aber finstere Seiten erspart bleiben mögen.«

Aus seiner Sicht war das dauerhafte Fortbestehen der jüdischen Gemeinden in Deutschland trotz neuer Synagogen weiterhin fraglich.

Außer Ministerpräsident Dr. Maier und Oberbürgermeister Dr. Klett hielt auch der Landesrabbiner von Luxembourg Dr. Chaim Lehrmann eine Ansprache. Als einstiger Stuttgarter, der hier seinen ersten Religionsunterricht genossen und in Tübingen studiert hatte, entzündete er das Ewige Licht. Mit den wertvollen Thorarollen, die einst dank der mutigen Tat Emilie Michelbachers gerettet worden waren, wurde ein feierlicher Einzug in die Synagoge veranstaltet. Während die Gemeinde das Totengebet Kaddisch sprach, wurden in Erinnerung an die Millionen Ermordeten sechs Kerzen angezündet.

Die Weiherede Dr. Neufelds befasste sich besonders mit der Bedeutung des Feiertags Lag Ba'Omer, auf den die Synagogeneinweihung gelegt worden war. Dieser Feiertag geht auf das Ende einer tödlichen Epidemie zurück, die vor Jahrtausenden in Palästina viele Schüler des Rabbi Akiba das Leben gekostet hatte. Am 18. Ijar des jüdischen Kalenders endete laut der Tradition dieses Massensterben, daher kann an diesem Tag eine Feier begangen werden. Gleichzeitig gelte aber dieser Monat auch als der Beginn von Mordbrennerei und Raubzügen im Zusammenhang mit dem Ersten und Zweiten Kreuzzug gegen die jüdische Bevölkerung im mittelalterlichen Deutschland. Und als weitere Parallele zog er den Vergleich zum Ersten und Zweiten Tempel, der wesentlich kleiner ausfiel als sein Vorgängerbau. So gelte nach dem Propheten Chagaj nun auch für Stuttgart: »Größer soll die Ehre des zweiten Hauses werden, als die des ersten und an diesem Platze will ich Frieden geben.«

Musikalisch wurde die Einweihungsfeier umrahmt vom Gesang des Kantors Korman, den Viktoria Renz am Harmonium begleitete.[43] Das Festmahl im Cannstatter Kursaal, das den Vertretern anderer jüdischer Gemeinden und der finanzierenden Behörden galt, schloss den Einweihungstag ab. Für die Gemeindemitglieder wurde im Anschluss an den nächsten Schabbat-Gottesdienst eine separate Feier mit Bewirtung abgehalten.[44]

Die Unterstützung der Stadt Stuttgart für den Synagogenbau hatte sich bisher auf die Schenkung eines Bauplatzes beschränkt, der den West-Zugang zur Synagoge gewährleistete. Schließlich beteiligte die Stadt Stuttgart sich 1953 doch noch mit einem kleinen Bauzuschuss an der Synagogenfinanzierung. Abgesehen von der Stiftskirche hatte sie bisher keine Mittel für den Wiederaufbau von Sakralbauten bewilligt. In diesem Falle war sie jedoch bereit, angesichts der NS-Vorgeschichte eine Ausnahme zu machen. Ursprünglich hatte sie eine Mitfinanzierung abgelehnt, da aus Sicht der Stadt der Wiederaufbau der Synagoge aus Wiedergutmachungsmitteln hätte finanziert werden sollen. Diese Auffassung hatte sich mittlerweile geändert. Es sei eine »… selbstverständliche moralische Verpflichtung der Stadt«, einen Beitrag zu leisten, der zur Fertigstellung nötig war.[45]

Die Stuttgarter neue Synagoge war einer der ersten Synagogen-Neubauten Westdeutschlands.[46] An verschiedenen Orten wurden inzwischen Synagogen restauriert und zu Gedenkstätten umgestaltet. Der Stuttgarter Bau aber ist der einzige in Württemberg, der eine Gemeinde hat. Seit seiner Errichtung sind im Innern kaum Veränderungen vorgenommen worden. Sigrid Warscher, die Mitglied des Synagogenausschusses ist und den Wiederaufbau sehr bewusst miterlebte, meint rückblickend: »Die Synagoge war unser aller Kind. Sie war die Familie, die den meisten Mitgliedern verloren gegangen war.«[47]

## ▪ Das Landesrabbinat

Worin bestanden und bestehen die Aufgaben eines Rabbiners der Nachkriegszeit in Deutschland? Der jüdische Gottesdienst kann auch ohne einen Rabbiner abgehalten werden. Notwendig sind dazu – wie erwähnt – lediglich zehn erwachsene Männer. Im Allgemeinen sind die Aufgaben im Gottesdienst jedoch geteilt. Der Vorbeter oder Kantor wirkt als »musikalisches Sprachrohr der Gemeinde zu Gott«, der Rabbiner durch die Auslegung, die Lehre der Thora als Prediger. Dabei kann er durchaus auf aktuelle Ereignisse Bezug nehmen. Schon allein damit befindet er sich in einer zentralen Funktion des gesamten Gemeindelebens. Entscheidend ist sein Wort auch in allen Angelegenheiten um die Synagoge und den Ritus. Er ist außerdem Seelsorger, kümmert sich um die Gemeindemitglieder durch Haus- und Krankenbesuche, betreut Trauernde, hält bei Beerdigungen und Trauungen Ansprachen, ist bei Beschneidungen anwesend, bereitet die Bar-Mizwot (die Aufnahme von dreizehnjährigen Jungen in die religiöse Volljährigkeit) gemeinsam mit dem Kantor vor, den er auch unterweist. Alle sonstigen Kulthandlungen obliegen ihm wie auch die Aufsicht über die Einhaltung der rituellen Gebote. Er erstellt Gutachten in jüdisch-religiösen Angelegenheiten und übernimmt die Schlichterfunktion im eventuellen Streitfall zwischen Juden. Eine ebenso wichtige Rolle spielt seine Leitung innerhalb des Religionsunterrichts, aber auch seine Mitwirkung beim jüdischen Kulturleben und dessen Förderung, beispielsweise mittels Vorträge innerhalb der Erwachsenenbildung. Über das Gemeindeleben hinaus ist er Ansprechpartner für jüdische wie auch nichtjüdische Behörden und Organisationen.[1]

Die Rabbinatsarbeit war in Deutschland nach 1945 aus den verschiedensten Gründen ungleich schwieriger und umfangreicher geworden als vor dem Holocaust. Neben der Ablehnung eines Arbeitsplatzes in Deutschland vor dem Hintergrund der Verfolgung und Ermordung resultierte die geringe Zahl potentieller Kandidaten auch aus den meist mit Arbeit völlig überfrachteten vakanten Rabbinatsstellen. Die Rabbinen waren nun zu häufigen Reisen gezwungen, um mit ihren im ganzen Bundesland verstreut lebenden Gemeindemitgliedern überhaupt in Kontakt treten zu können. Unter diesen Umständen konnte die religiöse Betreuung sich aber dennoch nur unbefriedigend entwickeln. Hinzu kam in vielen Gemeinden eine weitgehende religiöse Inaktivität der Mitglieder. Auf der anderen Seite waren viele aus Deutschland stammenden Rabbinen bereits pensionsberechtigt oder standen inzwischen im Ausland eigenen Emigrationsgemeinden vor. Vergleichend zu den früheren Verhältnissen stellte der hessische Landesrabbiner Lichtigfeld 1956 zu den herrschenden Verhältnissen frustriert fest:

»Die Gemeinden waren auf einer soliden Grundlage aufgebaut und hatten ihre lokale Tradition, die mit Anhänglichkeit gepflegt wurde. Die Zusammensetzung der Gemeinden war homogen. Zuwachs und Fortgang hielten sich in normalen Grenzen. Heute hat die Zusammensetzung allein schon ein Problem geschaffen. Der Rabbiner ist nicht mehr der Mann, der nur lernt und lehrt. Man benutzt ihn als Auskunfteibüro für die verschiedensten Dinge; nicht nur von jüdischer, sondern auch von nichtjüdischer Seite ... Die normalen Aufgaben, die sonst das legitime Arbeitsgebiet des Rabbiners darstellen, müssen hinter alledem etwas zurücktreten. Wie man damit fertig wird, darüber zerbricht sich keiner den Kopf.«[2]

Die Folge war – das zeigte sich auch bei der IKVW –, dass unter diesen Voraussetzungen die nur für wenige Jahre mit den Rabbinen geschlossenen Arbeitsverträge in der frühen Nachkriegszeit nicht verlängert wurden. Die ersten beiden Rabbinen wanderten ins Ausland ab.[3]

Die einstigen württembergischen Rabbinatsbezirke weisen eine überschaubare Größe auf. Nun war abgesehen von der Mehrzahl der in Stuttgart ansässigen Juden auch der restliche württembergische Landesteil, eben der gesamte Einzugsbereich der IKVW, von einem einzigen Rabbiner zu betreuen. Trotz stark reduzierter Gemeinde führte dieser Umstand zu einem erheblichen Mehraufwand an Arbeit. Die außerhalb Stuttgarts lebenden Gemeindemitglieder waren beziehungsweise sind zwischen Heilbronn und Ulm zu Hause. Allein die organisatorische Vorbereitung und Zeit raubenden Überlandfahrten erschwerten das Amt besonders in den ersten kärglichen Nachkriegsjahren. Forschung und zahlreiche Publikationen, wie sie die

*Einweihung der ersten neuen Thorarolle, gestiftet von Herrn Verleger*

wissenschaftlich gebildeten Rabbinen vor der NS-Verfolgung gewohnt waren, waren angesichts dieser Belastung weitgehend unmöglich.

Die Gemeinde stellte nicht nur angesichts ihrer zerstreuten Mitglieder oder durch ihre neue Zusammensetzung, der ostjüdischen Mehrheit und der deutschjüdischen Minderheit, besondere Anforderungen an den neuen Rabbiner. Es ging letztendlich auch darum, traumatisierte Menschen psychisch zu stabilisieren und ihnen ein Stück Familie zu ersetzen. 1951 fasste Dr. Benno Ostertag die in den neuen Amtsinhaber gesetzten Hoffnungen folgendermaßen zusammen:

»Der Rabbiner, den wir brauchen, muss sich dieser besonderen Art der Gemeinde anpassen. Es ist sehr schön, dass unser Rabbiner den Willen hat und bereit ist uns Vorträge zu halten, dass er uns kulturell etwas bietet, darüber freuen wir uns. Wir sind auch stolz darauf, dass unserem Rabbiner ein so guter Ruf als Gelehrter vorausgeht. Aber was wir brauchen, ist ein Bruder, ein Vater, zu dem man gehen kann in seiner Not, dem man seine Sorgen anvertrauen kann, der fühlt, wie uns das Herz schlägt, der uns hilft, der zu den Kranken geht. Wir haben es lange Zeit bitter empfunden, keinen Rabbiner zu haben.«[4]

Allmählich trat jedoch auch bei den Rabbinaten eine Konsolidierung ein. Erste Rabbinertagungen mit Beschlussfassungen fanden bereits in den ersten Nachkriegsjahren statt. 1952 wurde die Rabbinerkonferenz in Frankfurt a. M. gegründet.[5]

Bei den folgenden Biographien der Rabbinen der IKVW beziehungsweise IRGW steht ihre jeweilige Amtszeit in Württemberg im Zentrum.

### Professor Dr. Heinrich Guttmann

Der erste Landesrabbiner Württembergs nach der Befreiung wurde am 26.3.1905 in Csnograd in Ungarn geboren und hatte in Gießen studiert. 1928 wurde er zum Dr. phil. ernannt. Anschließend amtierte er fünf Jahre lang als liberaler Rabbiner in Bingen a. Rhein und in Landsberg/Warthe. Doch dann zog es ihn zurück nach Ungarn. Zum Professor am Jüdischen Theologischen Seminar in Budapest berufen, lehrte er dort zwölf Jahre. In dieser Zeit veröffentlichte er auf dem Gebiet der jüdischen Geschichte eine größere Anzahl von Abhandlungen und wirkte außerdem bei der ungarischen Edition der britischen Hertz-Bibel mit.

Nur knapp entging er dem Holocaust, aber seine gesamte Familie wurde ermordet. Sein Lebensmut blieb ihm jedoch erhalten. Professor Dr. Guttmann, bei Kriegsende gerade 40 Jahre alt, verheiratete sich wieder.[6] Bereits im Mai 1948 fiel die Wahl der IKVW bei der Besetzung des Landesrabbinats auf Guttmann. Doch er konnte seine Tätigkeit in Stuttgart nicht sofort aufnehmen. Der Wohnungsmangel in der stark zerstörten Stadt verzögerte seinen Amtsantritt um Monate. Ab August hielt er im Eskin-Haus regelmäßig Sprechstunden ab und bot eine Vortragsreihe über jüdische Geschichte für die Gemeindemitglieder an, die aber nur auf wenig Resonanz stieß.[7]

Angesichts der Knappheit aller Bedarfsgüter war auch der Treibstoff rationiert – ein zusätzliches Problem für den Landesrabbiner bei der Betreuung der Gemeindemitglieder außerhalb Stuttgarts. Die äußerst gering bemessene Benzinzuteilung erfolgte über das Städtische Straßenverkehrsamt. Versuche Professor Dr. Guttmanns, eine größere Menge zu erhalten, scheiterten kläglich. Sogar ein Ersuchen an den Kultminister persönlich, in dieser Angelegenheit etwas zu unternehmen, blieb ohne Erfolg. Der Landesrabbiner musste seine »Bitte um Intervention« wiederholen. Dennoch bewerkstelligte er zwischen

August 1948 und März 1949 insgesamt 56 Autofahrten in die württembergischen »Landgemeinden« – so bezeichnete er die in Württemberg verstreut wohnenden Gemeindemitglieder. Eine dazu geführte Liste ist beeindruckend, denn sie dokumentiert, dass er diese Touren trotz aller Hemmnisse im Abstand von vier, höchstens aber von zehn Tagen unternahm.[8]

Weitere Tätigkeiten bestanden in der Erstellung von verschiedenen religiösen Gutachten, unter anderem bezüglich des Verkaufs von Landsynagogen, deren Gemeinden ausgelöscht waren. Dabei arbeitete Guttmann mit den Rabbinerkollegen Dr. Ohrenstein, Oberrabbiner von Bayern und Dr. Weinberg, Landesrabbiner von Hessen, zusammen. Anfang 1949 bemühte Guttmann sich in einem Aufruf an die Gemeindemitglieder um die Wiedereinführung der Chewra Kadischa (Bestattungsverein). Außerdem wirkte er bei der Gesellschaft für Christlich-Jüdische Zusammenarbeit mit.[9]

Guttmanns Zuständigkeit bezog sich auf die Grenzen des damaligen Landes Württemberg-Baden. Im Zusammenhang mit einer Aufnahme ins Judentum bei der Jüdische Kultusgemeinde Heidelberg war abgesehen von seiner Mitwirkung auch der Vorstandbeschluss der IKVW nötig.

Die Proselytenfrage wurde überhaupt durch die Auflösung der DP-Lager nach der Gründung des Staates Israel und weiterer Auswanderungsmöglichkeiten zum drängenden Problem. Guttmann wandte sich daher an das Israelische Konsulat in München. Die Gesuche um Aufnahme ins Judentum hatten sich stark gehäuft. Im Wesentlichen handelte es sich um Nichtjüdinnen, die ihren jüdischen Ehemännern nach Israel folgen wollten.

»Wir haben bereits einige aufgenommen. Da sich aber die Fälle mehren, möchte ich weiter niemand aufnehmen, bevor ich die prinzipielle Stellungnahme des Israeli Konsulats kenne, besonders, ob es wünschenswert ist, Personen, deren Ehemänner in Israel sind, aufzunehmen, oder Bräute, deren Bräutigame in Israel sind aufzunehmen.«

Auch der hessische Landesrabbiner Dr. Weinberg verweigerte Aufnahmegesuche. Sehr konsequent lehnte er sämtliche nach 1945 geschlossenen Ehen zwischen Juden und Nichtjuden ab. Nicht allein die Beweggründe für solche Beziehungen auf nichtjüdischer Seite erschienen ihm zweifelhaft.

»Bei der Aufnahme hier können wir uns nicht des Eindrucks erwehren,

dass dieselbe nur ein Vorwand der Visumsbeschaffung sei. Es wäre ratsamer, die Aufnahme in Israel selbst durchzuführen, da dort die Frage des Visums wegfällt und man, nach längerem Aufenthalt der betreffenden Person dort selbst, sie und ihre Intentionen besser beurteilen kann.«
Die misstrauische, ja ablehnende Haltung der Rabbinen gegen Proselytinnen basierte auf Erfahrungen aus ihrer jüngsten Vergangenheit. Vor 1933 hatten einige Hundert Übertritte von Frauen zum jüdischen Glauben aufgrund ihrer Heirat stattgefunden. Während der Hitler-Diktatur wurden beinahe alle diese Konversionen unter Zwang wieder rückgängig gemacht. Den Frauen hing deshalb der Vorwurf der »Wankelmütigkeit« gegenüber ihrem angenommenen Glauben an.[10] Als nun so kurz nach der Befreiung derart viele Aufnahmegesuche wegen erleichterter Einreisemöglichkeiten nach Israel gestellt wurden, lagen Zweifel an der Wahrhaftigkeit und Verdacht der Vorteilssuche nahe. Es wurde wohl nicht immer ganz zu Unrecht zweckbestimmte Berechnung statt ernsthaftem Interesse am jüdischen Glauben unterstellt.

Das Israelische Konsulat empfahl jedoch lediglich, von den entsprechenden Frauen eine schriftliche Bestätigung zu verlangen, dass der Übertritt zum Judentum ihr ernsthafter Wunsch sei. In Rücksicht auf die bei vielen Paaren bereits vorhandenen Kinder sollte hinsichtlich der Aufnahmen in den jüdischen Glauben Kulanz walten.[11] Nach der schrecklichen Dezimierung konnte das Volk Israel es sich nicht leisten, auf diese neue Generation zu verzichten. Damit waren allerdings die wenigen Rabbinen in Deutschland nicht nur mit ihren Bedenken allein gelassen, sondern vor allem mit dem zusätzlichen Arbeitsaufwand des Religionsunterrichts.

Professor Guttmann hielt es nicht lange in Stuttgart. Bereits im September 1949 wanderte er nach USA aus. Seine tatsächlichen Beweggründe zu diesem Schritt bleiben zwar im Dunkeln, doch ist es immerhin denkbar, dass er als liberaler Rabbiner bei der polnisch-orthodoxen Mehrheit der Gemeindemitglieder auf größere Schwierigkeiten stieß. Auch die geschilderten Begleitumstände seines Arbeitsalltags müssen zumindest in Betracht gezogen werden: Dem Akademiker blieb keinerlei Freiraum zur wissenschaftlichen Tätigkeit.

Als Interimslösung übernahm Kantor Korman die Betreuung der Gemeinde in religiösen Fragen.[12]

## Dr. Siegbert Izchack Neufeld

Er wurde am 15.6.1891 in Berlin geboren.[13] Als einen seiner wichtigsten und unvergesslichen Lehrer nannte Neufeld Josef Carlebach, »... der in den Jahren der Jugend in Berlin mich geleitet hat und dessen Einfluss ich heute noch bei mir bemerke ...«[14]

Seine rabbinische Ausbildung absolvierte er in seiner Geburtsstadt an der »Hochschule für die Wissenschaft des Judentums«. Danach bekleidete er nicht nur die Rabbinatsstellen in Briesen, Insterburg und bis 1939 in Elbing, sondern nahm als Feldrabbiner auch am Ersten Weltkrieg teil. Zwischen 1917 bis 1918 lebte er darum in verschiedenen polnisch-litauischen Städten.

*Erster württembergischer Landesrabbiner in der neuen Synagoge: Dr. Siegbert Izchack Neufeld*

Neufeld war außerdem ein hervorragender Historiker. Dies schlug sich in einer langen Reihe von Publikationen nieder. Besonders bekannt wurde er in den Jahren vor 1938 durch seine ständige Mitarbeit am Hamburger Israelitischen Familienblatt. Josef Warscher rühmte ihn bei seiner Stuttgarter Amtseinführung im Januar 1951 als einen »... der produktivsten Forscher der Geschichte des ehemaligen deutschen Judentums.« Neben vielen Aufsätzen in verschiedenen historischen Zeitschriften stammen aus seiner Feder Veröffentlichungen zur jüdischen Geschichte in Sachsen und Thüringen.[15]

Die Auswanderung ins damalige Palästina war Neufeld noch rechtzeitig gelungen. Seit 1939 lebte er in Tel Aviv. Auch dort pflegte er als Vorstandsmitglied der Gesellschaft für jüdische Geschichtsforschung sein spezielles Fachgebiet und hielt zahlreiche Vorträge.

Seine Tätigkeit als Feldrabbiner erwies sich in Stuttgart unerwartet als hilfreich. Viele der ostjüdischen Gemeindemitglieder erkannten in ihm einen alten Bekannten wieder. Da er kurz vor dem Pensionsalter stand, hatte er sich nur auf zwei Jahre nach Württemberg verpflichtet.[16]

Die Korrespondenz Dr. Neufelds erlaubt einen guten Einblick in seine umfangreiche Arbeit. Denn obwohl die schlimmste Nachkriegsnot überwunden war, blieb es schwierig, die religiösen Bedürfnisse einer jüdischen Gemeinde in Deutschland abzudecken. Neufeld kümmerte sich beispielsweise darum, dass die Friedhofspflege nicht der Vernachlässigung anheim fiel, dass rechtzeitig zur Beschneidung eines neugeborenen Jungen ein Mohel (Beschneider) zur Stelle war oder dass ein jüdischer Metzger für koscheres Fleisch sorgte. Gerade die anhaltenden Versorgungsengpässe mit koscheren Lebensmitteln für die Gemeindemitglieder, besonders bei koscherem Fleisch zu den Feiertagen, machten es notwendig, das Neufeld sich immer wieder um neue Alternativen bemühen musste. Eine der wichtigen Adressen war wiederum der Münchner AJDC.[17]

Kurz vor seiner Rückkehr nach Israel beschrieb Neufeld in einem Brief an seinen Nachfolger Dr. Bloch weitere Details. Offensichtlich hatte Bloch die Hoffnung geäußert, in Stuttgart wieder wissenschaftlich tätig werden zu können. »… damit Sie [Bloch] sich gar keinen Illusionen hingeben …«, lieferte Neufeld eine Arbeitsübersicht.

»Natürlich wird jeder seiner Neigung, Eignung und Berufsausbildung entsprechend eine andere Auffassung von den Pflichten des Amtes haben. Ich sehe, dem Vorbild meiner großen Lehrer, Maybaum und Baeck folgend, im Rabbiner in aller erster Linie den Kanzelredner. Ich predige oft und gern; fast an jedem Jontew [Feiertag], an Pessach und Sukkoth [Laubhüttenfest] nur 2 bis dreimal, am Jaum Kippur [Versöhnungstag] mindestens zweimal. Außerdem durchschnittlich an jedem 3. oder 4. Schabbath. Andere predigen weniger. Ich sehe z.B. in der Schweizer jüdischen Zeitung, dass dort überall an Schowuoth [Wochenfest, Fest der Offenbarung] nur einmal gepredigt wurde. Auch Harry Levy [damals Landesrabbiner in Hessen] hat nur einmal gepredigt. Wie ich schon sagte, fällt es mir sehr leicht zu predigen. Nur die Rundfunkpredigen mache ich schriftlich, weil der Rundfunk es verlangt. Und die Rede zur Einweihung der Synagoge, die Sie ja gelesen haben, habe ich auch vorher niedergeschrieben, weil da jedes Wort abzuwägen war. Sonst besteht die Vorbereitung darin, dass ich auf weiten Spaziergängen mir die Predigt zurechtlege. In zweiter Linie sehe ich das Katheder als meine Wirkungsstätte an, als Lehrer der Kinder und Erwachsenen. Der Schulunterricht hat mich bisher sehr wenig in Anspruch genommen. Es waren bisher nur 6 Kinder in zwei Abteilungen. (An Ihrem Schüler Abraham Fern [Es handelt sich hierbei um den jetzigen Geschäftsführer Dipl. Ing. Arno Fern] werden sie wohl Freude haben.) Jetzt ist eine Abteilung von 5 Kindern im Alter von 6 Jahren hinzugekommen.

Für die Erwachsenen habe ich einen Geschichtskursus: ›Jüdische Geistesgrößen und ihre Zeit‹ in 16 Vorträgen gehalten. Auch dies entspricht meiner Neigung und Eignung und meiner historischen Berufsausbildung. Selbstverständlich habe ich auch diese Vorträge niemals niedergeschrieben.

Trotzdem mich also die meiner Ansicht nach wesentlichste Tätigkeit verhältnismäßig wenig in Anspruch nimmt, ist doch die ganze Zeit mit Berufsarbeit ausgefüllt. Amtlich habe ich nur Dienstag von 3 – 5 Uhr und Freitag von 10 – 12 Uhr Sprechstunde. In Wirklichkeit bin ich fast an jedem Vormittag im Büro, sofern ich nicht außerhalb bin und fast auch jeder Nachmittag ist besetzt. Teils durch Schulunterricht, teils durch Proselyten-Unterricht. Dieses Letztere wird auch Ihnen sehr problematisch erscheinen, aber man kann es nun einmal unter den gegebenen Verhältnissen nicht ablehnen. In der Sprechstunde im Büro wird man von den verschiedensten Menschen, Juden wie Christen aufgesucht, wobei sich manchmal die komischsten Situationen ergeben, dass die Christen in bester Absicht sich ganz falsche Vorstellungen machen. In jedem Fall hat die Unterredung mit den Besuchern eine umfangreiche Korrespondenz zur Folge. Dazu kommen neben den mündlichen die vielen schriftlichen Anfragen. Um es Ihnen noch klarer zu machen: am Sonntag Vormittag wird in der Regel nicht im Büro gearbeitet, ich aber komme in der Regel am Sonntag Vormittag her um die liegen gebliebene Korrespondenz aufzuarbeiten. Sie haben ebenso wie ich den großen Vorteil, dass Sie selber Maschine schreiben können, aber eine unserer beiden Sekretärinnen steht uns gern für die schriftlichen Arbeiten zu Verfügung. Es kommen ferner die zahlreichen repräsentativen Verpflichtungen bei den Behörden von Staat, Stadt und der amerikanischen Besatzung hinzu. Ferner Vorträge in nicht jüdischen Organisationen. Ich habe z.B. im christlichen Verein junger Männer und bei den Methodisten geredet. Ferner nehme ich sehr gern an den Beratungen der überkonfessionellen Arbeitsgemeinschaft teil. Habe auch dort mehrmals gesprochen. Einmal sogar öffentlich. Manche sehen diese Tätigkeit als problematisch an. Mir erscheint nach 2-jähriger Tätigkeit die Gesellschaft für christlich-jüdische Verständigung problematischer. Ich habe bei ihr viel zu oft, im Ganzen 13 mal gesprochen, habe im vorigen Jahr in der Woche der Brüderlichkeit mit einem Zwiegespräch mit dem früheren Kultusminister Bäuerle über die Geschichte der Juden in Deutschland gesprochen. Ein Zwiegespräch, das wir in Schwäb.[isch] Gmünd vor einem viel größeren Publikum wiederholt haben, auch in der Gesellschaft für christlich-jüdische Verständigung in Augsburg und Schwäb.[isch] Gmünd, habe ich einen Lichtbildervortrag gehalten. Dazu kommt die Betreuung der auswärtigen Gemeindemitglieder. Ich war wohl durchschnittlich in jeder Woche einmal außerhalb. Teils in den kleinen Gemeinden zu Vorträgen, teils bei den verstreut lebenden einzelnen Gemeindemitgliedern und bei den Gefangenen in den verschiedenen Haftanstalten.

Es würde zu weit führen, wenn ich diese Schilderung noch mehr ins Einzelne fortführen würde. Jedenfalls dürfte Ihnen daraus klar geworden sein, dass ich nicht in der Lage war wissenschaftlich zu arbeiten wie ich es früher in Insterburg und Elbing gewohnt war.«[18]
Neufeld hatte sich dennoch mit der württembergischen Vergangenheit so intensiv auseinandergesetzt, dass er 1952 in der Allgemeinen Wochenzeitung der Juden in Deutschland eine ganze Artikelserie über die Geschichte der Juden in Württemberg publizieren konnte.[19]

Wohl einer der arbeitsintensivsten Bereiche stellte auch für Neufeld die von ihm erwähnte Proselytenfrage dar. Sein Unbehagen hinsichtlich der minimierten Voraussetzungen zum Übertritt werden dabei deutlich. »Auch wenn wir noch so wenig Kenntnisse verlangen und noch so intensiv im Unterricht arbeiten, werden mindestens 12 Unterrichtsstunden notwendig sein. …«. Zu diesem Unterricht verwendete Neufeld das Lehrbuch von Friedländer. Schließlich legte die Konferenz der Landesrabbiner von Deutschland konkrete Rahmenbedingungen für eine ordnungsgemäße Aufnahme ins Judentum fest.[20]

Neufelds Tätigkeiten waren jedoch damit noch lange nicht erschöpft. Er war Mitglied der am 20.10.1952 gegründeten »Konferenz der Landesrabbiner von Deutschland« und vertrat unter anderem den Zentralrat der Juden in Deutschland bei der UNESCO. Seine Vortragsreisen führten ihn sowohl durch ganz Württemberg wie auch bis nach Hamburg, Wiesbaden, Köln und Düsseldorf.[21]

Noch vor den Hohen Feiertagen kehrte Neufeld am 5. Oktober 1953 nach Israel zurück. Gelegentlich besuchte er noch die Stuttgarter Gemeinde, zuletzt im Herbst 1971. Hoch betagt starb Dr. Siegbert Jizchak Neufeld Ende 1971 im achtzigsten Lebensjahr.[22]

## Dr. Fritz Elieser Bloch

Der dritte Landesrabbiner Württembergs wurde am 21.3.1903 in München geboren. Früh schloss er sich der Zionistischen Jugend an. Er besuchte die berühmten jüdischen Lehrhäuser in Litauen und Polen, unter anderem auch die Jeschiwa von Mir. Auf diese Weise war er mit der ostjüdischen Kultur vertraut und ihr verbunden.

An der jüdischen Hochschule in Breslau studierte Bloch Geschichte und schloss dort mit der Promotion ab. Sein Rabbinerdiplom erhielt er am Berliner Rabbinerseminar. Aus seiner Sicht bestand eine enge Bindung zwischen Religion und weltlicher Wissenschaft, darum bedeutete Letztere für ihn keine liberalistische Verwässerung des Glaubens. Geistig stand er damit in der Tradition von Raphael Samson Hirsch, dessen Hauptziel in der Verkündigung und der wissenschaftlichen Auslegung der Thora bestand. Dr. Bloch verstand sich als gemäßigt orthodoxer Rabbiner.

Von 1932 an bis zu seiner Auswanderung nach Palästina 1938 amtierte er in der jüdischen Gemeinde Aschaffenburg. In den ersten Jahren konnte der Immigrant nur fachfremde Tätigkeiten ausüben. Nach der Gründung des Staates Israel trat er als Lehrer in den Staatsdienst ein. Seine Frau praktizierte als Ärztin.[23]

1953 berief ihn die IKVW zum Landesrabbiner. Bloch führte kurz nach seinem Amtsantritt den regelmäßigen Religionsunterricht ein und bestritt ihn zweieinhalb Jahre allein. Ab 1956 wurde er darin von einem Religionslehrer, zuerst von Herrn Warschawsky, unterstützt. Ihm folgten verschiedene Lehrerkollegen nach, dennoch erteilte Bloch weiterhin selbst Unterricht und betreute ihn, soweit ihm dies seine anderen Amtspflichten erlaubten. Die Problematik, geeignete Lehrer für den jüdischen Religionsunterricht zu finden, belastete Bloch.

»Es gibt hierzulande und auch in der ganzen deutschsprachigen Umgebung keine Lehrerausbildungsstätte, und wir haben deshalb auch keinen Nachwuchs, den wir hier vorfinden und nun auswählen können. Das gilt

*Dr. Fritz Elieser Bloch,
württembergischer
Landesrabbiner
von 1953 bis 1979*

ja auch für die anderen Funktionäre. Hier ist die Not sehr groß. ... Für uns ist die Situation dadurch vor allem für die Erziehung der heranwachsenden Jugend sehr, sehr schwierig.«[24]

Zehn Jahre nach seinem Amtsantritt, zum 60. Geburtstag, wurde ihm bestätigt, dass er in jeder Hinsicht Anerkennung gefunden hatte. Dr. Bloch verstand es dank seines bisherigen Lebenslaufs, als Mittler zwischen den ostjüdischen Traditionen der neuen Mitglieder und den Alteingesessenen seiner Gemeinde Reibungen auszugleichen.

Bei dem zu seinen Ehren veranstalteten Kiddusch [hebr. »Heiligung«, Segensspruch über einem Becher Wein zur Heiligung des Schabbats[25], hier: religiöse Gemeindefeier] charakterisierte Alfred Marx den Landesrabbiner und brachte gleichzeitig die besondere Beziehung zwischen ihm und der Gemeinde zum Ausdruck.

»Ich ... sage unseren Freunden, die hier versammelt sind, nicht: Seht hier diesen *großen* Mann! Nein, ich sage: Wir lieben unseren guten Doktor Bloch als einen Mann der Mitte und des Maßes. Wohlverstanden, der Mitte und des Maßes, nicht des Mittelmaßes! ... Die erste Hälfte [von Blochs Leben; Anspielung auf die 120 Jahre, die Jubilaren nach jüdischem Brauch zum Geburtstag gewünscht werden] war gut und die zweite möge und *wird* auch gut sein. Diese Prophezeiung darf ich wagen, weil Ihr Leben, wohin man schaut, Symmetrie aufweist.
Rabbinerseminare in Deutschland – Jeshiwot [Talmudakademien] in Polen und Litauen. Wohnsitz in Israel – Wohnsitz im Galuth [in der Diaspora]. Rebbe für die Juden – Redner für die Christen. Freund der Kinder – Freund der Alten. Freund von Andechser Bier – Freund von gefilte Fisz [ostjüdische Spezialität]. Freund der Thora – Freund der Musen. Freund der alten jüdischen Tradition – Freund der Moderne. Freund der Sonne Israels – Freund des Schnees der Alpen. Freund der Gelehrsamkeit – Freund goiischer [nichtjüdischer, auch in der Bedeutung von »sinnlos« zu verstehen] Vergnügungen wie Skilaufen, Wandern und Schwimmen.
Ein Mann, wie geschaffen für unsere Gemeinde, zu vermitteln zwischen den stocksteifen temperamentlosen Jeckischen [deutschen Juden] und den feurigen Söhnen des Ostens. Ein Mann, wie geschaffen zu schlichten beim Din Thora [jüdischer Gerichtshof] zwischen Gerechten und Ungerechten. ... Ein Mann – und jetzt ganz ohne Spaß – wie geschaffen, Freunde unserer jüdischen Sache zu gewinnen und uns mit Gedanken unserer nicht jüdischen Umwelt vertraut zu machen.
Ein Mann des Friedens, der die Schwierigkeiten und Spannungen in unserer Gemeinde ausgleichen kann.
Ein Mann von Güte, aber auch von Strenge, von Gelassenheit, aber auch von Energie. Nicht leicht in Erregung zu bringen, wenn aber, dann schon richtig. Als ihm neulich die koschere Fleischversorgung einmal gefährdet erschien, hat er gleich bitterbös reagiert und gekündigt, falls die Versorgung stocke. So ernst nimmt er seine religiösen Aufgaben. Nun, die Versorgung hat nicht gestockt, er brauchte nicht zu kündigen. Dessen sind wir froh, denn er ist uns in fast 10 Jahren unentbehrlich geworden. Wir hoffen, dass er sich auch ein bisschen an uns, mit allen unseren Fehlern, gewöhnt hat und noch recht lange der Mittelpunkt unserer Gemeinde bleibt.«[26]

Dr. Bloch schuf durch seine persönliche Integrität und Freundlichkeit eine Atmosphäre, die auch außerhalb der Gemeinde ein sehr positives Echo hervorrief.

»Seiner Herkunft nach mit dem schwäbischen Judentum verbunden, wirkt er nun schon bald zehn Jahre zur größten Zufriedenheit seiner Gemeinde als Landesrabbiner in Württemberg und Hohenzollern und erfreut sich allgemeiner Achtung und Beliebtheit. Sein Können, seine Menschlichkeit und seine stetige Hilfsbereitschaft verbinden ihn mit jedem Menschen. Das Ergebnis ist eine anerkannte große Aufbauleistung.«[27]

Dieses hohe Ansehen in nichtjüdischen Kreisen resultierte auch in seinem Fall aus seinen vielfältigen Aktivitäten: Radioansprachen, Vorträge in Kirchengemeinden, bei sozialistischen Gruppen, Studenten, in Schulen oder durch Synagogenführungen. Dr. Bloch hielt die ausgedehnte Aufklärungsarbeit trotz aller damit verbundenen Anstrengung für äußerst wichtig, um das Verständnis und nicht zuletzt die Unterstützung der nichtjüdischen Umwelt zu gewinnen.[28]

Ab dem Wintersemester 1970/71 unterrichtete er am Institutum Judaicum der Universität Tübingen, in dessen Beirat er mit großer Mehrheit gewählt wurde, nicht nur Geschichte des deutschen Judentums, sondern auch Jiddisch. Entgegen seiner anfänglichen Skepsis entwickelte sich die Teilnahme an diesem Sprachkurs so positiv, dass in den folgenden Semestern sogar getrennter Unterricht für Anfänger und Fortgeschrittene eingerichtet werden musste. Mit Hilfe eines von dem Theologen Dr. Reinhold Mayer entwickelten Systems wurde die hebräische Schrift relativ schnell erlernbar, so dass sie bereits nach wenigen Unterrichtsstunden gelesen werden konnte. Im Zentrum des Unterrichts standen die Klassiker Scholem Alechem und Perez. Für Bloch war das große Interesse anfangs rätselhaft, schließlich fand er aber eine Erklärung:

»Wer sich für Jiddisch interessiert, möchte im Allgemeinen nicht eine weitere Sprache erlernen, sondern er möchte tiefer in Judentum und jüdisches Leben eindringen, und dies nicht als Forschungsobjekt eines Außenstehenden, sondern als lebendigen Organismus, mit dem er sich bewusst oder unterschwellig stark identifiziert. Und für dieses Unterfangen gibt es tatsächlich kein geeigneteres Vehikel als die Volkssprache der osteuropäischen Judenheit. Mittels des Jiddischen kann man ohne gründliche Spezialstudien und mit verhältnismäßig geringem Müheaufwand tief in die Schächte der gelebten Jüdischkeit hinabfahren und alle Schätze fördern, nach denen man begehrt.«

Dieser unerwartete Erfolg inspirierte Bloch dazu, Jiddisch auch in seinem Oberstufen-Religionsunterricht einzubauen.[29] Am Institutum Judaicum werden die Kurse noch immer erteilt. Dr. Bloch übergab die Unterrichtsleitung kurz vor seinem Tod an Paul Rosenkranz.

Bis Ende 1970 amtierte Bloch als Vorsitzender der Rabbinerkonferenz der Bundesrepublik Deutschland, der er seit seiner Anwesenheit in Deutschland angehörte.[30]

Ein Jahr später, im Alter von 67 Jahren, plante der Landesrabbiner aus dem Berufsleben auszuscheiden.[31] Doch die Gemeinde ließ ihn nicht los, sondern setzte alles daran, ihn weiterhin im Landesrabbinat zu halten. Einen geeigneten Nachfolger zu finden war schwierig. Trotz gesundheitlicher Probleme ließ er sich überreden und blieb im Amt.

Zum 75. Geburtstag erhielt er zahlreiche Beweise der ihm entgegengebachten Wertschätzung. Aus dem In- und Ausland trafen Glückwunschschreiben und -telegramme ein – von Gemeindemitgliedern, Kollegen, jüdischen und nichtjüdischen Freunden; ebenso von der baden-württembergischen Landesregierung wie der Stuttgarter Stadtverwaltung. In der Presse erschienen Würdigungen zu seinem Lebenswerk. Alfred Marx schrieb ihm in kritischer Einschätzung der IRGW: »Ich hoffe, dass Sie uns noch eine lange Zeit Ihre segensreichen Tätigkeit in unserer Gemeinde und außerhalb ausüben können, sicher auch ein Faktum, das Sie frisch erhält, denn es ist ja keineswegs eine Routinearbeit, zumal unsere Gemeinde gewiss ein schwierige ist.«[32]

Am 28. September 1979 starb Dr. Bloch. Es sollte einige Jahre dauern, bis ein Nachfolger gefunden wurde. Der heutige Landesrabbiner Dr. h.c. Joel Berger beschreibt seine Amtszeit in einem eigenen Beitrag innerhalb dieser Publikation.

## Rabbiner Shneur Trebnik

Seit zwei Jahren amtiert in Ulm ein weiterer Rabbiner im württembergischen Raum. In der Donaustadt hat sich durch die Zuwanderung aus den Ländern der GUS eine größere Gruppe der IRGW-Gemeindemitglieder entwickelt und es wurde ein jüdischer Kulturverein gegründet. Um vor Ort eine bessere religiöse Betreuung zu sichern, erschien es der Repräsentanz der IRGW daher angebracht, einen weiteren Rabbiner einzustellen.

Shneur Trebnik stammt aus Israel. Er ist streng orthodox, aber in seinem Amt sehr um die Nähe zu den Gemeindemitgliedern und um ihre intensive Betreuung bemüht. Die wechselnden Wochenabschnitte, die jeweils zu Schabbat gelesen und von ihm besprochen werden, stellen einen Teil seiner Tätigkeit dar. Rabbiner Trebnik erteilt jedoch auch Unterricht für Jugendliche und Erwachsene, besonders zum rituell richtig gelebten Alltag. Abgesehen von den gemeinsamen Gebeten an Schabbat und Feiertagen bereitet er weitere Aktivitäten für die Gemeindemitglieder vor. Er unternimmt Hausbesuche, Einzelgespräche und Beratungen mit Privatpersonen und organisiert Jugendtreffen. Diese Betreuung umfasst immerhin knapp 200 Gemeindemitglieder, die allerdings nicht nur direkt in Ulm zu Hause sind, sondern auch bis zu 170 km entfernt wohnen. Erschwert wird seine Tätigkeit, weil er weder ein Büro noch einen regulären Gemeinderaum zur Verfügung hat. In dieser Hinsicht sollen bald Verbesserungen geschaffen werden.[33]

LANDESRABBINER DR. H.C. JOEL BERGER

■ Meine Jahre in Stuttgart
   Einsichten – Aussichten

© Wolfgang M. Weber

*Widmung: Meine Erinnerungen möchte ich zwei besonderen Menschen widmen, die mein Leben und Wirken in der hiesigen Gemeinde entscheidend geprägt haben.*
*Zum einen ist dies Zwi Hermann Wollach, sel.A., der frühere Geschäftsführer dieser Gemeinde. Er hat mich durch seinen selbstlosen Einsatz aus der Hand des kommunistischen Terrors befreit. Zuvor war er es, der meinen Schwiegervater und dessen Bruder in Sarajewo vor der Deportation gerettet hat. Dank ihm blieben sie am Leben.* זכר צדיק לברכה

להבדיל בין החיים ובין המתים
*Zum anderen gilt mein herzlicher Dank auch auf diesem Wege meiner Frau, die in dieser Gemeinde über 20 Jahre lang stets aktiv und ehrenamtlich tätig war und der es gelungen ist, ganz im Sinne ihrer Familientradition, etliche Einrichtungen auf die Beine zu stellen. Ihre Vorfahren gehörten nämlich zur Familie des Chatam Sofer, sel.A., und ihr gelang es, in deren Sinne Einrichtungen zu gründen, die heute Institutionen sind und ohne die eine aktive Gemeindearbeit gar nicht mehr möglich wäre.*
*Es sind dies, um nur einige zu nennen:*
*WIZO, Gestaltung der Elternvertretung und der Schulkommission, Gaststättenkommission, Kidduschgestaltung und Aktivierung eines Jugendzentrums etc.*

*Landesrabbiner Dr. h.c. Joel Berger*
*Sprecher der Rabbinerkonferenz Deutschlands*

■ Der erste Besuch von Papst Johannes Paul II. auf deutschem Boden und dessen Zusammenkunft mit den Vertretern der jüdischen Gemeinden Deutschlands in Mainz im Jahre 1980 bleibt mir schon alleine deshalb in Erinnerung, weil der damalige Vorstand der IRG mich während der Audienz des Papstes nach Stuttgart als Rabbiner eingeladen hatte. Zu dieser Zeit war mein Vorgänger Rabbiner Fritz Eliezer Bloch, seliges Andenken, schon einige Jahre tot und der Rabbinerposten verwaist.

Rabbiner Bloch war in diesem Lande gewiss die letzte große Rabbinerpersönlichkeit mit deutscher Ausprägung und Bildung, war er doch ein Zögling der Mirer Jeschiwa und weiterer namhafter Ausbildungsstätten. Er verfügte sowohl über eminente jüdische Kenntnisse und Erfahrung, als auch über eine hervorragende philosophische Bildung.

Die Jahre der Emigration verbrachte er im Heiligen Land, wo er eine existentiell schwierige Zeit durchleben musste. Er wohnte in Jeruschalayim und besuchte dort die kleine, heute nicht mehr existierende Synagoge im Stadtbezirk Talpiot. Die Besonderheit dieser Synagoge war, dass sie, unter anderem, von folgenden wichtigen Persönlichkeiten des jüdisch-geistigen Lebens besucht wurde:

– Professor Josef Klausner, Professor an der Hebräischen Universität und hierzulande bekannt geworden durch seine wissenschaftlichen Werke über Jesus und Paulus.

– Der spätere Nobelpreisträger Shay Agnon, dessen zahlreiche Werke ins Deutsche übersetzt worden sind.

– Der Dritte im Bunde war Rabbiner Bloch, der in diesem Kreise als ebenbürtiger Dialogpartner akzeptiert und geschätzt wurde.

Ihren Worten lauschte auch andächtig der Großvater meiner Frau, der zu den langen Spaziergängen am Schabbatvormittag nach dem G"ttesdienst stets seine Enkelin mit an der Hand führte.

In meinem Besitz sind noch einige Briefe von Shay Agnon (auf Publikation wartend), in denen er Rabbiner Bloch wärmstens empfiehlt, die Stelle als Rabbiner in Stuttgart anzunehmen, was er ja bekanntlich auch tat.

Jedoch so sehr auch Dr. Bloch weit über die Stuttgarter Stadtgrenzen hinaus, seines großen Wissens und freundlichen Wesens wegens, geschätzt wurde, so fremd fühlte er sich in dieser Gemeinde, obwohl sie doch in seiner Heimat lag. Der Grund lag in deren damaliger Struktur und Zusammensetzung. Dr. Bloch, der herausragende Vertreter der deutschen Orthodoxie traf hier auf eine »Phalanx« von »Ostjuden«. Diese Männer und Frauen, die die Shoah erlebt und überlebt hatten, meistens als einziges Mitglied einer ehemals großen Familie in Polen, kamen aus einer völlig anderen Welt. Ihre jüdisch-polnischen Wurzeln, welche an dem fremden Boden nicht haften wollten, waren Ihnen geblieben. Die meisten von ihnen hatten die klassischen jüdischen Bildungsstationen, wie Cheder, Jeschiwa etc., durchlaufen und gehörten namhaften chassidischen Gelehrtenrichtungen an. Sie waren in der jüdischen Wissenschaft beschlagen, doch mangelte es ihnen an weltlichen Bildungsansätzen. Hier prallten also zwei Welten aufeinander, die einander fremd blieben und sich wenig zu sagen hatten.

Ich meinerseits glaube, dass ich ohne die nachhaltige Wirkung von Rabbiner Bloch in dieser Gemeinde nie hätte Fuß fassen können. Geschweige denn wäre ich von denjenigen, die die Synagoge ständig besuchten, jemals akzeptiert worden.

Das Ansehen der Juden aus meinem Geburtsland Ungarn war bei jenen, die das Licht der Welt in Polen erblickt hatten, nicht gerade hoch. Aus mehreren Gründen:

Weil man mehrheitlich nicht mehr Jiddisch als Muttersprache sprach, sich der ungarischen Kultur assimiliert hatte und höchst »patriotisch« dem Heimatland gegenüber verhielt.

Einen weiteren tragischen Grund bildete für die polnischen Juden die Tatsache, dass für sie das normale, wie auch das jüdische Leben mit dem 1. September 1939 vorbei war. An diesem Tage begann mit dem Ausbruch des 2. Weltkrieges der unaufhaltsame Weg für die Juden in die Massenvernichtung. Die Juden in Ungarn dagegen genossen *noch* ein unbeschwertes Dasein und die meisten wurden, was ihre nackte Existenz betrifft, nicht gefährdet. Ihre wirtschaftliche Existenz jedoch wurde von 1939 an durch harte Gesetze systematisch vernichtet. (Demnach sollten wir nicht vergessen, dass auch aus dem damaligen Ungarn mehrere tausend Juden, noch vor der Wannseekonferenz, brutal und akribisch ermordet wurden und zwar von der Honved-Armee, welche auch eine große Anzahl Menschen an die Wehrmacht auslieferte. So geschehen im Winter 1941 in Neusatz (Novisad) und Umgebung, wo etwa die ungarische Armee 1000 Juden, neben Serben und Kroaten, hinrichtete.

Ferner in Kamenez-Podolsk in der Karpato-Ukraine, wo 18000 Juden, die ihre magyarische Staatsbürgerschaft nicht nachweisen konnten, niedergemetzelt wurden.)

Erst im Sommer des Jahres 1944 wurden die Juden aus Ungarn nach Auschwitz, Majdanek und Treblinka deportiert, wo die meisten von ihnen sofort vergast worden sind. Die jüngeren Überlebenden berichteten einhellig, wie boshaft sich die langjährigen Lagerinsassen ihnen gegenüber benahmen. Es wurde ihnen der »Vorwurf« gemacht, dass sie auf der »Sonnenseite des Lebens« in den Kaffeehäusern weilten, während die meisten von ihnen schon in die Vernichtungslager gebracht worden sind.

Ich gehörte ferner zu einer Generation von Ungarn, die nach der Befreiung durch die Rote Armee erneut die Entrechtung, und als Jude auch die Verfolgung, erleiden musste. Ende der 40er-Jahre, spätestens Anfang der 50er-Jahre, wurden die Jeschiwot in Ungarn von den Kommunisten gewaltsam geschlossen und wir wurden gebrandmarkt herausgetrieben. Als einzige jüdische Bildungsanstalt, neben dem jüdischen Gymnasium, durfte das damals beinahe hundertjährige Rabbinerseminar weiter existieren. Und zwar aus gutem Grunde: Die kommunistische Macht war auf die westlichen Devisen angewiesen, die ihnen monatlich durch die Claims Conference (CC) überwiesen worden sind (vor der Etablierung der CC übernahmen andere amerikanisch-jüdische Organisationen die Unterstützung der jüdischen Einrichtungen).

Zur umfangreichen Ausbildung, die wir noch in dieser Zeit genießen durften, gehörte auch jener Teil, den man heute als »Praktikum« des Studiums bezeichnen würde:

1. Zum Erlernen der praktischen Durchführung des Schächtens mussten wir zweimal pro Woche um 4 Uhr morgens im Schlachthof erscheinen. Zu jener Zeit wurden noch wöchentlich 10 Rinder und 40 Kälber für die Juden Ungarns geschächtet. Es fällt nicht schwer sich vorzustellen, welchen Spaß die Angestellten des Schlachthofes hatten, wenn die angehenden Rabbiner die Lunge der frisch geschächteten Tiere herausnehmen und überprüfen sollten. Dennoch denke ich heute mit großem Respekt und Dankbarkeit an den Direktor des Rabbinats

und an den verantwortlichen Prüfer der Schächter zurück, von denen wir in diesen Jahren sehr viel gelernt haben.

2. Häufig wurden wir zur Überprüfung und Überwachung der Weinlese und Kelter des koscheren Weines Ende Oktober in die Tokajer Berge eingeteilt. Dieser Wein ging meistens nach New York an die »Szatmarer« Gemeinde, die keinen Wein aus Israel konsumieren, dafür aber den ungarischen bevorzugten, welchen sie mit harten Dollars bezahlt haben.

Dieser persönliche Background gab mir die Fähigkeit, mich anzupassen, ein- und unterzuordnen, wodurch ich, abgesehen von einigen Anlaufschwierigkeiten, sehr schnell in die Gemeinde integriert wurde. Entscheidend beeinflussten diese Gemeinde die regelmäßigen Synagogenbesucher, die meistens Talmudgelehrte waren, und nicht die Mitglieder des Vorstandes, die man außer wenigen Ausnahmen sehr selten in der Synagoge traf.

Die synagogale Praxis, die Schiurim/Lehrstunden wurden am Anfang meines Wirkens von drei besonderen Persönlichkeiten geprägt, über die ich einige Worte zu Papier bringen möchte:

Jakob Fern, seliges Andenken, war der Gabbai – der Synagogenvorsteher. Er stammte aus Stanislau/Galizien und war in einer frommen Familie aufgewachsen. Er kam schon vor dem Krieg nach Stuttgart und kannte die hiesigen Gepflogenheiten, weshalb er, wie selbstverständlich, diesen verantwortungsvollen Posten übernahm und ihn mit Stolz und Würde bis zu seinem Tode bekleidete.

In den G"ttesdiensten achtete er streng darauf, dass während der Thoralesung niemand ein profanes Gespräch führte. Es ist sein bleibender Verdienst, daß unsere G"ttesdienstordnung, die Minhagim, bis zum heutigen Tage unangetastet geblieben sind.

Jehuda Leb, genannt Joine, Zittenfeld, seliges Andenken. Er stammte aus Lodz, verfügte über eminente jüdische Kenntnisse, welche er durch tägliches Studium, bis ins hohe Alter pflegte. Er war ein Pragmatiker und leistete hervorragende Dienste bei der Versorgung der Mitglieder mit koscheren Lebensmitteln. Nach Stuttgart kam er gleich nach dem Krieg, wo er sofort begann von der amerikanischen Besatzung die Grundvoraussetzungen der Kaschrut zu eruieren und danach zu etablieren. Er war ein ungemein witziger, geistreicher, bis zum Zynismus reichender Zeitgenosse. Mit seiner Frau, die eine deutsche Jüdin war (mit allem, was hinter diesem Begriff stecken mag), bildeten sie als Ehepaar den größtmöglichen Kontrast, den ich je bei Eheleuten erlebt habe. Sie lebten mit größtem Respekt dem anderen gegenüber zusammen, jedoch zu Hause hatte Frau Koch »die Hosen an«.

Der Dritte im Bunde war unser langjähriger, unvergesslicher Lehrer Zeev Knobel, seliges Andenken. Auch er hatte seine entscheidenden Erfahrungen im Leben im Lodzer Ghetto gesammelt. Er kam in den 60er-Jahren aus Bayern nach Stuttgart und blieb fast 20 Jahre hier. Unzählige Schülerinnen und Schüler kamen in den Genuss seines Unterrichtes und er beeindruckte jeden einzelnen durch seine aufrichtige Frömmigkeit, Menschlichkeit und Ehrlichkeit. Er hat vier Söhne und zurzeit mindestens 30 Enkelkinder, die allesamt in Jeschiwot studierten bzw. noch studieren.

Eine weitere besondere Eigenschaft ist für die Stuttgarter Gemeinschaft von der Nachkriegszeit bis zum heutigen Tage bezeichnend, nämlich das Prinzip תלמוד תורה כנגד כולם (Talmud, Thora k'neged culam – das Studium der Thora gilt vor allen Dingen als das Wichtigste). Im Sinne und Geiste dieses Prinzips hat diese Gemeinde stets für alle Belange der Religionsschule Sorge getragen. Wie sonst nur in den großen Gemeinden Deutschlands, gab es hier an jedem Nachmittag der Woche Religionsunterricht, und die IRG war immer bemüht, qualifizierte Lehrerinnen und Lehrer mit einer traditionell-religiösen Weltanschauung zu engagieren, was eine äußerst schwierige und schweißtreibende Aufgabe war. Die jüdische Gemeinschaft in Deutschland hat nämlich in der Nachkriegszeit kläglich versäumt, Ausbildungsstätten und Lehrerseminare zu gründen. Und dies ausgerechnet in einer Zeit, in der dies mit Leichtigkeit möglich gewesen wäre, weil sowohl die finanziellen als auch die materiellen (nämlich ein beinahe unerschöpfliches Potential an hoch qualifizierten Lehrkräften) Voraussetzungen vorhanden gewesen wären. Dafür hatten die führenden Kräfte des Zentralrates allerdings nie Verständnis, geschweige denn Interesse …

Als ich meine Tätigkeit in Stuttgart aufgenommen habe, hatten wir in den Klassen gerade mal 45 Schülerinnen und Schüler. Kurz vor meinem Amtsantritt wurde ein Lehrplan für Jüdische Religionslehre erstellt, der vom Kultusministerium dieses Landes zwar »abgesegnet«, aber nie offiziell veröffentlicht wurde (man hat die Ausrede »da könnte ja jeder kommen« benutzt, weil der Unterricht nur »geduldet« bzw. im »Versuchsstadium« war …).

Eine Entspannung für unsere dünne Personalbesetzung in der Religionsschule brachte die Effektivität des unvergesslichen Ehepaares David (seliges Andenken) und Geula Levin. Ursprünglich war nur Frau Levin angestellt, der Ehemann war »lediglich« Begleiter. David Levin hat jedoch die Chancen, die sich ihm boten, genutzt und begann, in einer bisher nie da gewesenen Art und Weise, eine große Schar Schülerinnen und Schüler emotionell zu beeinflussen. Viele seiner Zöglinge denken bis zum heutigen Tage mit tiefer Rührung an seine Zeit in Stuttgart.

Er ging in seiner Arbeit auf und widmete sich ihr mit ganzem Herzen. Er starb an einem Freitagnachmittag, kurz vor Einbruch des Schabbates, als die Schüler gerade zur Schabbat-Minimachane ins Haus trudelten. Unsere Weisen meinen, dass diese Todesstunde nur den Frommen und Gerechten vorbehalten ist. זכר צדיק לברכה

Erwähnenswert ist auch das Ehepaar Sarah und Julien Soussan, welches sich ebenfalls um unsere Religionsschule verdient gemacht hat. Beide bestachen durch ihre freundliche, verbindliche Art, ihre immensen jüdischen Kenntnisse und die Fähigkeit dieses Wissen an die Schüler zu vermitteln. Ihr legendäres Organisationstalent, wovon viele Schulveranstaltungen profitierten, machte sie zu Lieblingen unserer Schülerinnen und Schüler.

Heute hat unsere Religionsschule beinahe 200 Schülerinnen und Schüler und alle Klassen sind, G"tt sei Dank, gut besetzt. Alle Jahre wieder nehmen wir (Abitur-)Prüfungen unter der Aufsicht des Oberschulamtes ab, welches uns stets mit sachkundigen Hebraisten und Altphilologen entgegenkam, damit unsere Abiturnoten, wie auch alle anderen Noten, ordnungsgemäß in die Zeugnisse eingetragen werden konnten bzw. können.

Diese Zeilen zu Papier bringend, bedrückt mich das bedauernswerte Schicksal unseres hervorragenden, fleißigen Lehrers Rabbiner Hermann Adler, der während seiner langjährigen Tätigkeit die gesamte Logistik unserer Schule (d.h. für alle Klassen die geeigneten Lehrbücher zu erstellen) bewerkstelligt hat. Wir wünschen ihm, gemeinsam mit allen seinen Schülern und Verehrern, רפואה שלמה (sein besonderer Bezug zu dieser Region ergibt sich aus der Tatsache, dass einer seiner Vorfahren Rabbiner in Freudenthal war).

Am Anfang meiner Tätigkeit in Stuttgart hat mich während der G"ttesdienste erheblich gestört und verärgert, dass inmitten des G"ttesdienstes häufig ganze Schulklassen und deren Lehrer hereinplatzten, die sich dann oft wie beim Schulausflug oder Besuch im Zoo benahmen. Die Betenden wurden begafft, wie man sich sonst nur Tiere in ihren Käfigen anschaut, die gefangen sind und kein normales Leben in Freiheit führen können. Manchmal wurden auch Notizblöcke und Hefte gezückt, um die Eindrücke an Ort und Stelle schriftlich festzuhalten. Die Synagogenbesucher fanden dieses Verhalten auch deshalb verletzend, weil man den Eindruck gewinnen musste, dass die externen Besucher die Würde und Heiligkeit des G"tteshauses weder respektierten noch akzeptierten.

Nicht selten wurde von mir erwartet, dass ich nach den G"ttesdiensten am Freitagabend oder am Schabbat Rede und Antwort stehe. Es hat lange gedauert bis man diese, einer Synagoge unwürdigen, Begleiterscheinungen abschaffen konnte.

Stattdessen boten wir an, regelmäßige Synagogenführungen für Schulklassen und Erwachsene außerhalb der G"ttesdienstzeiten durchzuführen. Bei diesen sehr informativen Veranstaltungen boten wir immer einen breiten Rahmen für alle Fragen, die gestellt wurden, und wir bemühten uns auch, auf die Fragen offen und aufklärend zu antworten. Über die Inhalte dieser Fragen habe ich ein Essay geschrieben (»Was fragt man in der Synagoge?« – In: Antisemitismus: Vorurteile und Mythen, herausgegeben von Prof. Julius Schoeps und Joachim Schlör, Piper Verlag München-Zürich, 1995).

Nicht selten erlebten wir, dass Fragen provokativ oder bewusst verletzend gestellt wurden. Wenn Besucher aus pietistisch geprägten Gegenden zu uns kommen, dann versäumen diese nie die Frage loszuwerden: »Wenn bei Ihnen geschrieben steht ›du sollst nicht töten‹, warum haben Sie dann Jesus ermordet?« Anfangs hat mich diese Frage sehr aufgeregt und ich versuchte, die Absurdität dieser Frage durch historische Fakten zu belegen. Davon war aber niemand beeindruckt. Heute, etwas abgeklärter, gebe ich die Frage zurück: Was geht es Sie an, was vor 2000 Jahren Juden im Heiligen Land mit einem anderen Juden gemacht haben? Habe ich Sie gefragt, warum Sie im Laufe Ihrer christlichen Geschichte so viele Glaubensbrüder oft bestialisch ermordet haben, nur weil sie ihr Christentum anders gestalten wollten? Spätestens nach dieser Frage ist zu diesem Thema »Waffenstillstand« eingekehrt.

Wenn die aktuelle politische Lage in und um das Heilige Land von der Presse negativ dargestellt wird, fragen die Besucher häufig nach den Details der Nahostproblematik. Die Fragestellungen belegen eindeutig, wie presse- und medienhörig die meisten Menschen sind. Es fällt ihnen schwer, sich aufgrund von verschieden lautenden Informationen eine objektive Meinung zu bilden. Oft habe ich den Eindruck, dass die Mehrheit der Besucher davon überzeugt ist, dass 100 Millionen Israeli eine Minderheit von 3 Millionen Palästinensern bösartig unterdrückt, quält und ausbeutet. Nur die wenigsten wissen leider, dass genau das Gegenteil der Fall ist – zumindest zahlenmäßig.

Von Anfang an war ich bemüht für unsere Gemeindemitglieder, egal welchen Alters, auch außerhalb der Schule Lehrveranstaltungen (Schiurim) durchzuführen. Zunächst haben wir versucht, die Werke der Bibel einzeln und systematisch darzustellen. Später haben wir auch außerhalb der Synagoge Vorträge über und aus dem Talmud gehalten. Langsam fiel mir jedoch auf, dass unsere Gemeindemitglieder, insbesondere die älteren wegen Krankheiten und hoher Sterblichkeit in dieser Zeit, immer weniger wurden und ihre Plätze mehr und mehr von Nichtjuden ohne Vorkenntnisse und Nichtgemeindemitgliedern eingenommen wurden. Eine weitere Beobachtung meinerseits war, dass einmal jemand eine Ausstellung über das Judentum eröffnete und diesbezüglich eine Eröffnungsrede hielt. Diese Rede enthielt völlig entstellte Aussagen als Zitate aus jüdischen Quellen, welche man mir quasi in den Mund legen wollte. Daraufhin habe ich diese Reihe eingestellt.

Erst als die Neuzuwanderer aus der ehemaligen Sowjetunion zu uns kamen, haben wir diese Veranstaltungen wieder zum Leben erweckt. Die Neuankömmlinge brachten Intelligenz und Bildung mit, hatten allerdings nur wenige jüdische Kenntnisse. Allesamt zeigten großes Interesse und Wissensdurst, die Quellen unserer Religion und Lebensform kennen zu lernen. Auch dieser Tatsache ist es zu verdanken, dass unsere G"ttesdienste, G"tt sei gelobt, gut besucht sind und immer mehr Frauen und Männer sogar den liturgischen Texten folgen können.

Eine besonders erwähnenswerte Sparte meiner Tätigkeit bilden seit den 90er-Jahren die Aufnahmegespräche mit Interessenten, die Mitglieder in unserer jüdischen Gemeinschaft werden wollen. Viele von ihnen können nur lückenhafte Angaben über ihre jüdische Zugehörigkeit machen. Andere wiederum verfügen nicht oder nur zum Teil über gültige Dokumente etc. Daher muss man häufig zu Gunsten der willigen Neuzuwanderer akribische Forschungsarbeit in deren ehemaliger Heimat leisten.

Zu unserem Glück existieren heute in Städten wie Moskau, St. Petersburg oder Kiew gut funktionierende und organisierte Batei Din (Rabbinische Gerichte), die über Archive mit ausführlichem, computerisiertem Aktenmaterial verfügen.

Es ist nicht immer leicht, den Menschen, die viel durchmachen mussten und in der Sowjetunion unter dem stalinistischen Nationalitätengesetz als Juden galten, klar zu machen, dass sie halachisch keine Juden sind und deshalb nicht aufgenommen werden können. Für die Israelitische Religionsgemeinschaft, die ja der deutschen Gesetzgebung unterworfen ist und von dieser nur als Religionsgemeinschaft legitimiert ist, ist die Nationalität unerheblich. Ausschlaggebend ist einzig und allein die Religionszugehörigkeit.

Die aufgrund des stalinistischen Terrorsystems verhinderte jüdische Erziehung und das fehlende Aufwachsen in der jüdischen Tradition ließen viele Neuzuwanderer fatalerweise leichte Beute einer heimtückischen Seelenfängerei werden. Jene »Judenmission«, die die Kirche seit Jahrhunderten immer wieder mit kaum nachlassendem Elan, jedoch mit äußerst geringfügigem Erfolg, betrieben hat, ist bei der Ankunft dieser Gruppe von Menschen plötzlich wie Phoenix aus der Asche wieder auferstanden. Bis Ende der 80er-Jahre hatte man in Deutschland nicht mehr von judenmissionarischen Vorfällen gehört. Man sagt zwar, dass nach der Befreiung aus dem KZ Missionare mit hebräischen Exemplaren des so genannten Neuen Testamentes ihr Glück versucht haben. Sie wurden jedoch von den vorwiegend Jiddisch sprechenden Überlebenden zu Recht nicht ernst genommen und verlacht. Der »Erfolg« blieb ihnen also damals versagt.

Bei den Neuzuwanderern aus den GUS-Staaten hatten sie es nun zum ersten Mal mit unwissenden und ahnungslosen Juden zu tun, denen sie hemmungs- und schamlos kundtun konnten: »Wir sind die echten Juden – kommt zu uns!«

Es entspricht der Wahrheit, dass die Amtskirchen und ihre Theologen sich von solch plumpen Versuchen aufrichtig distanziert haben. Die andere Seite der Medaille zeigt jedoch, dass es genügend, von den Kollekten der Kirchen, gut »ausgestattete« Freikirchen gibt, die dieser »wahrlich« christlichen Aufgabe unermüdlich und aufopferungsvoll nachgehen. Eine weitere gefährliche Gruppierung sind die so genannten messianischen Juden, die sich als »Judenchristen« definieren und nicht daran glauben, dass der Maschiach noch kommen wird, sondern Jesus als den bereits erschienenen Messias anerkennen. Alleine schon die Bezeichnung messianische Juden ist ein Widerspruch in sich, denn eine der Grundthesen des jüdischen Glaubens ist der Glaube an das Kommen des Maschiachs aus dem Hause König Davids. Wer an Jesus glaubt, kann kein Jude sein.

Diese Aktivitäten weiterhin zu enttarnen und ihnen mutig entgegenzutreten, muss auch in der Zukunft eine unserer Hauptaufgaben sein.

Stets viel Freude bereitete mir die Beschäftigung, Mitarbeit und Aufsicht mit und in unserem Kindergarten. Es wurde dort immer eine verantwortungsvolle und durchdachte jüdische Erziehungsarbeit geleistet. Es gelang uns während all den Jahren immer solche Fachkräfte zu engagieren, die neben ihrem pädagogischen Wissen auch häufig mit Leib und Seele für die Jüngsten unserer Gemeinde zur Verfügung standen. Einige unserer ehemaligen Erzieherinnen sind bis zum heutigen Tage arrivierte und engagierte Mitglieder unserer Gemeinde. Viel Erfolg in der Erziehung unserer jüdischen Zöglinge konnte die Malerin Mina Gampel aufweisen, deren Ausstellungen mit jüdischen Genre-Bildern ich des Öfteren eröffnen durfte.

Tragischer spielte das Schicksal Frau Ruth Stock mit, deren Sohn bei einem Terroranschlag auf eine israelische Außenvertretung ermordet wurde. ה׳ ינקום דמו

Besondere Bedeutung kam, von der Neugründung der Gemeinde an, der koscheren jüdischen Gaststätte im Hause zu. Die Gaststätte war von Anfang an mehr als eine Kantine oder ein Restaurant. Es war zu Beginn meiner Tätigkeit ein aktiver belebter Club, Treffpunkt, Kommunikationszentrum und ein Raum, in dem auch die Kartenspieler ihrer Leidenschaft frönen konnten.

Die Kaschrutüberwachung (Haschgacha) gehörte zu meinem vornehmen Aufgabenbereich. Mit all den Pächterinnen und Pächtern habe ich ein gutes und harmonisches Verhältnis gehabt. Am längsten begleitete unser Gemeindeleben das tüchtige Ehepaar Sigmund und Sigrid Kerbel.

Neben der Aufsicht im Restaurant habe ich noch mehreren schwäbischen Lebensmittelfirmen durch eine Koscherzertifizierung zu einem Extraprofit auf dem Weltmarkt verholfen.

Nach dem Tod meines unvergesslichen Meisters Rabbiner Prof. Ernst Roth, seliges Andenken, im Jahre 1991 wurde mir von meinen Kollegen der Posten des Sprechers der deutschen Rabbinerkonferenz angetragen. Auch hier war ich stets bemüht, unter den unterschiedlichen religiösen Ausrichtungen und menschlichen Stärken und Schwächen ausgleichend und verständigend zu wirken, um ein kooperatives Miteinander zum Wohle der Gemeinden zu ermöglichen.

Die Rabbinerkonferenz in Deutschland hat sich durch solide Leistungen und Publikationen einen Namen gemacht. Ich darf an dieser Stelle bescheiden jene sechs Jahrgänge der Zeitschrift der Rabbinerkonferenz *UDIM*, die ich redigieren und herausgeben durfte, erwähnen. Neben dieser niveauvollen Zeitschrift haben wir zwei Ausgaben der Kaschrutliste und zwar in vier Sprachen – Deutsch, Russisch, Hebräisch und Englisch – ediert. Dieser wichtige Wegweiser für den koscheren Haushalt unserer Gemeindemitglieder hat weltweit ein großes und positives Echo ausgelöst.

Auf Berufung des Zentralrates hin, gehöre ich als einziger Rabbiner dem Schiedsgericht seit seiner Gründung an. In dieser Zeit ist es uns gelungen, schwierige und scheinbar unlösbare Streitigkeiten unter bzw. in den Gemeinden Deutschlands zu schlichten oder als Mediator zu wirken.

Zum Schluss möchte ich die Gelegenheit ergreifen und noch einige Worte zu meiner eigenen »Radioaktivität« sagen. Seit mehr als einem Vierteljahrhundert erklingt meine Stimme über den Äther von mindestens sechs Rundfunkanstalten der ARD.

Ich spreche dort nicht nur über religiöse Festivitäten und aktuelle Fragen, sondern es ist mir auch gelungen, eine Sendung mit dem Titel »Schabbat Schalom« zu kreieren und zu etablieren. Diese Sendung beinhaltet während einer 15-minütigen Aufzeichnung drei flotte chassidische Melodien, vorgetragen von guten Kantoren und Sängern, und zwischendurch zweimal vier Minuten »Dvar Thora« (Schrifterklärung im aktuellen Wochenabschnitt).

Zusätzlich bin ich auch bereits seit über 25 Jahren als Mitglied des Rundfunkrates tätig, davon 10 Jahre in Bremen und 15 Jahre beim SDR bzw. SWR. Diese Art der Programmbeobachtung in Hörfunk und Fernsehen ist heute wichtiger denn je.

Seit der Wiedervereinigung Deutschlands wird die jüdische Gemeinschaft hierzulande mit einer oft hemmungslosen, einseitig recherchierten, bis hin zur Beleidigung und Verleumdung reichenden Darstellung konfrontiert. Diese schludrig recherchierten Berichte zu entkräften und ihnen gekonnt zu widersprechen kostete mich viel Geduld, Zeit und Mut. Meine Energie und Motivation zog ich dabei immer aus folgenden zwei Motiven:

Ich habe mir einst gelobt, dass, sollte ich je eines Tages vom kommunistischen Terror befreit werden, ich keine verlogene Behauptung, von irgendeiner Machtposition herrührend, unwidersprochen lassen würde.

Zweitens und mindestens genauso intensiv trieb mich der Gedanke, die größte Errungenschaft des jüdischen Volkes, den Staat Israel, zu verteidigen. Ich konnte und wollte es nicht hinnehmen, dass dieser Staat von irgendjemand unwidersprochen diffamiert werden darf.

Obwohl es eigentlich nicht meine Art ist, über Ehrungen lange Worte zu vergeuden, wurde mir doch nahe gelegt auch jene zu erwähnen. Diese wären:

Für meine über 15-jährige Lehrtätigkeit in »jüdischer Volkskultur« und meine Arbeit mit den Studenten an der Eberhard-Karls-Universität in Tübingen wurde mir von der Fakultät für Sozial- und Verhaltenswissenschaften die Ehrendoktorwürde Dr. h.c. (Doktor de honoris causa) verliehen.

Für meine Arbeit als »Botschafter« für das Verständnis der jüdischen Religion und für ein Miteinander der Religionen wurde mir vom Land Baden-Württemberg durch Herrn Ministerpräsident Erwin Teufel die Verdienstmedaille überreicht.

Gewiss sind mir im Laufe meiner Tätigkeit sehr viele Fehler unterlaufen. Dennoch kann ich mit ruhigem Gewissen im Lichte des Gemeindejubiläums sagen, dass ich niemanden absichtlich in seiner Ehre kränken wollte.

# Anhang

# Anmerkungen

## Barbara Traub, Vorwort

[1] Zitiert nach dem Titel des Buchs von Ruth Gay. Ruth Gay, Das Undenkbare tun. Juden in Deutschland nach 1945. München 2001.
[2] Vgl. die Soziologische Studie: Lynn Rapaport: Jews in Germany after the Holocaust. Memory, identity and Jewish-German relations. Cambridge 1997.
[3] Vgl. Ruth Gay, .a.a.O., S.64.
[4] Vgl. Erica Burgauer, Zwischen Erinnerung und Verdrängung – Juden in Deutschland nach 1945. Reinbek bei Hamburg 1993, S.50.

*Paul Sauer, Die Jüdische Gemeinde Stuttgart ...*
*Das Entstehen und das Aufblühen der Gemeinde im 19. und frühen 20. Jahrhundert*

1. Paul Sauer, Die Jüdischen Gemeinden in Württemberg und Hohenzollern, S. 164 f.; Germania Judaica Bd. III, S. 1441 ff.; Joachim Hahn, Erinnerungen und Zeugnisse jüdischen Lebens, S. 526 f.
2. Paul Sauer, Die Jüdischen Gemeinden in Württemberg und Hohenzollern, S. 172.
3. Aaron Tänzer, Die Geschichte der Juden in Württemberg, S. 4.
4. Ebd. S. 5 f.; Paul Sauer, Die Jüdischen Gemeinden in Württemberg und Hohenzollern, S. 165 f.
5. Paul Sauer, Geschichte der Stadt Stuttgart Bd. III, S. 173 f.
6. Ebd. S. 55 ff. und 174; Maria Zelzer, Weg und Schicksal der Stuttgarter Juden, S. 19.
7. Paul Sauer, Geschichte der Stadt Stuttgart Bd. III, S. 61 und 174 ff.
8. Ebd. S. 176; Paul Sauer, Die Jüdischen Gemeinden in Württemberg und Hohenzollern, S. 78 ff.; 105 f. und 121.
9. Paul Sauer, Geschichte der Stadt Stuttgart Bd. III, S. 178-181.
10. Ebd. S. 182.
11. Ebd.
12. Ebd.
13. Ebd. S.184 f.
14. Ebd. S. 186 f.; Joachim Hahn, Erinnerungen und Zeugnisse jüdischen Lebens, S. 526.
15. Paul Sauer, Die Jüdischen Gemeinden in Württemberg und Hohenzollern, S. 3 f.
16. Aaron Tänzer, S. 17.
17. Paul Sauer, Die Jüdischen Gemeinden in Württemberg und Hohenzollern, S. 7 f.
18. Aaron Tänzer, S. 31-37; Paul Sauer, Die Jüdischen Gemeinden in Württemberg und Hohenzollern, S. 4 ff.
19. Ebd. S. 6 f.
20. Aaron Tänzer, S. 61.
21. Ebd. S. 70 f. und 76 f.
22. Festschrift zum 50-jährigen Bestehen der Synagoge in Stuttgart, S. 63 f.; Herman Dicker, Aus Württembergs Jüdischer Vergangenheit und Gegenwart, S. 19 f.; Siegfried Däschler-Seiler, Auf dem Weg in die bürgerliche Gesellschaft, S. 150-160.
23. Aaron Tänzer, S. 41 f.; Festschrift, S. 64; Herman Dicker, S. 20 f.
24. Ebd. S. 24, Siegfried Däschler-Seiler, S.202.
25. Ebd. S. 181-185.
26. Ebd. S. 199-204, Festschrift, S.64 f.

[27] Ebd. S.9 und 64.
[28] Herman Dicker, S.24; Maria Zelzer, S.28.
[29] Herman Dicker, S. 24; Festschrift, S. 64.
[30] Ebd. S. 14; Maria Zelzer, S. 28 f.
[31] Joachim Hahn, Hoppenlau-Friedhof, Israelitischer Teil, S. 15.
[32] Ebd. S. 59; Festschrift, S. 95; Paul Sauer, Die Jüdischen Gemeinden in Württemberg und Hohenzollern, S. 167.
[33] Festschrift, S. 96; Joachim Hahn, Hoppenlau-Friedhof, Israelitischer Teil, S. 16.
[34] Ebd. S. 13; Maria Zelzer, S. 30.
[35] Aaron Tänzer, S. 145-152; Maria Zelzer, S. 30 ff; Paul Sauer, Die Jüdischen Gemeinden in Württemberg und Hohenzollern, S. 76 f. und 168.
[36] Festschrift, S. 47-50.
[37] Paul Sauer, Das Werden einer Großstadt, S. 331.
[38] Ebd. S. 167; Maria Zelzer, S. 33-36.
[39] Ebd. S. 47 und 452.
[40] Siegfried Däschler-Seiler, S. 160-167.
[41] Festschrift, S. 14-19; Maria Zelzer, S. 44-47; Siegfried Däschler-Seiler, S. 167.
[42] Ebd. S. 167 f.
[43] Maria Zelzer, S. 48.
[44] Siegfried Däschler-Seiler, S. 167.
[45] Festschrift, S. 42 ff.
[46] Aaron Tänzer, S. 42; Siegfried Däschler-Seiler, S. 168.
[47] Paul Sauer, Die Jüdischen Gemeinden in Württemberg und Hohenzollern, S. 67.
[48] Ebd. S. 172 f.; Joachim Hahn, Steigfriedhof Bad Cannstatt, Israelitischer Teil S. 15-44.
[49] Festschrift, S. 66 ff.; Paul Sauer, Die Jüdischen Gemeinden in Württemberg und Hohenzollern, S. 129 f.
[50] Festschrift, S. 68 f.
[51] Herman Dicker, S. 88 f.
[52] Festschrift, S. 70.
[53] Ebd. S. 70 f.; Aaron Tänzer, S. 48 f
[54] Festschrift, S. 71; Aaron Tänzer, S. 48 und 75.
[55] Paul Sauer, Die Jüdischen Gemeinden in Württemberg und Hohenzollern, S. 9.
[56] Paul Sauer, Regent mit mildem Zepter, S. 290.
[57] Hauptstaatsarchiv Stuttgart (künftig abgekürzt HStAS): EA 99/001 Bü 256; Maria Zelzer, S. 64-67.
[58] Festschrift, S. 99-102.
[59] Ebd. S. 102 ff.
[60] Ebd. S. 104 f.; Paul Sauer, Die Jüdischen Gemeinden in Württemberg und Hohenzollern, S. 102.
[61] Festschrift, S. 105 ff.

[62] Ebd. S. 107 f.
[63] Ebd. S. 108.
[64] Ebd. S. 109; Aaron Tänzer, S. 156-160.
[65] Festschrift, S. 110 f.
[66] Ebd. S. 113 f.
[67] Ebd. S. 111 f.
[68] Ebd. S. 112; Maria Zelzer, S. 61 f.
[69] Aaron Tänzer, S. 162.
[70] Festschrift, S. 113
[71] Maria Zelzer, S. 61.
[72] Aaron Tänzer, S. 168-172; Maria Zelzer, S. 76.
[73] Ebd. S. 53 ff.
[74] Paul Sauer, Jüdische Industriepioniere und Sozialreformer; Paul Sauer, Das Werden einer Großstadt, S. 183-190; Aaron Tänzer, S. 54.
[75] Maria Zelzer, S. 58 f.; Joachim Hahn, Pragfriedhof, Israelitischer Teil (zahlreiche Einzelnachweise).
[76] Maria Zelzer, S. 59; Joachim Hahn, Pragfriedhof, Israelitischer Teil, S. 228 f.
[77] Ebd. S. 137 und 185 f.; Maria Zelzer, S. 59 und 78; Willi A. Boelcke, Kornwestheim. S.134 f.; Joachim Hahn, Erinnerungen und Zeugnisse jüdischen Lebens, S. 534 und 538.
[78] Maria Zelzer, S. 79.
[79] Maria Zelzer, S. 59 f.; Gerhard Raff, Besonderer Augendoktor (Stuttgarter Zeitung 22. August 2001).
[80] Maria Zelzer, S. 60.
[81] Ebd.; Paul Sauer, Das Werden einer Großstadt, S. 130 f.
[82] Maria Zelzer, S. 60; Joachim Hahn, Pragfriedhof, Israelitischer Teil, S. 31.
[83] Ebd. S. 200; Manfred Akermann, Heinrich Sontheim. In: Lebensbilder aus Schwaben und Franken Bd. X, S. 415-424.
[84] Maria Zelzer, S. 60; Joachim Hahn, Pragfriedhof, Israelitischer Teil, S. 136.
[85] Maria Zelzer, S. 60; Paul Sauer, Das Werden einer Großstadt, S. 278.
[86] Maria Zelzer, S. 62; Walter Hagen, Berthold Auerbach. In: Lebensbilder aus Schwaben und Franken Bd. VII S 299-321.
[87] Bruno Stern, Meine Jugenderinnerungen, S. 51 f.; Aaron Tänzer, S. 75; Die SPD in Baden-Württemberg, S. 76, 108, 306 und 350; Paul Sauer, Das Werden einer Großstadt, S. 88, 98 und 106.
[88] Ebd. S. 366.
[89] Festschrift, S. 87.
[90] Paul Sauer, Das Werden einer Großstadt, S. 366 f.
[91] Maria Zelzer, S. 62; Aaron Tänzer, S. 164.
[92] Maria Zelzer, S. 63.
[93] Paul Sauer, Das Werden einer Großstadt, S. 349.
[94] Maria Zelzer, S. 78.
[95] Ebd.
[96] Aaron Tänzer, S. 114 ff.

[97] Ebd. S. 158 f.; Maria Zelzer, S. 79.
[98] Ebd. S. 79 f.; Aaron Tänzer, S. 118.
[99] Maria Zelzer, S. 80.
[100] Aaron Tänzer, S. 119.
[101] Ebd.
[102] Maria Zelzer, S. 81-85; Aaron Tänzer, S. 119; Joachim Hahn, Steigfriedhof Bad Cannstatt, Israelitischer Teil, S. 43 f.; HStAS: EA 99/001 Bü 256.
[103] Aaron Tänzer, S. 116.
[104] Maria Zelzer, S. 409.
[105] Ebd. S. 89; Jetti Fern, Verkannte Bürgerinnen, S. 95.
[106] Aaron Tänzer, S. 119.
[107] Maria Zelzer, S. 85; Stadtarchiv Stuttgart (künftig abgekürzt SAS): Zeitungsausschnittssammlung.
[108] Maria Zelzer, S. 85.

## *Paul Sauer, Brüchige Gleichberechtigung in den Jahren der Weimarer Republik (1919-1933)*

[1] Aaron Tänzer, S. 124 ff.
[2] Handbuch der Jüdischen Gemeindeverwaltungen (1933), S. 330.
[3] Maria Zelzer, S. 95.
[4] HStAS: EA 99/001 Bü 256.
[5] Maria Zelzer, S. 86 f.
[6] Ebd. S. 107 und 126; HStAS: EA 99/001 Bü 256.
[7] Joseph Walk, Kurzbiographien zur Geschichte der Juden 1918-1945, S. 40.
[8] Maria Zelzer, S. 104.
[9] Ebd. S. 128 f. und 500; HStAS: EA 99/001 Bü 256.
[10] Aaron Tänzer, S. 48 und 74; Herman Dicker, S. 95.
[11] Ebd.
[12] Ebd.; Aaron Tänzer, S. 49.
[13] Ebd. S. 71 ff.; HStAS: EA 99/001 Bü 256.
[14] Herman Dicker, S. 98 f.
[15] Maria Zelzer, S. 457 f.
[16] Handbuch der Jüdischen Gemeindeverwaltungen (1933), S. 339.
[17] HStAS: EA 99/001 Bü 256.
[18] Maria Zelzer, S. 97.
[19] Ebd. S. 98.
[20] HStAS: EA 99/001 Bü 256.
[21] Maria Zelzer, S. 98 f.
[22] Nach Herman Dicker (S. 97) kam Ansbacher schon 1919 nach Stuttgart, Maria Zelzer nennt jedoch (S. 456) 1922 als Jahr seines Dienstantritts in der württembergischen Landeshauptstadt.
[23] Herman Dicker, S. 97.

[24] Maria Zelzer, S. 99.
[25] Ebd. S. 501; Herman Dicker, S. 97 f.
[26] Ebd. S. 98; Maria Zelzer, S. 101.
[27] Herman Dicker (S. 98) nennt einen Betsaal in der Weberstraße, den seine Eltern und er besuchten. Da Chaim Lehrmann in der Weberstraße 23 auch ein Haus besaß, hat er sehr wahrscheinlich dort einen zweiten Betsaal eingerichtet. Dieser Betsaal war nach Dicker nur über eine steile Treppe erreichbar.
[28] SAS: Tischendorf-Berichte; Maria Zelzer, S. 102.
[29] Ebd. S. 101.
[30] Schwäbischer Merkur 1928 Nr. 44 und 46 (27. und 28/29. Januar 1928).
[31] HStAS: EA 99/001 Bü 256.
[32] Ebd.
[33] Ebd.
[34] Ebd.
[35] Paul Sauer, Die Jüdischen Gemeinden in Württemberg und Hohenzollern, S. 12.
[36] HStAS: EA 99/001 Bü 256.
[37] Maria Zelzer, S. 130 f.
[38] HStAS: EA 99/001 Bü 256.
[39] Ebd.; SAS: Tischendorf-Berichte (Berichte von Leopold Marx 1961);Maria Zelzer, S. 115-123; Paul Sauer, Für Recht und Menschenwürde, S. 31 und 90.
[40] SAS: Tischendorf-Berichte (Bericht von Friedrich Schieker 1960).
[41] HStAS: EA 99/001 Bü 256.
[42] Ebd.
[43] Maria Zelzer, S. 135 ff.
[44] HStAS: EA 99/001 Bü 256.
[45] Maria Zelzer, S. 69 f.
[46] HStAS: EA 99/001 Bü 256.
[47] Ebd.; Maria Zelzer, S. 134 und 142.
[48] HStAS: EA 99/001 Bü 256; Aaron Tänzer, S. 162; Maria Zelzer, S. 127.
[49] HStAS: EA 99/001 Bü 256.
[50] Ebd.
[51] Ebd.; Aaron Tänzer, S. 160 ff.
[52] Ebd. S. 156 ff.; HStAS: EA 99/001 Bü 256.
[53] Ebd.
[54] Ebd.; Aaron Tänzer, S. 145 ff.
[55] Ebd. S. 152 ff.; HStAS: EA 99/001 Bü 256.
[56] Ebd.
[57] Schwäbischer Merkur vom 15. Dezember 1931 und Gemeindezeitung für die israelitischen Gemeinden Württembergs vom 16. Dezember 1931.
[58] Gemeindezeitung für die israelitischen Gemeinden Württembergs vom 1. und 15. Dezember 1932.

*Paul Sauer, Die Katastrophe der nationalsozialistischen Gewaltherrschaft*

1 Maria Zelzer, S. 90 ff. und S. 151 f.
2 Die Regierungen der Deutschen Mittel- und Kleinstaaten 1918-1933, S. 170 und 322; Die SPD in Baden-Württemberg, S. 332; Paul Sauer, Württemberg in der Zeit des Nationalsozialismus, S. 35.
3 Roland Müller, Stuttgart zur Zeit des Nationalsozialismus, S. 282.
4 Ebd.
5 Paul Sauer, Die Jüdischen Gemeinden in Württemberg und Hohenzollern, S. 14 f.
6 Ebd. S. 15.
7 Fritz Richert, Karl Adler, S. 46.
8 Ebd. S. 47 ff.
9 Roland Müller, S. 123 f.; Maria Zelzer, S. 154 f.
10 Roland Müller, S. 283.
11 Ebd.; Paul Sauer, Die Jüdischen Gemeinden in Württemberg und Hohenzollern S. 15.
12 Ebd. S. 15 f.; Roland Müller, S. 285 f.
13 Ebd. S. 286.
14 Ebd.
15 Ebd. S. 291; Maria Zelzer, S. 151 und 157 f.
16 Paul Sauer, Für Recht und Menschenwürde, S. 24-29 und 34 f.
17 Ebd. S. 35.
18 Ebd. S. 35 ff.
19 Maria Zelzer, S. 162.
20 Paul Sauer, Für Recht und Menschenwürde, S. 37.
21 Ebd. S. 38.
22 Ebd. S. 39 f.
23 Aaron Tänzer, S. 138 f.
24 Maria Zelzer, S. 161.
25 Paul Sauer, Die Jüdischen Gemeinden in Württemberg und Hohenzollern, S. 16 f.
26 Ebd. S. 17.
27 Maria Zelzer, S. 160 f.
28 Ebd. S. 176 f.; Roland Müller, S. 289.
29 Maria Zelzer, S. 177; Jetti Fern, S. 95 f.
30 Roland Müller, S. 289 f.
31 Paul Sauer, Die Schicksale der jüdischen Bürger Baden-Württembergs, S. 69-76; Maria Zelzer, S. 180 ff.
32 Roland Müller, S. 289.
33 Paul Sauer, Die Schicksale der jüdischen Bürger Baden-Württembergs, S. 88-91; Fritz Richert, S. 50-60.
34 Roland Müller, S. 290.

[35] Ebd.; Jetti Fern, S. 91.
[36] Hermann Fechenbach, Die letzten Mergentheimer Juden, S. 157 f.
[37] Paul Sauer, Die Schicksale der jüdischen Bürger Baden-Württembergs, S. 91f.
[38] Paul Sauer, Die Jüdischen Gemeinden in Württemberg und Hohenzollern, S. 17; Roland Müller, S. 295 f.
[39] Bernd Burkhardt, Helmut Hirsch. Ein Aktivist der bündischen Jugend. In: Der Widerstand im deutschen Südwesten, S. 319-329.
[40] Paul Sauer, Die Jüdischen Gemeinden in Württemberg und Hohenzollern, S. 17 f.
[41] Ebd. S. 18.
[42] Maria Zelzer, S. 191.
[43] Paul Sauer, Die Schicksale der jüdischen Bürger Baden-Württembergs, S. 84-88.
[44] Dokumente über die Verfolgung der jüdischen Bürger in Baden-Württemberg Bd. 2, S. 8, 10 und 13 f.; Roland Müller, S. 300 f.
[45] Dokumente über die Verfolgung der jüdischen Bürger in Baden-Württemberg Bd. 2, S. 9.
[46] Maria Zelzer, S. 427.
[47] Roland Müller, S. 304.
[48] Dokumente über die Verfolgung der jüdischen Bürger in Baden-Württemberg Bd. 2, S. 38-41.
[49] Roland Müller, S. 305.
[50] Maria Zelzer, S. 203.
[51] Paul Sauer, Die Jüdischen Gemeinden in Württemberg und Hohenzollern, S. 19.
[52] Ebd.
[53] Fritz Richert, S. 61 ff.
[54] Paul Sauer, Die Schicksale der jüdischen Bürger Baden-Württembergs, S. 94.
[55] Ebd. S. 93 f.
[56] Maria Zelzer, S. 187 f.
[57] Ebd. S. 456; Roland Müller, S. 300.
[58] Maria Zelzer, S. 456.
[59] Ebd. S. 456 f.
[60] Roland Müller, S. 307.
[61] Ebd.; Maria Zelzer, S. 204-207; Fritz Richert, S. 64-74; Jetti Fern, S. 93 f.
[62] Paul Sauer, Die Jüdischen Gemeinden in Württemberg und Hohenzollern, S. 20.
[63] Paul Sauer, Die Schicksale der jüdischen Bürger Baden-Württembergs, S. 99.
[64] Ebd. S. 121-125, 147 ff. und 202-219.
[65] Dokumente über die Verfolgung der jüdischen Bürger in Baden-Württemberg Bd. 1, S. 264 und 316 f.
[66] Roland Müller, S. 396.
[67] Paul Sauer, Die Jüdischen Gemeinden in Württemberg und Hohenzollern, S. 20.

[68] Maria Zelzer, S. 211 f.
[69] Ebd. S. 221; Marienhospital 1890-1990, S. 58 f.
[70] Maria Zelzer, S. 222; Paul Sauer, Die Jüdischen Gemeinden in Württemberg und Hohenzollern, S. 21.
[71] Ebd.; Dokumente über die Verfolgung der jüdischen Bürger in Baden-Württemberg Bd. 2, S. 194-201.
[72] Paul Sauer, Die Jüdischen Gemeinden in Württemberg und Hohenzollern, S. 21.
[73] Paul Sauer, Die Schicksale der jüdischen Bürger Baden-Württembergs, S. 114.
[74] Paul Sauer, Die Jüdischen Gemeinden in Württemberg und Hohenzollern, S. 21.
[75] Dokumente über die Verfolgung der jüdischen Bürger in Baden-Württemberg Bd. 2, S. 97.
[76] Dokumente über die Verfolgung der jüdischen Bürger in Baden-Württemberg Bd. 2, S. 267-383; Paul Sauer, Die Jüdischen Gemeinden in Württemberg und Hohenzollern, S. 21 ff.; Paul Sauer, Die Schicksale der jüdischen Bürger Baden-Württembergs, S. 391-297; Maria Zelzer, S. 265.
[77] Ebd. S. 237.
[78] Ebd. S. 229 und 457.
[79] Roland Müller, S. 410.
[80] Dokumente über die Verfolgung der jüdischen Bürger in Baden-Württemberg Bd. 2, S. 271 und 357 f.
[81] Maria Zelzer, S. 85.
[82] Joachim Hahn, Hoppenlau-Friedhof, Israelitischer Teil, S. 17; Steigfriedhof, Bad Cannstatt, Israelitischer Teil, S. 44; Pragfriedhof, Israelitischer Teil, S. 22.
[83] Paul Sauer, Für Recht und Menschenwürde, S. 48-51.
[84] Maria Zelzer, S. 256 f.
[85] Manfred Schmid, Auf dem Stuttgarter Rathaus 1915-1922. Erinnerungen von Fritz Elsas 1915-1922, S. 17-21.

*Sonja Hosseinzadeh, Die jüdische Gemeinde in Württemberg seit 1945
Trotz allem geblieben:
Lebensaufgabe, Herausforderung und Perspektiven*

[1] Cilly Kugelmann, Gemeindeleben in Deutschland nach 1945, in: Julius H. Schoeps, Neues Lexikon des Judentums. München 1992, 165f.
[2] Abgesehen von den Akten nach 1945 wurden einige Unterlagen aus dem 19. Jahrhundert bis 1945 aufgefunden. Es handelt sich hierbei u.a. um die Urkunde zur Grundsteinlegung der Göppinger Synagoge, um Vorstandsprotokolle des Israelitischen Waisenhauses Wilhelmspflege in Esslingen etc. Außerdem sind Akten der Gemeindeverwaltung von 1944 bis 1945 erhalten. Sie entstanden nach der Zerstörung des Gemeindehauses in der Hospitalstraße 1944 durch Bombenschaden.

*Sonja Hosseinzadeh,
Vom Neubeginn zur Konsolidierung und Gegenwart*

[1] Roland Müller, Stuttgart zur Zeit des Nationalsozialismus, Stuttgart 1988, S. 536f; Heinz H. Poker, Wiederaufbauplanung und Wiederaufbau, Rahmenbedingungen, Wertsetzungen, Perspektiven und Ziele, in Stuttgart in den ersten Nachkriegsjahren, hg. von Edgar Lersch, Heinz H. Poker und Paul Sauer, Stuttgart 1995, S. 240.
[2] Michael Bayer, Kriegsende und die Franzosenzeit., in: Lersch u.a., S. 24ff.
[3] Susanne Dietrich, »Auf dem Weg zur Freiheit«. Die jüdischen Lager in Stuttgart nach 1945. In: Susanne Dietrich, Zwischen Selbstorganisation und Stigmatisierung. Stuttgart 1998, S.43.
[4] Michael Brenner, Nach dem Holocaust. Juden in Deutschland 1945-1950. München 1995, S. 161-165; Interview Sigrid Warscher.
[5] IRGW AR, A 1946 Rechenschaftsbericht/Wahlen des 1. Vorstandes für die Zeit vom 10.6.1945-24.5.1946; D1 Warscher, Hospitalstr. 34-38, 21.07.1945, E. Guggenheimer an Oberbürgermeister Dr. Klett; D1 Warscher, 1945 Reinsburgstraße 26, 26.7.1945 OB Klett an IKV.
[6] IRGW AR, A 1946 Rechenschaftsbericht/Wahlen des 1. Vorstandes für die Zeit vom 10.6.1945-24.5.1946; Dietrich, S. 44f.
[7] IRGW AR, A 1946 Rechenschaftsbericht/Wahlen des 1. Vorstandes für die Zeit vom 10.6.1945-24.5.1946.
[8] Bereits am 10. September 1945 reiste Chaplain Eskin wieder in die USA zurück; IRGW AR, A 1946 Rechenschaftsbericht/Wahlen des 1. Vorstandes für die Zeit vom 10.6.1945-24.5.1946.
[9] IRGW AR, A 1946 Rechenschaftsbericht/Wahlen des 1. Vorstandes für die Zeit vom 10.6.1945-24.5.1946.
[10] Nach der 10. Verordnung zum Reichsbürgergesetz vom 4.6.1939: Gründung

der »Reichsvereinigung der Juden in Deutschland«. Zu den Organisationen der »Reichsvereinigung« zählte in Stuttgart u.a. die Jüdische Kultusvereinigung Württemberg e.V. Maria Zelzer, Weg und Schicksal der Stuttgarter Juden, Stuttgart 1964, S. 525.

[11] IRGW AR, D1 Warscher, 1945 Reinsburgstraße 26; sowie D1 Warscher, Weinberg,11.11.1947; D 1, Rundschreiben 1946-1952, Nr. 1, Rechenschaftsbericht des 1. Vorstandes für die Zeit vom 10.6.1945-24.5.1946.

[12] IRGW AR, D 1, Rundschreiben 1946-1952, Nr. 1, Rechenschaftsbericht des 1. Vorstandes für die Zeit vom 10.6.1945-24.5.1946.

[13] IRGW AR, D 1, Rundschreiben 1946-1952, Nr. 1, Rechenschaftsbericht des 1. Vorstandes für die Zeit vom 10.6.1945-24.5.1946.

[14] IRGW AR, D 1, Rundschreiben 1946-1952, Nr. 1, Rechenschaftsbericht des 1. Vorstandes für die Zeit vom 10.6.1945-24.5.1946; Dietrich, S. 24f ; SAS, Sozialamt 1491, A Listen für Zucker und Fleisch, 5.7.1945 Stadtinspektor Frank an Abt. 17, Lebensmittelkarten.

[15] SAS, Sozialamt 1490. Wohlfahrtsamt Stuttgart. Aufwand aus Anlass der Rückführung der ehemaligen Konzentrationslagerinsassen (Entschließungen des Herrn Oberbürgermeisters), 29.6.1945. Stadtinspektor Frank an Betreuungsstelle ehemaliger KZ-Häftlinge Stuttgart, Jakobschule; IRGW AR, A 1946 Rechenschaftsbericht/Wahlen des 1. Vorstandes für die Zeit vom 10.6.1945-24.5.1946.

[16] IRGW AR, A 1946 Rechenschaftsbericht/Wahlen des 1. Vorstandes für die Zeit vom 10.6.1945-24.5.1946.

[17] Michael Bayer, Das Kriegsende und die Franzosenzeit, in: Lersch u.a., S. 30.

[18] IRGW AR, D 1, Rundschreiben 1946-1952, Nr. 1, Rechenschaftsbericht des 1. Vorstandes für die Zeit vom 10.6.1945-24.5.1946.

[19] HStAS EA 3/401 Bü 3, 7.5.1946 Berichterstatter J. Warscher, Zweimonatsbericht der Kirchen über Kultministerium an US-Militärregierung.

[20] IRGW AR, D 2 Soziales 1945/46. Juni bis Oktober 1945.

[21] IRGW AR, A 1946 Rechenschaftsbericht/Wahlen des 1. Vorstandes für die Zeit vom 10.6.1945-24.5.1946.

[22] HStAS EA 3/401 Bü 3, 24.1.1947 Berichterstatter J. Warscher, Zweimonatsbericht der Kirchen über Kultministerium an US-Militärregierung.

[23] IRGW AR, D 1 Rundschreiben 1946-1952, Rechenschaftsbericht des Vorstandes vom Juli 1946 bis Juni 1947, Juli 1947; D 1 Rundschreiben 1946-1952, 5.3.1948, Nr. 16.

[24] IRGW AR, A 1946 Rechenschaftsbericht/Wahlen des 1. Vorstandes für die Zeit vom 10.6.1945-24.5.1946.

[25] IRGW AR, A 1946 Rechenschaftsbericht/Wahlen des 1. Vorstandes für die Zeit vom 10.6.1945-24.5.1946; die amerikanisch-jüdische Hilfsorganisation AJDC war bereits 1914 gegründet worden. Sie zählt zu den größten und am besten organisierten jüdischen Institutionen dieser Art. Im Zentrum des AJDC standen Evakuierungs- und Fluchthilfen bei antijüdischen Pogromen in aller Welt. Häufig wurde sie auch kurz mit »Joint« bezeichnet. Juliane

Wetzel, Jüdisches Leben in München 1945-1951. Durchgangsstation oder Wiederaufbau? Miscellanea Bavarica Monacensia. Neue Schriftenreihe des Stadtarchivs München. Diss. München 1987, S. 70 u. Anm. 2.

[26] Interview Sigrid Warscher.

[27] Brenner, S. 161-165; Resi Weglein, Als Krankenschwester im KZ Theresienstadt. Erinnerungen einer Ulmer Jüdin. Hrsg. von Silvester Lechner. Die NS-Zeit in der Region Ulm/Neu-Ulm Vorgeschichte, Verlauf, Nachgeschichte. Stuttgart 1988, S. 109.

[28] IRGW AR, D1 Rundschreiben 1946-1952, 21.11.1952, Nr. 106.

[29] HStAS, Q 3/12 Bü 2, Nachlass Alfred Marx, 25.10.1966, Landgerichtspräsident a.D. Marx bzgl. Herrn S.

[30] IRGW AR, D 1, Rundschreiben 1946-1952, Nr. 1, Rechenschaftsbericht des 1. Vorstandes für die Zeit vom 10.6.1945-24.5.1946; D1 Warscher, Hospitalstr. 34-38, 21.07.1945, E. Guggenheimer an Oberbürgermeister Dr. Klett; D1 Warscher, 1945 Reinsburgstraße 26, 26.7.1945 OB Klett an IKV.

[31] IRGW AR, D 1 Rundschreiben 1946-1952, Rechenschaftsbericht des Vorstandes der Israelitischen Kultusvereinigung Württemberg Juli 1936 bis Juni 1947, Juli 1947; D 1 Rundschreiben 1946-1952, 5.12.1947, Nr. 14.

[32] IRGW AR D 1, Rundschreiben 1946-1952, Rundschreiben und Wahleinladung, o.D. (Juli 1946); IRGW AR D 1, Rundschreiben 1946-1952, 27.7.1946.

[33] IRGW AR, D1 Warscher, Weinberg, 21.11.1947, J. Warscher an Prüfungsausschuss der IKV.

[34] IRGW AR, D1 Rundschreiben 1946-1952, 30.3.1948 Bekanntgabe des Ergebnisses der Vertrauensmännerwahl.

[35] IRGW AR, D1 Rundschreiben 1946-1952, 20.4.1948, Nr. 18 IRGW AR, D1 Rundschreiben 1946-1952, 4.6.1948, Nr. 19 (Wahlrundschreiben), Hervorhebung im Original.

[36] IRGW AR, A 500625 Mitgliederversammlung.

[37] Vgl. Sonja Hosseinzadeh, Nur Trümmerfrauen und Amiliebchen? Stuttgarterinnen in der Nachkriegszeit, Tübingen 1998, S. 123-140.

[38] IRGW AR, D1 Rundschreiben 1946-1952, 26.11.1948, Nr. 27; A 48 Vertrauensmännerwahl Satzung, 29.4.48 A. Marx an IKV, J. Warscher; D1 Rundschreiben 1946-1952, 15.3.1950.

[39] IRGW AR, D1 Rundschreiben 1946-1952, 8.7.1948, Nr. 21; IRGW AR, D1 Rundschreiben 1946-1952, 20.8.1948, Nr. 23.

[40] IRGW AR, D1 Rundschreiben 1946-1952, 20.8.1948, Nr. 23.

[41] SAS, Zeitungsartikelsammlung, Personen, Warscher, Josef.

[42] SAS, Zeitungsartikelsammlung, Personen, Colm, Willy.

[43] HStAS, EA 3/401 Bü 111; SAS, SO 172, vgl. Umbach, Josefine und Erlewein, Herbert; IRGW AR, D 1 Rundschreiben.

[44] SAS, Zeitungsartikelsammlung, Personen, Ostertag, Benno.

[45] Information aus der Sammlung von Herrn Rolf Hoffmann, Genealogie bzgl. E. Guggenheimer.

[46] SAS, Zeitungsartikelsammlung, Personen, Guggenheimer, Ernst; Gespräch mit Herrn Hans Jauß.
[47] SAS, Zeitungsartikelsammlung, Personen, Marx, Alfred.
[48] SAS, Zeitungsartikelsammlung, Personen, Heymann, Jenny.
[49] SAS, Zeitungsartikelsammlung, Personen, Perlen, Robert.
[50] IRGW AR, A 490320 Mitgliederversammlung.
[51] Vgl. Wetzel, S. 206.
[52] IRGW AR, A 490320 Mitgliederversammlung.
[53] IRGW AR, A 480815 Wahl der Vertrauensmänner.
[54] StAS, Niederschriften über die Sitzungen des Gemeindebeirats 1945-1946, Bd. 19, Sitzung vom 15.1.1946, Innere Abteilung.
[55] Großbritannien suchte aus Rücksicht auf die eigene Mandatspolitik eine größere Einwanderungswelle von Juden in Palästina zu unterbinden. Entsprechend verweigerte die britische Zone die Aufnahme der jüdischen Flüchtlinge aus Polen. In der amerikanische Zone entstand deshalb ein Massenproblem, das von jüdischen Hilfsorganisationen gezielt dazu genutzt wurde, durch die US-Regierung auf die britische Mandatspolitik Einfluss zu nehmen. Müller, Ulrich. Soziale Probleme, in: Lersch u.a., S. 315, 319.
[56] Vgl. Wetzel, S. 345-354; Julia Schulze Wessel, in: Susanne Dietrich, Zwischen Selbstorganisation und Stigmatisierung. Die Lebenswirklichkeit jüdischer Displaced Persons und die neue Gestalt des Antisemitismus in der deutschen Nachkriegsgesellschaft. Stuttgart 1998, S. 174ff, 212f.
[57] SAS, HA 14, LN 49. Chef der deutschen Polizei der Stadt Stuttgart an die Dienststelle des CIC, Stuttgart, Situationsbericht Nr. 21, 1.4.1946.
[58] Auffallend ist in diesem Zusammenhang jedoch, dass innerhalb der bisher bekannten Akten aus der Frühzeit der IKVW auf diesen Vorfall mit keinem Wort eingegangen wurde. Selbst bei den regelmäßig erscheinenden Rundbriefen an die Gemeindemitglieder, die sonst alle Neuigkeiten und auch antisemitische Vorkommnisse aufgriffen, berichten dazu nichts.
[59] Brenner, S. 70; Harry Maòr, Über den Wiederaufbau der jüdischen Gemeinden in Deutschland seit 1945. Diss. Mainz 1961, S. 24.
[60] Dietrich, S. 114; Interview Herr und Frau Engelhardt.
[61] IRGW AR D 1, Rundschreiben 1946-1952, 27.3.1947, Hervorhebungen im Original, d. V.; D 1 Rundschreiben 1946-1952, Rechenschaftsbericht des Vorstandes der IKV Juli 1946 bis Juni 1947.
[62] Wetzel, S. 149, 158, 160ff.
[63] IRGW AR D 1, Rundschreiben 1946-1952, 27.3.1947; D 1 Rundschreiben 1946-1952, Rechenschaftsbericht des Vorstandes der IKV Juli 1946 bis Juni 1947; Wetzel, S. 175.
[64] IRGW AR D 1, Rundschreiben 1946-1952, 27.3.1947, Hervorhebungen im Original; D 1 Rundschreiben 1946-1952, Rechenschaftsbericht des Vorstandes der IKV Juli 1946-Juni 1947; D 3 Interessenvertretung jüdischer Gemeinden, 16.6.1946,Sitzung der Interessenvertretung jüdischer Gemeinden und Kultusvereinigungen, Stuttgart.

65 IRGW AR, A 480815 Wahl der Vertrauensmänner.
66 IRGW AR, A 490320 Mitgliederversammlung.
67 IRGW AR, A 520210 Mitgliederversammlung.
68 IRGW AR, A 490320 Mitgliederversammlung; A 500625 Mitg.-verslg.
69 IRGW AR, A 500625 Mitgliederversammlung, A 490320 Mitg.-verslg.
70 StAL, EL 350, ES 14938, 24.5.1960 IRSO H.Q. Frankfurt.
71 IRGW AR, A 490320 Mitgliederversammlung; A 500625 Mitgliederversammlung; A 520210 Mitgliederversammlung; A 540221 Mitg.-verslg.; Maòr, S. 94; HStAS, EA 3/401, Bü 108; Interview Senator Henry Ehrenberg.
72 IRGW AR, D 1 Rundschreiben 1946-1952, Rechenschaftsbericht des Vorstandes der Israelitischen Kultusvereinigung Württemberg Juli 1946 bis Juni 1947, Juli 1947.
73 IRGW AR, A 520210 Mitgliederversammlung.
74 IRGW AR, D 1 Warscher, 1947 jüdische Organisationen.
75 IRGW AR, A 490320 Mitgliederversammlung.
76 Y. Michal Bodemann, Staat und Ethnizität: Der Aufbau der jüdischen Gemeinden im Kalten Krieg, in: Micha Brumlik, Doron Kiesel, Cilly Kugelmann und Julius H. Schoeps. Jüdisches Leben in Deutschland seit 1945, Frankfurt/M. 1988, S. 59; Maòr, S. 91f; Wetzel, S. 36 u. Anmerkung 128; IRGW AR, A 540221 Mitgliederversammlung; D 3 Interessenvertretung jüdischer Gemeinden in der US-Zone, 3.12.1950, Sitzungsprotokoll; Julius H. Schoeps (Hg.), Neues Lexikon des Judentums. München 1992, S. 492f.
77 IRGW AR, D1 Rundschreiben 1946-1952, 6.7.1950 separate Kurzmitteilung.
78 IRGW AR, D 2 Soziales 1945746. Fragebogen, Überblick der jüdischen Gemeinden in Deutschland. 1950. (Headquarter European Command, Office of the Adviser on Jewish Affairs APO 403 der US Army).
79 IRGW AR, C1 Guttmann, 27.4.1949, GCJZ Sitzungsprotokoll.
80 IRGW AR, A 500625 Mitgliederversammlung; D1 Rundschreiben 1946-1952, 8.12.1950, Nr. 62; A 831211 Mitgliederversammlung, enthält: Mitgliederversammlung vom 21.11.1976; A 831211 Mitgliederversammlung; Zeitungsarchiv, Stuttgarter Zeitung, 14. und 15. Oktober 1963; A 010722 Mitgliederversammlung, Vorstandsbericht 2000.
81 IRGW AR, A 520210 Mitgliederversammlung, Nachschrift Harter (Neufeld)
82 Bodemann, in: Brumlik, S. 58.
83 IRGW AR, A 520210 Mitgliederversammlung; A 520210 Mitgliederversammlung, Nachschrift Harter (Neufeld).
84 IRGW AR, A 520210 Mitgliederversammlung, Nachschrift Harter (Neufeld).
85 IRGW AR, A 490320 Mitgliederversammlung.
86 IRGW AR, A 520210 Mitgliederversammlung, Ostertag.
87 IRGW AR, D1 Rundschreiben 1946-1952, 26.11.1948, Nr. 27.
88 IRGW AR, A 670723 Mitgliederversammlung und A 680630 Mitg.-verslg.
89 IRGW AR, A 721119 Wahl, darin: Satzung der IRGW vom 5.6./17.7.1966;

Zelzer, S. 525; IRGW AR, B1 Diverse Protokolle, 8. Repräsentanzsitzung vom 27.9.1978.
[90] IRGW Bibliothek, Festschrift Pessach 1971, S. 29 (Stuttgarter Zeitung).
[91] IRGW Bibliothek, Festschrift Pessach 1965, S. 31; Festschrift Pessach 1970, S. 41; Interview Arno Fern; Interview Herr und Frau Engelhardt.
[92] IRGW Bibliothek, Festschrift Pessach 1966, S.26ff; Festschrift Pessach 1971, S. 38 (Münchner Nachrichten); IRGW AR, A 701213 Mitgliederversammlung; Interview Senator Henry Ehrenberg; StAS, Zeitungsartikelsammlung Personen, Stuttgarter Zeitung, 28.4.1992, Henry Ehrenberg zum 75. Geburtstag.
[93] Interview Meinhard Tenné; IRGW, Gemeindemitteilungen. Beilage zur Einladung Jom Jeruschalajim am 24.5.1998.
[94] IRGW Gemeindmitteilungen Nr. 4, April 1998.
[95] IRGW Bibliothek, Festschrift Rosch Haschana 1971, S. 55 (Stuttgarter Zeitung); Festschrift Rosch Haschana 1972, S. 49.
[96] IRGW AR, A 740317 Mitgliederversammlung.
[97] IRGW AR, B 1 801020 Repräsentanzprotokoll; Interview Arno Fern.
[98] Interview Arno Fern.
[99] IRGW AR, A 010722 Mitgliederversammlung, Vorstandsbericht 2000.
[100] Gespräch mit Herrn Rubinstein, 18.02.2002.
[101] IRGW Organigramm Geschäftsführung Direktion.
[102] IRGW Organigramm Verwaltung.
[103] Monika Richarz, Juden in der Bundesrepublik Deutschland und in der Deutschen Demokratischen Republik seit 1945. In: Brumlik, S. 20, IRGW AR, A 540221 Mitgliederversammlung.
[104] Richarz, S. 21ff; Maòr, S. 48; IRGW AR, A 540221 Mitgliederversammlung.
[105] IRGW AR, A 580112 Mitgliederversammlung.
[106] IRGW AR, A 691026 Mitgliederversammlung; A 701213 Mitgliederversammlung.
[107] Interview Sigrid Warscher.
[108] IRGW AR, A 610129 Mitgliederversammlung.
[109] IRGW AR, A 831211 Mitgliederversammlung.
[110] IRGW AR, A 670723 Mitgliederversammlung.
[111] IRGW AR, D 2 Soziales, GUS-Zuwanderung, 18.11.1991, Antwort des Innenministeriums auf die kleine Anfrage der Abg. Rosemarie Glaser, GRÜNE, bzgl. Einwanderung und Unterbringung von jüdischen Flüchtlingen, Landtag von Baden-Württemberg, Drucksache 10/6237; 09.01.1992, Bundesverwaltungsamt (Mantz) an Zentralrat der Juden in Deutschland, Herrn Galinski.
[112] Forum haGalil, 13.8.2001, Inge S.; Interview Silvana Lichtholz, Mihail Rubinstein, Mikhail Itskov; Stuttgarter Zeitung, 15.9.1992 »Wir müssen hier eben wieder ganz von vorn beginnen«, Zuwanderer mit viel Eigeninitiative; IRGW AR, A 010722 Mitgliederversammlung, Vorstandsbericht 2000.
[113] Die Angaben zu den Repräsentanzmitgliedern sind möglicherweise nicht

*311*

vollständig. Leider waren nicht alle Wahlergebnisse zu diesem Gremium auffindbar. IRGW AR, A 1946 Rechenschaftsbericht/Wahlen. Provisorischer Ausschuss 9.6.1945; Wahl 21.7.1946; 470720 Wahl; 480704 Wahl; 500709 Wahl; 520309 Wahl; 560304 Wahl; 1961 Sitzungsauszüge, Bericht 20.4.1961, Vorstandswahl; B 1961 Sitzungsauszüge, Bericht vom 6.6.1961; A 631110 Wahl, B 22.11.1965 Repräsentanzsitzung; A 661113 Wahl – enthält auch Wahl vom 16.11.1969; B Repräsentanzsitzung 24.11.1969; A 700222 Wahl; B 7.12.1970 Repräsentanzsitzung; A 701213 Mitgliederversammlung; B 5.4.1971 Repräsentanzsitzung; A 721119 Wahl; B 13.2.1973 Repräsentanzsitzung; A 751102 Wahlprotokoll; B 27.9.1978 Repräsentanzsitzung, 12.11.1979 Repräsentanzsitzung; 20.10.1980 Repräsentanzsitzungen; 851201 Wahl; D1 Gemeindemitteilungen Januar 1993; Repräsentanzmitglieder 1990; A 010722 Mitgliederversammlung, Vorstandsbericht 2000; bzgl. Repräsentanz 2002: Auskunft von Herrn Rubinstein.

[114] IRGW Bibliothek, Festschrift Pessach 1966, S. 23ff; Michael Wolffsohn, Die deutsch-israelischen Beziehungen. In: Brumlik, S. 91.

[115] IRGW Bibliothek, Festschrift Rosch Haschana 1969, S. 24ff.

[116] IRGW Bibliothek, Festschrift Pessach 1973, S. 26f (Stuttgarter Zeitung, Amtsblatt der Stadt Stuttgart).

[117] IRGW AR, A 740317 Mitgliederversammlung.

[118] IRGW AR, A 010722 Mitgliederversammlung, Vorstandsbericht 2000.

[119] IRGW AR, A 520210 Mitgliederversammlung, Nachschrift Harter (Neufeld); D1 Rundschreiben 1946-1952, 1.11.1951 Nr. 81.

[120] IRGW AR, A 490320 Mitgliederversammlung.

[121] IRGW AR, A 540221 Mitgliederversammlung.

[122] IRGW AR, A 610129 Mitgliederversammlung; A 660123 Mitgliederversammlung.

[123] Interview Sigrid Warscher

[124] Information von Frau Barbara Traub MA.

[125] IRGW AR A 471026 Mitgliederversammlung; A 660123 Mitgliederversammlung; 751214 Mitgliederversammlung, enthalten in: IRGW AR A 701213 Mitgliederversammlung; IRGW AR, A 010722 Mitgliederversammlung, Vorstandsbericht 2000.

[126] IRGW AR, A 490320 Mitgliederversammlung; A 500625 Mitgliederversammlung; A 010722 Mitgliederversammlung, Vorstandsbericht 2000.

[127] IRGW AR, A 500625 Mitgliederversammlung; A 660123 Mitgliederversammlung; z.B. A 831211 Mitgliederversammlung, enthält: Mitgliederversammlung vom 21.11.1976.

[128] Interview Sevilla Lichtholz.

[129] IRGW AR, A 580112 Mitgliederversammlung; A 660123 Mitgliederversammlung; A 691026 Mitgliederversammlung; A 721217 Mitg.-verslg.

[130] Interview Ruthi Stock.

[131] Information Landesrabbinat Württemberg, Frau Schwalm.

[132] IRGW AR, A 490320 Mitgliederversammlung, Bericht Marx.

[133] IRGW AR, A 540221 Mitgliederversammlung.
[134] IRGW AR, A 610129 Mitgliederversammlung.
[135] IRGW AR, A 660123 Mitgliederversammlung.
[136] IRGW AR, A 660123 Mitgliederversammlung; A 680630 Mitgliederversammlung; A 670723 Mitgliederversammlung.
[137] Gemäß Pentateuch, Genesis 22, sollte Abraham seinen Sohn Isaak auf einen Berg im Land Morijah zur Opferung führen. Die vierundzwanzig Bücher der Heiligen Schrift nach dem masoretischen Text, übersetzt von Leopold Zunz. Hebräisch-Deutsch. Tel Aviv 1997, S. 39.
[138] Interview Saskia Kahn.
[139] Interview Eva Warscher.
[140] IRGW AR, A 610129 Mitgliederversammlung.
[141] IRGW AR, A 691026 Mitgliederversammlung.
[142] IRGW AR, C3 Religionsschule, 1971 Elternversammlung 23.11.1971 Protokoll des Elternrats. Im damaligen Elternrat aktiv waren Frau Engelhardt, Frau Süsskind, LR Dr. Bloch, Herr Rosenkranz, Herr Widerker. Als Lehrer waren in der IRGW damals Frau Panzer, Herr Landmann und Herr Freund beschäftigt.
[143] IRGW AR, C3 Religionsschule, 1971 Elternversammlung, Paul Rosenkranz: Lehrplan. Vorschlag für den Religionsunterricht in der Israelitischen Religionsgemeinschaft Württembergs. November 1971.
[144] Interview Meinhard Tenné. Unterlagen M. Tenné: 1979-1983. Korrigierte Lehrpläne, Kultusministerium, Schulkommission: 26.6.1980, M. Tenné an Minister Mayer-Vorfelder; 5.10.1981, M. Tenné an Kultusministerium Baden-Württemberg; 7.10.1981, Dr. Merz (Merzschule) an M. Tenné; Lehrplan für das Fach Jüdische Religionslehre, eingereicht ans Kultusministerium Baden-Württemberg am 30.11.1981.
[145] Information Landesrabbinat Württemberg, Frau Schwalm.
[146] IRGW AR, C 4b Heimann 1, 4.7.1960 Landesrabbinat Württemberg und Hohenzollern, Dr. Bloch an den Vorstand und Ausschuss der IKV.
[147] IRGW AR, C 4b Schächten 31.1.1962, IKV (Wollach) an Ehepaar Heimann, Glück- und Segenswünsche zur Eröffnung der koscheren Metzgerei; o. D., handschriftliche Notiz (Autor unbekannt).
[148] IRGW AR, C 4b Heimann 1, 24.7.1962 Aktennotiz (Autor unbek.); Heimann 2, 8.1.1963 Betr. Metzgerei, Aktennotiz von Wollach; Heimann 2, 15.7.1963 Fa. O., München an IKV (Wollach); Heimann 1, 4.2.1968 Fa. O., München, an Wollach.
[149] Mitteilung von Vorstandssprecherin Barbara Traub MA.
[150] IRGW AR, D 1 Rundschreiben 1946-1952, 30.8.1946, Rundschreiben Nr. 5.
[151] IRGW AR, A 520210 Mitgliederversammlung.
[152] IRGW AR, A 610129 Mitgliederversammlung; 831211 Mitgliederversammlung, enthält: Mitgliederversammlung vom 21.11.1976; A 010722 Mitgliederversammlung, Vorstandsbericht 2000.
[153] StAL, EL 350, ES 5397b, Zessionarakte, JRSO 16.12.1947, Erklärung (Ab-

schrift); 30.8.1948 Justizministerium Abt. VI Wiedergutmachung (Dr. Elben) an Kultministerium; 28.11.1948 Nominal roll for children in the Nutrition, Centre Esslingen; 14.12.1948. Landesbezirksstelle für die Wiedergutmachung, Stuttgart (Dr. Heller) an Justizministerium Abt. VI Wiedergutmachung, bzgl. jüdisches Kinderheim; 24.8.1949 Landesbezirkstelle für Wiedergutmachung Stuttgart, Dr. Heller an Justizministerium Abt. VI.; IRGW AR, A 500625 Mitgliederversammlung.

[154] IRGW AR, E 2 Vereinigung d. a. Theresienstadt Befreiten, Mitgliederlisten bzw. Gründung; Bodemann, Y. Michal. Staat und Ethnizität: Der Aufbau der jüdischen Gemeinden im Kalten Krieg. In: Brumlik, S. 54.

[155] Interview Arno Fern.

[156] IRGW AR, A 711219 Mitgliederversammlung.

[157] Interview Michael Grinberg.

[158] Rückschau und Ausblick. WIZO Württemberg e.V. 1996. Die WIZO – zur Gründung und Geschichte der weltweiten zionistischen Frauenbewegung.

[159] SAS, SO 172 Marx, Leopold; IRGW AR, A 660123 Mitgliederversammlung; A 701213 Mitgliederversammlung; 751214 Mitgliederversammlung enthalten in: A 701213 Mitgliederversammlung; IRGW AR, E 1 WIZO, 1984 Wiedergründung (Pressespiegel: Stuttgarter Nachrichten 3.4.1984, 21.9.1984, 16.10.1984, 20.11.1984, Evangelisches Gemeindeblatt für Württemberg (Jubiläumsbeilage) Mai 1984, Stuttgarter Zeitung 14.11.1984, Allgemeine jüdische Wochenzeitung, 15.2.1985).

[160] Heinrich Graetz, Geschichte der Juden von den ältesten Zeiten bis auf die Gegenwart. Bd. 2/2, Leipzig 19023, ND Berlin1998, S. 296-344.

[161] Widerker, Martin. Makkabi und Zionismus in Deutschland (1898-1938) in: TSV Makkabi Stuttgart e.V. »Purimball 1987«, Heft. IRGW AR, E 3, TSV Makkabi 1984-1993.

[162] Zelzer, S. 143.

[163] Ebd. S. 177.

[164] Broschüre zum 20jährigen Bestehen des TSV Makkabi Stuttgart e.V., 1999; Gespräch mit Herrn Martin Widerker und Herrn Ischo Rosenberg vom 09.02.2002.

[165] IRGW AR, A 010722 Mitgliederversammlung, Vorstandsbericht 2000; Informationen von Frau Traub.

[166] Informationen von Frau Anapolskaja.

*Sonja Hosseinzadeh,*
*Die neue Synagoge in Stuttgart*

1. Hermann Zvi Guttmann, Synagogen im Nachkriegsdeutschland. Hrsg. von S. Remmlinger und K. Hofmann, S. 17, 20-22, 27, 30-32; Helmut Eschwege, Die Synagoge in der deutschen Geschichte. Dokumentation, Dresden 1980, S. 9f.
2. Beim Tätigkeitsbericht 1946 bereits geschehen. IRGW AR, A 1946 Rechenschaftsbericht/Wahlen des 1. Vorstandes für die Zeit vom 10.6.1945-24.5.1946.
3. HStAS, EA 3/401 Bü 3, 7.5.1946 Berichterstatter J. Warscher, Zweimonatsbericht der Kirchen über Kultministerium an US-Militärregierung.
4. HStAS, EA 3/401 Bü 2, IKV (J. Warscher) an Kultministerium. Statistische Auskunft über kirchliche Angelegenheiten.
5. IRGW AR, A 471026 Mitgliederversammlung.
6. IRGW AR, A 520210 Mitgliederversammlung (Text Dr. Neufeld).
7. IRGW AR, A 490320 Mitgliederversammlung.
8. IRGW AR, D1 Rundschreiben 1946-1952, 15.9.1948, Nr. 26.
9. Poker, in: Lersch, E. u.a. (Hg.), S. 245, 283.
10. HStAS, EA 3/401, Bü 108, 20.12.1949, Guggenheimer an Herrn Dr. Bopp, Kultministerium.
11. IRGW AR, D 1 Warscher, Hospitalstr. 34-38, 3.1.1946, vermutl. Guggenheimer.
12. IRGW AR, D 1 Warscher, Hospitalstr. 34-38, o.D., Entwurf, vermutlich Warscher an Klett.
13. IRGW AR, D 1 Warscher, Hospitalstr. 34-38, 12.3.1946, Städt. Tiefbauamt Stuttgart, Fickenscher an Guggenheimer; 18.5.1946, vermutl. Guggenheimer an Fa. Müller-Altvatter & Co.
14. IRGW AR, D 1 Warscher, Hospitalstr. 34-38, 6.3.1947, i.A. des Oberbürgermeisters, Dr. Seeliger an Guggenheimer; 13.3.1947 Warscher an Stadt Stuttgart, Dr. Seeliger.
15. IRGW AR, D1 Warscher, Hospitalstr. 34-38, 5.6.1947 Guggenheimer an ZAS; 18.7.1947, Guggenheimer an Städtisches Hochbauamt Stuttgart.
16. IRGW AR, D 1 Warscher, Hospitalstr. 34-38, 30.5.1947 Guggenheimer an ZAS, Prof. Hoss; 31.07.1947 Oberbürgermeister Klett an IKV; 5.08.1947, Guggenheimer an Oberbürgermeister Dr. Klett.
17. SAS, Hauptamt, Hauptaktei, Synagoge, Stuttgart Firnhaberstraße. 1949-1952 (Teilakten zu Synagogen) Nr. 3902-3. Neue Synagoge 1952.19.10.1950. Stadtpflege an Bürgermeisteramt – Finanzreferat.
18. IRGW Bibliothek, Festschrift Rosch Haschana 1961, S. 36.
19. IRGW AR, D 1 Warscher, Hospitalstr. 34-38, 18.7.1947, Guggenheimer an Städtisches Hochbauamt Stuttgart; Die Kosten der Gestaltung des Stuttgarter Platzes hatte die Stadt zu tragen, »… die ja viel geringer sein werden, als die gerechte Forderung, die wir im Hinblick auf den Neuaufbau einer Syn-

*315*

agoge zu stellen hätten«; 20.8.1947, Guggenheimer an Städtisches Hochbauamt.
[20] IRGW AR, D 1, Warscher, Hospitalstr. 34-38, Entwurfszeichnung; 10.10.1946, Unbek. an A. Treulieb, Gartengestalter, sowie: Kostenaufstellung über Begrünung des Synagogen-Platzes an der Hospitalstr. 38; 31.7.1947 Oberbürgermeister Klett an IKV; D 1 Rundschreiben 1946-1952, Rechenschaftsbericht des Vorstandes der IKVW Juli 1946 bis Juni 1947, Juli 1947.
[21] SAS, Hauptaktei, Synagoge Stuttgart Firnhaberstraße 1949-1952, Festschrift zur Einweihung der Synagoge in Stuttgart. Vorwort, S. 1ff.
[22] HStAS, EA 3/401 Bü 108, 8.11.1949, IKV (J. Warscher) an Kultministerium.
[23] SAS, Hauptamt, Hauptaktei, Synagoge, Stuttgart Firnhaberstraße. 1949-1952 (Teilakten zu Synagogen) Nr. 3902-3. Neue Synagoge 1952. 25.10.1949, Entwurf, Bürgermeister H.[irn], an div. Stadtverwaltungen.
[24] SAS, Hauptamt, Hauptaktei, Synagoge, Stuttgart Firnhaberstraße. 1949-1952 (Teilakten zu Synagogen) Nr. 3902-3. Neue Synagoge 1952. 31.10.1949 Kulturreferat, Dr. Schumann an Bürgermeister Hirn, Sitzung des Kulturausschusses des Deutschen Städtetags in Berlin, 2.11.1949 Stadtverwaltung Mannheim an Bürgermeisteramt Stuttgart. 9.11.1949 Stadtverwaltung Nürnberg bzw. Köln an Bürgermeisteramt Stuttgart. 21.11.1949 Magistrat der Stadt Wiesbaden an Bürgermeisteramt Stuttgart, 24.11.1949 Stadt Frankfurt a. M. Bauverwaltung/Hochbau an Bürgermeisteramt Stuttgart.
[25] HStAS, EA 3/401 Bü 108, Aktenvermerk R 623 mit Anlage zur Besprechung vom 6.12.1949, Justizministerium Abteilung VI Wiedergutmachung; 16.6.1950 Justizministerium Abteilung VI Wiedergutmachung (Dr. Elben) an Kultministerium Wiedergutmachungsansprüche der IKVW; SAS, Hauptamt, Hauptaktei, Synagoge, Stuttgart Firnhaberstraße. 1949-1952 (Teilakten zu Synagogen) Nr. 3902-3. Neue Synagoge 1952. 7.12.1949. Bürgermeisteramt Betr. Wiederaufbau der Synagoge. Aktenvermerk.
[26] IRGW AR, A 500625 Mitgliederversammlung; HStAS EA 3/401 Bü 108, 7.6.1950 Konzept, Bopp an IKV.
[27] HStAS, EA 3/401, Bü 108, 22.11.1952 Kultministerium (Dr. Bopp) an Rechnungshof Baden-Württemberg, Karlsruhe (Abschrift).
[28] HStAS, EA 3/401 Bü 108, 25.4.1950, Aktenvermerk Israelitische Kultusvereinigung, Besuch von Herrn Warscher, Geschäftsführer der IKV und Herrn Architekt Guggenheimer.
[29] SAS, Hauptaktei, Synagoge Stuttgart Firnhaberstraße, 1949-1952, Nr. 3902-3, Festschrift zur Einweihung der Synagoge in Stuttgart 1952, Vorwort S. 1ff; HStAS, EA 3/401 Bü 108, Kurzinformation von IKV (Warscher); IRGW AR, A 500625 Mitgliederversammlung.
[30] HStAS, EA 3/401 Bü 108, 28.9.1950, IKVW (Warscher) an Kultministerium, Oberreg. Dr. Bopp; sowie 16.5.1951, IKVW (Warscher) an Kultministerium, Dr. Bopp: Trotz vorsorglicher und schneller Einkäufe wurde der Kostenvoranschlag erheblich überschritten. 5.9.1951 Kultministerium (Dr. Bopp) an Finanzministerium sowie 11.9.1951 Finanzministerium an Kultminis-

terium. Seitens des Kult- bzw. Finanzministeriums ergaben sich daraus jedoch keine Schwierigkeiten.

[31] IRGW AR, C 1 Neufeld Korrespondenz A-L, 22.2.1951 Neufeld an Minister Hector, Staatssekretär für innere Angelegenheiten, Saarbrücken; C1 Neufeld Korrespondenz A-L, 2.4.1951 Neufeld an Vorstand der jüdischen Gemeinde, Frankfurt.

[32] IRGW AR, A 520210 Mitgliederversammlung; Gespräch mit Hans Jauss.

[33] SAS, Hauptamt, Hauptaktei, Synagoge, Stuttgart Firnhaberstraße. 1949-1952 (Teilakten zu Synagogen) Nr. 3902-3. Neue Synagoge 1952. Festschrift zur Einweihung der Synagoge in Stuttgart am 18. Ijar 5712 (13. Mai 1952).

[34] IRGW AR, A 520210 Mitgliederversammlung, Nachschrift Harter.

[35] HStAS, EA 3/401 Bü 108, 16.5.1951. IKVW (Warscher) an Kultministerium (Dr. Bopp).

[36] Interviews Sigrid Warscher und Arno Fern.

[37] Interview Sigrid Warscher.

[38] IRGW AR, A 520210 Mitgliederversammlung, Nachschrift Harter.

[39] SAS, Hauptamt, Hauptaktei, Synagoge, Stuttgart Firnhaberstr. 1949-1952 (Teilakten zu Synagogen) Nr. 3902-3. Neue Synagoge 1952. Zeitungsausschnitte. Allgemeine Zeitung 14.5.1952. »Stuttgarter Synagoge nach 14 Jahren neu erstanden. Feierliche Einweihung mit zahlreichen Gästen«; StZ, 14.5.1952. »Leidvolle Erinnerungen werden wachgerufen. Der Bau und sein Inneres« (Zwischenartikel); StZ, 13.7.1951 »Neubau der Stuttgarter Synagoge«.

[40] Interviews Herr und Frau Engelhardt, Sigrid Warscher, Arno Fern.

[41] IRGW AR, D1 Rundschreiben 1946-1952, 30.4. und 7.5.1952, Nr. 93. u. 94; Die IKVW sowie der Landesrabbiner legten großen Wert darauf, dass die Einweihungsfeier der Synagoge im Rundfunk übertragen wurde; C1 Neufeld Korrespondenz A-L, 25.1.1952 Neufeld an Süddeutschen Rundfunk, Abt. Kirchenfunk, Herr Jantzen.

[42] SAS, Hauptamt, Hauptaktei, Synagoge, Stuttgart Firnhaberstr. 1949-1952 (Teilakten zu Synagogen) Nr. 3902-3. Ebd. Volksstimme 17.5.1952, »Streiflichter von der Synagogeneinweihung«.

[43] SAS, Hauptamt, Hauptaktei, Synagoge, Stuttgart Firnhaberstraße. 1949-1952 (Teilakten zu Synagogen) Nr. 3902-3. Neue Synagoge 1952. Festschrift zur Einweihung der Synagoge in Stuttgart am 18. Ijar 5712 (13. Mai 1952).

[44] IRGW AR, D1 Rundschreiben 1946-1952, 30.4. und 7.5.1952, Nr. 93. u. 94.

[45] IRGW AR, A 540221 Mitgliederversammlung; SAS, Hauptamt, Hauptaktei, Synagoge, Stuttgart Firnhaberstraße. 1949-1952 (Teilakten zu Synagogen) Nr. 3902-3. Neue Synagoge 1952. Zeitungsausschnitte. StZ 23.7.1953. »Eine selbstverständliche Pflicht. Städtischer Baukostenzuschuss für die Synagoge der Israelitischen Kultusvereinigung.«

[46] SAS, Hauptamt, Hauptaktei, Synagoge, Stuttgart Firnhaberstraße. 1949-1952 (Teilakten zu Synagogen) Nr. 3902-3. Neue Synagoge 1952. Zeitungsausschnitte StZ, 13.7.1951 »Neubau der Stuttgarter Synagoge«.

[47] Interview Sigrid Warscher.

*Sonja Hosseinzadeh, Das Landesrabbinat*

1 Alfred Paffenholz, Weltreligionen. Das Judentum. Was macht der Rabbi den ganzen Tag? S. 61-70; IRGW AR, C1 Bloch, 10.10.1955 Anstellungsvertrag zwischen IKV und Bloch.
2 Maòr, S. 104. Vgl. Kapitel 8, Anm. Nr. 16. I.E. Lichtigfeld, »Aus dem Tagebuch eines Rabbiners«. In: Frankfurter Jüdisches Gemeindeblatt, Nr. 7/8 Aug./Sept. 1956.
3 Ebd. S. 103. Vgl. ebd.: Bei gleichzeitigen Stellenausschreibungen in einer schweizerischen bzw. deutschen Stadt, bewarben sich in der Schweiz vierzig Rabbiner, in Deutschland dagegen nur zwei.
4 IRGW AR, C1 Neufeld, 510121 Einführung, 21.1.1951 Ansprache von Dr. Ostertag bei der Amtseinführung von LR Dr. Neufeld.
5 Maòr, S. 20, Kapitel 1, Anm. 30; ebd. S. 103.
6 HStAS, EA 3/401, Bü 110, in: Israelitische Religionsgemeinschaft, Rabbinate u. Rabbiner, Religionslehrer. Stellenbesetzungen, Personalsachen Guttmann, Prof. Dr., Landesrabbiner 1948. Textvorgabe für Notiz im Staatsanzeiger, 16. oder 17.(?)7.1948 IKV (Marx) an Kultministerium.
7 HStAS, EA 3/401, B 110, 7.9.1948. IKV (LR Guttmann) an Kultministerium, Oberregierungsrat Dr. Bopp; IRGW AR, D1 Rundschreiben 1946-1952, 20.8.1948, Nr. 23; D1 Rundschreiben 1946-1952, 21.1.1949, Nr. 28.
8 HStAS, EA 3/401 Bü 109, 22.12.1948 Aktenvermerk in: Israelitischer Oberrat. Kraftfahrzeuge; IRGW AR, C 1 Guttmann, o.D., Liste.
9 IRGW AR, C 1 Guttmann, 16.12.1948 an Interessenvertretung der Jüdischen Gemeinden und Kultusvereinigungen der amerikanischen, englischen und französischen Zone Deutschlands, Reinsburgstr. 26, Stuttgart; C 1 Guttmann, Korrespondenz 11.2.1949; C 1 Guttmann, Korrespondenz 15.2.1949 Peter Schmidt, GCJZ, an Guttmann; 28.4.1949 Lilo Pfaffrath, GCJZ, an Guttmann.
10 Maòr, S. 3.
11 IRGW AR, C 1 Guttmann, 31.8.1949 Bescheinigung für Familie B.; C 1 Guttmann, 6.7.1949 Guttmann an Israelisches Konsulat München; C 1 Guttmann, 14.6.1949 (Abschrift) Landesrabbiner Dr. W. Weinberg, Landesverband der Jüdischen Gemeinden in Hessen, an den Konsul (des Staates Israels); C 1 Guttmann, 11.7.1949, Consulate of Israel an Prof. Dr. Guttmann, in Ivrith. Übersetzung von Martin Widerker.
12 IRGW AR, A 500625 Mitgliederversammlung; HStAS, EA 3/401, B 110, 17.10.1949, IKV (Warscher) an Kultministerium.
13 HStAS, EA 3/401 Bü 110, In: Israelitische Religionsgemeinschaft, Rabbinate, Rabbiner, Religionslehrer; Verwaltungspersonal, Stellenbesetzungen, Personalsachen, Dr. Neufeld, Siegbert, 1951. 15.8.1952 Kultministerium an Landesbezirksstelle für die Wiedergutmachung, bzgl. Neufeld.
14 IRGW AR, C1 Neufeld Korrespondenz A-L, 22.6.1951 Neufeld an Jüdische Gemeinde Hamburg.

[15] Die Halleschen Juden im Mittelalter (1915), Die Juden im thüringisch-sächsischen Gebiet während des Mittelalters, in zwei Teilen (1917/1927), Die Einwirkung des Schwarzen Todes auf die thüringisch-sächsischen Juden (1917), Die Zeit der deutschen Juden im Mittelalter (1924), Jüdische Gelehrte in Sachsen-Thüringen während des Mittelalters (1925), Die Vertreibung der Juden aus Sachsen-Thüringen (1927) und war außerdem Mitarbeiter bei mehreren Enzyklopädien.

[16] HStAS, EA 3/401 Bü 110, In: Israelitische Religionsgemeinschaft, Rabbinate, Rabbiner, Religionslehrer; Verwaltungspersonal, Stellenbesetzungen, Personalsachen, Dr. Neufeld, Siegbert, 1951. 9.2.1951, Zeitungsausschnitt aus der Allgemeinen Wochenzeitung der Juden.»Mit Israel verbunden. Württemberg-Hohenzollern erhielt einen Landesrabbiner«; IRGW AR, A 500625 Mitgliederversammlung.

[17] IRGW AR, C1 Neufeld Korrespondenz A-L, 31.7.1953 Neufeld an Dr. Kohane, AJDC, München; 5.6.1951 Neufeld an JRSO, Nürnberg; u. a. 1.7.1952 Neufeld an Herrn van Dam, Zentralrat, Düsseldorf; 20.2.1952 Neufeld an H.G.

[18] IRGW AR, C1 Neufeld Korrespondenz A-L, 26.5.1953, Neufeld an Bloch.

[19] IRGW AR, C1 Neufeld Korrespondenz A-L, 21.5.1952, Neufeld an Redaktion der Allg. Wochenzeitung der Juden in Deutschland, Düsseldorf.

[20] IRGW AR, C1 Neufeld Korrespondenz A-L, 22.2.1951, Neufeld an J. E.; 9.8.1951 Neufeld an A.G.; o.D. Dr. Robert Rafael Geis, Landesrabbiner von Baden, Karlsruhe. Beschlüsse der Konferenz der Landesrabbiner.

[21] IRGW AR, C1 Neufeld Korrespondenz A-L, o.D., Dr. Robert Rafael Geis, Landesrabbiner von Baden, Karlsruhe, Beschlüsse der Konferenz der Landesrabbiner; 23.9.1952 Neufeld an Gemeinschaft »Arzt und Seelsorger«, Stuttgart; 16.12.1951 Neufeld an jüdische Gemeinde Hamburg.

[22] IRGW AR, A 711219 Mitgliederversammlung; HStAS, EA 3/401 Bü 110, In: Israelitische Religionsgemeinschaft, Rabbinate, Rabbiner, Religionslehrer; Verwaltungspersonal, Stellenbesetzungen, Personalsachen, Dr. Neufeld, Siegbert, 1951. 16.10.1953 IKV (Warscher) an Kultministerium.

[23] SAS, Zeitungsartikelsammlung, Personen, StN 21.3.1973. (70. Geburtstag Blochs); StZ, 21.3.1978. »Persönliches. Stuttgarts Rabbi ist 75«; Cannstatter Zeitung, 21.3.1973, »Ständig um Toleranz bemüht. Landesrabbiner Dr. Bloch wird 70 Jahre alt«.

[24] IRGW AR, A 711219 Mitgliederversammlung.

[25] Schoeps, S. 259.

[26] IRGW Bibliothek, Festschrift Pessach 1963, »Glückwunsch anlässlich des 60. Geburtstag von Herrn Landesrabbiner Dr. Bloch«, S. 30.

[27] SAS, Zeitungsartikelsammlung, Personen, StN, 21.3.1963; »Dr. Bloch 60 Jahre alt«.

[28] IRGW AR, A 670723 Mitgliederversammlung.

[29] IRGW Bibliothek, Festschrift Pessach 1971, S. 41; Festschrift Rosch Haschana 1973, LR Dr. Bloch: »Jiddisch als Hochschul-Lehrfach«, S. 16 f.

[30] IRGW AR, A 711219 Mitgliederversammlung.
[31] IRGW AR, C1 Bloch, 23.12.1971 Ärztliche Bescheinigung von Prof. Dr. H. Ott, Bürgerhospital und 31.12.71 Bloch an IRG-Repräsentanz.
[32] IRGW AR, C1 Bloch, Geburtstag 75.
[33] IRGW AR, C1 Trebnik, 19.3.2001 Trebnik an Repräsentanz; Gespräch mit Herrn Martin Widerker.

## Quellen und Literatur

*Paul Sauer:*

Hauptstaatsarchiv Stuttgart (HStAS): EA 99/001 Judendokumentation
Stadtarchiv Stuttgart (SAS): Zeitungsausschnittsslg., Tischendorf-Berichte
Akermann, Manfred: Heinrich Sontheim, Kammersänger, 1820-1912. In: Lebensbilder aus Schwaben und Franken Bd. X (Stuttgart 1966) S. 415-424.
Boelcke, Willi A.; Kornwestheim vom Alemannendorf zur Industriestadt. Kornwestheim o.J. [1972].
Burkhardt, Bernd: Helmut Hirsch. Ein Aktivist der bündischen Jugend. In: Der Widerstand im deutschen Südwesten (Stuttgart 1984) S. 319-329.
Däschler-Seiler, Siegfried: Auf dem Weg in die bürgerliche Gesellschaft. Joseph Maier und die jüdische Volksschule im Königreich Württemberg (Veröffentlichungen des Archivs der Stadt Stuttgart Bd. 73). Stuttgart 1997.
Dicker, Herman: Aus Württembergs Jüdischer Vergangenheit und Gegenwart. Gerlingen 1984.
Dokumente über die Verfolgung der jüdischen Bürger in Baden-Württemberg durch das Nationalsozialistische Regime. Bearbeitet von Paul Sauer. Bd. 1 und 2 (Veröffentlichungen der Staatlichen Archivverwaltung Baden-Württemberg Bd. 16 und 17). Stuttgart 1966.
Fechenbach, Hermann: Die letzten Mergentheimer Juden. Stuttgart 1972.
Fern, Jetti: Verkannte Bürgerinnen – verschwiegene Schicksale. Jüdische Frauen in ihrer Stadt Stuttgart. In: Stuttgart für Frauen. Entdeckungen in Geschichte und Gegenwart (Stuttgart 1992) S. 87-96.
Festschrift zum 50-jährigen Jubiläum der Synagoge zu Stuttgart. Hrsg. vom Israelitischen Kirchenvorsteheramt Stuttgart. Stuttgart 1911.
Germania Judaica Bd. III 1350-1519. Hrsg. von Arye Maimon s.A., Mordechai Breuer und Yacov Guggenheim im Auftrag der Hebräischen Universität in Jerusalem. Tübingen 1995.
Hagen, Walter: Berthold Auerbach, Dichter und Schriftsteller, 1812-1882. In: Lebensbilder aus Schwaben und Franken Bd. VII (Stuttgart 1960) S. 299-321.
Hahn, Joachim: Erinnerungen und Zeugnisse jüdischer Geschichte in Baden-Württemberg. Hrsg. von der Kommission für geschichtliche Landeskunde in Baden-Württemberg und dem Innenministerium Baden-Württemberg. Stuttgart 1988.

Hahn, Joachim unter Mitarbeit von Rolf Decrauzat, Richard Klotz und Hermann Ziegler: Hoppenlau-Friedhof, Israelitischer Teil (Veröffentlichungen des Archivs der Stadt Stuttgart Bd. 40). Stuttgart 1988.
Hahn, Joachim unter Mitarbeit von Richard Klotz und Hermann Ziegler: Pragfriedhof, Israelitischer Teil (Veröffentlichungen des Archivs der Stadt Stuttgart Bd. 57).Stuttgart 1992.
Hahn, Joachim: Steigfriedhof Bad Cannstatt, Israelitischer Teil (Veröffentlichungen des Archivs der Stadt Stuttgart Bd. 60). Stuttgart 1995.
Handbuch der Jüdischen Gemeindeverwaltungen und Wohlfahrtspflege 1933. Hrsg. von dem Deutsch-Jüdischen Gemeindebund und der Zentralwohlfahrtsstelle der deutschen Juden. Berlin 1933.
Marienhospital 1890-1990. Festschrift. Hrsg. von Margarita Beitl im Auftrag der Genossenschaft der Barmherzigen Schwestern des hl. Vinzenz von Paul in Untermarchtal. Stuttgart 1990.
Müller, Roland: Stuttgart zur Zeit des Nationalsozialismus. Stuttgart 1988.
Raff, Gerhard: Besonderer Augendoktor. In: Stuttgarter Zeitung v. 22. 8.2001.
Die Regierungen der deutschen Mittel- und Kleinstaaten 1815-1933 (Büdinger Forschungen zur Sozialgeschichte 1980). Hrsg. von Klaus Schwabe. Boppard am Rhein 1983.
Richert, Fritz: Karl Adler. Musiker, Verfolgter, Helfer. Ein Lebensbild (Veröffentlichungen des Archivs der Stadt Stuttgart Bd. 46). Stuttgart 1990.
Sauer, Paul: Das Werden einer Großstadt. Stuttgart zwischen Reichsgründung und Erstem Weltkrieg 1871-1914. Stuttgart 1988.
Sauer, Paul: Die Jüdische Gemeinde Stuttgart in den Jahren der Weimarer Republik. In: Zeitschrift für Württembergische Landesgeschichte 51. Jg. (1992) S. 321-344.
Sauer, Paul: Die Jüdischen Gemeinden in Württemberg und Hohenzollern (Veröffentlichungen der Staatlichen Archivverwaltung Baden-Württemberg Bd. 18). Stuttgart 1966.
Sauer, Paul: Die Schicksale der jüdischen Bürger Baden-Württembergs während der nationalsozialistischen Verfolgungszeit 1933-1945 (Veröffentlichungen der Staatlichen Archivverwaltung Baden-Württemberg Bd. 20). Stuttgart 1969.
Sauer, Paul: Für Recht und Menschenwürde. Ein Lebensbild von Otto Hirsch (1885-1941). Gerlingen 1985.
Sauer, Paul: Geschichte der Stadt Stuttgart, Bd. III: Vom Beginn des 18. Jahrhunderts bis zum Abschluss des Verfassungsvertrags für das Königreich Württemberg. Hrsg. von der Landesgirokasse, Öffentliche Bank und Landessparkasse. Stuttgart 1995.
Sauer, Paul: Jüdische Industriepioniere und Sozialreformer. Hervorragende Leistungen für die Wirtschaftsentwicklung Stuttgarts zur Gründerzeit. In: Beiträge zur Landeskunde 1989 Nr. 6 S. 1-8.
Sauer, Paul: Regent mit mildem Zepter. König Karl von Württemberg. Stuttgart 1999.

Sauer, Paul: Württemberg in der Zeit des Nationalsozialismus. Ulm 1975.
Schmid, Manfred: Auf dem Stuttgarter Rathaus 1915-1922. Erinnerungen von Fritz Elsas (1890-1945) (Veröffentlichungen des Archivs der Stadt Stuttgart Bd. 47). Stuttgart 1990.
Die SPD in Baden-Württemberg und ihre Geschichte. Hrsg. von Jörg Schadt und Wolfgang Schmierer (Schriften zur politischen Landeskunde Baden-Württembergs Bd. 3). Stuttgart 1979.
Stern, Bruno: Meine Jugenderinnerungen an eine württembergische Kleinstadt und ihre jüdische Gemeinde. Mit einer Chronik der Juden in Niederstetten und Hohenlohe (Lebendige Vergangenheit Bd. 4). Stuttgart 1968.
Tänzer, Aaron: Die Geschichte der Juden in Württemberg. Frankfurt am Main 1937 (Reprint Frankfurt 1983).
Walk, Joseph: Kurzbiographien zur Geschichte der Juden 1918-1945. Hrsg. vom Leo Baeck Institute, Jerusalem. München 1988.
Der Widerstand im deutschen Südwesten 1933-1945. Hrsg. von Michael Bosch und Wolfgang Niess (Schriften zur politischen Landeskunde Baden-Württembergs Bd. 10). Stuttgart 1984.
Zelzer, Maria: Weg und Schicksal der Stuttgarter Juden. Ein Gedenkbuch (Veröffentlichungen des Archivs der Stadt Stuttgart, Sonderband). Stuttgart o.J. [1964].

*Sonja Hosseinzadeh:*

Hauptstaatsarchiv Stuttgart (HStAS):
EA 3/401 Bü 2, 3, 108, 109, 110, 111
Q 3/12 Bü 2 Nachlass Alfred Marx
Staatsarchiv Ludwigsburg (StAL):
EL 350, ES 14938; ES 5397b Zessionarakte
Stadtarchiv Stuttgart (SAS):
HA14, LN 49;
Sozialamt 1490, 1491
SO 172
Niederschriften über die Sitzungen des Gemeindebeirats 1945-1946, Bd. 19.
Hauptamt, Hauptaktei, Synagoge, Stuttgart Firnhaberstraße. 1949-1952, Nr. 3902-3. Neue Synagoge 1952
Zeitungsartikelsammlung, Personen
Israelitische Religionsgemeinschaft Württemberg, Altregistratur (IRGW AR), Sammlung zum Jubiläum 2002:
A Mitgliederversammlungen, Rechenschaftsberichte, Wahlen
B Gremien (Sitzungsprotokolle von B1 Vorstand, B2 Repräsentanz, B3 Ausschüsse)
C Rabbinat (C1 Rabbinen: Guttman, Neufeld, Bloch, Trebnik; C3 Religionsschule; C4b koschere Metzgerei
D Verwaltung (D1 Geschäftsführung, D2 Soziales)
E Vereine, Verbände (E1 WIZO Württemberg e.V., E2 Vereinigung der aus Theresienstadt Befreiten e.V., E3 TSV Makkabi Stuttgart e.V.)
Akte aus den Unterlagen von M. Tenné: 1979-1983. Korrigierte Lehrpläne, Kultusministerium, Schulkommission.


Bayer, Michael. Das Kriegsende und die Franzosenzeit. In: Stuttgart in den ersten Nachkriegsjahren. Hg. v. E. Lersch, H. H. Poker, P. Sauer. Stuttgart 1995
Brenner, Michael. Nach dem Holocaust. Juden in Deutschland 1945-1950. München 1995
Broschüre zum 20-jährigen Bestehen des TSV Makkabi Stuttgart e.V., 1999
Brumlik, Micha, Doron Kiesel, Cilly Kugelmann und Julius H. Schoeps (Hg.): Jüdisches Leben in Deutschland seit 1945. Frankfurt/M., 1988
Die vierundzwanzig Bücher der Heiligen Schrift. Übersetzt von Leopold Zunz. Hebräisch – Deutsch. Tel Aviv 1997
Dietrich, Susanne. Zwischen Selbstorganisation und Stigmatisierung. Die Lebenswirklichkeit jüdischer Displaced Persons und die neue Gestalt des Antisemitismus in der deutschen Nachkriegsgesellschaft. Stuttgart 1998.
Eschwege, Helmut. Die Synagoge in der deutschen Geschichte. Dokumentation. Dresden 1980

Festschriften der IKVW bzw. IRGW zu Rosch Haschanah 1961, 1969, 1971, 1973 und zu Pessach 1963, 1965, 1966, 1970, 1971, 1973
Gemeindemitteilungen der IRGW
Graetz, Heinrich. Geschichte der Juden von den ältesten Zeiten bis auf die Gegenwart. Bd. 2/2, Leipzig 1902³, ND Berlin 1998
Guttmann, Hermann Zvi. Synagogen im Nachkriegsdeutschland. Hgg. von S. Remmlinger und K. Hofmann. Frankfurt/M. 1989
Hosseinzadeh, Sonja. Nur Trümmerfrauen und Amiliebchen? Stuttgarterinnen in der Nachkriegszeit. Tübingen 1998
Maòr, Harry. Über den Wiederaufbau der jüdischen Gemeinden in Deutschland seit 1945. Diss. Mainz 1961
Müller, Roland. Stuttgart zur Zeit des Nationalsozialismus. Diss. Stuttgart 1988
Lersch, E., H. H. Poker, P. Sauer (Hg.). Stuttgart in den ersten Nachkriegsjahren. Stuttgart 1995
Paffenholz, Alfred. Was macht der Rabbi den ganzen Tag? Das Judentum. Düsseldorf², 1996
Rückschau und Ausblick. WIZO Württemberg e.V. 1996. (Broschüre)
Schoeps, Julius H. (Hg.). Neues Lexikon des Judentums. München 1992
Weglein, Resi. Als Krankenschwester im KZ Theresienstadt. Erinnerungen einer Ulmer Jüdin. Die NS-Zeit in der Region Ulm/Neu-Ulm. Vorgeschichte, Verlauf, Nachgeschichte. Hrsg. von Silvester Lechner. Stuttgart 1988
Wetzel, Juliane. Jüdisches Leben in München 1945 – 1951. Durchgangsstation oder Wiederaufbau? Miscellanea Bavarica Monacensia. Neue Schriftenreihe des Stadtarchivs München. Diss. München 1987
Zelzer, Maria. Weg und Schicksal der Stuttgarter Juden. Stuttgart 1964


## Verwendete Abkürzungen

| | |
|---|---|
| AJDC | American Joint Distribution Committee, New York |
| DDR | Deutsche Demokratische Republik |
| DPs | Displaced Persons |
| GCJZ | Gesellschaft für Christlich-Jüdische Zusammenarbeit e.V. |
| GUS | Gemeinschaft Unabhängiger Staaten (frühere Sowjetunion) |
| HStAS | Hauptstaatsarchiv Stuttgart |
| IKVW | Israelitische Kultusvereinigung Württemberg |
| IRGW | Israelitische Religionsgemeinschaft Württemberg |
| JAG | Jüdisch Akademische Gesellschaft e.V. |
| JRSO | Jewish Restitution Successor Organization |
| KZ | Konzentrationslager |
| LR | Landesrabbiner |
| NS | Nationalsozialismus |

| | |
|---|---|
| NSDAP | Nationalsozialistische Deutsche Arbeiterpartei |
| SAS | Stadtarchiv Stuttgart |
| StAL | Staatsarchiv Ludwigsburg |
| StN | Stuttgarter Nachrichten |
| StZ | Stuttgarter Zeitung |
| SVS | Studentenverband Stuttgart |
| TSV | Turn- und Sportverein |
| UNESCO | United Nations Educational, Scientific and Cultural Organization |
| UNRRA | United Nation Relief and Rehabilitation Administration |
| US | United States |
| WIZO | Women International Zionist Organization |
| ZAS | Zentrale für den Aufbau der Stadt Stuttgart |
| ZK | Zentralkomitee der befreiten Juden |

## Bildnachweis

Israelitische Religionsgemeinschaft Württembergs: Seiten 46 (unten), 83, 139, 177, 198, 223, 226, 243, 244, 246, 256, 260, 267, 271, 276.
Stadtarchiv Stuttgart: Seiten 28, 44, 46 (oben), 61, 67, 87, 125, 148, 149.
Landesmedienzentrum Baden-Württemberg: Seiten 25, 48, 126, 170, 257, 259.
Foto Eppler, Stuttgart: Seite 199.
Foto Kilgus, Stuttgart: Seite 222, 228.
Foto Pleil, Stuttgart: Seite 212, 225.

Nicht in allen Fällen konnten die Rechteinhaber der Abbildungen ermittelt werden. Bei berechtigten Ansprüchen wenden Sie sich bitte an den Verlag.